DIEDERICHS GELBE REIHE

herausgegeben von Michael Günther

Isabelle Robinet

Geschichte des Taoismus

Aus dem Französischen von
Stephan Stein

Eugen Diederichs Verlag

Die Originalausgabe erschien 1991 unter dem Titel
Histoire du taoïsme
bei Les Éditions du Cerf, Paris

Die Deutsche Bibliothek – CIP-Einheitsaufnahme
Robinet, Isabelle:
Geschichte des Taoismus / Isabelle Robinet. Aus dem Franz.
von Stephan Stein. – München: Diederichs, 1995
(Diederichs Gelbe Reihe; 118: China)
Einheitssacht.: Histoire du taoisme <dt.>
ISBN 3-424-01298-X
NE: GT

Umschlaggestaltung: Zembsch' Werkstatt, München
Produktion: Tillmann Roeder, München
Satz: Uhl + Massopust, Aalen
Druck und Bindung: Ebner Ulm
Printed in Germany

ISBN 3-424-01298-X

Inhalt

Zur Umschrift

Die dem Leser aus den Übersetzungen Richard Wilhelms vertraute Transkription des Chinesischen wird zugunsten der sich international zunehmend durchsetzenden Pinyin-Umschrift aufgegeben, die auch das französische Original verwendet. So wird beispielsweise aus Dschuang Dsi Zhuang zi, Laotse und sein Tao te king werden als Lao zi und Daode jing wiedergegeben, und statt I Ging steht nun Yi jing. Eine Ausnahme bilden eingebürgerte Schreibweisen, so z. B. Peking und auch Taoismus, die ebenso beibehalten wurden wie die unterschiedlichen Schreibweisen in den Literaturhinweisen.

S. S.

Einführung

Definitionen

Der Taoismus, der in der chinesischen Tradition (zusammen mit Buddhismus und Konfuzianismus) zu den sogenannten »Drei Lehren« gehört, hat erst allmählich in einem langen Entwicklungsprozeß Form angenommen, währenddessen fortlaufend unterschiedliche Strömungen des Altertums integriert wurden. Aus diesem Grund läßt sich das Datum seiner Entstehung nicht exakt bestimmen. Hinzu kommt, daß diese Integration von ihn umgebenden Elementen sich immer weiter fortgesetzt hat. Fügt man noch hinzu, daß ihn im Verlauf seiner Geschichte neue Offenbarungen oder neue Impulse bereichert haben, so wird verständlich, wie sehr der Taoismus eine offene, in ständiger Fortbewegung und Entwicklung begriffene Religion darstellt und wie schwierig es ist, nicht nur sein Erscheinen zu datieren, sondern auch seine Konturen zu bestimmen. So läßt sich der Ansicht L. Kohns zustimmen, daß »der Taoismus nie eine geeinte Religion gewesen ist und immer eine Kombination unterschiedlicher, sich auf ursprüngliche Offenbarungen gründender Lehren darstellte«[1], daß er nur mehr in seinen konkreten Manifestationen erfaßt werden kann und daß von *einem* Taoismus als einer Einheit zu sprechen keinerlei Sinn macht. Gleichwohl sind wir uns gerade während der Arbeit an diesem Buch bewußt geworden, daß, wenn es einen den gesamten Taoismus durchziehenden Leitfaden gibt, dieser in seiner Genealogie und dem Prozeß der Kumulation und Integration, der sich im Verlauf seiner Entwicklung vollzogen hat, zu finden ist.

Eines der Elemente, die sich zum Zwecke einer Bestimmung seiner Grenzen auswählen ließen, ist der taoistische Kanon *(Daozang)*. So ließe sich als ein Axiom festlegen, daß es sich bei sämtlichen in diesem Kanon enthaltenen Werken um taoistische Werke handelt und somit in eine Geschichte des Taoismus zu integrieren seien. Wenn dies auch keine absolut falsche Methode ist, so müßten ganz offensichtlich einige Schriften dabei unberücksichtigt bleiben, und man hätte dann zu fragen, nach welchen Kriterien dies geschieht. Diese Problematik hoffen wir im Verlauf der vorliegenden Studie aufhellen zu können.

Was nun ein mögliches Datum für das Auftreten des Taoismus angeht, dessen Bestimmung ganz offensichtlich gebunden ist an eine Definition dieser Religion, so wird von einigen die Anerkennung der Kirche der Tianshi (»Himmelsmeister«) durch Cao Cao im Jahr 215 n. Chr. in Betracht gezogen. Mag dies auch ein gesichertes und bequemes historisches Faktum sein, so läßt sich der Taoismus freilich nicht auf diese Kirche reduzieren. Ein weiteres mögliches Datum ist das der Shangqing-Offenbarung (die »Große Reinheit«) zwischen 365 und 370, insofern sie ein Werk der Integration und Organisation vorausgehender Vorstellungen darstellt, die nun zu einem Korpus versammelt wurden und in den Genuß eines offiziell anerkannten Daseins kamen. Somit erhalten wir zwei Daten, die zwei komplementären Richtungen innerhalb des Taoismus entsprechen; beide haben eine organisierte Form angenommen, und es läßt sich die Meinung vertreten, daß nahezu alle taoistischen Strömungen und Schulen von ihnen in unterschiedlichem Maß in der einen oder anderen Weise geerbt haben.

Es ist indessen offensichtlich, daß sich das Auftreten des Taoismus in solch genauer Weise nicht datieren läßt, indem man sich auf derart formale, äußerliche Kriterien stützt, wie es einige Gelehrte tun, die es ablehnen, vor dessen institutioneller Organisation von einem »Taoismus« zu sprechen. Es erscheint uns nicht allein notwendig, den häufig marginalen und nicht formellen Aspekt dieser Religion zu berücksichtigen, der für sie scheinbar in größerem Maß als für alle anderen derart charakteristisch ist, daß es sie verstümmeln und verraten hieß, wenn man dies nicht in Betracht zöge, sondern darüber hinaus ist es vollkommen unerläßlich, ihre Entstehung zu erhellen und ihre Wurzeln ans Licht zu fördern, ohne die ihre Struktur und tiefere Bedeutung unverständlich wären.

Tatsächlich besitzt der Taoismus weder ein Geburtsdatum noch einen Geburtsort, ganz im Gegensatz zum Konfuzianismus, der über einen zivilen Status verfügt, sich seiner Ursprünge bewußt ist und sich auf eine von allen als beherrschend anerkannte Person ebenso beruft wie auf ganz bestimmte Klassiker, die im gesamten Verlauf seiner Geschichte und Entwicklung die Grundlagen seiner Lehre gebildet haben. Der Taoismus hat nie aufgehört, sich zu wandeln, zu verändern und zu absorbieren. Seine Geschichte macht deutlich, daß er beständig in »rückläufigen Windungen« vorangegangen ist, dabei seine Vergangenheit gleichsam wie ein Bündel unter den Arm nimmt, um seinen Weg zu neuen Horizonten fortzusetzen und unterwegs auf seinem Gang alle Arten von Reichtümern aufzusammeln. Wir werden sehen, daß diese Art des Voranschreitens ihn zu dem wertvollsten Bewahrer einer ganzen kulturellen Vergangenheit Chinas gemacht hat, die für ihn stets lebendig blieb und die er zu bewahren verstanden hat, auch wenn diese Vergangenheit von den offiziellen Lehren verworfen wurde.

Im Verlauf unserer Darstellung werden wir wiederholt auf die Frage des Verhältnisses zwischen dem, wie er genannt wurde, »philosophischen« und dem »religiösen Taoismus« einzugehen haben. Diese Unterscheidung deckt sich ungefähr mit derjenigen, wie sie zwischen dem kontemplativen Taoismus und dem »zweckgerichteten«, d. h. »interessierten, zielgerichteten« (was wir frei mit »operativ« übersetzen) Taoismus, der sich mit Techniken der Langlebigkeit beschäftigt, gemacht worden ist. Viel Tinte ist diesbezüglich vergossen worden, doch im allgemeinen, dies gilt es anzumerken, von Personen, die die Schriften des »religiösen Taoismus« nicht studiert haben. Wir werden wiederholt und ganz selbstverständlich die Gelegenheit haben festzustellen, daß diese Trennung in keiner Weise angebracht ist. Es handelt sich dabei um eine falsche Problematik, die erwachsen ist aus dem allen Religionen und jeder Form von Mystik gemeinsamen Unterschied zwischen der Askese einerseits – den Methoden, der Ausbildung – und andererseits den Ergebnissen dieser Askese oder aber den Spekulationen, die sie begleiten oder vollenden können. Daß ein Unterschied zwischen demjenigen, der einen Berg besteigt, und dem, der auf seinem Gipfel ist, zwischen dem Bergführer und seinem Schüler besteht, ist ebenso offensichtlich wie das Faktum, daß der Lehrling bisweilen auf halbem Weg stehenbleibt oder kehrtmacht. Der Glaube an das Bestehen zweier verschiedener Strömungen erscheint uns als eine Position, die von einer im Westen vorherrschenden Unkenntnis *jener Techniken* herrührt, die zur mystischen Erfahrung führen, weshalb der westliche Mensch nur schwer die Beziehung zwischen dem, was ihm als nüchterne Methoden erscheint, und dem letzten Ziel dieser Methoden versteht, eine Beziehung, um dies zu wiederholen, die gewisse Adepten gelegentlich selbst vergessen, die aber von zahlreichen taoistischen Meistern in Erinnerung gerufen wird. Gewiß hat es Menschen gegeben, besonders unter den Kaisern, deren Trachten einzig darauf gerichtet war, ihre Lebensdauer zu verlängern oder ihre Gesundheit zu verbessern, und sicher gab es auch andere, die nur auf der Suche nach magischen Kräften und möglicherweise nach Macht über ihre Mitmenschen waren. Für unsere Belange spielt es keine Rolle zu wissen, ob es sich dabei um Verirrungen gehandelt hat und ob diese Techniken ursprünglich darauf abzielten, zur Ekstase und zur mystischen Erfahrung zu führen oder nicht. Für uns ist allein von Bedeutung, daß sie in diesem Sinne angewendet wurden, und ganz besonders, daß Zhuang zi sie gekannt hat und auf sie anspielt, was sicher kein Zufall ist. Es ließe sich gar hinzufügen, daß es gut möglich und wohl zutreffend ist, die Verbindung bzw. Kombination von Techniken der Unsterblichkeit mit dem ultimativen Ziel, das zu einer wenn nicht mystischen so doch wenigstens religiösen Erfahrung führt, als Kriterium für die Zugehörigkeit zum Taoismus anzusehen. Willkürlich erscheint auch die von einigen gemachte Trennung zwischen dem empirischen Zugang der Techniken zur Lebensverlängerung und dem theoretischen Denken, der Suche nach Kohärenzen, die sie unterstützen oder überragen, denn es ist unmöglich, sachlich zu behaupten, daß sie nicht stets miteinander verbunden gewesen wären. Die Erfahrung zeigt, daß die Menschheit immer, wahrscheinlich seit sie in der Lage ist zu denken und auch heutzutage noch in der wissenschaftlichen Forschung, einen Dialog zwischen Empirie und Theorie geführt hat, bei dem in einer Folge von Entkräftigungen und Bestätigungen eine gegenseitige Kontrolle und Beförderung stattfindet.

Ein anderes, gleichartiges Problem in diesem Zusammenhang stellt die Beziehung der Taoisten zur Welt der Menschen dar. So haben sich einige in die Zurückgezogenheit geflüchtet, andere nicht, und auch hier läßt sich daraus genausowenig der Schluß ziehen, daß es sich um zwei grundsätzlich verschiedene Strömungen handelt. Es sind dies vielmehr zwei mögliche Optionen, zwischen denen jeder seiner Veranlagung gemäß, je nach Epoche, in der er lebte – Zeiten politischer Unruhen und der Unsicherheit waren jedesmal die, in denen der Rückzug am meisten gepriesen wurde – und entsprechend dem Stadium spiritueller Entwicklung, in dem er sich befand, eine Wahl traf, ein Merkmal, das sich in der gesamten Geschichte der Mystik wiederfindet. Wir werden wiederholt Gelegenheit haben festzustellen, wie eng diese beiden Optionen, ebenso wie die beiden Aspekte des »philosophischen« und des »operativen« Taoismus, miteinander verbunden sind.

Selbst dann, wenn er die Gunst des Herrschers genoß, hat der Taoismus, zumindest teilweise, unterhalb seines offiziellen Daseins ein geheimes Leben geführt – sowohl im einfachen Volk als auch bei den Gelehrten, für die eine Zugehörigkeit zum Taoismus eine private Angelegenheit darstellte; so erscheint es als unbegründet zu glauben, daß über diesen Aspekt alles bekannt sei. Um dem Taoismus Gestalt zu verleihen, ist es angeraten und wichtig, daß man ihn weder eingrenzt noch verwässert und dabei freilich seine zahlreichen Facetten und den großen und mannigfaltigen Einfluß, den er gehabt hat, berücksichtigt. Nicht ihn zu definieren, sondern schlicht unseren Gegenstand einzugrenzen, erscheint somit als kein leichtes Unterfangen, ist doch die Grenze sowohl zwischen dem Taoismus und der Volksreligion einerseits als auch zwischen dem Taoismus und dem Denken der intellektuellen Elite andererseits zerbrechlich und fließend. Das bestmögliche anwendbare Kriterium erschien uns in den Ansichten seiner unzweifelhaftesten Wortführer zu bestehen. Wenn diese auch bisweilen nicht völlig ehrlich sind und soziopolitischen Bedenken gehorchen, so ist es gleichwohl möglich, zu einer befriedigenden Gesamtschau zu gelangen, die alle Stimmen berücksichtigt; etwaige Verleugnungen und die wenigen Anathemata von Sektierern lassen sich feststellen.

Wir werden den Taoismus deutlich von den Glaubensvorstellungen und Praktiken der Volksreligion trennen, und dies ganz im Gegensatz zum Tun einiger chinesischer Historiker, in allererster Linie aber im Namen der Praxis, wie sie von den Taoisten selbst gehandhabt wird, auf die man sich berechtigterweise stützen sollte, um ihre Position, die einigermaßen homogen ist, zu definieren, anstatt sich auf die Aussagen von Historikern oder Autoren zu verlassen, denen diese Religion fremd ist und die, sei es aus Unwissenheit, sei es aus politischen Gründen, dazu neigen, den Taoismus dadurch in Verruf zu bringen, daß sie ihn mit häufig ungeordneten Glaubensbewegungen verwechseln. Diese machten ebenfalls Entlehnungen beim Konfuzianismus, Taoismus und Buddhismus, doch erfuhren sie vom Taoismus tatsächlich die gleiche Mißbilligung wie von seiten des Konfuzianismus. Die Beziehungen, die diese »Drei Lehren« mit dem Volksglauben unterhielten, waren mit Sicherheit vieldeutig. Austausch und Dialog zwischen der »Volksreligion« und der »institutionalisierten Religion« fanden, was ja ausgezeichnet R. A. Stein gezeigt hat, beständig statt[2]; daß dies in allen Gesellschaften üblich ist, hat sehr deutlich M. Meslin dargelegt[3]. Diese Problematik ist zu umfangreich, und ihre Erörterung wäre ebenfalls im Rahmen dieses Werkes, den wir begrenzen wollen, zu umfangreich. Wir werden uns darauf beschränken, im Vorbeigehen hier und da auf einen Austausch hinzuweisen, und können die Frage der Übernahme von Lokalkulten in bestimmten Strömungen des Taoismus, für die wir auf die verfügbaren Arbeiten verweisen[4], nur mehr anschneiden.

Aus dem gleichen Grund vermeiden wir es, uns bei bestimmten, allgemein als charakteristisch für diese Religion angesehenen Aspekten des Taoismus aufzuhalten, die, obwohl sie ihm in der Tat Farbe verliehen haben, in Wirklichkeit jedoch Bestandteil eines allgemeinen chinesischen Fundus sind und die spezifische Eigenart einer ganzen Schicht der Bevölkerung repräsentieren, die sich ganz und gar nicht als taoistisch betrachtet; ich spiele hier insbesonders auf die Techniken zur Gesundheitspflege an – Atmung, Gymnastik und Sexualpraktiken. Auch in diesem Fall berufen wir uns auf die Aussagen der Beteiligten selbst, die Taoisten einerseits und jene, die diese Techniken praktizieren andererseits.

Als schwierig erscheint das Problem, zu erkennen, wo der Taoismus im Rahmen der Spekulationen der chinesischen Intelligenz beginnt und wo er aufhört. Einige Forscher betrachten die *Xuanxue* (die »Mysterienschule«) als »neotaoistisch«, wobei sie sich auf die Tatsache stützen, daß Lao zi und Zhuang zi die Grundlage dieser Studien bildeten.

Größte Gewißheit herrscht freilich darüber, daß nicht alle Kommentatoren der beiden genannten Autoren als Taoisten betrachtet werden können, so daß dieses Kriterium keineswegs ausreicht. Zwar nimmt E. Zürcher zu Recht eine Trennung zwischen den Autoren der *Xuanxue* und jemandem wie Ji Kang (223–262), der sich den Techniken der Langlebigkeit widmete, vor[5]; gleichwohl läßt sich die Grenze nicht klar ziehen. Ein Guo Xiang (gest. 312), der als Mitglied dieser *Xuanxue* anerkannt ist und in starkem Maß von Zhuang zi geprägt worden ist, verteidigt mehr als ein Wang Bi (226–249) eine zugleich naturalistische und mystische Philosophie, die der taoistischen sehr nahesteht, ganz im Unterschied zu den philosophischen Ansichten von Wang Bi, die eine spekulative Metaphysik gewesen zu sein scheinen und, soweit man dies beurteilen kann, an keinerlei existentielle Erfahrung appellieren. Zudem sind alle dem Lager des »Neotaoismus« zugeordneten Personen – Wang Bi, Guo Xiang, Ji Kang und Ruan Ji (gest. um 312) – ungeachtet ihrer Unterschiede aus der gleichen Strömung und dem gleichen Milieu hervorgegangen, in dem gemeinsame Ideen ausgetauscht wurden. Tatsächlich kann man sagen, daß wir mit dem »Neotaoismus« einem unbestreitbaren Einfluß des Taoismus und zugleich einem Phänomen gegenüberstehen, das Nachwirkungen auf ebendiesen Taoismus (siehe Kap. «Song- und Yuan-Zeit: Die Innere Alchemie«) haben wird: Wir befinden uns in jener Randzone, in der sich eine Bewegung des Hin und Her entwikkelt, die man als zum Wirkungsbereich des Taoismus gehörig betrachten kann. Wir werden uns mit Andeutungen zu diesem Thema begnügen.

Nachdem die Grenzen einmal gezogen sind, ist die Frage nach den gemeinsamen Aspekten zu stellen, die, wenn nicht in allen taoistischen Strömungen, so doch wenigstens in einer genügend großen Zahl zu finden sind, so daß man von ihnen annehmen kann, daß sie einen Zusammenhalt zwischen diesen herstellen.

Kosmologie und Anthropologie

Es sind die Prinzipien der Schule von Yin und Yang und der fünf Wandlungsphasen *wuxing*, auch als »Fünf Elemente« übersetzt, die dem Taoismus seine theoretische Grundlage und seine Sprache liefern. Die definitive Ausformung dieses kosmologischen Systems wurde, von weit älteren Elementen ausgehend, in der Han-Dynastie verwirklicht, und man kann sagen, daß nachfolgend die chinesische Medizin und der Taoismus (die man ja, daran sei erinnert, zunächst miteinander verwechselt hat) jene Domänen bilden, in denen diese Theorien in größtem Maße entwickelt und angewendet wurden.

Das Universum erschafft sich in einer beständigen Evolution selbst (eine seiner Bezeichnungen sind die »zehntausend Verwandlungen«), in fortwährender Genese und Entstehung aus einem einzigen Stoff, dem Ursprungs-Qi *(Yuanqi)*, das weder Materie noch Geist ist. Einen wichtigen Aspekt gilt es hier klarzustellen: Einige Historiker glaubten sich autorisiert, den Begriff Qi als »Energie-Materie« zu übersetzen, eine Übersetzung, die lediglich bezüglich einiger Autoren ab dem 11. und 12. Jahrhundert als legitim erscheint. Von ihr ausgehend, wurde auf einen »Materialismus« der chinesischen Denker geschlossen, die in der Nachfolge Zhuang zis nahezu einmütig das Qi als Grundlage der Welt postulieren; auch wenn dem Terminus des Materialismus gegenwärtig noch eine Bedeutung zukommen sollte, wo doch der Begriff der Materie selbst sich aufgelöst hat, so bedeutet er im alten China gar nichts. Die einzige unter den zahlreichen und unzureichend definierten Bedeutungen dieses Wortes »Materialismus«, die in diesem Rahmen angemessen wäre, ist die der »naturalistischen Philosophie«, die dem gesamten Taoismus und vielleicht dem gesamten chinesischen Denken entspricht.

Dieses Qi nun, weder Materie noch Geist, das im Prinzip Ausdruck eines Dynamismus ist, geht der Welt voraus, und jedes Ding stellt nurmehr einen Aspekt und einen Zustand mehr oder weniger großer Kondensation des Qi dar. Im kondensierten Zustand bedeutet es Leben, aufgelöst wird es zu undefinierter Potentialität; dieses auf Zhuang zi zurückgehende Konzept wurde vom gesamten klassischen China bis hin zum Neokonfuzianismus übernommen. Das Qi wird als eine sich ausbreitende Kraft dargestellt, welche die Welt in einer drehenden Bewegung, durch die es sich aufteilt und sich nacheinander in jeden Sektor von Raum und Zeit verteilt, belebt. Es ist keine Substanz, die eine feststellbare Existenz außerhalb der von ihm angenommenen Gestaltungen und deren Verwandlungen hätte; die »Geräte« oder Wesen, die ihm Ausdruck verleihen, sind nichts anderes als Qi in einer partikularisierten Form; bei ihrem Verschwinden werden sie wieder zu Qi; es verbleibt nicht jenseits seiner Manifestationen: Diese *sind* eine der Gestaltungen, die das Qi annimmt und die es ist. Lösen diese sich auf, so nimmt es eine andere Gestalt an; als Prinzip der Einheit und Kohärenz, das die Vielheiten untereinander verbindet, ist es als Potentialität, als die der Welt immanente Lebenskraft vorhanden, die einzig durch das von ihm angenommene unterschiedliche und wechselnde Aussehen erkennbar wird. So gibt es zum einen die Energie, die, ohne außerhalb dieser zu sein, von den konkreten Formen insofern verschieden ist, als sie deren Ursprung, d. h. ihr unbestimmtes und unendliches Potential, darstellt und insofern als es bestehen bleibt, wenn die konkreten Formen verschwinden und zum anderen die Gestaltungen, die diese Energie annimmt und die nichts anderes als sie selbst sind. Aufgrund dieser doppelten Möglichkeit, in einer Form zu verweilen und sie zu überwinden, gestaltet *(zao)* und verwandelt *(hua)* dieses Qi alle Dinge in einem doppelten Vorgang (*zaohua* ist das Äquivalent unserer »Schöpfung«, freilich ohne einen Schöpfer), da es die festgelegte Form bestimmt, sie aber auch ständig ändert. Die einzige konstante Wirklichkeit stellt das Qi in seinen Verwandlungen dar; das Wechselspiel zwischen seinem undifferenzierten und aufgelösten Zustand und seinem sichtbaren und kondensierten Zustand in einer festgelegten Wesenheit setzt sich ohne Ende fort.

Dieses Qi begann eine Differenzierung in ein reines und leichtes, das Yang, welches nach oben gestiegen ist und den Himmel gebildet hat, und ein anderes, undurchsichtig und schwer, das Yin, das herabgesunken ist, um die Erde zu formen; das Wesen des Himmels ist es, rein und beweglich, das der Erde, undurchsichtig und fest zu sein. Rein und beweglich ist das Yang das »Ja«, das Selbst, das Prinzip der (reinen) Einzigartigkeit, der Identität, der Kontinuität und also der Ausdehnung und Bewegung. Undurchsichtig und fest, stellt das Yin das entgegengesetzte Prinzip dar: Es ist das »Nein«, das andere, die Zweiheit, welche die Ausdehnung des Kontinuums stoppt, eingrenzt, die Spaltung, der Bruch, das Andersartige, die Diskontinuität, die Zusammenziehung und die Immobilität. Im *Yi jing* wird das durch eine ungebrochene Linie dargestellte Yang als »starr« bezeichnet; es ist die Identität mit sich selbst; das Yin, abgebildet in einer unterbrochenen Linie, wird »weich« genannt: Es stellt den Beginn der Differenzierung dar. In seiner Eigenschaft als Einheit ist es das Yang, welches »beginnt«: Jede Identität, jedes Individuum beginnt mit der Einheit, mit dem Prinzip der Kontinuität und der Identität mit sich selbst, sich dem anderen, dem Andersartigen entgegenstellend, das es eingrenzt. Aus diesem Grunde »vollendet« das Yin. Das eine ist sich selbst nicht genug, es bedarf des anderen, um es zu begrenzen und dessen Umriß festzulegen. Hierdurch wird bewirkt, daß dem Himmel-Yang, transparent und expansiv, eine logische Priorität (er hat sich zuerst gebildet) vor der als undurchsichtig bezeichnenten Erde-Yin zukommt, die sich nach ihm gebildet hat, obgleich das eine nicht ohne das andere fortbesteht. Diese »Priorität« entspricht nur mehr einer Redensart und ist keine chronologische.

Die Welt stellt einen Kreis (oder eine Sphäre) dar, die durch zwei Achsen geteilt ist; eine vertikale verläuft von Norden (der nach unten gesetzt ist) nach Süden (oben): Links findet sich das Yang, rechts das Yin; die andere, horizontal verlaufende Achse, grenzt eine obere Hälfte, Yang, von einer unteren, Yin, ab. Auf diese Weise ist der Raum in vier Sektoren eingeteilt: Der südöstliche ist Yang, der nordöstliche Yin; die beiden anderen setzen sich aus Yin und Yang zusammen, das im Nordosten gelegene ist, wie es die Chinesen formulieren, das Raumviertel des Yang im Yin, das des Südwestens bildet das des Yin im Yang.

Nach einer anderen Unterteilung grenzen die beiden äußersten Pole, oben und unten, markiert durch den Himmel, reines Yang, und die Erde, reines Yin, einen Zwischenbereich ab, in dem sich die aus der Vereinigung von Yin und Yang gebildete Welt des Menschen findet. In ihr gibt es kein Yang ohne Yin und umgekehrt, es existiert weder ein reines Yin noch ein reines Yang. Das heißt, Yin und Yang vermögen sich nicht tatsächlich voneinander abzugrenzen, wie es zuweilen geschieht (Dunkelheit und Licht, männlich und weiblich, aktives und passives Prinzip, Potentialität und Aktualisierung, rückbildendes Sammeln und evolutive Entfaltung etc.), da es sich um Kraftlinien handelt, um Richtungen, die dadurch charakterisiert sind, daß sie sich kreuzen und ineinanderlaufen, gegeneinander und miteinander spielen, sich zugleich hervorbringen und antreiben, sich aufheben und ablösen, und deren Funktion es ist, die Doppelsyntax von Polarität und Vieldeutigkeit zu zeichnen. Keine (Linie) vermag fortzubestehen, wenn sie an ihrem Extrempunkt angelangt ist; sie verkehrt sich also in ihr Gegenteil, was von den Chinesen mit der Formulierung ausgedrückt wird, das Yang bringt das Yin hervor, welches es in sich trägt und umgekehrt. Das heißt, Yin und Yang bilden zwei extreme Pole, zwei Idealgrößen, denen nurmehr eine konzeptuelle und didaktische, freilich keine wirkliche Existenz in der Welt eignet, denen aber alle Dinge mehr oder weniger zustreben und die eine liturgische Teilung des Universums und seinen doppelten Entstehungsprozeß lenken. Sie stellen das Anziehung hervorbringende Prinzip der Unterscheidung ebenso dar, wie das des Werdens und der Vielheit, die sie durch ihre Verbindung hervorbringen; durch ihre enge Wechselbeziehung, die sie miteinander eint, zeugen sie auch von der grundlegenden Einheit der Welt. Yin und Yang veranschaulichen den Dynamismus der Gegensätze, die man nur als Paarige kennt, deren Antagonismus sich durch das ihr Wirken bestimmende Gesetz der Aufeinanderfolge manifestiert (niemals das Eine und Andere zur gleichen Zeit und am gleichen Ort, es sei denn, das Eine ist virtuell im Anderen vorhanden), derart, daß bei einer Dominanz des Einen das Andere in den virtuellen Zustand übergeht, gleichsam als eine verhaltene Kraft, komprimiert und intensiviert in einer sich bewegenden Oszillation, die gebildet ist aus ständigen Übergängen von einem ins andere, von einem zum anderen: wie das Qi nurmehr in den Formen, die es vorübergehend annimmt, erkennbar wird, so manifestieren sich Yin und Yang einzig durch ihren Wechsel. Die Rhythmen und das Prinzip der Wechselspiele von Yin und Yang bilden innerhalb des gesamten Taoismus ein wesentliches Element, doch ist es die innere Alchemie, die den größten Akzent auf ihre Wechselwirkungen legt und der Reflexion über sie den größten Raum gibt.[6]

Die zweideutige Natur der Götter und des Göttlichen verleiht der Bedeutung, die Yin und Yang in dieser Hinsicht annehmen können, einige Komplexität. Als Domäne des Lichts ist der Himmel Yang, und ebenso sind es die Götter. Insofern sie unsichtbar sind, gehören sie gleichwohl auch zur Welt des Yin, die zugleich die der Höllen, der Erde und der Toten ist: diejenige, durch die man in die himmlische Domäne gelangt. Diese Ambiguität findet sich ständig wieder und mündet in einer Gleichheit der Gegensätze: Der Taoist muß zum Yin, das versteckt im göttlichen Dunkel und »weiblich«, insofern als empfänglich für den himmlischen Einfluß, ist, aber auch zum Yang, dem reinen Licht, werden. Yin und Yang vermögen ohne das jeweils andere nicht zu existieren, zwischen ihnen besteht Gleichheit; gleichwohl kommt dem Yang der Vorrang zu; entsprechend werden sie auf der Horizontalen als zwei komplementäre Pole in der Welt des Menschen oder auf der Vertikalen, wo das Yang sich über dem Yin findet, plaziert, um so die Bestimmung des Menschen nach Übersteigung seiner selbst anzudeuten.

Zu Yin und Yang kommen die fünf Rubriken der fünf Wandlungsphasen hinzu: Holz (bzw. Vegetation), Feuer, Erde, Metall (bzw. Mineralien) und Wasser; sie bilden ein aus raumzeitlichen Koordinaten bestehendes System der Differenzierung, strategische Pläne gleichsam, die eine Organisation der Welt in fünf Konstellationen bestimmen, Leitlinien der Gliederung, fünf Gruppen, von denen eine jede durch eine Ansammlung von Äquivalenten definiert ist, der jeweils eine der fünf Wandlungsphasen vorsteht. So teilen Holz, Feuer, Metall und Wasser ihrerseits die Welt in vier Abschnitte, als da sind der Osten-Frühling, der Süden-Sommer, der Westen-Herbst und der Norden-Winter. Die Erde ist im Zentrum lokalisiert, wo sie den Zusammenhalt des Ganzen bewerkstelligt. Übertragen auf die Peripherie eines durch die fünf Wandlungsphasen gebildeten Kreises, sichert sie den Übergang von einer Wandlungsphase zur anderen und findet sich demnach an der Grenze, die jene verbindet bzw. trennt: sei es am Punkt des Überganges der Yang-Agenzien (Holz und Feuer) zu den Yin-Agenzien (Metall und Wasser) oder sei es am Ende eines jeden Abschnitts, an dem Ort des Übergangs von einem zum anderen. Dieses System wird mit dem von Yin und Yang in dem Sinne koordiniert, daß Holz als »junges Yang«, Feuer als »großes Yang« usw. bezeichnet wird. Wie Yin und Yang auch stellen diese Wandlungsphasen Qi dar; es sind dynamische Prinzipien: Jedes aktiviert der Reihe nach, entsprechend der Abfolge der Jahreszeiten oder im Verlauf der

Sonne während des Tages, zu seiner »Zeit« und an seinem »Ort«, seinen Abschnitt, d. h. zum Beispiel, daß im Frühjahr und/oder im Westen all das, was der Rubrik Holz zugehört, in besonderem Maße stark und aktiv ist, wohingegen es im Sommer all jene Dinge sind, die zum Feuer gehören. So wird das Universum durch ein sich veränderndes Gleichgewicht geordnet, in dem die es erfüllenden unterschiedlichen Kräfte niemals gleichgewichtig sind, sondern es vielmehr abwechselnd in aufeinanderfolgenden Hegemonien beherrschen. Dieses Gleichgewicht gründet auf einem ausgewogenen Wechselspiel von Allianzen und Antagonismen zwischen den fünf Wandlungsphasen, die aus ihnen ein autokorrektives System machen: Hierauf stützt sich das Vertrauen in einen normalen Lauf der Natur, das in dem Argwohn gegenüber Eingriffen des Menschen Ausdruck findet und an dem sich das Prinzip des taoistischen »Nicht-Eingreifens« *(wuwei)* festmacht.

Diese Größen dienen, gleichsam als Listenköpfe, dazu, die Totalität aller Dinge zu klassifizieren. Ausgehend von diesem Prinzip der Klassifikation lassen sich Resonanzen und Einflüsse entdecken, seien sie gegensätzlicher Natur, seien es solche der Anziehung, deren Grundformel sich in dem Gesetz ausdrückt, wonach Ähnliches sich anzieht. In dieser Weise werden gewisse Aktionen und Interaktionen im Raum wie auch in der Zeit erklärt und vorhergesagt, sowohl horizontal (von einem Ende der Welt zum anderen) als auch vertikal (von der Erde zum Himmel). Wir werden jedoch nicht weiter auf diesem Aspekt der chinesischen Kosmologie, deren Handhabung sehr komplex ist und die der westliche Leser sehr gut kennt, beharren, sondern verweisen auf die zahlreichen Veröffentlichungen, in denen die Details der von diesen Rubriken bestimmten Korrespondenzen dargelegt sind. Im Taoismus, in dem die fünf Wandlungsphasen in unterschiedlichen Formen vergöttlicht werden, strukturiert dieses System die Meditation ebenso wie auch die Liturgie, deren Syntax es bildet.

Die kosmologischen Spekulationen der Taoisten legen großes Gewicht auf die Beziehung der Einheit zur Vielheit und die Zusammenhänge dieser Beziehung. Für sie, darin sind sie direkte Erben Lao zis (was dann später das chinesische Denken in seiner Gesamtheit wieder aufgegriffen hat), verläuft die grundlegende Spaltung der Welt in zwei antagonistische Tendenzen, Yin und Yang, bevor sie die »zehntausend Wesen« hervorbringt, über die drei, die Vereinigung dieser beiden, ohne die kein Leben bestehen kann: Von der Eins (das höchste Eine, das Taiyi), die im Sternbild des Großen Bären residiert, gehen sie nach der Zweiteilung über zur Drei, die das Leben auf der Erde erzeugt; von dort entweder zur Vier (die vier Kardinalpunkte, die vier Trigramme etc.) oder Fünf (die fünf Wandlungsphasen), dann zur Sechs (die vier Himmelsrichtungen, oben und unten), zur Sieben (sieben Sterne des Großen Bären), zur Acht (acht Punkte der Windrose), zur Neun (acht und eins, die Vollendung der ersten Ziffern, Totalität, neun Regionen der Erde usw.) und anschließend zu astrologisch-kalendarischen Zeichen; zur Zehn (zehn Zykluszeichen), zur Zwölf (zwölf kalendarische Zeichen), zur Vierundzwanzig bzw. Achtundvierzig (die vierundzwanzig Qi des Jahres, eines pro Halbmonat; achtundzwanzig Zodiak-Konstellationen) und von dort zu ganz unterschiedlichen Vervielfachungen, insbesondere von neun und zwölf (zum Beispiel 360 für die 360 Tage des Jahres). Ein ganzer Teil seines Pantheons, der dem gleichen Modell folgt, gewinnt in diesem Schema seine Bedeutung, und die Rolle des Adepten oder Priesters besteht nun darin, von der Einheit hinabzusteigen zur Vielheit, um dann wieder zu dieser aufzusteigen.

»Das Wertvollste auf der Welt« ist der Mensch, insofern er eine kosmische Instanz, das dritte Glied ist (sein Emblem ist die Ziffer Drei) und mit Himmel und Erde, die ihn bedecken, tragen, einschließen, hervorbringen und wie Vater und Mutter nähren, auf gleicher Stufe steht. Aus diesen beiden uranfänglichen Prinzipien, hat er die Funktion eines hybriden Vermittlers und bildet das Element, welches Himmel und Erde trennt (so ist die Welt entstanden: ein Mensch, Ban Gu oder Lao zi, der aus einem Ei wuchs, trennte Himmel und Erde) und sie eint. In der chinesischen Zivilisation ist der Mensch schlechthin, der einzigartige Mensch der Kaiser; im Taoismus ist es an dem in Meditation versunkenen Adepten, zu diesem einzigartigen und vollkommenen Menschen zu werden.

Aufgrund der Einheit des Universums und seiner Substanz, des Qi, und seiner Strukturierung in Drei (vertikal) und Fünf (horizontal), sind die Welt des Menschen und der Mensch selbst organisch in der gleichen Weise gebaut und einander homologisierbar. So läßt sich die Konstitution des Menschen in Parallele zu der von Gesellschaft und Universum setzen. Das Universum ist gleichsam ein kosmischer Mensch, ein Makanthropos – dies verdeutlichen die Mythen von Lao zi und Ban Gu, deren Körper das Universum geschaffen hat und es ist – und der Mensch bildet einen Mikrokosmos. Jedes menschliche Wesen setzt sich aus Yin und Yang zusammen – Yang außen und Yin innen bei den Männern, umgekehrt bei den Frauen, Yang links und im oberen Teil des Körpers, Yin im unteren rechten Bereich – und jedes seiner Organe, seien es interne oder externe (Haut, Augen, Mund etc.), ist einer der fünf Wandlungsphasen zugeordnet. Alle weiter oben aufgezählten kosmogonischen Schlüsselziffern sind für seine Organisation bestimmend: zwei Augen, drei Körperpartien (Kopf, Brust, Bauch), vier Gliedmaßen, fünf »Viszera«, sechs innere, mit diesen verbundene Organe, sieben oder neun Körperöffnungen, 360 Gelenke (für die 360 Tage des Jahres) usw. Entwicklung und Gleichgewicht des Menschen folgen den gleichen Gesetzen wie die des Universums und gehorchen den die Bewegung der Stunden und der Jahreszeiten bestimmenden Regeln.

So ist der Mensch Glied für Glied in Beziehung zum Himmel und zur Erde gesetzt. Seine fünf »Speicherorgane«

(*zang*, im allgemeinen übersetzt mit Viszera), in der Reihenfolge – Leber, Herz, Milz, Lunge und Nieren – werden von den fünf Wandlungsphasen beherrscht und sind für ihn, was die Planeten für das Himmelsgewölbe und die fünf Hauptberge für die Erde darstellen. In ganz eindeutiger Weise läßt sich so der Mensch mit dem in Verbindung bringen, was seinen Kopf bedeckt und seine Füße stützt.

Gemäß der antiken chinesischen Tradition, die sich seit dem 3. Jahrhundert v. Chr. ausgebreitet zu haben scheint und die im *Chuci* ebenso Ausdruck findet wie in den konfuzianischen Klassikern, besitzt der Mensch zwei Seelen: die *hun*, die Yang und von himmlischer Natur sind, und die *po*, denen Yin-Charakter und eine irdische Natur eignen. Diese zwei Arten von Seelen streben danach, den Körper zu verlassen, um zu ihrem Ursprung zurückzukehren, die *hun*-Seelen, um sich in die Himmel zu erheben und die *po*-Seelen, um zur Erde zurückzugelangen. Auch hier sind es zwei dynamische Prinzipien, die den Menschen nach oben und unten teilen und die er in seinem Körper harmonisieren und erhalten muß, da sie für ihn die Quelle des Lebens bedeuten. Trennen sich diese Seelen und verlassen den Körper, so bedeutet dies den Tod.

Eine Analogie besteht auch zwischen dem menschlichen Körper und der Organisation eines Staatswesens, das in der gesamten chinesischen Tradition als ein organisches Ganzes begriffen wird. Zahlreiche taoistische Texte legen diese Konzeption in entwickelter und präziser Form dar: Jedes Organ wird mit einem Beamten gleichgesetzt, deren Herrscher das Herz, die Entsprechung des Prinzen, darstellt.

Der Kreis, die Zyklen

Wie man sieht, ist die Welt ein geschlossenes Ganzes, gebildet aus Verschachtelungen in Zeit und Raum und markiert durch auf unterschiedliche Ebenen übertragbare Koordinaten. Alles geschieht zirkulär (»es dreht sich und beginnt wieder ohne Ende« ist ein konstantes Leitmotiv der Taoisten), Anfang und Ende vereinigen sich. Sind die Koordinaten konstant und stellen so einen möglichen Rhythmus und eine mögliche Ordnung sicher, dann vollziehen sich unaufhörliche Verwandlungen, und unendlich sind in der Wiederholung, der Erneuerung und dem Wiederfinden die Möglichkeiten der Veränderung. Es handelt sich gleichwohl um einen aktiven Kreisprozeß: Wenn auch die taoistische Konzeption der Welt und der Zeit eine zyklische ist und in ihnen eine fortwährende Rückkehr zu dem regelmäßigen Wechsel der beiden Kräfte Yin und Yang, eine sich wiederholende und mit einem Grundmodell übereinstimmende Einheit erkennt, so ist in ihr die Idee des Fortschritts, der Abstufung und des Verlaufes gleichwohl in ausgeprägter Form vorhanden, freilich mehr im Ablauf des Schicksals der Wesen, der Dinge und Ereignisse, als in dem der Welt selbst; sie wird in Begriffen erkennbar, die eine Idee des Fortschritts ausdrücken, wie zum Beispiel *hua,* »verwandeln«, *xiu,* »sich kultivieren«, *bian,* »Veränderung, Metamorphose«, und *lian,* »Reinigung«; sie spielen innerhalb des Taoismus eine wesentliche Rolle und stellen die Existenzberechtigung seiner Disziplin dar: Eine fortwährende Erneuerung ist am Werk, die sich in den aufeinanderfolgenden Wandlungen ausdrückt, welche die unterschiedlichen Gestalten der Wahrheit annehmen, in den unaufhörlich sich verwandelnden Erscheinungen der Gottheiten und in dem Konzept einer fortschreitenden Bildung des menschlichen Individuums, das innerhalb seiner Lebenszeit selbst den

Weg zu einer finalen Aufzehrung befindet; diese bildet gleichsam eine Vollendung des »göttlichen Auftrags« *(ming)*, der ihm vom Himmel übertragenen Aufgabe der Vervollkommnung. Dieses Fortschreiten ist freilich auch eine Rückkehr. Da Zeit und Welt der Taoisten zyklisch konzipiert sind, erlauben sie einen Wiederbeginn, eine Wiedergeburt; die Zeit ist eine Zeit der ewigen Verwandlungen, und ebenso ist es die Welt. Die Besonderheit dieser kreisförmig verlaufenden Zeit ist es, so wird klar und deutlich verkündet, reversibel zu sein, und damit steht sie, so die Taoisten, im Gegensatz zur gewöhnlichen Zeit der Menschen, die ohne Umkehr verläuft und sich vektoriell auf ein Ende zu bewegt, den Tod.

Gleichwohl handelt es sich nicht um einen geschlossenen Kreis, sondern vielmehr um eine Vielzahl von Kreisen; zahlreiche Welten sind es, und hier öffnet sich die geschlossene Welt zur Unendlichkeit. Ihr Ineinandergreifen erlaubt es, vom Größten zum Kleinsten, vom Zentrum an die Peripherie zu gelangen und umgekehrt. Das Zentrum ist ein bewegliches, das nicht Einzigartiges darstellt, von dem man sich entfernt oder dem man sich nähert, das sich zur unauffindbaren Unendlichkeit öffnet, trotzdem aber eine wesentliche Koordinate bildet. Hierin besteht vielleicht einer der Unterschiede zwischen diesem Denken und dem des Yin-Yang und des *Yi jing*, von dem es, was den Begriff der Mitte angeht, soviel übernommen hat; sie ist hier maßgebend, wohingegen für das *Yi jing* der Ausgangspunkt vorrangig ist. Diese Unterscheidung gilt es freilich zu nuancieren: Diese Mitte bildet für die Taoisten auch der Ursprung, und der Weise des *Yi jing*, derjenige, der die erste Bewegung der Dinge kennt, befindet sich in der Mitte; der Unterschied ist nur mehr ein tendenzieller.

Diese Welt ist eine durch Zentrierung und Ausstrahlung geordnete, im Gegensatz zu jener des Konfuzianismus, die mittels Organisation und Verteilung in einer mehr pyramidenartigen als kreisförmigen Weise Ordnung errichtet.

Zwei divergierende Darstellungsweisen der Beziehung von der Einheit zur Vielheit veranschaulichen den Unterschied: als konzentrische Kreise und eine uranfängliche Einheit, welche die Zweiheit *hervorbringt*, dann die Drei, und dann nur mehr die gegliederte Vielheit, die sich in Entsprechung zu symbolhaften Zahlen entfaltet bei den Taoisten; für die Neokonfuzianer, im Anschluß an Shao Yong, der in diesem Punkt Zustimmung von Zhu Xi erhält, in linearen Schichten angeordnete Rechtecke, die in der Weise übereinandergelagert werden, daß sie eine Pyramide bilden und eine uranfängliche Einheit, die sich durch wiederholte Teilung vervielfältigt und entsprechend einer geometrischen Reihe von der Eins zur Zwei, dann zur Vier, Acht usw. verläuft. Dieser Unterschied spiegelt sich auch im Konzept der Gesellschaft wider, die mehr hierarchisch bei den Konfuzianern und mehr von Gleichheit geprägt bei den Taoisten ist.

Die Stellung des Taoisten innerhalb des Kosmos

In dieser von ihm konstruierten dynamischen Welt stellt sich der Taoist in den Mittelpunkt und tritt als Demiurg auf: Indem er einordnet, verbindet, bestimmt und benennt, verleiht er dem Kosmos Bedeutung, nicht um in ihn einzugreifen, sondern um sich in ihn zu integrieren und aus ihm einen Entwurf und ein Instrument des Denkens zu machen. Als solches ist sein Werk ein Akt der intellektuellen Erkenntnis und der Aufforderung, das den Geist und das Sein modifiziert, und es stellt eine Verbindung her zwischen der Realität und dem in der Interrelation und Interaktion sinnstiftenden Individuum.

Das Bemühen um das eigene Heil besteht darin, zu dem im Zentrum lokalisierten Ausgangsfeld zurückzukehren, um die Welt am Tag ihrer Entstehung neu zu beginnen und ihrer Entwicklung in der richtigen Ordnung und Richtung zu folgen. Die Rückkehr zum Ursprung, Lao zi ist in dieser Hinsicht eine ergiebige Quelle für Zitate, gehört zu den konstanten Leitmotiven des Taoismus aller Schulrichtungen: »Rückkehr zum Geburtsort«, »Rückkehr zum Einen«, »Rückkehr zum ursprünglichen Vater und zur ursprünglichen Mutter«, »Rückkehr zur Perle«, die am Anfang der Welt war, Rückkehr zu dem »Zustand, bevor es Himmel und Erde gab«, zurückkommen zu dem Augenblick, in dem Bewegung und Unbewegtheit miteinander vermischt sind, wo alles sich zugleich erzeugt, sich unaufhörlich regeneriert und reorganisiert.

Gemäß dem von Yin-Yang und den fünf Wandlungsphasen ermöglichten umfassenden und relationalen Schema konstruiert der Taoist eine systematische Ganzheit, eine begrenzte Welt, die für ihn exemplarischen Charakter hat und ihm als Vorlage für Erkundungen dient; häufig wird sie sogar durch ein Diagramm abgebildet, eine Art symbolischer, aus raumzeitlichen Richtlinien zusammengesetzter Darstellung, in der unter anderem insbesondere astronomische und numerologische Koordinaten verwendet werden. Gleichsam als Kartograph und Landvermesser markiert er das Gelände, zeichnet die Grenzen ein, d. h. die Begrenzungen als Orte des Durchgangs und des Austauschs und stellt Zeit und Raum in einfachen geometrischen Schemata dar: Viereck, Achteck und Kreis (um die Abfolge von der Erde bis zum Himmel zu nennen). So ausgestattet mit dieser einfach darzustellenden operativen Gliederung, die sich auf mehreren homologisierbaren Stufen anwenden läßt, belebt er sie mit Göttern und unterschiedlichen, von ihm in konkreter Weise gebrauchten Bildern und führt die Dimension des Werdens ein.

Denn beständig zieht er auch die Öffnung, die Übersteigung, das Unvorstellbare, die Transzendenz des immanenten Tao, den Glauben an Unsterblichkeit, an eine andere Welt, eine andere Wirklichkeit und einen anderen Körper in

Betracht. In dieser Hinsicht bildete der Taoismus lange Zeit, bis zum Auftreten des Neokonfuzianismus (ungefähr im 11. Jahrhundert) – und von dem Zeitpunkt an, als dieser konkret in das chinesische Denken eingriff, also ungefähr seit dem 4. Jahrhundert, mit dem Buddhismus – eine Ergänzung zum klassischen Konfuzianismus, der das Phantastische, das Unerklärliche, das Ferne (*yuan*, semantisch nahe verwandt mit *xuan*, »Geheimnis«), das Unglaubliche und Außergewöhnliche, das für die Chinesen so etwas wie eine taoistische Färbung besaß, von sich wies; auch dies ist ein Gebiet, in dem man auf die Schwierigkeit stößt, den Taoismus abzugrenzen und ihn von einfachen volkstümlichen Glaubensvorstellungen freizumachen.

Dort ist es, wo der taoistische Himmel, sein Pantheon und sein Paradies ihren Ort haben. Seine Welt ist zur Mitte, aber auch in der Höhe orientiert, die beide nurmehr eins bilden. Der Taoist konstruiert die Mitte und stellt sich in sie hinein, freilich muß er auch die Verbindung zwischen oben und unten sichern und auf- und niedersteigen, was er unter Benutzung verschiedener symbolischer Hilfsmittel, beispielsweise deifizierter kosmischer Instanzen oder der Trigramme bewerkstelligt.

Indem er eine Bewußtwerdung seiner Einfügung in diese Welt durchläuft, in die er sich einordnet, über die er gebietet, die er sich erringt, die er assimiliert und mit der er sich in Einklang bringt, findet er durch und jenseits der Welt das Prinzip. Durch Kontemplation seiner selbst und indem er sich in das ausgerichtete geometrische Schema stellt, das den Kosmos als eine Art Mandala darstellt, gelingt es ihm, sich in bezug zur Weltachse in korrekter und ritueller Weise zu identifizieren. Oder: Indem er das Prinzip wiederfindet, findet er die Ordnung der Welt und die Bedeutung seiner eigenen Beziehung zur Welt wieder. Beide Bewegungen verlaufen gleichzeitig. Um sich die Welt aneignen und sich mit sich selbst aussöhnen zu können, gilt es, diese Welt zu beherrschen, als Voraussetzung für das Wiederfinden des

Prinzips aller Dinge im Selbst, in der Welt und jenseits von ihr, und zugleich gemeinsam zum Prinzip zurückzukehren, um das gesamte Universum auf eine kohärente Weise verstehen und integrieren zu können.

Die seitens des Konfuzianismus (insbesondere des Neokonfuzianismus) an den Taoismus gerichtete Kritik zeugt so von einem Fehlverständnis, das ihm vorwirft, er habe einen Abgrund zwischen der inneren und äußeren Welt geöffnet[7], diese verherrlicht und jene erniedrigt, während das Ziel des Taoismus es doch ganz im Gegenteil ist, auch wenn er mit dem Inneren beginnt, innere und äußere Welt eng miteinander zu vereinen; die äußere Welt wird zunächst als Natur, Kosmos und die natürliche Welt und erst an zweiter Stelle als menschliche Gesellschaft begriffen.

Der Pantheon

Der sehr umfangreiche taoistische Pantheon ist im Lauf der Jahre unaufhörlich angewachsen; so hat jede Schule, jede Offenbarung ihre eigenen Gottheiten zu den alten, die beibehalten wurden, hinzugefügt. Bereits im 5. Jahrhundert, also Tao Hongjing (siehe Kap. Der Shangqing-Taoismus) als erster versuchte, eine Liste der Shangqing-Gottheiten aufzustellen, umfaßte diese mehr als achtundzwanzig Seiten. Die folgenden Verzeichnisse wurden in großem Umfang erweitert. Wir werden also nicht den Versuch unternehmen, eine Vorstellung von diesem Pantheon zu vermitteln, sondern uns auf einige allgemeine Bemerkungen beschränken.

Bis auf einige wenige Ausnahmen, die sich in dem Maße vermehren sollten, wie der Taoismus einen mehr volkstümlichen Charakter annahm und sich in der Masse verlierende Lokalheilige oder legendäre Heroen eingegliedert wurden, sind die taoistischen Gottheiten von impersonaler Natur. Abgesehen von Lao zi und im Gegensatz zu den Volksheiligen haben sie keine Geschichte, wenn sie nicht gar rein vergeistigt, himmlisch und impersonal sind[8], und unterscheiden sich mehr durch ihre Titel als durch ihre Namen. Sie stellen eher eine Inkarnation von Funktionen als Individuen dar. Selbst wenn sie eine Genealogie besitzen, wie z. B. die Töchter der Königinmutter des Westens, so wird von ihnen doch gesagt, sie seien, im Gegensatz zu den Geistern der Toten, durch »Verwandlung des Ursprungs-Qi« und nicht aus einem Embryo geboren. Eine Unterscheidung gilt es gleichwohl zwischen den Göttern des Rituals und den Körpergottheiten zu machen; letztere gewinnen, auch wenn sie von gleicher Natur sind wie jene, aufgrund ihrer Funktion gleichwohl doch größere Vertrautheit und Nähe. Die Götter des Rituals sind im allgemeinen entweder abstrakte Instanzen oder Hypostasen von Naturkräften, darunter die alten Gottheiten der Erde, der Flüsse, des Regens etc. Im Ritual traten allmählich drei große Gottheiten hervor, die als eine Verkörperung der höchsten Triade gelten; es sind dies die »Drei Reinen«, der Yuanshi tianzun (der »Himmelsehrwürdige des Uranfangs«), der Tao jun (Herrscher Tao) und der Lao jun (Herrscher Lao); bei diesen handelt es sich um nichts anderes als um eine Verwandlungsform der drei »Herrscher«, der Schutzpatrone der drei großen Teile des taoistischen Kanons, die in enger Verbindung zu der altüberlieferten und grundlegenden Triade der »Drei-Einen« *(sanyi)* bzw. der »Drei Uranfänge« *(sanyuan)* stehen.

Gleichwohl gilt es, eine grundlegende Unterscheidung deren Auswirkung wir im Ritual antreffen werden – zwischen den Göttern, über die der Adept Macht hat, und jenen, denen er Respekt zollt, zu machen. Die Situation des Adepten und des Priesters ist eine zweifache: Zum einen ist er der Herrscher über gewisse Götter, die er versammelt und sich dienstbar macht, zum anderen ist er ihnen gegenüber Bittsteller und empfängt von ihnen Heiligung. Gegenüber den von ihm befehligten Göttern befindet er sich in der gleichen Situation wie der Kaiser gegenüber seinen Beamten und bestimmten Gottheiten; dies gilt aber nicht, ebensowenig wie für den Kaiser gegenüber Shangdi (»dem Herrscher in der Höhe«)[9], in bezug auf die großen Himmelsgötter (die keine festgelegte Funktion erfüllen).

Alle Gottheiten bilden indessen nur mehr eine einzige, oder, nach einer anderen, gleichbedeutenden Formulierung, sie sind sämtlich aus einer einzigen Instanz, dem Tao, hervorgegangen. Ihre Vielheit stellt die fortschreitende, von dem Ungeformten und ursprünglichen Einen ihren Ausgang nehmende Differenzierung aller Dinge dar, die sich in der gleichen Weise vollzieht wie die des Kosmos, von der Eins zur Drei, zur Vier oder Fünf usw. bis hin zur Zwölftausend und mehr.

Die Gottheiten befinden sich entweder im Körper des Adepten, gehen in diesen ein oder kommen aus ihm heraus; es gibt solche, die aus ihm hervorgehen, wie beispielsweise die vier heraldischen Tiere der vier Himmelsrichtungen (Drache für den Osten, Tiger für den Westen, Phönix für den Süden und die von einer Schlange umschlungene Schildkröte – oder der dunkle Krieger – für den Süden), die bisweilen freilich in umgekehrter Richtung von den vier Polen kommen, um in die Kammer des Gläubigen einzutreten. Von Bedeutung ist das Kommen und Gehen, in dem die Kommunikation zwischen innen und außen ihren Ausdruck findet.

Die Taoisten und die Gesellschaft

Mehr als ein Glaube oder eine Lehre ist der Taoismus eine Praktik. Vielleicht ist es das, was ihm einen besonderen Charakter verleiht. Im Verlauf der Jahrhunderte bleibt er immer eine Angelegenheit von Eingeweihten, respektvollen Besitzern geoffenbarter Bücher, die nicht im Volk verbreitet werden. Er kennt keine Predigt und reagiert nur mehr auf

Bedarf. Der Taoismus bleibt die Sache von Individuen, von Priestergeschlechtern sogar. Aus diesem Grund behält er, gleichsam als Kennzeichen, einen Elitismus und eine Marginalität selbst bei seinen Aktivitäten inmitten des Volkes bei. Er entwickelt sich in einer Welt für sich, die jener gleicht, die er in seinen Meditationen und in seinem Ritual erschafft; eine Welt immer am Rand der Gesellschaft, in sie integriert, jedoch von einer anderen, sie transzendierenden Welt Zeugnis gebend.

Die Welt der Taoisten ist vor allem die natürliche Welt, die Welt der Natur mehr als die der Gesellschaft. Dafür sind die Taoisten bekannt; sie sind es, häufig in abgelegenen Bergen lebende Eremiten, die in gewisser Weise die Chinesen gelehrt haben, die Landschaft mit jener Sensibilität wertzuschätzen, wie man sie kennt. Weitaus komplexer ist ihre Haltung gegenüber der menschlichen Gesellschaft. Ji Kang, Ge Hong und viele andere auch bekannten besonders in Zeiten, die von politischen Unruhen geprägt waren, daß man sich nicht der Suche nach Unsterblichkeit widmen kann, wenn man bei Hof lebt. Dongfang Shuo, der »auf die Erde verbannte Unsterbliche«, weilte als Berater am Hof des Kaisers Wu der Han und vertrat die Ansicht, daß die Unsterblichkeit überall zu finden sei. Es gab, wie zu sehen sein wird, taoistische Meister, die bei den Kaisern eine wichtige Rolle spielten, wohingegen andere, und dies stellt ein klassisches Thema in den Hagiographien dar, sich weigerten, dem Ruf des Kaisers an den Hof zu folgen, indem sie eine Krankheit als Vorwand benutzten. Andere wiederum stellten sich über die Gesellschaft und die höchste menschliche Autorität, so der »Alte vom Flußufer«, Heshang gong, der dem Kaiser den Beweis erbrachte: Als dieser ihm vorwarf, seinem Befehl nicht Folge geleistet zu haben, erhob sich Heshang gong zu dessen Belehrung in die Luft, um zu zeigen, daß er hinfort nicht mehr der kaiserlichen Autorität unterstehe. Einige weihten die Kaiser in die taoistischen Geheimnisse ein, andere, und weitaus größere, wie z. B. Ye

Fashang (ca. 614–720) oder Chen Tuan (ca. 906–989), weigerten sich, dem Ersuchen des Herrschers nach Unterweisung in die Geheimnisse der Alchemie nachzukommen, indem sie entweder antworteten, daß die Suche nach dem Stein der Weisen vergeblich und gefährlich sei oder aber nicht die Angelegenheit eines Herrschers darstellte.

Allem Anschein zum Trotz bestand de facto immer eine gesicherte Verbindung zwischen den Übungen zur inneren spirituellen Vervollkommnung und dem öffentlich ausgeführten, zur Befriedung sowohl der Gemüter des Volkes als auch des Herrschers dienenden Ritual; hiervon zeugt das Werk eines Bo Yuchan, der zugleich Großmeister der inneren Alchemie und ein großer Ritualist war. Es wird leicht sein zu erkennen, daß für einen großen Teil des Taoismus der Weg zu einer universellen Ordnung über die Ordnung des Reiches und der Gesamtheit der Menschen führt, auch wenn die angewendeten Mittel in den einzelnen Strömungen von Grund auf verschieden sein konnten: eine weise Verwaltung und die Rolle als Ratgeber des Kaisers oder ein Laisser-faire, welches sich auf die Tatsache beruft, daß Ordnung sich natürlich errichtet, wenn die Menschen nicht eingreifen, oder aber auch große rituelle Sühnezeremonien. Häufig ist es als Aufgabe des Taoismus erkennbar geworden, zugleich und in derselben Bewegung die Ordnung von Individuum und Reich herzustellen (was seinen Ausdruck in dem geläufigen Grundsatz *zhishen zhiguo,* »sich selbst ordnen und zugleich das Reich regieren«, findet). Der einem Kaiser überlieferte Kommentar des Heshang gong zum *Daode jing* stellt eines der berühmtesten Beispiele für die praktische Umsetzung dieses doppelten Prinzips dar und hat bei den Kommentatoren des Werkes Schule gemacht.

Grundsätzlich besteht auch eine enge Affinität zwischen dem Kaiser und dem taoistischen Meister, eine Affinität, die sich in der chinesischen Geschichte häufig gezeigt hat. Wie wir sehen werden, waren die Taoisten im Besitz von heiligen Objekten, denen eine ähnliche Natur eignete wie den als

Garanten der Legitimität der kaiserlichen Macht fungierenden Palladien; von ihren Talismanen heißt es, sie seien ihnen von mythischen Herrschern verliehen worden, wodurch sie in gewisser Weise zu deren geistigen Nachfolgern wurden. Die Einsetzung eines taoistischen Meisters ist mit jener der Kaiser vergleichbar, denn sie stellt ihn als Herrscher über die Menschen in die Mitte der Welt und setzt ihn mit den himmlischen Mächten in Verbindung; sie vollzieht sich nach einem bis in die Zhou-Zeit zurückreichenden Ritus, der seine Wurzeln in den feudalen Riten der geschworenen Allianz mit der Übertragung von Macht hat.[10]

Schließlich ist es die volkstümliche Berufung einer bestimmten Schicht im Taoismus, die ihn in die Rolle eines Vermittlers zwischen Herrscher und Volk stellt, das gemäß der chinesischen Lehre als Sprachrohr des himmlischen, die höchste Macht legitimierenden Willens gilt. Mehrfach sahen sich taoistische Meister veranlaßt, die Macht des Kaisers oder einer neuen Dynastie zu bestätigen, indem sie ihnen durch eine feierliche Inthronisation offiziell zugleich moralische und religiöse Unterstützung gewährten[11].

Ein Demiurg in seiner Kammer und ein Prinz vermöge seines Körpers, spielt der Taoist als zelebrierender Priester im Ritual auch eine Rolle, die der des Herrschers im Reich und seinen Repräsentanten vergleichbar ist: Diese sind »Kultbeamte«, die sich die rechte Ordnung sowohl in der Domäne der Menschen als auch in der Natur zur Aufgabe machen, indem sie Naturplagen, Rebellionen und Überschwemmungen oder auch bösartige Geister abwenden. Die Rolle des Taoisten als Exorzist ist ein Teil der vormals den Regierenden, Kaisern oder Präfekten übertragenen Funktion, das Volk gegen Angriffe, die es von seiten der Geister zu erleiden hatte, zu schützen, wenn diese ihm Krankheiten schickten oder Naturkatastrophen entfesselten.[12]

Die taoistischen Priester sind und waren immer auch ein wichtiges Element im Leben des Volkes, dem sie durch ihre Exorzismen, ihre Rituale und Therapien in seinem Kampf gegen Dämonen und Krankheiten ein Moment der Sicherheit vermittelten. Zahlreich sind die in Romanen oder in realistischen Anekdotensammlungen wie dem *Yijian zhi* von Hong Mai (1123–1202) bewahrten Zeugnisse für die Gegenwart und das häufige Eingreifen der taoistischen Priester in das Volksleben, auch wenn diese als korrumpierte Wüstlinge dargestellt werden.

Die natürliche Neigung des Taoismus zu einer gewissen, zuweilen anarchistischen Marginalität, die neben seine zu jeder Zeit mit den Schichten des Volkes unterhaltenen Verbindungen und seinen Anspruch auf Sicherung der Weltordnung tritt, schuf eine Mischung, die ihn mehrmals zum bevorzugten Nährboden für zumeist gegen übermäßige Steuereintreibungen gerichtete Aufstände machten, die von taoisierenden Lehren angeführt wurden. Der erste dieser Aufstände war jener der Fünf-Scheffel-Reis-Bewegung (siehe Kap. »Die Himmelsmeister«), dem andere, wie der des Sun En im Jahr 399 und der des Zhong Xiang im 12. Jahrhundert, gefolgt sind. Sie haben zu einem Mißtrauen gegenüber dem Taoismus seitens der Herrschenden beigetragen, ein Mißtrauen, das diese häufig dazu geführt hat, ihn in Verruf zu bringen und herabzusetzen, indem er als ein Sammelsurium an abergläubischen Vorstellungen und magischen Praktiken dargestellt wurde.

Die Welt des Taoisten ist zugleich eine »rationale« Welt, d. h. nach einem logisch begreifbaren System organisiert, insofern als sie strukturiert ist; zum anderen ist es auch eine symbolische Welt, da sie an das symbolische Denken appelliert. Der Mythos spielt im Taoismus hingegen eigentlich kaum eine Rolle, auch wenn einige alte Mythen in ihn integriert worden sind und der des Heiligen, dem eine zentrale Stellung zukommt, dabei die Ausnahme bildet. Der Kombination der verschiedenen Tendenzen, aus denen er gewebt ist – Traum, Struktur, Symbol –, hat der Taoismus es zu vedanken, daß er sowohl mit der Entstehung und der Entwicklung der chinesischen Wissenschaft – Medizin,

Astronomie, mathematische Spekulationen – als auch mit der Literatur und den Künsten enge Beziehungen unterhält. Geleitet von seiner totalisierenden Weltanschauung hat er die verschiedensten Tendenzen der chinesischen Kultur miteinander verbunden, deutlich werden lassen, wieder aufgegriffen und verarbeitet, hat sie gesammelt, amalgamiert, und dadurch bewahrt, daß er diese unterschiedlichen Richtungen, Lao zi und Zhuang zi, die »Spezialisten der Methoden«, die als Ahnherren des wissenschaftlichen Denkens in China gelten, den Mythenschatz Chinas, bestimmte buddhistische und auch konfuzianistische Ideen, in eine Ordnung gebracht hat, ohne je seine Identität und den ihm eigenen Zusammenhalt aufzugeben. So konnte der Taoismus eine Art ständig wirksamer Kraft darstellen, die in Fortführung des während der Han-Dynastie begonnenen Werks eine Koordination und Synthese der chinesischen Traditionen bewirkte und zunehmend neue Elemente in dem Maß integriert hat, in dem sie in Erscheinung traten. Er hat die gesamte chinesische Zivilisation durchtränkt, nicht nur, wie man weiß und wie es ausführlich dargestellt worden ist (gleichwohl es auf diesem Gebiet noch viel zu tun gibt), Poesie und Malerei, sondern auch den Chan-Buddhismus (Zen in Japan) und mehr noch, was zu oft ignoriert worden ist, das Denken; dies insbesondere durch die Art, wie er den Begriff der Leere behandelt, die Figur des Heiligen verherrlicht und lebendig macht, durch seine Lesart des *Yi jing*, mit dem er stets wohlvertraut blieb, und die symbolische und aktive Anwendung des Wechselspiels von Yin und Yang, der Trigramme und Hexagramme.

Wir haben es uns in der vorliegenden, bewußt knapp gefaßten Geschichte des Taoismus zur Aufgabe gemacht, die Genealogie dieser religiösen Tradition hervorzuheben, zugleich die Heterogenität der Faktoren, die durch die Diskontinuität der Epochen hindurch im Spiel sind, aufzuzeigen und auch die Kohärenz seiner Entwicklung, die konstante Bewegung der Wiederaufnahme des Erreichten sowie sein Fortschreiten, in dessen Verlauf neue Elemente integriert wurden, darzustellen. Unsere Absicht war es vor allem, die großen Linien der Entwicklung seiner Lehren nachzuzeichnen und weniger die Tatsachen aufzufinden, die seine Geschichte geprägt haben. Eine Ereignisgeschichte des Taoismus, die sich beim gegenwärtigen Stand der Forschung freilich kaum mehr als skizzieren ließe, muß noch geschrieben werden. Die offiziellen chinesischen Historiographen belegen das Thema nahezu vollständig mit Stillschweigen, wurde doch der Taoismus im Verhältnis zum offiziellen Kult als zweitrangig und mit Ausnahme der großen vom Kaiser angeordneten Zeremonien als eine private Angelegenheit angesehen, so daß er keinen Platz in den wesentlich den Berichten über die offiziellen politischen Ereignisse gewidmeten Dynastiegeschichten fand.

Lediglich die hervorstechendsten Phänomene konnten festgehalten werden, und dies, so der gebotene Grundsatz, zum Preis von zahlreichen Opfern, um nicht die Darstellung eines noch wenig bekannten Themas schwerfällig werden zu lassen und zu überfrachten, eines Themas, das bisher Gegenstand noch keiner einzigen Ausarbeitung im Rahmen dieses Genres gebildet hat und für dessen Darstellungen wir uns mit Verkürzungen abzufinden hatten. Die vorliegende Geschichte des Taoismus hofft gleichwohl, dem interessierten Leser durch die in Form von bibliographischen Angaben am Ende eines jeden Kapitels gegebenen Verweise auf eingehendere Studien zu bestimmten Aspekten als ein Leitfaden dienen zu können. Erwähnt werden lediglich die in westlichen Sprachen veröffentlichten Arbeiten, doch wird es ein leichtes sein, anhand dieser die in Chinesisch und Japanisch abgefaßten Studien aufzufinden.

Der Leser wird erkennen, wie wiederkehrende Themen, den Epochen und unterschiedlichen Strömungen entsprechend, auf verschiedene Weise behandelt werden, Themen wie die höchste Wahrheit, Unsterblichkeit, der Heilige, Entstehung und Ende der Welt, die Vergeltung für Gutes und Schlechtes, die Darstellung der Himmel und Höllen, die Beziehung zwischen Körper und Geist, zwischen den Lebenden und den Toten, Mensch und Gesellschaft, zwischen mystischer Erfahrung und der sozialen Erscheinungsform einer Religion etc.

Der Plan, dem wir gefolgt sind, ist von dem Bemühen diktiert, die Entstehung der unterschiedlichen Tendenzen aufzufinden. Es handelt sich um einen zugleich chronologischen und thematischen Plan, in Anbetracht der Art und Weise, wie die Entwicklung des Taoismus verlaufen ist, freilich um den einer fließendne Chronologie, hat er doch nie aufgehört, parallel zur Assimilation neuer Ideen die alten Vorstellungen weiterzuentwickeln. So wird die Bewegung der Himmelsmeister, die sich chronologisch als erste strukturiert hat, zu Beginn behandelt (Kap. »Die Himmelsmeister«), doch besteht sie bis in unsere Tage weiter fort. Die Shangqing-Schule (Kap. »Der Shangqing-Taoismus«) hat im 4. Jahrhundert Gestalt angenommen, ihre Glanzzeit jedoch unter den Tang (618–907) erlebt. Das Lingbao (Kap. »Das Lingbao«) trat wenig später in Erscheinung, hat freilich unter seiner Ägide ein gewaltiges Ritual hervorgebracht, das einen Teil desjenigen der Himmelsmeister aufgreift, um sich dann in der Song-Zeit (960–1279) weiter auszubauen. Die sich während der Tang-Dynastie herausbildende Konsolidierungsbewegung und der zur gleichen Zeit erkennbar werdende Einfluß des Buddhismus (Kap. »Das Zeitalter der Tang«) waren im Verlauf des 5. Jahrhunderts entstanden bzw. hatten, was letzteren betrifft, im 4. Jahrhundert begonnen. Die innere Alchemie, deren Entwicklung vor allem in die Zeit der Song- und Yuan-Dynastie (also vom 10. bis zum 14. Jahrhundert) fällt, hatte sich bereits im 8. und 9. Jahrhundert angekündigt und besteht in der Gegenwart fort. Trotzdem entspricht die Reihenfolge durchaus einer tatsächlichen Chronologie und gestattet es, die großen Tendenzen und ihre Abläufe zu beleuchten.

Man wird also dieses Werk lesen und dabei im Bewußtsein behalten, daß die unterschiedlichen Strata, aus denen die Substanz des Taoismus gebildet ist, sich ständig überlagern, daß jede der Strömungen, entsprechend ihres Erscheinens, die Merkmale der vorangegangenen bewahrt und häufig im Keim das beinhaltet, was die folgenden entwickeln werden; auch wird man nicht vergessen, daß es ständig zu Entlehnungen der Strömungen untereinander kommt. Jede der gebräuchlichen Praktiken und jedes der Hauptthemen ist im Rahmen derjenigen Schule dargestellt, in der sie die wichtigste Entwicklung erfahren hat oder der ihre bedeutendsten Initiatoren entstammen; dies bedeutet freilich nicht, daß sie jemals den exklusiven Gegenstand nur einer Schule gebildet hätten. So gewinnt die rituelle Rezitation von Texten mit der Lingbao-Bewegung an Bedeutung, doch existierte sie bereits seit den Anfängen der Himmelsmeister und spielte weiterhin eine Rolle innerhalb des Shangqing-Taoismus. Die Praktiken des Exorzismus sind vor allem eine Angelegenheit der Himmelsmeister, doch sind auch bestimmte Schriften des Shangqing dazu bestimmt, Dämonen auszulöschen und zu jagen, was der Vorbereitung für andere, diese Strömung weitaus mehr kennzeichnende Praktiken, gedient hat. Die therapeutischen Methoden der Himmelsmeister sind charakteristisch für diese Richtung, finden sich freilich auch in den anderen Schulen, und ihre Dämonologie, weit davon entfernt, aufgegeben zu werden, erfährt innerhalb der gesamten Geschichte des Taoismus eine Weiterentwicklung. Es waren die Himmelsmeister, die den Kampf gegen die Volkskulte eröffneten, der in der Zeit der sechs Dynastien gleichwohl ebenso fortgesetzt wurde wie unter den Tang und auch später. Die Methoden zur Erlangung der Unsterblichkeit existierten zu allen Zeiten und in allen Schulen; sie werden ausschließlich im Kapitel über »Ge Hong und seine Tradition« deshalb behandelt, weil es jener Strömung gewidmet ist, die ihnen am meisten Platz eingeräumt hat.

Die Zeit der streitenden Reiche (4.–3. Jahrhundert v. Chr.)

Der philosophische Taoismus: Lao zi und Zhuang zi

Wir werden innerhalb dieser Rubrik nur Lao zi und Zhuang zi behandeln, die als die »Väter des Taoismus« bezeichnet werden, Lie zi jedoch ausschließen, da das Werk mit diesem Titel Texte sehr unterschiedlicher Datierungen umfaßt und tatsächlich erst um das 3./4. Jahrhundert n. Chr. redigiert wurde, und zudem nichts beiträgt, was für die Entwicklung des Taoismus von Bedeutung gewesen wäre.

Lao zi

Lao zi, von dem man nicht weiß, ob er gelebt hat, und der, so die Legende, Archivar und Wahrsager am Ende der Zhou-Dynastie gewesen sein soll, besitzt innerhalb des Taoismus einen zweideutigen Status. Wird er von einigen auch als der »Vater« des Taoismus betrachtet, so ist er für andere doch nur mehr ein Weiser oder Heiliger neben anderen. Andererseits gehört er als Gottheit zur Triade der höchsten Götter des liturgischen Taoismus, und seine Gestalt findet durch bedeutungsvolle Legenden Bereicherung. Darüber hinaus wird das ihm zugeschriebene *Daode jing* beständig zitiert, insbesondere in Texten über Atemtechniken und solchen der inneren Alchemie. Hieraus läßt sich als Schlußfolgerung formulieren, daß Lao zi, wenn er auch nicht die beherrschende Figur des Taoismus ist, wie es bestimmte westliche Gelehrte glaubten, so doch eine seiner wichtigsten darstellt und daß das *Daode jing* eine wesentliche Quelle der Bezugnahme bildet.

Hält man sich an dieses Werk, dessen Redaktion wohl in das Ende des 4. oder den Anfang des 3. Jahrhunderts v. Chr. zu datieren ist, dessen Textgestalt dann im 3. Jahrhundert n. Chr. (durch die Versionen von Wang Bi und Heshang gong) fixiert und das, in den Rang eines Klassikers erhoben, ab dem Jahr 838 offiziell gelehrt wurde, so stellt sich im Rahmen einer Geschichte des Taoismus die Frage, worin sein Beitrag innerhalb der Gesamtheit der anderen Strömungen des chinesischen Denkens bestand und was davon für den Taoismus bestimmend gewesen ist.

Zuallererst ist es natürlich der Begriff des Tao. Das Wort, das in der chinesischen Sprache einen »Weg« oder eine »Methode«, notfalls auch eine »Lebensregel« oder »Technik« bezeichnet, nahm im *Daode jing* zum ersten Mal die Bedeutung von »letzter Wahrheit« an. Diese letzte Wahrheit ist eins, transzendent: unsichtbar, unhörbar, nicht wahrnehmbar (*Lao zi,* 14), nicht anwendbar und unbenennbar (*Lao zi,* 1), ein Weg ohne Weg, den man begehen muß, um ihn zu erkennen; jenseits von jeglichem Zusammenhang der Differenzierung, jedem Urteil und jeglichem Antagonismus gelegen, ist es neutral: als solches läßt sich einzig auf dem apophatischen Wege Zugang zu seiner Wahrheit finden. Zugleich stellt es aber auch die Quelle allen Lebens dar, es ist fruchtbar (die »Mutter«, *Lao zi,* 1), umfassend und universal (»durchdringend«, *tong*), reich an »Versprechungen« und der einzig gesicherte Bezug (*Lao zi,* 25). Das Tao ist der positive Weg.

Diese herausragende Bedeutung der »letzten Wahrheit« behielt der Begriff des Tao bei, und mit diesem Sinngehalt wird er später innerhalb der gesamten chinesischen Tradition, und nicht nur im Taoismus, häufig verwendet; doch genau mit dieser Bedeutung versehen, gibt er dem Taoismus seinen Namen, und zwar, gemäß der chronologischen Anordnung, zuerst dem »philosophischen Taoismus«, *daojia* (wörtlich: »Schule des Tao«), der im bibliographischen Katalog der *Dynastiegeschichte der Hanshu*, dem ältesten, den wir besitzen, die Werke von Lao zi, Zhuang zi, Lie zi und solche, die sich auf Lao zi beziehen oder in Verbindung mit dem Gelben Kaiser (Huang di) stehen, auf den wir noch zurückzukommen haben, umfaßt, schließlich einige weitere verlorengegangene Texte, über die wir kaum Angaben haben, insgesamt lediglich siebenunddreißig Werke. Eine in dieser Bibliographie enthaltene kurze Darstellung ihrer Lehren definiert diese Schule in Begriffen, die sich durch große Nähe zu den im *Daode jing* verwendeten auszeichnen.

Das *Daode jing* liefert darüber hinaus eine Weltanschauung, die stets das Ideal des taoistischen Weisen blieb; sie ist gegründet auf Gleichmut, den Rückzug von den weltlichen Angelegenheiten, die Ablehnung der etablierten Wertvorstellungen, insofern sie zu sehr erstrebt werden, relativ und partiell, bewußt und künstlich sind, zugunsten einer spontanen Lebensform, die frei ist von jenem tugendhaften Wetteifer, der Rivalitäten und Eitelkeiten hervorbringt. Ließe man nur die Natur in sich und außerhalb seiner selbst wirken, so würde sich die Welt, in der die Hand und der Geist des Menschen nur mehr Störungen verursachen, sehr wohl von selbst drehen. Da es nicht unsere Absicht ist, die Philosophie des *Daode jing* darzulegen, sondern lediglich das zusammenzufassen, was der spätere Taoismus davon beibehalten hat, werden wir uns hier auf die Begriffe des »Spontanen« *(ziran)* und des Nichthandelns oder Nichteingreifens *(wuwei)* beschränken, von denen wir gerade sahen, auf welchen Grundlagen sie beruhen.

Eine kurze Erwähnung der relativistischen Tendenz des *Daode jing* erscheint zudem als angebracht. So sind die Begriffe des Schönen und Häßlichen, des Guten und Bösen, von Sein und Nichtsein, die sich gegenseitig einschließen, einander stützen und sich in ihrer Bedeutung gegenseitig bedingen, antagonistische logische Konzepte, die nur mehr in Wechselbeziehung zueinander existieren, so daß jeder Gegensatz Korrelation und Zugehörigkeit zu einer gemeinsamen Einheit impliziert. Freilich gilt es nuancierend zu bemerken, daß dies keine Besonderheit des *Daode jing* ist, sondern eine der spezifischen Charakteristiken des chinesischen Denkens darstellt, die man z. B. im *Yi jing* findet und die die Grundlage des Denkens der Yin-Yang- und Fünf-Wandlungsphasen-Schule bildet. Was sich in dieser Hinsicht zum *Daode jing* feststellen läßt, ist, daß es aus dieser Feststellung andere Konsequenzen zieht: Während das Denken des *Yi jing* auf der Idee basiert, daß der Mensch durch seine Kenntnis der Gesetzmäßigkeiten der Interaktion von Yin und Yang zukünftige Ereignisse erkennen und diese sogar vermeiden kann, folgert das *Daode jing*, daß ein mittels Gegensatzpaaren sich vollziehendes Denken nicht zur letzten Wahrheit, die eins und ungeteilt ist, vorzudringen vermag. Daher rührt das Gebot: »Gebt alles Denken auf.«

Hiervon abgeleitet ist der Begriff der Leere, der im *Daode jing* in konkreter Weise dargelegt wird: Es ist die zwischengewebliche Leere, die Bewegung erlaubt, und die Leere des Behältnisses, welche Aufnahme bedeutet (*Lao zi*, 11); auf der Ebene des Menschen ist es die geistige und affektive Leere, das Fehlen von Vorurteilen und Parteilichkeit, die ebenfalls ihre Daseinsberechtigung darin hat, daß sie den Dingen erlaubt, voll und ganz zu wirken: Es ist dies eine funktionale und existentielle Leere. Hier finden wir die erste Ausformung einer Konzeption der Leere in China, die sich nachfolgend verfeinern und weiterentwickeln wird.

Die grundlegende, im *Daode jing* dargelegte Lehre, wie sie sich im Taoismus festgeschrieben hat, ist zusammengefaßt die folgende: Die letzte Wahrheit ist eins, sie handelt spontan, ohne daß sie des Eingreifens durch das menschliche Bewußtsein bedürfte; das Denken kann nicht zu ihr vordringen, da es zwangsläufig ein dualistisches ist; man kann zu ihr nur zurückgelangen, indem man sie natürlich handeln läßt. Dies bildet den Ausgangspunkt für die Würdigung der Leerheit und der Entsagung im *Daode jing*. Zum

Vermächtnis des Werkes gehört außerdem das Bild des Heiligen, daß sich ebenfalls beträchtlich bereichern und nuancieren wird. Im *Daode jing* geht es im wesentlichen um den heiligen Herrscher oder um eine Art von Demiurgen, der eine anthropomorphisierte Form des Tao in dem Sinn darstellt, als dieser, unbewegt bleibender Führer der Welt, ihr Heil allein durch sein ungeahntes Dasein, durch sein Nichthandeln garantiert, indem er sich in die eine Mitte stellt.

Dieses Bild des Heiligen verbindet sich im *Daode jing* mit einer nicht allein für Lao zi charakteristischen »primitivistischen« Tendenz, die sich in mehreren Strömungen des chinesischen Denkens wiederfindet und der man nachfolgend im Taoismus wiederbegegnen wird. Ausdruck findet sie in dem Glauben an eine ursprüngliche und ideale menschliche Gesellschaft, in die der Herrscher, hier der Heilige, nicht eingreift, wo das natürliche Gesetz spontan und ohne Behinderungen derart wirksam ist, daß sich die Ordnung zwischen den Menschen und zwischen ihnen und der Natur und dem Himmel auf harmonische Weise einstellt. Kosmogonische Metaphern in Verbindung mit mythologischen Themen, denen des Chaos und der Mutter, laden ein zur Rückkehr in den Schoß der uranfänglichen Undifferenziertheit, in die Kindheit, und, auf sozialer Ebene, in die glückliche und harmonische Anarchie, wie sie ursprünglich bestanden haben soll.

In Kürze war dies eine Zusammenfassung des ideologischen bzw. philosophischen Beitrags des *Daode jing* zum Taoismus. Es gibt freilich eine andere Lesart des *Daode jing*, nämlich jene berühmter Kommentatoren bzw. Kommentare wie Heshang gong (wahrscheinlich 2. Jahrhundert n. Chr.), *Xiang'er* (gegen Ende des 2. Jahrhunderts) und *Jiejie* (späteste Datierung Beginn 4. Jahrhundert), die einem anderen Aspekt des Lao zi, der sich dem gerade besprochenen hinzufügt, ohne ihn in irgendeiner Weise zu entkräften, entsprechen. Man kann das *Daode jing* als das Ergebnis betrachten, zu dem auf der Ebene des Denkens die Praktiken der Langlebigkeit führen, gleichsam als ein theoretisches Traktat, das sich auf diese Praktiken bezieht und an manchen Stellen in kodierter Form auf sie anspielt. Seine unverständlich erscheinenden Formulierungen, wie beispielsweise der »Geist des Tales«, das »dunkle Weibchen« usw., über die sich Kommentatoren und Übersetzer im Verlaufe von Jahrhunderten munter hinweggesetzt haben, lassen, wenn man sie mit den in den letzten Jahren ausgegrabenen archäologischen Dokumenten in Verbindung bringt, die Vermutung zu, daß es sich um Anspielungen auf solche Praktiken handelt. Seine poetische und skandierte Form legt das Vorherrschen der Auffassung nahe, wonach das Werk durch die rhythmische, die praktizierte Übung verstärkende Wiederholung von Rezitationen eine beschwörende Kraft erlangt, und daß es dazu bestimmt war, gesungen und memoriert zu werden, was ja tatsächlich in einigen religiösen Sekten praktiziert wurde. Die aus dem 4. und 3. Jahrhundert v. Chr. datierenden Texte über Langlebigkeit, mit denen uns die archäologischen Ausgrabungen bekannt gemacht haben, führen zu der Annahme, daß diese Art der Interpretation des Lao zi, selbst wenn sie weit davon entfernt ist, erschöpfend zu sein, und keinesfalls seine tatsächliche Bedeutung zu vermitteln vermag, freilich auch nicht ausgeklammert werden darf, denn dies hieße, eine der Dimensionen dieses Werkes sträflich zu ignorieren.

Tatsächlich stützt das *Daode jing* unterschiedliche Interpretationen und verlangt diese auch. A. Waley und R. G. Henricks machen deutlich, wie es mit den Worten spielt, und haben die zweideutige Natur der in ihm verwendeten Sprache hervorgehoben[1], die einer innerhalb des Taoismus immer wiederkehrenden Tendenz entspricht. Das Werk wurde auf ganz unterschiedliche Weise und im Sinne verschiedenster Denkrichtungen verstanden – legistischer, konfuzianischer, buddhistischer und taoistischer. Für unsere Belange freilich gilt es darauf hinzuweisen, daß gewisse taoistische Autoren in allen Jahrhunderten das *Daode jing* aus der eindeutigen Perspektive ihrer ganz unterschiedlichen Praktiken heraus kommentiert, interpretiert und zitiert haben, sei es, daß sich im Taoismus eine Tradition gehalten hat, deren Betrachtungsweise zufolge sich in dem Werk Anspielungen auf Langlebigkeitspraktiken verbergen, oder aber, daß die in ihm enthaltenen obskuren Formulierungen diese in starkem Maße angeregt haben. Seine enigmatischen Wendungen stellten für Interpretationen dieses Genres gleichsam erlesene Textstellen dar. So wurde aus dem »dunklen Weibchen« (*Lao zi*, 6) die Paarung Himmel-Erde, die in die Begriffe der Atemtechniken übertragen, Nase (Himmel) und Mund (Erde) darstellt; der Terminus »das Eine umfassen« (*Lao zi*, 22) diente als Bezeichnung für Meditationsübungen. Der Passus *»Mianmian ruo zun«* aus dem 6. Kapitel des Lao zi (in der Bedeutung »kontinuierlich – wie ein sich abwickelnder Faden – fortwährend«) wurde häufig zitiert, um den fortgesetzten und nicht wahrnehmbaren Rhythmus, den die Atmung annehmen soll, zu veranschaulichen. Bildhafte Ausdrücke wie »das Weiße kennen und das Schwarze bewahren« (*Lao zi*, 28), dieses »Unbestimmte, geboren vor Himmel und Erde« (*Lao zi*, 25), »undeutlich und vage«, in dem sich »ein Bild findet«, »eine sehr verläßliche Essenz« (*Lao zi*, 21) und zahlreiche andere auch, verbanden sich im Denken der Taoisten entweder mit bestimmten Methoden der Meditation oder gewissen Phasen ihrer Askese, oder aber mit grundlegenden kosmologischen und anthropologischen Vorstellungen.

Zhuang zi

Zhuang zi, der sehr wahrscheinlich im 4. Jahrhundert v. Chr. gelebt hat, wird ein Werk zugeschrieben, das seinen Namen trägt und bekanntlich zu den Stiftertexten des Taoismus gezählt wird; freilich hat er wohl nur einen Teil davon selbst verfaßt (nach Ansicht der Mehrheit der Gelehrten, die sich mit dieser Frage beschäftigt haben, die ersten sieben Kapitel), der Rest soll im 3. und 2. Jahrhundert v. Chr. geschrieben worden sein. Das ganze Werk ist einigermaßen heterogen – was sich nach unserer Meinung zum Teil durch seine Absicht erklärt, den Leser irrezuführen –, doch wird es von der chinesischen Tradition als eine Einheit angesehen und als solche rezipiert und studiert. Die Version, die wir heute von diesem Werk besitzen – die Chinesen kannten seither nur diese eine – datiert in die Zeit seines berühmtesten Kommentators, Guo Xiang (gest. 312), der den ursprünglichen Text umgearbeitet und teilweise gekürzt hat. Von dieser Version werden wir ausgehen, um der Frage nachzuforschen, welchen Beitrag das Werk zur Entstehung des Taoismus geleistet hat.

Um uns an diese Perspektive zu halten, müssen wir freilich wesentliche Aspekte des Textes, eines der reichsten und komplexesten, die China hervorgebracht hat, außer acht lassen.

Zhuang zi übernimmt von Lao zi teilweise die Themen der Einheit, der inneren Heiterkeit und der Weltablehnung, die er freilich weiterentwickelt, systematisiert und ihnen mehr Kraft und Anschaulichkeit verleiht. Von Lao zi unterscheidet er sich allerdings durch eine größere Tendenz zur Verinnerlichung: Die soziopolitische Besorgnis verschwindet, das Nichteingreifen hat weder soziale noch politische Konnotationen und wandelt sich zu einem Zustand des Bewußtseins; weitmehr als der Traum von einem goldenen Zeitalter führt das Thema der Rückkehr zur Einheit zu einem Streben danach, mit dem Fluß des Lebens eine Einheit zu bilden. Ein mystisches Element integriert und überragt zugleich den dialektischen Relativismus Lao zis.

Unbestreitbar ist das Bild des Heiligen das wichtigste Glied, das Zhuang zi mit der taoistischen Tradition verbindet. Die dominierende und wahrscheinlich ursprünglichste Eigenschaft dieser Tradition bildet der Glaube an die Existenz von Wesen in Menschengestalt, die unsterblich und mit übernatürlichen Gaben versehen sind. Das Buch *Zhuang zi* ist das älteste Werk, das uns eine lebendige und präzise Beschreibung dieses Heiligen liefert. Während der Heilige bei Lao zi nur mehr eine außerordentliche, schützende und exemplarische Figur darstellt, den einige kurze Textpassagen mit gewissen übernatürlichen Fähigkeiten ausstatten, so nimmt er bei Zhuang zi ein völlig anderes Ausmaß in der Weise an, gemäß unserem Verständnis, daß er den komplementären Pol, den positiven zum negativen Pol bildet, der innerhalb des Werkes in Form seiner gesamten apophatischen, kritischen und sogar zerstörerischen Neigung repräsentiert ist. Auf die von Zhuang zi vorgebrachten Fragen, die er auf der Ebene des Diskurses und der Konzeptualisierung in der Schwebe läßt, stellt der Heilige die einzige, auf einer ganz anderen Stufe, nämlich der theologischen Ebene angesiedelte Antwort dar. Auch hier können wir nur mehr jene Aspekte beleuchten, die für uns auf kennzeichnende Weise die Figur des taoistischen Heiligen vorwegzunehmen und wahrscheinlich zu inspirieren scheinen, und müssen zahlreiche Facetten des Heiligen bei Zhuang zi außer acht lassen.

Eine aus dieser Perspektive vollzogene Analyse der ihn betreffenden Textstellen innerhalb des Werkes ermöglicht es uns, ihn in groben Zügen folgendermaßen zu skizzieren: Zhuang zis Heiliger ist wesentlich charakterisiert durch eine vollkommene physische und geistige Freiheit; er steht jenseits der Welt, er bereist, er durchstreift *(you)* das gesamte Universum; er bildet eine Einheit mit dem Universum in seinem Geheimnis ohne Antwort, in seinem »Jenseits aller Normen«, in seiner Vielfalt, die er sich derart grenzenlos zu eigen macht, daß er daraus eine unerschöpfliche Fähigkeit zu Wandlungen, zu mannigfaltigen Entgegnungen bezieht, ohne gleichwohl seiner einheitlichen und einigenden Identität Schaden zuzufügen. Befreit von jeglicher moralischen, politischen oder sozialen Sorge, von jeder metaphysischen Ungewißheit und jeglichem Streben nach Wirksamkeit, von jedem inneren oder äußeren Konflikt, von jedem Mangel und jeglicher Suche, besitzt er einen freien Geist und lebt in perfekter Einheit mit sich selbst und allen Dingen. So genießt er eine vollkommene, ihm große Macht verleihende Fülle (oder Vollständigkeit, *quan*) und weist eine kosmische Dimension auf.

Demzufolge ist es nur logisch, daß er im Gegensatz zum Heiligen Lao zis nicht herrscht, und sei es auch durch Nichthandeln. Sucht man nach den ihm am häufigsten zugeschriebenen Attributen, so läßt sich feststellen, daß er eins ist, somit »alleine« *(du)* und einzigartig, »echt« (da für Zhuang zi das von außen Abhängige künstlich ist) und »himmlisch« *(tian)*, was als Gegensatz zu »menschlich« auch »natürlich« bedeutet, da der Mensch die Natur mit Bezugspunkten und Werkzeugen überlagert, die einem utilitaristischen Ziel dienen. Er trägt seine eigene Lebensquelle in sich, mit der er nur mehr eins bildet.

Die Beschreibung der Figur des Heiligen, die Zhuang zi in den ersten Kapiteln (die ja als die ältesten gelten) liefert, stellt wohl das frühste Zeugnis sowohl dessen dar, was später den Grundstock aller taoistischen Hagiographien bildet als zugleich auch dessen, was zu einer der stärksten Triebkräfte der taoistischen Suche werden wird. Der Heilige reitet auf dem Wind oder auf »weißen Wolken«; sein Körper verwest nicht, »Feuer vermag ihn nicht zu verbrennen, Wasser ihn nicht zu ertränken«; keine Gluthitze und kein Frost berühren ihn, weder Tier noch Mensch vermögen ihm Schaden zuzufügen (Kap. 6; vgl. auch Kap. 17). Darüber hinaus ist ihm eine Dimension des Kosmischen eigen, die im gesamten Verlauf der Geschichte des Taoismus eine Haupteigenschaft des Heiligen konstituiert. Im Zusammenhang mit diesem Heiligen liefert uns Zhuang zi auch Einzelheiten, die in verblüffender Weise die Existenz von Techniken zur Erlangung der Langlebigkeit in dieser Zeit beweisen: die »göttlichen Menschen« enthalten sich der »fünf Getreidesorten«, sie atmen den Wind und trinken den

Tau, reiten auf Luft und Wolken, lenken fliegende Drachen und wandeln jenseits der vier Meere.

Mit der zuletzt erwähnten Formulierung kommen wir zu einem neuen Element, das im Zhuang zi mehrfach vorhanden, ein spezifisches Charakteristikum des Taoismus bildet: der mystische Flug. Indem Zhuang zi sein Werk mit dem großartigen Flug des gigantischen Phönix beginnen läßt, weist er uns mittels dieses Emblems darauf hin, daß es sich hierbei um ein bedeutendes Thema, ja gleichsam um einen Schlüssel zu seiner Intention handelt. Wir sehen ja wiederholt, wie mehrere seiner Figuren (Zi Qi, Lao Dan, Nie Que, Kap. 2, 21, 22) in einen Zustand der Ekstase fallen und dabei ihren Körper »wie totes Holz« oder »einen Klumpen Erde« und ihr Herz (als dem Sitz sowohl des Intellekts als auch des Gefühlslebens) »erloschener Asche« gleich zurücklassen.

Zhuang zi liefert das mystische Element des Taoismus, daß sich Ausdruck verschafft durch eine Integration in den Kosmos, jedoch nicht in der Weise, wie es innerhalb des nach dem Modell von Yin-Yang und fünf Wandlungsphasen strukturierten Systems geschieht, nämlich mittels der Einrichtung einer raumzeitlichen Anordnung vollzogenen Integration, die auf Unterscheidungen und Beziehungen gegründet ist, welche den Zusammenhang innerhalb der Welt begründen, sondern vielmehr mit dem gesamten Sein. Es handelt sich um eine Integration, die nicht formal und objektiv ist und auch nicht Ausdruck in einer Achtung der Normen, von denen man annimmt, daß sie diese begründen und nach außen hin manifestieren, sondern mehr in einem überreichen inneren Gefühl als dem Ergebnis von Meditation und Ekstase findet; in dieser Hinsicht bringt Zhuang zi ein wesentliches komplementäres Element ein, das nahezu beständig ein anderes, mehr rationales, überlagern wird. Die mystische Erfahrung, an der er teilhat, ist freilich das Ergebnis der praktischen Umsetzung genau jener Übungen, über die er sich aus dem Grunde lustig macht, da es über sie hinauszugehen gilt; er stellt den zugleich ruhmreichen und jubelnden Zeugen für den Erfolg dieser Praktiken und jene Stimme dar, die den Taoisten immerfort in Erinnerung rufen wird, daß sie überwunden werden müssen. Dies wird eine der Aufgaben sein, die er ihnen gegenüber erfüllt: Er repräsentiert die »Ablehnung«, das »Vergessen« dieser Techniken, da er ihren Endpunkt darstellt, der zugleich ihre Abschaffung besiegelt, und in diesem Sinn berufen sich die Meister stets auf ihn als denjenigen, der sie durch Überwindung rechtfertigt.

Zwei Prinzipien werden von Zhuang zi als Grundlagen des Lebens postuliert; ihnen wird innerhalb des Taoismus die gleiche Bedeutung zukommen, was eine Übereinstimmung in der Vorstellung von den Lebensvorgängen beweist: es sind dies *Qi* und Essenz *(jing)*. Zhuang zi war der erste, der schrieb: »Leben ist Ansammlung von *qi;* verdichtet es sich, so bedeutet dies Leben, wenn es sich zerstreut, so ist das der Tod«, eine ständig von Autoren aufgegriffene Formulierung, die deren Herkunft häufig vergessen zu haben scheinen. Bei diesem *Qi*, das weder Materie noch Geist und die einzige Substanz ist, aus der die Welt besteht, handelt es sich um das Ursprungs-Qi der Taoisten, das den Gegenstand der meisten Techniken zur Erlangung der Unsterblichkeit bildet. Das andere Element ist *jing*, ein Terminus, der ganz unterschiedliche Bedeutungen annehmen wird; von ihm gilt es hier festzuhalten, daß Zhuang zi ihm mehrfach Nachdruck verleiht, um zu versichern, daß *jing* »die Grundlage des Körpers« bildet (Kap. 22), der »Heilige es wertschätzt«, daß es gilt, es »vollständig und unbeschädigt zu bewahren« und »nicht in Unruhe zu versetzen« (Kap. 15).

Die von Lao zi gepriesene Ruhe, die Stille und das Freisein von Gedanken werden von Zhuang zi häufig betont. So tritt ein Guang Chengzi auf, um Huang di seinen Rat zu erteilen: »Schau nicht, höre nicht, umfasse deine Geister in der Stille, und dein Körper wird von selbst aufrecht sein; pflege Ruhe und Reinheit, ermüde deinen Körper nicht, und bringe deine Essenz nicht in Unruhe, so vermagst du lange zu leben; wenn deine Augen nichts sehen, deine Ohren nichts hören und dein Herz-Geist kein Wissen hat, dann werden deine Geister deinen Körper bewahren, und dieser erlangt Langlebigkeit; sei achtsam im Innern und verschließe dich nach außen; übermäßiges Wissen führt in den Untergang« (Kap. 11). Das »Fasten des Herz-Geistes« (»Dein Wollen sei eins; höre nicht mit den Ohren, sondern mit dem Herz-Geist; höre nicht mit dem Herzen, sondern mit dem qi«, Kap. 4), die Metapher vom »Spiegel des Herzens« (Kap. 2), der rein und frei von Störung die ganze Welt in ihrer Totalität ohne jegliche Verzerrung widerzuspiegeln vermag, die »Meditation im Sitzen« (*zuowang*, wörtlich »sitzen und vergessen«), bei der man Körper und Gliedmaßen aufgibt, die Schärfe seiner Wahrnehmungen verwirft, seine Gestalt verläßt, sein Wissen fahren läßt und sich mit dem allumfassenden Großen identifiziert (Kap. 6), all dies sind Lehren, denen die Taoisten einen großen Wert zumessen werden.

Das »Fasten des Herzens« geht mit einem Begriff einher, den Zhuang zi von Lao zi übernimmt: »das Eine bewahren«; als Bezeichnung für unterschiedliche Techniken der Meditation ist er zu einem Schlüsselbegriff des Taoismus geworden. Wieder ist es Guang Chengzi, der Huang di belehrt: »Ich bewahre das Eine«, so sagt er, »und verweile in Harmonie; so habe ich das Alter von 1200 Jahren erreicht« (Kap. 11). Und ein weiteres Mal ist es Lao Dan, der Konfuzius auf die Frage, wie er zur Ekstase gelangt sei, antwortet: »Erlange das Eine und werde eins mit ihm« (Kap. 12). In gleicher Weise unterweist Bi Yi auch Nie Que, der sogleich in Ekstase fällt: »Dein Körper sei aufrecht und deine Gedanken eins, dann zeigt sich die himmlische Harmonie; sammle dein Wissen, all dein Tun sei auf eins gerichtet, so kommen die Geister zu deiner Wohnstatt« (Kap. 22). Wie in anderen Passagen des Zhuang zi auch, finden wir hier alle Prinzipien der taoistischen Kontemplation versammelt: der

»aufrechte Körper« *(zheng)*, der auf den gesunden als auch den in korrekter Haltung für die Meditation befindlichen Körper verweist, und das »Kommen der Geister zur Wohnstatt«, das an die Erscheinung der Gottheiten, sei es in der Meditationskammer, sei es im Körper des Taoisten selbst, der ihnen »Wohnstatt« ist, erinnert.

All dies entspricht einer Haltung der Sammlung und der Abschließung gegenüber der äußerlichen Welt, der Welt der Sinne; es ist ein Akt des Rückzugs und des Bruchs, der eigentlich nur mehr ein Komplement und das Vorbereitungsstadium für die Bewegung der Ausdehnung bildet, die zum Heiligen, der sich in einer kontinuierlichen Welt ohne Trennung von innen und außen bewegt, hinführt. Die Abschließung gegenüber der Sinnenwelt bedeutet ein Sichverschließen gegenüber der engen Welt des einzelnen als einer durch seine sinnlichen Wahrnehmungen und Gedanken begrenzten Welt und eine Öffnung hin zur kosmischen Einheit mittels des kosmischen Qi (»Höre nicht mit den Ohren und auch nicht mit deinem Herz-Geist, *xin*, sondern mit dem *qi*«). Hier haben wir sämtliche Grundlagen der taoistischen Meditation vor uns.

Während der Han-Zeit etwas in Vergessenheit geraten, wurde Zhuang zi seit dem 3. und 4. Jahrhundert n. Chr. wieder zu Ehren gebracht, und dies insbesondere dann, als die Chinesen sich mit dem spekulativen Denken des Buddhismus konfrontiert sahen. Ab dem 4. Jahrhundert mit Ge Hong, der sich häufig auf ihn bezieht, nachfolgend mit den Werken des Shangqing und schließlich im gesamten Verlauf der Geschichte dieser Religion hat Zhuang zi einen wichtigen Platz innerhalb des Taoismus eingenommen.

Die Elegien aus Chu (Chuci), Schamanen und Fangshi

Die Elegien aus Chu und die ekstatischen Flüge

Einige der Merkmale, die wir bei Zhuang zi festgestellt haben, sind auch einer anderen Strömung eigen, mit der er gewisse Ähnlichkeiten teilt, so daß es sehr gut möglich und sogar wahrscheinlich ist, daß Zhuang zi gleichsam nur den sichtbaren Teil eines Ganzen darstellt, das uns nurmehr wenige Spuren hinterlassen hat; von dieser anderen Strömung zeugen in erster Linie die *Chuci*, die »Elegien aus dem Königreich Chu«[2].

Diese Elegien, eine Sammlung von Gedichten aus dem 3.–2. Jahrhundert v. Chr., sind das Produkt der »schamanistischen« Ader Südchinas, das eine eigenständige Kultur besaß; sie zeugen von einer Form der Religion, die sich von der des Nordens unterscheidet. Die zentrale Figur ist darin weder der Herrscher noch das Familienoberhaupt wie in der offiziellen Religion, sondern der von einer Gottheit inspirierte und von dieser besuchte Priester, mit der er in einer hierogamischen, dem Wesen nach unzweifelhaft einer Liebesbeziehung gleichenden Beziehung verbunden ist.

Die *Chuci* erscheinen als die schriftliche Spur der Tradition der *wu*, ein Terminus, den man ungefähr mit »Schamane« oder »Hexer« übersetzt. Diese *wu* hatten, obgleich sie eine von den offiziellen Kulten sehr verschiedene Religion verkörperten, ihre Vertreter im Hofklerus. Nach Darstellung des *Zhouli* (»Riten der Zhou«, das als eine Beschreibung des Rituals der Zhou-Dynastie angesehen wird) waren diese Priester (oder Priesterinnen meistens) damit beauftragt, den »fernen Geistern zu opfern«, die sie herbeiriefen und denen sie Namen gaben, und durch Tänze Regen herbeizuführen. Außerdem verstanden sie es, sich unsichtbar zu machen und benutzten zum Zweck der Heilung von

Krankheiten medizinische Kräuter, Talismane und magische Sprüche, die *zhu*, die den taoistischen Beschwörungen ihren Namen gaben. Viele der taoistischen Praktiken stehen in direktem Zusammenhang mit dieser Tradition, auch wenn sich der Taoismus ganz offen von ihr abgrenzt.

Die Spuren des Zusammenhanges, die diese Sammlung von Texten mit dem Taoismus unterhält, sind zahlreich und oft erstaunlich präzise. Es sind, um nur einige Beispiele zu nennen, die Namen der Unsterblichen wie Chisong zi oder Wang Qiao, die ein Teil des Patrimoniums der legendären Heiligen des Taoismus darstellen, und auch Anspielungen auf Praktiken, wie sie für den späteren Taoismus charakteristisch sind: das Erscheinen der Gottheiten, mystische Wanderungen der Seele in ferne mythische Länder, die an jene des Zhuang zi und des Lie zi erinnern, oder in himmlische Gefilde (im Kapitel *Yuanyou*), in denen der Dichter jenseits vom Staub dieser Erde nichts mehr erblickt, weder den Himmel in der Höhe noch die Erde unter ihm, eine Vorstellung die sich in identischer Form in den Texten des Shangqing wiederfindet, jener Strömung, die am meisten von der Tradition der *Chuci* geprägt worden ist, kosmische Fluida als Nahrung, auf die, wie wir sahen, ja auch Zhuang zi anspielt und die die gleichen Namen tragen wie in bestimmten taoistischen Texten. Selbst die Bezeichnung der von der Gottheit besessenen Priesterin, *lingbao,* ist ein Terminus, der, wie zu sehen sein wird, recht früh eine überaus wichtige Bedeutung innerhalb des Taoismus angenommen hat.

Das Thema der ekstatischen Flüge, das zu den *Chuci* ebenso gehört wie auch zum *Zhuang zi,* hat in der chinesischen Tradition unter der Ägide des Taoismus eine zentrale Rolle gespielt. Man findet es in der Poesie, wo es ein eigenständiges Genre darstellt, und in allen visuellen Meditationen des Shangqing-Typs, die annähernd in allen taoistischen Praktiken gegenwärtig sind, in der zurückgezogenen Meditation ebenso wie in der Liturgie.

Die Fangshi

Die Tradition der *wu* ist auch nicht frei von Beziehungen zum Milieu derer, die man als *fangshi* oder auch *daoren* bzw. *daoshi* bezeichnet hat; es sind dies sämtlich Termini, die »Männer der Techniken« bedeuten und die, nach einer scharfsinnigen Bemerkung von De Woskin, in der Han-Zeit das bezeichneten, was man »die anderen« nennen könnte, d. h. jene, die im Verhältnis zur offiziellen Lehre des Konfuzianismus als Außenseiter und Exzentriker gelten. Die *fangshi* widmeten sich der Astrologie, der Medizin, der Divination, der Magie, der Geomantik ebenso wie den Methoden zur Erlangung der Langlebigkeit und den ekstatischen Flügen. Ideologisch der Yin-Yang- und Fünf-Wandlungsphasen-Schule sehr nahestehend, waren sie im allgemeinen einsame Sucher, die in den Naturphänomenen Gesetzmäßigkeiten zu finden trachteten; sie waren die Inhaber eines inoffiziellen Wissens, das von Meister zu Schüler, sei es mündlich oder durch geheime Schriften, weitergegeben wurde. Einige Überlieferungslinien lassen sich zurückverfolgen, die freilich aus dem Grunde keine Schulen darstellen, weil sich diese Linien überschneiden; so verzichtete beispielsweise ein und derselbe Schüler keineswegs darauf, mehrere Meister zu haben und verschiedene Disziplinen auszuüben.

Die Genealogie der *fangshi* ist komplex. Sie sind die Erben der Archivare-Wahrsager des Altertums, zu denen Lao zi gehört haben soll und die in der Shang- und Zhou-Zeit die einzigen Verwahrer des Wissens von der Divination und der Schrift waren. Zu denen, die man als ihre Ahnen betrachten kann, müssen auch die »Magier« der nördlichen Staaten Yan und Qi gezählt werden, von denen uns das *Shiji* berichtet (Chavannes, *Mémoires historiques*, Bd. 3, S. 436f.); diese waren im 4. Jahrhundert v. Chr. im Besitz von Unsterblichkeitstechniken und verstanden es, »ihren Körper zu zersetzen, ihn aufzulösen und zu verwandeln«, was der Kommentator ausdrücklich in die Nähe der taoistischen Praktiken zur »Befreiung von der sterblichen Hülle« rückt (siehe unten S. 160ff.).

Der durch shangzeitliche Bronzeinschriften bezeugte, für den Taoismus charakteristische Glaube an eine physische Unsterblichkeit, reicht bis in das 7. Jahrhundert v. Chr. zurück. In unterschiedlichen vor die Han-Zeit datierten Werken finden sich diesbezügliche Schilderungen. Im Staat Yan war er so lebendig, daß die Könige im 4. Jahrhundert v. Chr. Männer aussandten, um die Inseln der Unsterblichen zu suchen, was später die Kaiser Qin Shihuang und Wu der Han-Dynastie ebenfalls taten. Die Inseln der Unsterblichen, auf denen jene die Langlebigkeit sichernden Kräuter wuchsen, werden in taoistischen Texten, die diese Mythe übernommen haben, beschrieben, und auch mehrere der legendären Unsterblichen aus dem Staat Yan haben Eingang in die taoistischen Hagiographien gefunden. Es scheint zudem, daß seit dieser Zeit der Glaube weit verbreitet war, die Unsterblichkeit lasse sich durch die Einnahme von Drogen erlangen, was einen ersten Schritt in Richtung auf die von den Alchemisten betriebene Suche bedeutete.

In Ermangelung jeglichen theoretischen, den Kreisen der »Magier« von Yan und Qi entstammenden Werkes, waren wir bisher lediglich im Besitz einiger sehr kurzer historischer Zeugnisse, die nur mehr als Indizien gewertet werden konnten. Die jüngsten archäologischen Ausgrabungen haben es gestattet, unsere Kenntnis der angewandten Praktiken etwas zu verbessern, und obgleich die ausgegrabenen Texte nur mehr nüchterne praktische Anweisungen bar jeglicher allgemeinen Theorie enthalten, erlauben sie es uns gleichwohl, die Existenz von Techniken zur Erlangung der Langlebigkeit, die denen der Taoisten sehr ähnlich sind, seit dem 3. Jahrhundert v. Chr. konkret festzustellen.

Einige dieser Dokumente behandeln ausdrücklich sexuelle, zur Verlängerung der Lebensdauer dienende Techniken und Atemübungen in Begriffen, die große Ähnlichkeit mit den mehrere Jahrhunderte später verwendeten aufweisen. Gleiches gilt auch für Passagen, die sich auf »sexuelle Techniken und Methoden zur Regulierung des göttlichen Odems« beziehen, die darauf abzielen, »lange zu sehen und so lange wie Himmel und Erde zu leben«, Textstellen, welche die »Enthaltsamkeit von Getreide« erwähnen, für die zahlreichen Bezugnahmen auf die Zirkulation des Spermas im Inneren des Körpers, die Aufnahme von unterschiedlichen kosmischen Qi, die mit den gleichen Bezeichnungen wie in den *Chuci* versehen sind, die »Befreiung des Körpers« und die gymnastischen, die Haltungen von Tieren imitierenden Bewegungen, die von der gleichen Art wie jene sind, die Zhuang zi, später dann im 4. Jahrhundert n. Chr. Ge Hong und auch andere beschrieben haben.

Eine der insbesondere für diese *fangshi*, in gleicher Weise aber auch für die *wu* kennzeichnenden Tätigkeiten, stellt der Exorzismus dar: Die Hexenmeister, die hier auch *lingbao* heißen, werden neben dem *fangxiang*, der nichts anderes ist als der offizielle Hofexorzist, als Dämonenjäger erwähnt. Eine kürzlich ausgegrabene Schrift aus dem 3. Jahrhundert v. Chr. ist in dieser Hinsicht sehr bezeichnend. In ihm läßt sich in gebündelter Form eine Anzahl jener Merkmale wiederfinden, die wir bereits zusammengestellt haben. Erwähnung findet zudem der »Schritt des Yu«, ein vom Taoismus bewahrter und auch weiterhin praktizierter exorzistischer »Tanz«, dessen Ursprünge demnach wenigstens bis in diese Zeit zurückreichen, daneben auch exorzistische Haltungen, die sich einige Jahrhunderte später in Schriften über die »taoistische Gymnastik« *(daoyin)* wiederfinden. Somit erlaubt dieser Text, die Verbindung zwischen den exorzistischen Techniken, die dazu bestimmt waren, die verschiedene Arten von Störungen verursachenden Dämonen zu verjagen, und den auf die Sicherung einer angemessenen Gesundheitspflege und eines angemessenen physischen Gleichgewichtes abzielenden therapeutischen Praktiken zu rekonstruieren; mit anderen Worten, was sich hier zurückverfolgen läßt, ist die Entwicklung des Exorzismus hin zur Medizin und der Übergang von einer Konzeption der durch Dämonen hervorgerufenen Krankheit hin zur Krankheit als Konsequenz eines schlechten Lebensgleichgewichtes zum einen, zum anderen der Übergang von einer Dämonologie zur Angelologie: In dieser Schrift gründet das Wissen über die Dämonen auf der Kenntnis ihrer in spezifischen Registern verzeichneten Namen; damit sind die taoistischen Techniken vorweggenommen, die auf eine Beherrschung der Dämonen, Götter oder Geister entsprechend derselben Methode abzielen; in gleicher Weise findet sie auch konkreten Ausdruck in Registern, die aus Namenslisten dieser Geister bestehen.

Die divinatorischen Unternehmungen dieser *fangshi* stützen sich auf kosmologische und kalendarische Spekulationen, die eine Vorbereitung für die Weltsicht der Chinesen während der Han-Zeit sind und die Vorstellungen des Taoismus unterstützen. In dieser Epoche zeichnet sich jenes Entsprechungssystem, das auf der Theorie der fünf Wandlungsphasen gründet, ebenso ab, wie seine Verknüpfung sowohl mit der Kalenderberechnung nach dem Sechziger-Zyklus als auch den Zahlen und musikalischen Tönen.

Guan zi

Drei Kapitel des *Guan zi,* eines heterogenen »philosophischen« Werks unsicherer Datierung, das jedoch aus der Zeit vor der Han-Dynastie stammt, bieten uns Gelegenheit, einmal mehr die Beziehung zwischen dem »philosophischen Taoismus« und den Techniken der Langlebigkeit, von denen sie ein bemerkenswertes Beispiel darstellen, zu unterstreichen. Diese drei Kapitel, das *Nei ye* (»Das innere Werk«), die wohl zum Ende des 4. oder Anfang des 3. Jahrhunderts v. Chr. zu datieren sind, und zwei weitere mit dem Titel *Xin shu* (»Kunst des Herzens«) verbinden das, was man den »Quietismus« des Taoismus genannt hat mit Anspielungen auf Praktiken der Langlebigkeit. Der Begriff des Tao ist mit dem des *Daode jing* nahezu identisch: Unaussprechlich, fern und nicht lokalisierbar ist das Tao »ohne Wurzel, ohne Halm, ohne Blumen und Blätter«; gleichwohl bildet es die Quelle allen Lebens und ist allen Dingen nahe. Es kann nicht mit den Sinnen, wohl aber mit dem »Herzen« als dem Sitz des Denkens und der Gefühle wahrgenommen werden. Wenn dieses frei von allen Gefühlen ist, gleicht es dem Tao und wird in ähnlichen Begriffen beschrieben. Nach dem Beispiel des Heiligen *(shengren)* bei Zhuang zi ist dieser zugleich beweglich und wendig, um sich den »Zeiten« anzupassen und nie unverändert zu bleiben; in der Höhe berührt er den Himmel, in der Tiefe die Erde, er erfüllt und kennt allumfassend die gesamte Welt.

Die Wege, die zu diesem Zustand der Weisheit oder Heiligkeit führen, bestehen hauptsächlich in der »Richtigstellung« des Körpers, der gleiche Begriff, den auch Zhuang zi benutzt, in der Befriedung des von allen Emotionen befreiten Herzens und der Konzentration und Regulation des Qi. Sie werden mit solch klassischen Ausdrücken des Taoismus beschrieben wie »an der Einheit festhalten, »das Eine bewahren«, »das Eine erlangen« und »das Qi bewahren«. Wie in der gesamten taoistischen Tradition wird der Körper mit einem Staat, werden seine Organe mit Beamten verglichen, von denen das Herz der »Prinz« ist. Bestimmte Textabschnitte sind Nachahmungen von Zhuang-zi-Passagen, so z. B. die folgende: »Vermagst du es, dich zu konzentrieren? ... Kannst du eins sein? ...« (Rickett, S. 164). Andere formulieren Grundaxiome des Taoismus: Die Regelmäßigkeit des Qi steht in Zusammenhang mit dem Frieden des Herzens; die Geister kommen spontan, wenn innerer Frieden herrscht. Die gepriesene Ausgewogenheit des Lebens – nicht zuviel essen, nicht zuviel denken, keine übermäßige Enthaltsamkeit üben – ist von der Art, wie wir sie noch mehrfach wiederfinden werden. Einige Formulierungen deuten auf eine Umwandlung des Körpers hin: Seh- und Hörvermögen werden geschärft, was eine der den Heiligen charakterisierenden Eigenschaften darstellt; die »Neun (Körper-)Öffnungen« gewinnen eine universale Dimension, Knochen und Sehnen werden gestärkt.

Die wesentlichen Hilfsmittel für diese Verwandlung sind das Qi, das einen kosmischen Wert in seiner verfeinerten Form als »Essenz« *(jing)* hat, und *xin,* das, wie bereits erwähnt, dem Tao dann gleicht, wenn es rein und ruhig ist, das »geistige Qi« *(lingqi),* das sich im Herzen befindet und »so groß ist, daß sich nichts außerhalb, so klein, daß sich nichts in ihm befindet«, so eine klischeehafte Phrase, mit der gemeinhin das Tao beschrieben wird.

Es gilt zu erwähnen, daß auch dieser Text rhythmisch ist, gleichsam als sollte er gesungen und auswendig gelernt werden, und daß sein Stil sehr dem der weiter oben bereits vorgestellten archäologischen Dokumente ähnelt.

In der Epoche um das 4. und 3. Jahrhundert vor unserer Zeitrechnung, in der sich eine große intellektuelle Gärung vollzog, haben sich sämtliche Grundlagen der chinesischen Kultur etabliert; auch die des Taoismus. Diese Zeit ist charakterisiert durch eine enorme Bewegung des Ideenaustauschs zwischen den verschiedenen Strömungen – Konfuzianismus, Legismus, Taoismus usw. –, und es erschiene als künstlich, wollte man eine klare Trennlinie zwischen diesen Strömungen ziehen, deren Dialog aufgehört hat. Den »Flirt« zwischen Taoismus und Legismus haben wir aus dem Grund nicht angesprochen, weil er im späten Taoismus keinerlei Spuren hinterlassen hat.

Wir werden zu einem späteren Zeitpunkt die Interaktionen zwischen Konfuzianismus und Taoismus am Werk sehen, die bereits im *Zhuang zi* und in den von uns behandelten Kapiteln des *Guan zi* zutage treten und die auch keineswegs aufgehört haben stattzufinden.

Für den Augenblick reicht es, zwischen vier Bestandteilen zu unterscheiden, die die Geburt des Taoismus prägen:

der »philosophische Taoismus«, die Techniken der Ekstase, deren hauptsächliche Repräsentanten das *Chuci* und *Zhuang zi* sind, die Praktiken der Langlebigkeit und der physischen Unsterblichkeit und schließlich der Exorzismus. Es sei angemerkt, daß diese vier Komponenten häufig bei dem gleichen Autor oder im gleichen Milieu in unterschiedlichen Gewichtungen nebeneinander bestehen.

Das Auftreten in der Han-Zeit

(2. Jahrhundert v. Chr. bis 2. Jahrhundert n. Chr.)

Kosmologische Spekulationen

Die Erwähnung eines bereits im *Zhuang zi* beschriebenen Gottes des Ofens in einer der Quellen, auf die wir am Ende des vorangegangenen Kapitels Bezug genommen haben, führt uns direkt zur Person des Li Shaojun. Dieser lebte zur Zeit des Kaisers Wu der Han (140–87) und verstand sich, so teilt uns das *Shiji* mit[1], auf die »Kunst des Ofens«, die es erlaubte, die Geister herbeizurufen, die der Enthaltsamkeit von Nahrung (auch dies eine der Praktiken des Taoismus) und der Abwendung des Alters. Li soll Zinnober geschmolzen haben, der durch Vermittlung der so zusammengerufenen Geister in Gold verwandelt werden konnte; Unsterblichkeit sollte mithin jedem sicher sein, der aus diesem Goldgeschirr äße. Es sind dies die ersten bekannten Spuren der chinesischen Alchemie, die aus dem Milieu der *fangshi* herrühren.

Diese *fangshi* waren es auch, die dem Kaiser rieten, dem Höchsten Einen *(Taiyi)*, dem Himmel und der Erde – eine Triade, die jene der Taoisten ankundigt – sowie den Fünf Herrschern der vier Himmelsrichtungen und der Mitte zu opfern und eine heilige Standarte zu tragen, auf der die Abbildung des Scheffels (des Sternbildes Großer Bär), flankiert von Sonne und Mond dargestellt ist.[2] Es sei erwähnt, daß mehrere dieser Gottheiten bereits in den *Chuci* in Erscheinung treten. Die Inspiratoren dieses Kultes knüpften folglich an eine alte religiöse Bewegung an.

Unter Kaiser Wu, und ganz allgemein während der gesamten Han-Dynastie, erlebten die *fangshi* eine Blütezeit; ihre Theorien waren eng mit denen der *weishu* bzw. *chenwei* verbunden, den der Wissenschaft von den Omina gewidmeten esoterischen »Apokryphen«, als deren Verfechter sie auftraten. Diese *weishu* nun, darauf deutet schon ihr Name hin (*wei* bedeutet »Schußfaden«), erhoben den Anspruch, der verborgene Schußfaden, die geheime Grundlage der kanonischen Klassiker, der *jing* (in einer seiner Bedeutungen bezeichnet *jing* den Kettenfaden eines Gewebes) zu sein. Sie transportierten eine für diese Epoche charakteristische Ideologie, die man als »Han-Konfuzianismus« oder *jinwen,* »Neutextschule«[3], bezeichnet hat. Die *weishu* wurden am Ende der Han verboten und verbrannt und sind nur mehr in Form von schwer zu datierenden Fragmenten erhalten, deren Erforschung und Vergleich mit den taoistischen Texten sich allerdings als erstaunlich fruchtbar erweist. Die Affinität zwischen den Gegenständen, denen sich *fangshi* und Taoisten in ihren Erforschungen widmeten, war lange Zeit derart groß, daß eine Unterscheidung zwischen diesen Denkern und den Taoisten sich nur schwer treffen ließ; so hat beispielsweise eine Anzahl von Abhandlungen über Geomantik bzw. Divination, die in ihrer Ausübung in die Zuständigkeit der *fangshi* fallen, Aufnahme in den taoistischen Kanon *(Daozang)* gefunden.

Die Kunst der *fangshi* und die den *weishu* zugrundeliegende Ideologie basieren auf einer Weiterentwicklung und überaus elaborierten Anwendung der Theorien aus der Schule von Yin-Yang und den fünf Wandlungsphasen, und so kann man die Meinung vertreten, daß sich, ausgehend von dieser Entwicklung und Anwendung – oder doch zumindest in die gleiche Richtung verlaufend –, die gesamte Sprache, der Code und eine große Zahl von Praktiken und Glaubensvorstellungen des Taoismus herausgebildet haben. Das Prinzip selbst des Talismans, des Schriftstücks als Pfand des Bündnisses zwischen Göttern und Menschen und auch jenes der Macht, welche die Kenntnis der vom Taoismus aus dem Altertum ererbten Namen von Göttern und Dämonen verleiht, hat eine Bearbeitung durch die *weishu* erfahren. Die während der Han-Zeit so regen Spekulationen über das *Yi jing*, die sich mit diesem Milieu verbanden, verschwanden nach ihnen nahezu vollständig von der offiziellen Szene, während sie in taoistischen Kreisen die ganze Zeit aktiv fortgesetzt wurden; somit waren sie es, die diese Tradition aufrechterhielten und in der Song-Zeit den Neokonfuzianismus beerbten, der dann nicht mehr tat, als die Fackel zurückzunehmen, deren Flamme vom Taoismus unterhalten worden war und noch unterhalten wird.

Bestimmte Merkmale mythologischer Natur stellen unzweifelhafte Zeugen des dem Taoismus von den *weishu* angetragenen Erbes dar, so z. B. die Erwähnung einer ihrer Schriften, des *Sanhuang wen*, die Existenz der *dixiazhu* (der »unterirdischen Gouverneure«) und Erwähnungen von Pflanzen oder Unsterblichkeitselixieren, die in den Bergen zu finden sind oder aber von »Jademädchen« gebracht werden, eine Bezeichnung, die entweder den Herrschern der Himmelsrichtungen oder den Körpergottheiten gegeben wird, wobei diese in bestimmten taoistischen Texten identisch sind. Es handelt sich um vereinzelte, sehr bezeichnende Vermerke, die es erlauben anzunehmen, daß jene Vorstellungen, welche die Grundlagen des Taoismus bilden, zu dieser Zeit und in diesem Milieu bereits existierten und hinreichend etabliert waren. Wir können nur mehr bitterlich das Verschwinden dieser Texte, von denen uns lediglich Fragmente geblieben sind, bedauern, die uns womöglich in beträchtlichem Maß Klarheit über die Anfänge des Taoismus verschafft haben würden. Man kann davon ausgehen, daß ein Großteil der in den nachfolgenden Kapiteln darzustellenden Glaubensvorstellungen und Methoden bereits in sehr ähnlicher Form im Milieu der hanzeitlichen *fangshi* existierte.

Was sich gegenwärtig in jedem Fall feststellen läßt, ist, daß die taoistische Kosmologie unzweifelhaft in den kosmologischen Vorstellungen der *fangshi* verwurzelt ist, wie sie in den *weishu*, im Kapitel über das Kalenderwesen des *Hanshu* (der »Dynastiegeschichte der Han«) und in bestimmten Instrumenten zur Divination wie dem *shi* zum Ausdruck kommt. Die sich während dieser Epoche herausbildende Weltdarstellung war bestimmt von überwiegend divinatorischen Anliegen und folgte dabei einer sehr alten, wesentlich in der Kenntnis des günstigen Zeitpunkts und Orts für eine Handlung bestehenden Konzeption der Divination, deren Spuren sich bereits in der Shang-Zeit finden lassen. In einem als außerordentlich wandelbar wahrgenommenen Universum konnte das zu einem bestimmten Zeitpunkt Richtige es zu einem anderen Zeitpunkt nicht mehr sein, ein zu einem gewissen Zeitpunkt günstiger Ort war es zu einer anderen Zeit nicht mehr. Folglich erhält ein Ereignis, eine Tat oder ein Individuum seine Bedeutung in einem bestimmten, nach einem System von Interrelationen aufgebauten Kontext, dessen Morphologie es zu kennen gilt. Hieraus entstanden die unterschiedlichsten Spekulationen und »Weltkarten«, in der jeder Raumsektor in einer bestimmten Zeit lokalisiert sein muß. Dies hat dazu geführt, daß der Kalenderkunde ein wichtiger Platz eingeräumt wurde. So fiel dann auch die Zeit der größten Beschäftigung der Kalenderkundigen und Wahrsager in diese Epoche; wahrscheinlich unterstützt durch die offizielle Staatsdoktrin, einen mit den Theorien von Yin-Yang und den fünf Wandlungsphasen durchtränkten Konfuzianismus, haben sie so die Grundlage der Kosmologie des klassischen China und insbesondere des Taoismus geschaffen.

Mit mehreren Systemen der Datierung und Orientierung konfrontiert, strebten sie danach, diese in dem Versuch miteinander zu vereinen, ein kohärentes System zu entwerfen, was sie dazu veranlaßte, Weltkarten zu zeichnen, die sich entweder in solch Texten wie dem *Yueling* (den »Monatlichen Verordnungen«, dem »Ritenklassiker« *Li ji* eingegliedert), dem *Huainan zi* oder in den Divinationsregistern finden. Diese Karten der Welt und die Spekulationen über ihre Entstehung sind es, die der Taoismus unmittelbar geerbt hat.

Gemäß dieser Kosmologie, von der wir hier in sehr gedrängter Form nur das darlegen werden, was diejenige der Taoisten ankündigt, vollzog sich der langsame, vom Yuanqi, dem Ursprungs-Qi, ausgehende Entstehungsprozeß des Universums, in Form von mehreren Genesen, in deren Verlauf sich allmählich Formen und Materie bildeten. Drei »Ursprüngliche« *(sanyuan)*, des Himmels, der Erde und des Menschen, herrschen über eine Dreiteilung des Kosmos. Im Zentrum des Himmels steht der Scheffel (der Große Bär), der an die Stelle des Polarsterns tritt; als Wohnsitz des Höchsten Einen, *Taiyi*, ordnet sein Umlauf die Welt in neun Bezirke, die neun Paläste (acht am Rande für die acht Richtungen der Windrose und ein zentraler), indem er sich vom Zentrum aus zur Peripherie hin bewegt. Diese neun Paläste werden zu den neun ersten Ziffern und die acht Paläste der Peripherie zu den acht Trigrammen des *Yi jing*[4] in Entsprechung gesetzt; sie sind umgeben von den zwölf Zykluszeichen und diese wiederum von achtundzwanzig Konstellationen. Die vier Ecken der Welt bilden die vier Tore: das der Dämonen oder des Mondes im Nordwesten, der Erde im Südosten, der Menschen oder der Sonne im Südwesten und des Himmels im Nordwesten. Auf diesem kosmischen Tableau vollzieht sich die Verteilung der den Himmelsrichtungen zugeordneten Ziffern entsprechend mehreren möglichen Anordnungen, wobei das als *nayin* bezeichnete System, das sie in Beziehung zu den Musiknoten setzt und das auch heute noch in den volkstümlichen Almanachen erscheint, jenes ist, das weithin von den Taoisten der Himmelsmeister, der Shangqing-Schule und in der Liturgie beispielsweise übernommen wurde.

Diese Konstruktion der Welt ist mit derjenigen identisch, die der Altar in der taoistischen Liturgie widerspiegelt (siehe unten, S. 253 ff.).

Die Huang-Lao-Schule

Während dieser Epoche entwickelte sich auch die sogenannte Huang-Lao-Schule, die eines der wichtigen Glieder innerhalb der Entstehung des Taoismus darstellt. Ihr Name leitet sich von Huang di (dem Gelben Kaiser) und von Lao zi her, die sie beide als Schutzheilige verehrte. Das Zentrum dieser Schule befand sich im Staat Qi (im Norden gelegen), dessen Fürsten vorgaben, von Huang di abzustammen; ein angeblicher Nachkomme des Lao zi war dort an die Macht gekommen, und sein Kanzler praktizierte eine Regierung des Nichthandelns gemäß den Lehren Lao zis.

Zhuang zi vermittelt uns ein zweideutiges Bild von Huang di: Einerseits verspottet er ihn dafür, daß er als anmaßender und durch sein Übermaß an Eifer gefährlicher Herrscher die Ordnung der Welt wiederherstellen wollte, auf der anderen Seite stellt er ihn als einen aufgeschlossenen Schüler dar, der Unterweisungen über das Erlangen der Langlebigkeit lauscht. Wir stellten bereits fest, daß mehrere der ihm zugeschriebenen Werke der taoistischen Schule zugeordnet wurden. Der Inhalt dieser Werke, so der Autor des *Hanshu* (»Dynastiegeschichte der Han«), Ban Gu, ähnelt dem des Lao zi. Das *Huainan zi* und das *Lie zi* enthalten Passagen, die unter dem Namen Huang dis zitiert werden, allerdings im *Zhuang zi* und im *Daode jing* zu finden sind; dies würde eine Überlagerung dieser drei Figuren bedeuten. Die Huang-Lao-Schule predigte den Verzicht auf Reichtum und die Anwendung der Methoden zur Erlangung der Unsterblichkeit und setzte die Kunst des Regierens durch Nichthandeln in die Tat um. Mehrere Magistrate unter Kaiser Wu der Han, die als Nacheiferer des Kanzlers von Qi auftraten, gaben vor, die administrativen Aufgaben durch das Prinzip des Nichteingreifens zu erledigen.

Bereits zur Zeit der streitenden Reiche hatten sich einige Legisten wie Shang Yang und Han Fei dem gleichzeitigen

Studium der Schriften Huang dis als auch Lao zis gewidmet. Vor diesem Hintergrund betrachtet, scheint es den Versuch gegeben zu haben, die von Lao zi und Zhuang zi eingebrachten Prinzipien des Nichthandelns und die transzendente Dimension des Tao, die in ihrem Reinzustand undurchführbar sind, anzupassen, um sie in einer konkreteren und lebensgerechteren Weise in die menschliche Gesellschaft zu integrieren, indem man sie in Einklang mit realistischeren, von den Legisten ins Spiel gebrachten Begriffen wie beispielsweise dem der »Gelegenheit« brachte. In dieser Beziehung scheint uns für den Zeitraum, der uns hier beschäftigt, das Werk *Huainan zi* ganz und gar exemplarisch zu sein.

Das Huainan zi

Als ein geeignetes Zeugnis der hanzeitlichen Kosmologie repräsentiert dieses unter der Leitung des Prinzen von Huainan (180–122) von einem Kollektiv redigierte Werk recht gut die jene Epoche prägenden Ansätze zu einem Synkretismus. Es unternimmt den Versuch, die taoistischen und konfuzianistischen Ideale dadurch zu versöhnen, daß es sie mit vom Legismus entlehnten Bestandteilen ausstattet, die ein größerer Realismus auf der politischen und sozialen Ebene auszeichnet. Im übrigen ist das kosmologische Substrat des Werkes, das in Abhängigkeit zur Schule von Yin-Yang und den fünf Wandlungsphasen steht, auch dasjenige des Taoismus; neben der Erwähnung des Ursprungs-Qi als Uranfang der Welt, eine Vorstellung, die ebenfalls in den aus der gleichen Zeit stammenden *weishu*-Kommentaren zum *Yi jing* vorhanden ist, läßt sich im *Huainan zi* das finden, was einen grundlegenden Zug der taoistischen Kosmogenese ausmacht: die Entstehung der Welt durch eine Zweiteilung dieses Qi in ein reines und klares Qi, das emporsteigt, um den Himmel zu bilden, und ein schweres, dunkles Qi, welches absinkt und die Erde formt. Doch mehr noch: Die Gestalt, die einen metaphysischen, theoretischen und ontologischen Zusammenhalt der unterschiedlichen vorhandenen ideologischen Tendenzen garantiert und diese von innen her zusammenfügt, ist die des Heiligen, genauer gesagt freilich ein Heiliger, der die hohen spirituellen Sphären, in denen sich der Heilige bei Zhuang zi bewegt, und die mehr nüchternen Erfordernisse eines politischen Menschen miteinander in Einklang bringt und der zudem auch dem Heiligen des *Yi jing* (dem »Buch der Wandlungen«) und dem der Konfuzianer, der ein Kulturbringer und kosmischer Ordnungsstifter ist, ähnelt. Die Person des Huang di ist in dieser Hinsicht bezeichnend: Im Gegensatz zu Lao zi, dessen Darstellung nie über die Rolle eines Ratgebers der Herrscher hinausging, ist er ein Kaiser. Der Heilige des *Huainan zi* bildet die Verkörperung des Tao, des einen Mittelpunktes, der die Vielheit zugleich möglich macht und bewahrt und in der sich diese zentrale Einheit auf doppelte Weise widerspiegelt: als aus verschiedenen Einzelteilen gebildete Einheit und als ein kohärentes und geeintes Ganzes, das eine, welches alle Vielheiten konstituiert. In diesem Sinne besitzt er alle Eigenschaften eines politischen Menschen: er »verteilt«, er »kontrolliert die Details«, »schenkt den geringfügigen Dingen Beachtung und trägt Sorge um das Kleine [...], er achtet auf die vielfältigen Facetten« und »wägt die Zweckmäßigkeiten ab«. Er versteht sich auf die Beurteilung eines Menschen und respektiert die Hierarchien, die der Gesellschaft ihre strukturelle Stabilität verleihen. »Weich wie das Leder und der Ginster« vermag er sich den Erfordernissen und Sitten anzupassen, die sich im Lauf der Zeiten wandeln. Alles in allem bringt er die verschiedenen Elemente in Einklang miteinander: das mystische Nichtwissen, das Nichthandeln und die »Nutzlosigkeit, das Grundlose, das Zhuang zi preist, die Anwesenheit des in seinem Herzen verwurzelten Tao mit der Vorsicht und der besonnenen Weisheit, welche die politische Absicht und den Weltmenschen kennzeichnen. Seine Universalität gleicht sowohl der des Tao, das in allem und überall in allen Formen vorhanden ist, als auch der Vielseitigkeit des Geistes, die dem Staatsmann eignet.

Die Unsterblichen

Eine Frage bleibt: Welches ist der genaue Zusammenhang zwischen dem philosophischen Prinzip des Nichthandelns und den Methoden zur Erlangung der Unsterblichkeit, die der skeptische Philosoph Wang Chong zu Beginn unserer Zeitrechnung namentlich dem Taoismus *(daojia)* zuschrieb? Diese Frage ist um so schwieriger zu beantworten, als sich dieser Zusammenhang im Verlauf der Zeit herausgebildet zu haben scheint. Wir sahen, daß Zhuang zi über die erste Methode ebenso spricht, wie auch über die zweite. In gleicher Weise ist die Gestalt des Huang di in dieser Beziehung zweideutig. Für die *fangshi* stellt er ebenfalls eine wichtige Figur dar: ihnen gilt er als Schutzherr der Medizin, der Alchemie und der Unsterblichkeitsmethoden. Er soll die Unsterblichkeit erlangt haben und, nachdem er einen magischen Dreifuß gegossen hatte, davongeflogen sein. Andererseits gibt es zahlreiche Zeugnisse, die zu Beginn unserer Zeitrechnung aus Lao zi einen Schutzheiligen der physiologischen Praktiken machen. So befand sich ein Zentrum der *fangshi* im Staat Qi, der bevorzugten Gegend der Huang-Lao-Schule. Es scheint, so die Ausführungen von A. Seidel (S. 50ff.), als sei die Lehre von der Regierung durch das Nichthandeln allmählich zugunsten der individuellen physiologischen Praktiken in den Hintergrund getreten. Wie dem auch sei, der von seinen politischen Konnotationen befreite Terminus *»huang-lao«* hatte als Synonym für »Taoismus« wenigstens bis in die Song-Zeit hinein Bestand, wo man ihn in dieser Bedeutung sehr häufig in Werken der »inneren Alchemie« findet.

Sowohl die Literatur als auch die archäologischen Zeugnisse weisen uns darauf hin, daß die Han-Zeit ein Zeitalter der Verherrlichung der Unsterblichkeit und des Strebens nach langem Leben war. In diesen Äußerungen finden wir auch die hybride Vermischung zweier Tendenzen wieder, die sich nicht ganz in Übereinstimmung miteinander bringen lassen: der Wunsch, die Jugend zu erhalten und lange zu leben, und die Suche nach Transzendierung des gewöhnlichen Lebens, die Suche nach dem Wunderbaren, das sowohl in außergewöhnlichen Fähigkeiten als auch in andersartigen geistigen Zuständen konkrete Gestalt gewinnt. Wir sind im Besitz von Hagiographien, die aus historischen Dokumenten hervorgegangen sind oder aus mehr volkstümlichen Quellen schöpfen und eine Beschreibung dieser Unsterblichen (*xian*) oder Sucher nach der Unsterblichkeit liefern. Es sind Werke jüngeren Datums, deren Verfasser freilich auf ältere, frühe Begebenheiten beschreibende Quellen zurückgreifen, die uns ein sehr lebhaftes Bild dieser Unsterblichen vermitteln.

In ihrer Vorliebe, im Verborgenen, fern der Welt zu leben, zurückgezogen in den Bergen und häufig in Höhlen zu hausen, sind die Unsterblichen, zu denen auch Huang di und Lao zi gehören, Herrscher über Regen und Wind, gleich den Zauberern *wu*, und wie der Heilige bei Zhuang zi gehen sie ins Feuer, ohne sich zu verbrennen und ins Wasser, ohne naß zu werden, worin sich ihre Beherrschung von Yin und Yang (Wasser und Regen, Feuer und Wind) ausdrückt. Nach Belieben steigen sie mit den Wolken empor, geflügelte Menschen, denen Federn wachsen und die entweder auf Kranichen oder Fischen reiten (Luft-Yang, Wasser-Yin). Sie kennen die Zukunft und sind Herrscher über die Zeit, aber auch über den Raum; sie vermögen nach Belieben die Welt auf die Größe eines Kürbisses zu verkleinern, und ebenso auch aus einem Kürbis eine Welt so groß wie das Universum zu erschaffen. Sie sind von überaus flüchtigem Wesen, ihr Verschwinden und Erscheinen vollzieht sich innerhalb eines Augenblickes. Nach Art der Unsterblichen vom Berg Gushi, wie Zhuang zi sie beschreibt, und gleich dem Dichter der »Elegien aus Chu« *(Chuci)* nähren sie sich von Qi und Wolken, aber auch von Blumen, Getreide und Kräutern. Als Heilkundige stellen sie Arzneien her und praktizieren Atemübungen und Gymnastik. Häufig sind sie von außergewöhnlicher Erscheinung, haben lange Ohren und viereckige Pupillen. Kurz, sie vereinen in sich Züge des Exorzistenheilers, des Magiers und des Unsterblichen. Nicht ihre moralischen Eigenschaften sind das wesentliche – die moralischen Vorbilder sind mehr Bestandteil des Konfuzianismus –, sondern vielmehr ist es ihre aktive und mystische Teilnahme am natürlichen Verlauf des Lebens und der Welt.

Die Vergöttlichung des Lao zi

Ab der Mitte des 2. Jahrhunderts n. Chr. trat eine Entwicklung zutage, die schließlich zur Vergöttlichung des zwischenzeitlich mehr oder weniger mit Huang di und dem Gott Taiyi verwechselten Lao zi führte. Dieser verkörpert nun den kosmischen Heiligen des Taoismus, wie er von Zhuang zi beschrieben wird und dessen Darstellung Huainan zi aufgreift. Dem fügen sich freilich interessante Bezeichnungen an, die auf die Eingliederung eines mythisch-kosmologischen Elements hinweisen: Lao zi weilt im Sternbild Scheffel (Großer Bär), das den Mittelpunkt des Himmels bildet; von dort steigt er hinunter und hinauf, was ihm den Status eines Vermittlers zwischen dem Himmel und der Welt der Menschen verleiht. Umgeben ist er von den vier heraldischen Tieren der vier Himmelsrichtungen, wodurch er als Mittelpunkt gekennzeichnet wird; er verwandelt sich dem Lauf der Sonne und der Jahreszeiten folgend, was bedeutet, daß er in Abhängigkeit von der Zeit vielfältige Erscheinungsformen annimmt. Gleich dem Tao vermag er sich ins Unendliche auszudehnen und sich in das Winzigste zurückzuziehen. Diese Beschreibung deckt sich annähernd mit der des Gottes Taiyi und entspricht der Rolle des zentralen Ordners und Lenkers, wie sie im alten China dem Herrscher und in der Meditation dem taoistischen Adepten zukommt. Der vergottete Lao zi ist nichts anderes als eine Hypostase des taoistischen kosmischen Heiligen, jener anthropomorphisierten Gestalt des Tao, die wir im Zusammenhang des *Daode jing* dargestellt haben, jedoch in weitaus präziserer und bildhafterer Form und verbunden mit Symbolen, die später in den taoistischen Werken Verwendung finden und einen nicht geringen Teil ihres Sprachschatzes bilden werden.

Die Volksreligion

Huang di führt uns freilich noch auf eine andere Spur, nämlich die der Volksreligion. Eine auf der Grundlage der hanzeitlichen Grabtexte basierende Studie von A. Seidel zeigt, daß die höchste Gottheit entweder als »Himmlischer Kaiser«, »Gelber Kaiser« *(huangdi)* oder auch als der »Gelbe Gott des Scheffels« bezeichnet wurde. Die Untersuchung dieser Texte ist für uns von außerordentlichem Interesse. Neben dieser Erwähnung des Scheffels begegnen wir einem Gesandten des höchsten Gottes, einem bis an die Zähne bewaffneten, von den vier heraldischen Tieren der Himmelsrichtungen und von Dämonen als Vollstrecker seiner Gerechtigkeit unterstützten Monstrum, das man als einen Prototyp der im Taoismus als Beschützer und Exorzisten fungierenden Dämonen identifizieren kann. Nicht weniger bedeutsam ist das Führen von Registern des Lebens und des Todes, das in die Zuständigkeit der Fünf Kaiser jener fünf berühmten Berge des Taoismus fällt. Den bürokratischen Aspekt dieser Form der Volksreligion gilt es in der Tat hervorzuheben: neben der Erwähnung der Führung solcher Register, die Lebensdauer und Zeitpunkt des Todes bestimmen, findet man in diesen Texten genau jene Wendung wieder, mit der die offiziellen Dokumente der Han-Zeit abgeschlossen wurden: *ru lüling*, »dem Gesetz getreu [auszuführen]«, eine Wendung, die die Himmelsmeister übernommen haben und in die liturgischen Texte bis in die Gegenwart hinein aufnehmen. Das stark ausgeprägte exorzistische Wesen dieser Volksreligion ist mit einer sowohl rechtlichen als auch moralischen Konnotation verbunden: die Freisprechung von Verfehlungen nimmt darin einen großen Platz ein, insbesondere von solchen Verfehlungen, die in einer durch die Errichtung eines Hauses oder das Ausheben eines Grabes verursachten Mißhandlung der Geister der Erde bestehen; diese hat eine Bitte um Vergebung zur Folge, die auf eine Besänftigung der solchermaßen erzürnten Geister abzielt. Lebensdauer und Zeitpunkt des Todes stehen in einem Zusammenhang mit dem moralischen Verhalten, und der Begriff der »Befreiung« (*jie*, dem wir weiter unten in der Bedeutung der »Befreiung von der sterblichen Hülle« begegnen werden) schließt die Idee einer Einkerkerung in der Hölle und zugleich die des Freikaufs von den Verfehlungen ein. Im Gegensatz zu den Glaubensvorstellungen der Elite, wie sie in den klassischen Texten dargelegt sind, gelangen hier *hun*- und *po*-Seelen gemeinsam unter die Erde, was in Übereinstimmung mit den Vorstellungen steht, die im *Taiping jing* zum Ausdruck kommen (siehe Kap. »Die Himmelsmeister«).

Das Lao zi bianhua jing

Das *Lao zi bianhua jing* (der »Klassiker der Verwandlungen des Lao zi«), eine Schrift, die A. Seidel erforscht hat, besitzen wir lediglich in einer korrumpierten Fassung. Sie scheint vom Ende des 2. Jahrhunderts n. Chr. zu datieren und aus dem Volksmilieu Sichuans hervorgegangen zu sein, dessen Glaubensvorstellungen sie Ausdruck verleiht. Wie sein Titel besagt, handelt das Werk von den Verwandlungen des Lao zi, d. h. in erster Linie eines vergöttlichten Lao zi, auf den bisweilen Begriffe angewendet werden, die zur Beschreibung des Tao dienen: Er »gestaltet« die Welt, sein Dasein geht dem des Universums voraus und reicht bis zum Ursprung aller Wesen zurück, und er nimmt eine kosmische Gestalt an. Diese unsterbliche Gottheit Lao zi ist in ewiger Verwandlung begriffen, sei es auf kosmischer Ebene dem Lauf der Sterne folgend, sei es auf der Stufe der Menschen durch die Annahme unterschiedlicher Identitäten, in denen er in aufeinanderfolgenden Reinkarnationen seit Anbeginn der Zeiten die traditionelle Rolle des weisen Beraters der Kaiser spielt und ihnen Unterweisung zuteil werden läßt. Als Erlösergottheit kündigt er dem Volk sein Eingreifen für das Ende der Han-Dynastie mit dem Ziel an, die gefährdete Ordnung wiederherzustellen: So ist ihm in gewissem Maß ein revolutionärer Charakter eigen. Darüber hinaus nimmt er im Körper des meditierenden Adepten selbst Gestalt an. Er rät zur Reinheit, die von allem Begehren und jeglichem absichtsvollen Tun frei sein soll; er predigt die Rezitation der »Fünftausend Worte« (so der Beiname des *Daode jing*) und das Bekenntnis der Sünden.

Wir können in diesem Werk einige grundlegende Züge entdecken, die während des gesamten Verlaufs der Geschichte des Taoismus Bestand haben. Die Gestalt des Heiligen gewinnt an Deutlichkeit. Gleich dem Tao, dessen anthropomorphisierte Form er ja lediglich ist, besitzt Lao zi zwei Gesichter: ein dunkles und verborgenes, das ursprünglich ist, während das andere als strahlend, sichtbar und tätig erscheint. Auf drei Ebenen vollzieht sich sein Tun: auf einer kosmischen – er gestaltet die Erde und den Himmel, läßt die Sterne kreisen – und einer persönlichen – er bildet den Gegenstand der Meditation des Adepten, der sich mit ihm identifiziert; die dritte ist die soziopolitische Ebene – er nimmt Gestalt an, um die Kaiser zu beraten und zu führen, das Volk in Zeiten zu großer Unordnung zu retten und moralisches Verhalten zu predigen. Dieser letztgenannte Aspekt der Rolle des Lao zi findet sich in der gesamten Geschichte des Taoismus wieder. Zur Zeit der sechs Dynastien aufgegriffen, wurde das Thema der fortlaufenden Reinkarnationen des Lao zi in der Tang- und erneut in der Song-Zeit beträchtlich weiterentwickelt. Es bot die Gelegenheit, die Geschichte des Taoismus in ihrer Gesamtheit so zu entwerfen, daß sich sämtliche Elemente unter der Ägide des Lao zi versammeln ließen und dieser als der einzigartige, in verschiedenen Wiedergeburten und unterschiedlichen Gestalten auftretende Offenbarer aller Lehren und sämtlicher Schulen dieser Religion dargestellt wurde.

Zusammenfassend läßt sich festhalten, daß der Taoismus Erbe mehrerer in der Han-Zeit verlaufender und sich kreuzender Tendenzen ist: kosmologischer, theologischer und anthropologischer Spekulationen der *fangshi* auf der Suche nach Unsterblichkeit, der Wahrung des Prinzips vom Nichthandeln und der Volksreligion. Diese Tendenzen zeigen sich in allen Landesteilen Chinas und in allen Schichten der Bevölkerung, bei den Prinzen ebenso wie auch im Volk: Bei Hof finden wir die Suche nach Unsterblichkeit und kosmologische Spekulationen; im nördlichen Staat Qi konstatieren wir das Bestehen einer Huang-Lao-Schule und eines Zentrums der *fangshi* und in Sichuan herrscht ein Laozi-Kult. Es sei hervorgehoben, daß in der Han-Zeit der Begriff »Taoismus« *(daojia)* ohne Unterschied sowohl die Unsterblichkeitssucher und ihre Techniken (bei Wang Chong z. B., siehe *Lunheng*, Kap. 7) als auch die Huang-Lao-Strömung (im *Hanshu*) bezeichnete, die solcherart miteinander vereint wurden.

Die Himmelsmeister

Historischer Abriß der Ursprünge

Im Verlauf des 2. Jahrhunderts n. Chr. ereignen sich neue Begebenheiten, denen eine große Bedeutung für die Geschichte des Taoismus zukommt, insofern sie das Auftreten eines kollektiven Taoismus besiegeln, der sehr verschieden ist von dem der unabhängigen, mehr oder weniger legendären und anonymen *fangshi*, die wir bisher dargestellt haben. Eine Reihe jener Elemente, auf die wir eingegangen sind, findet sich darin freilich wieder, und so steht er bis zu einem gewissen Maß in der Fortsetzung des bereits Bekannten. Das Neue und Wesentliche besteht darin, daß der Taoismus eine organisierte Form annimmt.

Im Zusammenhang mit dem Verschwinden der Huang-Lao-Bewegung, die durch die Einsetzung des Konfuzianismus als Staatsdoktrin in den Hintergrund trat, vollzog sich eine Spaltung zwischen der offiziellen Doktrin und den taoistischen Strömungen, die sich entweder in die Frauengemächer oder aber die bäuerlichen Schichten zurückzogen.

Zwei voneinander verschiedene, jedoch gleichlaufende und durch gewisse Ähnlichkeiten miteinander verbundene Bewegungen traten in Erscheinung: die der Fünf Scheffel Reis *(wudou mi dao)* in der Provinz Sichuan und die der Gelbturbane in Zentral- und Ostchina. Die letztgenannte, die von Zhang Jie angeführt wurde, nahm Anhänger in großen Scharen auf, und in ihr wurden »die Massen geheilt«; im Jahr 184 führte diese Bewegung zu einem Aufstand, der die für dekadent gehaltene Han-Dynastie stürzen sollte. Seine Anhänger verehrten den Gelben Gott und glaubten an ein neues Zeitalter, das zur Herrschaft eines

»Gelben Himmels« führen werde (Gelb ist die Farbe der Wandlungsphase Erde, die gemäß der in der Schule der fünf Wandlungsphasen geltenden Sequenz der gegenseitigen Hervorbringung auf das Feuer mit der Farbe Rot folgt, das die Geschichte der Han-Dynastie bestimmte), zu dessen Ehren sie jenen Turban trugen, dem sie ihren Namen verdanken. Das verkündete idyllische Zeitalter sollte das des »Großen Friedens« *(Taiping)* sein – daher auch die alternative Bezeichnung dieser Bewegung als der des »Großen Friedens« *(Taiping dao)*. Diese Vorstellung verweist auf die chinesische Utopie eines Goldenen Zeitalters *(datong)* der völligen Harmonie, des Friedens, der Weisheit und der Gleichheit, deren Ursprung freilich ungeachtet der Spuren, die sich davon in den Klassikern finden lassen, außerhalb des Konfuzianismus zu liegen scheint; veranschaulicht wurde diese Utopie durch Beschreibungen eines im Osten gelegenen idealen Staatswesens mit dem Namen Da Qin, das man mit dem Römischen Reich identifiziert hat. Im gesamten Verlauf der Geschichte der Han hatte eine aus der Gegend von Qi stammende politische Fraktion den Versuch unternommen, einer Lehre vom großen Frieden am Kaiserhof Geltung zu verschaffen, die zu dem Zeitpunkt im Volk Verbreitung gefunden hatte, als die offizielle Macht in Mißkredit geraten war. Das von dieser Bewegung eingebrachte neue Element ist von messianischer Natur: Das Zeitalter des Friedens ist nicht mehr wie zuvor in einer unendlich weit entfernten Vergangenheit angesiedelt, sondern wird zu einem nahen Datum, genau im Jahr 184, anbrechen, das mit den Zykluszeichen *jiazi* belegt ist, den ersten des kalendarischen Sechziger-Zyklus, wodurch ihm, ähnlich unserem Jahr 1000, ein besonderer Charakter verliehen ist. Wir sehen uns einer chiliastischen Lehre gegenüber.

Die Gelbturbane wurden schließlich von den Han zerschlagen. Möglicherweise ist das der Grund dafür, daß die Taoisten (so die Shangqing-Schule in dem Werk *Zhengao* beispielsweise, siehe Kap. »Der Shangqing-Taoismus«) sie nicht anerkannten. Ihre Praktiken freilich, die Heilung durch Sündenbekenntnis und Exerzitien, die Rezitation heiliger Texte, ihre kirchliche, der chinesischen Triade Himmel, Erde, Mensch nachgebildete Hierarchie, die bereits Bestandteil der konfuzianischen Lehre war, und ihre Verehrung des Gottes Huang-Lao beispielsweise, waren denen der Himmelsmeister sehr ähnlich, die zudem die heilige Schrift dieser Bewegung, oder ein ähnliches Werk gleichen Titels, das *Taiping jing*, übernommen haben. Darüber hinaus stellt sich, wie die Bewegung der Himmelsmeister auch, die des Zhang Jie in die Überlieferungsreihe des taoistisch geprägten Ideals des die Herrschaft ausübenden Heiligen, der zugleich auch die Funktion eines religiösen Oberhauptes ausübt.

Im Jahre 142 n. Chr. war zudem Lao zi, der im Volk als ein großer Heiliger verehrt wurde und der, daran sei erinnert, kurz darauf, im Jahre 165, unter dem Titel Taishang laojun (»Höchster Herr Lao«) zum Gott erhoben werden sollte, Zhang Daoling erschienen, einem Vertreter der Klasse kleiner Grundbesitzer, der sich in die Berge Sichuans zurückgezogen und Anschluß an die Kreise der *fangshi* gefunden hatte. Er verkündete das neue Gesetz des »Rechtmäßigen Einen aufgrund der Autorität eines abgelegten Eides« *(Zhengyi)*, der die Herrschaft der drei Himmel verbreiten, die Welt von dem durch den unheilvollen Einfluß der sechs Himmel verursachten Verfall befreien und in seinem vollkommenen Staat das »Saat-Volk«, das Volk der Auserwählten, wieder einsetzen werde. Es scheint, daß es mehr als um den Sturz der Han-Dynastie darum ging, ein Interregnum einzurichten, das auf einer religiösen Ideologie gründend, die Heraufkunft einer neuen und tugendhaften Dynastie vorbereiten sollte. Der Himmelsmeister gälte als irdischer Stellvertreter des Gottes Laojun, der, nachdem er dem Kaiser das himmlische Mandat entzogen hätte, diesem die Führung des auserwählten Volkes anvertrauen würde. Aufgrund der fünf Scheffel Reis, die ihre Anhänger zu entrichten hatten, erhielt die Bewegung zunächst die Bezeichnung »Fünf-Scheffel-Reis-Lehre« (*dao,* »Weg«). Sie erlangte rasch weite Verbreitung. Eine beträchtliche Entwicklung erfuhr sie unter Führung des Sohnes von Zhang Daoling, später seines Enkels Zhang Lu (ca. 190–220), die in Sichuan ein richtiges unabhängiges Staatswesen organisierten, das dank der von den Gläubigen erhobenen Steuern sowohl politische als auch finanzielle Autonomie genoß. Zhang Lu, der nie Ansprüche auf den Thron erhoben zu haben scheint, ergab sich im Jahr 215 Cao Cao, den er als neuen, durch den Gott Lao zi legitimierten Kaiser anerkannte, und wurde von diesem im Gegenzug mit Titeln und Einkünften bedacht und in der Hauptstadt untergebracht. In den folgenden Jahren gewann er seiner Lehre zahlreiche Gläubige. Seine Erben trugen künftig den Titel eines Himmelsmeisters, der einem Passus aus dem *Zhuang zi* entlehnt war, und nahmen an Stelle von Lao zi, dessen irdische Verkörperungen ein Ende gefunden hatten, die Rolle von Lehrern und Führern ein. Es handelt sich hierbei um die erste Erscheinungsform des organisierten Taoismus. Auch als Zhengyi bezeichnet, so der Name der erhaltenen Offenbarung, setzte sich diese Bewegung fort, so daß sie im 3. Jahrhundert auch mehrere mächtige Familien zu ihren Mitgliedern und Beschützern zählte, und vollzog derart den Übergang aus der Schicht der Bauern und des einfachen Volkes, aus der sie sich rekrutiert hatte, hin zur Aristokratie. Die Organisation hat bis in die Gegenwart überdauert; an ihrer Spitze steht eine erbliche Linie von Himmelsmeistern, den Nachkommen des Zhang Lu, die sich weiter fortsetzt und die Geschicke dieser Kirche lenkt.

Durch Quellen unterschiedlicher Art sind wir in der Lage, eine Anzahl von Merkmalen nachzuzeichnen, die die Glaubensvorstellungen, Praktiken und die Organisation dieser Bewegung kennzeichnen. Einige dieser Quellen, wie beispielsweise die buddhistischen Texte des 5. und 6. Jahrhunderts, müssen aufgrund ihres polemischen Charakters mit entsprechendem Vorbehalt gelesen werden. Sie zu vervollständigen und zu korrigieren gestatten einige historische, leider nur fragmentarische Informationen liefernde Quellen, zu denen sich einige taoistische Schriften hinzufügen.

Die Organisation

Gleich den Gelbturbanen glaubten die Anhänger der »Fünf-Scheffel-Reis-Lehre« an ein Goldenes Zeitalter und suchten einen perfekten, von Religion und Moral regierten Staat zu verwirklichen, den die von ihnen in Sichuan auf die Beine gestellte staatsmäßige Organisation anstrebte. An der Spitze dieses Staates stand der Himmelsmeister; als die Gründer der Bewegung wurden die drei ersten Himmelsmeister wie die Ahnen mit einem Kult bedacht. Der Staat war in vierundzwanzig Bezirke eingeteilt, die *zhi*, bei denen es sich um zugleich administrative und religiöse Einheiten handelte (aufgrund der Tabuisierung des Wortes *zhi* seit der Tang-Zeit auch als *hua* bezeichnet). Jeder der vierundzwanzig *zhi* wurde zu einer der fünf Wandlungsphasen, einer der vierundzwanzig Perioden des Jahres, einem der achtundzwanzig zodiakalen Konstellationen (in zwei Fällen mit zwei, in einem Fall mit drei) und den Zeichen des Sechziger-Zyklus in Beziehung gesetzt, so daß jeder Gläubige, entsprechend dem Zykluszeichen seiner Geburt einem dieser Bezirke unterstand. Jeder von ihnen wurde von vierundzwanzig Beamten verwaltet, die 240 Armeen von Geistern unter ihrem Befehl hatten, die 2400 Generäle, 24 000 Offiziere und 240 000 Soldaten umfaßten. Dieses Verwaltungssystem, in dem sich die kosmologischen Schemata der Han wiederfinden, war zum einen durchdrungen von einem archaisierenden Geist, der jener Verwaltung nahestand, die Wang Mang (9–25 n. Chr.) einzurichten beabsichtigt hatte, gleichsam eine Widerspiegelung eines in den »Riten der Zhou«

(Zhouli) beschriebenen utopischen Systems, und war zugleich inspiriert vom Ideal des gemeinschaftlichen dörflichen Lebens.

Der bürokratische Geist, von dem wir ja bereits Spuren in der chinesischen Volksreligion der Han-Zeit aufgedeckt haben, ist am Werke, wobei Verwaltung und Religion Hand in Hand gehen: Die religiöse Hierarchie nimmt der handynastischen Nomenklatur entlehnte Titel an: *jijiu, zhubu, ling* etc.; an die Götter gerichtete Zaubersprüche und Bittgesuche werden nach dem Modell von Verwaltungsakten verfaßt, die sich, wie jene auch, auf die Autorität namentlich bezeichneter Codices berufen. Die Gläubigen sind nach Familien gruppiert, von denen jede an einen Bezirk angeschlossen ist. Personenstandsregister werden sowohl von den Familien als auch in jedem Bezirk geführt. Jede Änderung des Personenstands muß darin verzeichnet werden und ist verbunden mit einer vom Gläubigen zu leistenden Abgabe in Form von Naturalien. Diese Register haben ihre Entsprechung in denen, die von den Gottheiten geführt werden. Von der Genauigkeit ihrer Aktualisierung, die regelmäßig während der großen Versammlungen geschieht (am 7. des ersten und siebten Monats und am 15. des zehnten Monats), hängt die Wirksamkeit der an die Gottheiten gerichteten Bittschriften ab, da diese den genauen Zivilstand des Betreffenden enthalten, der es erlaubt, ihn eindeutig zu identifizieren. Diese Register dienen zudem als Talismane, und die zu ihrer Überarbeitung mitgebrachten, als »Glaubenspfand« bezeichneten Abgaben knüpfen eine Verbindung zwischen dem Gläubigen, dem Meister und den Gottheiten, die über das Schicksal bestimmen. Andererseits zeichnet sich im Hintergrund auch, so formuliert es R. Stein, »das Ideal des gemeinschaftlichen Lebens mit seiner verhältnismäßig abgeschirmten Moral und seinem zurückgezogenen Dasein« beispielsweise in der Person der Oberhäupter der Gemeinschaften ab, die aufgrund ihrer Weisheit und Integrität gewählt werden.

Die neu aufgenommenen Adepten heißen »fronbare Dämonen« (oder »Dämonen«), und diejenigen, die eine Gruppe leiten, werden als »Unterweiser« oder *jijiu*, »Libateure«, bezeichnet. Die Unterweisung scheint in Form eines Katechismus vonstatten gegangen zu sein, der in seiner Art jenem vergleichbar war, wie er sich im *Xiang'er* findet, einem Zhang Lu zugeschriebenen Kommentar zum *Daode jing*, der sehr darauf bedacht ist, den »rechten Weg« zu verbreiten und Bannflüche gegen die falschen Lehren auszustoßen: das Eine, welches es zu »bewahren« gilt, ist der vergöttlichte Lao zi und seine Lehre; der *Xiang'er*-Kommentar zieht gegen die »vulgären und falschen Zauberkünste« in den Krieg, die dem Tao und dem Einen Namen und Gestalt geben und sie zu einer Methode der Meditation machen. Hier vermittelt sich uns wahrscheinlich ein Widerhall jener Kämpfe, mit denen die Himmelsmeister anderen Tendenzen, wie beispielsweise denjenigen, von denen das im vorigen Kapitel erwähnte *Lao zi bianhua jing* zeugt, entgegentraten; zudem finden wir eine Vielzahl von Indizien, die als Beweis für die sich nachfolgend in starkem Maß weiterentwickelnden visuellen Meditationen dienen.

Die *jijiu* erfüllten sowohl religiöse als auch administrative Funktionen: Sie erhielten die Steuern (in Form von Reis, Stoff, Papier, Pinseln, Matten etc.) und errichteten entlang der Straßen »Herbergen der Rechtlichkeit« *(yishe)*. Diese waren den offiziellen Raststationen der hanzeitlichen Verwaltung vergleichbar; es wurden dort Reis und Fleisch für die Reisenden deponiert, die bei Androhung von Strafe davon nicht mehr zu sich nehmen sollten, als sie zur Stillung des Hungers bedurften. Sogenannte »Beamte der Dämonen« waren damit betraut, für die Kranken Gebete zu verrichten und die an die dreigeteilte Verwaltung von Himmel, Erde und Wasser gerichteten Bittschriften zu verfassen. Die vorherrschende Eigenschaft der Priester der Himmelsmeister war wohl ihre Fähigkeit, Bittgesuche abzufassen und diese zu den göttlichen Mächten zu befördern; hierin bestand ihre wesentliche Funktion.

Die Gläubigen, Männer wie Frauen, erklommen die Leiter der Hierarchie im Verhältnis zu ihren Verdiensten, bis sie zu Meistern *(daoshi)* ordiniert wurden, um dann im Verlaufe einer Zeremonie, die in den Schriften mit der Investitur der Könige verglichen wird, das »Register« zu erhalten, das aus einer Liste derjenigen Geister bestand, die herbeizurufen in ihrer Macht stand und durch die ihr Rang nicht nur in der Kirchenhierarchie, sondern auch innerhalb der himmlischen Bürokratie bestimmt wurde.

Religiöse Praktiken

Es herrschte eine Vermischung von Recht und Moral vor. Die Vergehen – Trunkenheit, Lasterhaftigkeit, Diebstahl –, beobachtet und verzeichnet von den Göttern, von denen einige volkstümlichen Ursprungs waren, so beispielsweise die Gottheiten der Erde und des Herdes, wurden durch Bekenntnisse, die häufig öffentlich waren, und durch Bestrafungen gesühnt; diese bestanden in wohltätigen Handlungen wie der Ausbesserung von Straßen oder einer auferlegten Abgeschiedenheit (in den »Häusern der Abgeschiedenheit«), deren Sinn darin bestand, den Sünder zum Nachdenken anzuregen. Krankheiten galten als aufgrund begangener Sünden gesandte Strafen und wurden deshalb mit religiösen Mitteln wie der Beichte oder der Anwendung von magischem Wasser behandelt.

Die Gläubigen widmeten sich der Rezitation heiliger Texte, insbesondere des *Daode jing*, sowie der Embryonalatmung und der Enthaltsamkeit von Getreide. An festgelegten Tagen, vor allem an den Äquinoktien, brachten gemeinhin im Freien abgehaltene kollektive Zeremonien, bei denen die Meister ihre Lehren, Vorschriften und Verbote verkündeten, die Gläubigen in Versammlungen *(hui)* oder sogenannten »Fastenzeremonien« *(zhai)* zusammen, ein der offiziellen Religion entlehnter und auch heutzutage noch zur Bezeichnung taoistischer Zeremonien verwendeter Begriff. Dabei handelt es sich in gewisser Weise um die Vorläufer der liturgischen Zeremonien des Taoismus (*zhai* oder *jiao*).

Häufig wurden anläßlich dieser Zeremonien gemeinschaftlich eingenommene Mahlzeiten, bisweilen veritable Festgelage, abgehalten, die ein Erbe der alten, häufig mit der Verehrung der Hausgötter, der Gottheiten des Bodens oder der Gräber in Beziehung stehenden Praktiken darstellen (das Ausheben eines Grabes machte einen Ausgleich in Form eines an den derart belästigten Gott der Erde gerichtetes Bußeritual erforderlich). Diese Mahlzeiten wurden als »Küchen« bezeichnet und fanden auch unabhängig statt, sei es anläßlich einer Änderung des Zivilstands, zu Geburten oder Todesfällen oder auch um das Unglück auszutreiben und »Glück« herbeizubringen, auf jeden Fall aber zu Beginn des Jahres und anläßlich der »Versammlungen« der »Drei Beamten«. Bei diesen »Küchen« herrschte unter den Teilnehmern eine strenge Hierarchie, in der die Verdienste und die Dauer der Zugehörigkeit zur Lehre den Vorrang hatten, der soziale Status hingegen keinerlei Berücksichtigung fand. Sie setzten sich aus drei Arten von Nahrungsmitteln zusammen: Vorspeisen, Alkohol (was die Bezeichnung »Weinausschenker« für den Anführer einer Gruppe erklärt), dessen Quantität zur Einschränkung von Mißbrauch vorgeschrieben werden mußte, und Reis. Diese Mahlzeiten fanden obligatorisch in Gruppen statt, deren Teilnehmerzahl prinzipiell genau festgelegt war, und wurden sowohl den dabei anwesenden Göttern als auch den Gläubigen dargeboten. Die »Küchen« als solche verschwanden ungefähr im 6. Jahrhundert, doch bestanden sie in Form von »Gaben« weiter, die den Göttern zum Dank für erhaltene Gunst dargebracht wurden.

Zu den »Versammlungen« gehörten die Feste der »Drei

Verwaltungen« *(san guan)* – des Himmels, der Erde und des Wassers –, die mit der Überwachung und Sanktionierung des menschlichen Tuns betraut waren; sie fanden dreimal im Jahr statt. Ihr Ziel war es, Krankheiten dadurch zu heilen, daß Petitionen in drei Ausführungen an diese *sanguan* gerichtet wurden: die an den Himmel gerichtete mußte verbrannt werden und wurde so mittels des Rauches in die himmlischen Sphären getragen; die Bittschrift an die Erde wurde vergraben und eine dritte, an das Wasser adressierte, versenkt. Dieser Vorgang hat sich in zahlreichen rituellen Praktiken des Taoismus erhalten und wurde von anderen Schulen, der des Shangqing beispielsweise, übernommen.

Von dem »Fasten des Schlammes und der Kohle« *(tutan zhai)* ist uns eine wahrscheinlich von Lu Xiujing im 5. Jahrhundert bearbeitete Beschreibung erhalten, die einer Anthologie aus dem 6. Jahrhundert entnommen ist (*Wushang biyao,* Zusammenfassung bei Lagerwey, S. 156–158, teilweise übersetzt und kommentiert von H. Maspero, S. 416). Dabei handelt es sich um ein Bußritual, das von Adepten durchgeführt wird, die, zum Zeichen der Reue mit Schlamm und Kohle beschmiert, mit auf den Rücken gebundenen Armen auf dem Boden liegen und dabei wie Verbrecher ein Stück Jade im Mund halten; das Ritual dient dazu, Vergebung für die von den lebenden und toten Mitgliedern der Familien der Teilnehmer begangenen Vergehen zu erbitten, sowohl für deren Vergehen als auch die des »gesamten Volkes« und »aller Menschen und Tiere auf Erden« –, folglich handelt es sich um einen Ritus des universalen Heils. In einer langen Litanei rezitiert jeder seine Vergehen und die Gottheiten der fünf und der zehn Himmelsrichtungen werden angerufen; der Ritus endet mit einer rituellen Handlung, die sich bis in unsere Tage erhalten hat, bei der der Priester den »Auszug der Beamten« *(chuguan)* durchführt; er beauftragt die als Boten fungierenden Körpergottheiten damit, sein in Form eines Memorandums abgefaßtes und von den Beichten der Büßer begleitetes Gebet an die Himmelsgötter zu überbringen.

Viel Tinte ist über die sexuellen Zeremonien dieser Taoisten vergossen worden. Die Buddhisten des 6. Jahrhunderts haben sich ein Vergnügen daraus gemacht, diese dadurch anzuprangern, daß sie die Zeremonien als Orgien darstellten, um so die Taoisten in Verruf zu bringen. Tatsächlich aber, so hat R. Stein gezeigt, unterlagen diese sexuellen Riten strengen Bestimmungen: Jeder Teilnehmer mußte sich mit einem vom Meister bezeichneten Partner vereinen; dies geschah nach drei Tagen des Fastens und gemäß einer Rangordnung, die keinerlei Raum für individuelle Initiativen zuließ und vom religiösen Meister entsprechend den erworbenen Verdiensten aufgestellt wurde. Wir sind im Besitz eines Textes, der recht gut mit den von den Zeugen aus dem 6. Jahrhundert gelieferten Zitaten und Beschreibungen übereinstimmt und dessen späteste Datierung genau in diese Zeit fällt. Die Zeremonien beginnen mit Fasten und Gebeten, die begleitet werden von Atemübungen, visuellen Meditationen und wiederholten Beschwörungen der wesentlichen Körpergottheiten und der obersten Götter der Sekte, die den Teilnehmern während des gesamten Verlaufs ihre Hilfe zuteil werden lassen. Diese Zeremonien zielten ebenfalls darauf ab, den Namen der Teilnehmer in die Register des Lebens einzuschreiben. Das vom Meister durchgeführte Lösen von Gürtel, Kleidern und Haaren symbolisierte dabei ausdrücklich die »Lösung der Bindungen des Adepten«. Der Meister begann mit einer Choreographie, in der die neun Paläste des magischen Quadrates gezeichnet wurden; dieses steht in Beziehung zu kalendarischen Spekulationen und der hanzeitlichen Divinationskunst, die eine Verbindung zwischen den acht Trigrammen des *Yi jing*, den neun Raumkoordinaten (vier Himmelsrichtungen, vier Zwischenrichtungen und das Zentrum) und den ersten neun Ziffern herstellt. Angedeutet wurde dieses Quadrat durch die Stellung der ineinander verschränkten Finger der Hände und schließlich der Füße und Zehen der Partner. Dieser symbolische Tanz vergegenwärtigte einen Mann und eine Frau, die als »Yin« und »Yang« oder »Himmel« und »Erde« bezeichnet und so mit einer kosmischen Dimension ausgestattet wurden. Ihre hierogamische Vereinigung faßte man als den Beginn des Erschaffungsprozesses eines unsterblichen Körpers auf. In dieser Weise kam eine raumzeitliche Gliederung mit neun Bezugspunkten zur Anwendung, deren Ausrichtung und Verschlüsselung einer Methode entsprach, die, wie M. Kalinowski deutlich gemacht hat, Bestandteil eines sowohl dem Konfuzianismus dieser Zeit als auch dem Taoismus gemeinsamen kulturellen Milieus war. Als einfacher Initiationsritus, der den Eintritt in die Kirche der Himmelsmeister gestattete, jedoch nicht einer Ordination gleichkam, ging es in diesem Ritual demnach darum, den menschlichen Körper vermittels der Symbolik der ersten Ziffern einem Ordnungsschema entsprechend zu rekonstruieren, das in Beziehung zur Welterschaffung durch den großen Yu stand. Einige Aspekte dieser nach dem Plan des kosmischen Quadrats entworfenen Choreographie erinnern bis in einzelne spezifische Begriffe hinein (das »Netz des Himmels« und die »Vernetzungen der Erde«) an die zahlreichen Riten des »Beschreitens der Sterne« in den zeitlich späteren Meditationen der Shangqing-Richtung. Finden sich in bestimmten Schriften der Himmelsmeister auch diesbezügliche Hinweise, so sind sie freilich zuwenig explizit, als daß man durch sie etwas über die Bedeutung solcher Riten innerhalb der Sekte erfahren könnte.

Schließlich sei dasjenige erwähnt, was uns von der Beschreibung des Eintrittsrituals in das Oratorium erhalten geblieben ist: Dieses wurde nach dem Muster derjenigen konstruiert, wie sie die Konfuzianer für die Lesung der klassischen Schriften nach festgelegten Regeln eingerichtet haben, die seine Größe und das darin vorhandene Mobiliar, das jeder Adept zu besitzen hatte, bestimmten. Die Bedeutung dieses visionären Rituals, das uns in einer durch die

Shangqing-Schule überlieferten Version vorliegt, besteht darin, daß es den ursprünglichen Kern des künftigen taoistischen Rituals darstellt und im Keim eine ganze Anzahl der Prinzipien und Praktiken enthält, die spätere Generationen weiterentwickeln sollten. Verglichen mit jenen, die ihm später folgen, ist dieses Ritual kurz und einfach. Dabei handelt es sich nicht um ein Opfer, sondern vielmehr, wie U. Cedzich gezeigt hat, um einen administrativen Vorgang, der darauf abzielt, eine Verbindung zu den höheren Sphären herzustellen und der höchsten Gottheit in Gestalt des Jadekaisers eine durch göttliche Boten getragene Bittschrift zu übermitteln; diese Boten sind aus dem Körper des Priesters hervorgegangen, der die kosmischen und himmlischen Kräfte anruft, damit sie in seinen Körper kommen, und sie zugleich in den Himmeln versammelt. Bei diesen Mächten handelt es sich im wesentlichen um die Himmelsmeister mit ihren Frauen und die drei ursprünglichen Qi. Der Priester bittet sie darum, seinen Körper zu bewässern und zu befruchten, Übel zu vertreiben, gegebenenfalls Krankheiten zu heilen, wenn die Zeremonie zu diesem Zwecke durchgeführt wird, die Seelen seiner Ahnen bis in die siebte Generation über ihm zu befreien und ihn zu einem »fliegenden Unsterblichen« zu machen. Das Ritual endet mit dem Löschen des Räucherwerks, das die »Danksagung« an die beschworenen Mittlermächte und die »Verkündung ihrer Verdienste« begleitet. Wir haben hier das vollständige Grundschema der taoistischen Liturgie der nachfolgenden Jahrhunderte vor uns.

Der Kampf gegen die Volksreligion

Eine der Funktionen und eines der Ziele der Himmelsmeister war der Kampf gegen die Volksreligion, wobei man allerdings unterstreichen muß, daß sie eine bestimmte Anzahl von Elementen daraus übernommen haben, was ja in der Tat einer der Trümpfe der Himmelsmeister in dieser Auseinandersetzung war. Hierin fügen sie sich in eine allgemeine Einstellung ein, die innerhalb des Taoismus und im gesamten Verlauf seiner Geschichte keineswegs eine Eigenschaft war, die ausschließlich ihnen zukam und die sie außerdem in die Nähe der Konfuzianer rückt: In dieser Hinsicht gilt es hervorzuheben, daß der Taoismus, während er häufig eingestandene Anleihen beim Konfuzianismus und Buddhismus gemacht hat, indem er erklärte, daß das letzte Ziel beider Religionen mit dem seinigen übereinstimme, sich in nachdrücklicher Weise einzig von den »Schamanen« (den *wu*), auch dann, wenn er sich ihrer als Untergebene bediente, und von den »ausschweifenden Kulten« abgegrenzt hat.

Anliegen der Himmelsmeister war es, die Beziehungen des Volkes zum Heiligen zu regeln: Sie richten Anschuldigungen gegen Scharlatane und Heiler, die die Leichtgläubigkeit des Volks mißbrauchen, gegen Messiasgestalten, die vorgeben, eine Verkörperung des Lao zi zu sein; sie versuchen, den religiösen Eifer zu kanalisieren, der sich freie Bahn bricht in Form eines Glaubens an Wunder, in Kulten, die an lokale oder »untergeordnete«, nicht offiziell verzeichnete Gottheiten gerichtet sind (Felsen, Bäume, Gräber oder Verstorbene, die keine Ahnen sind usw.), im Dämonenbesessensein *(gui)* von Medien, in Propheten und Wahrsagern, und in Form von Tieropfern, Gesängen, Tänzen, Banketten und Trinkgelagen (wörtlich »Fleisch und Wein«). All die genannten Praktiken, die mit den allgemeinen Begriffen »häretische Lehren« oder »exzessive Kulte« bezeichnet wurden (ein Terminus, der bald auch die buddhistischen Kulte mit einschloß), sollen bis zu den Kaisern vorgedrungen sein, und laut den uns zur Verfügung stehenden historischen Quellen gehörten Zhang Lu selbst und seine Mutter zu ihren Anhängern. Das Auftreten des vergöttlichten Lao zi (Taishang Laojun) sollte zum Ziel haben, diesen Ausschweifungen ein Ende zu bereiten, und die

Herrschaft der drei reinen Himmel einzusetzen und die sechs verdorbenen Himmel, die in Verbindung mit den an »andere« Gottheiten gerichteten Kulten stehen, in die Hölle zu werfen. Eine der dem Wort *»zheng«*, »richtig, recht«, zukommenden Bedeutungen, die in der alternativen Bezeichnung der Schule, *Zhengyi* (das »Rechtmäßige Eine«) erscheint, ist »orthodox« im Sinne von »kontrolliert, verzeichnet«, was im Gegensatz zu allem Anarchischen steht. Die »rechten« Geister sind jene der Himmelsmeister.

Im wesentlichen sind es zwei Mittel, die in diesem Kampf eingesetzt werden: Das erste besteht gerade in dem überaus reglementierten, bürokratischen und hierarchisierten Aspekt der Beziehungen zum Göttlichen – in Form eines strikt festgelegten Regeln gehorchenden Rituals; ein Priester als einziger Mittler zwischen Adept und Geistern, der, im Gegensatz zu den Praktiken der *fangshi*, nach Art eines anerkannten Beamten die Tätigkeit eines Schreibers ausübt, was ihn ebenfalls in deutlichen Gegensatz zu den Medien bringt; eine fest etablierte religiöse Hierarchie und Verwaltungsbezirke; Register, in denen über die Adepten und ihre Verdienste, von denen die ihnen zugemessene Lebensdauer abhängt, genau Buch geführt wird.

Nach der Auslieferung Zhang Lus bestand nicht nur die Kirchenhierarchie weiter, sondern auch die Verwaltungsbezirke wurden aufrechterhalten. Eine ganze Anzahl der uns von dieser Schule überlieferten, in einen Zeitraum zwischen dem zweiten und fünften Jahrhundert datierenden Schriften, sind einer detaillierten Darstellung der exakten, stilisierten und ritualisierten Form gewidmet, die die an die Gottheiten adressierten Gebete und Bittgesuche, zu deren größten Spezialisten sich die Himmelsmeister entwickelten, haben müssen. Tatsächlich ähneln diese Texte häufig praktischen, für die Priester verfaßten Anleitungen und enthalten mit dem Namen des Priesters, dem des Adepten, dem Ort und den Umständen der Zeremonie auszufüllende Formulare. Der Kommunikation mit den Geistern ist ein juristischer Aspekt eigen (der das Ritual bezeichnende Ausdruck »*fa*« bedeutet »Gesetz«), was an die weiter oben erwähnten volksreligiösen Praktiken der Han-Zeit erinnert. Den Gegenstand der zu verfassenden Bittgesuche bilden alle möglichen Sorgen: Dürren, Tiger, Krankheiten, Heuschreckeninvasionen, Besessenheit, Tod, liturgische Feste, Geburt, Bestattung der Verstorbenen etc.

Die andere Waffe, die in diesem Kampf gegen die volksreligiösen Kulte Anwendung findet, ruft die Vorstellung von etwas hervor, das wir als Kampagne zur Manipulation bezeichnen würden; ich spiele auf den Exorzismus an. Die volkstümlichen Gottheiten werden als Dämonen qualifiziert, denen sämtliches Unglück und Leid, an denen die Menschheit leidet, zur Last gelegt werden. Sie sind es, die Krankheiten verursachen; sie sind es, die alten »Schamanen« *(wu)*, Zauberer und Medien oder volkstümliche Hausgötter, wie die Götter der Balken, der Ecken des Hauses, der Gegenstände aus Metall, der Brunnen und der Feuerstelle oder die antiken Naturgottheiten wie der Graf des Flusses, die dunklen Schatten der unsichtbaren Welt, die aus ihren Gräbern steigen, um die Lebenden zu mißhandeln, und es ist die Welt der Toten, aus der sämtliche Übel herrühren. So herrscht denn hinfort Krieg. Indem sie sich alte Gebräuche nutzbar machen, nehmen die Himmelsmeister die Rolle von Exorzisten ein, die sie einmal mehr mit den »Zauberern« *wu* des Altertums verbindet.

Gleichwohl darum bestrebt, ihre Identität zu errichten und ihre Eigenart und Autorität zu bestätigen, halten sie es mit beiden Seiten: Zum einen erben und übernehmen sie die althergebrachte Macht dieser *wu*, auf der anderen Seite grenzen sie sich in den Augen der Gebildeten von diesen ab, indem sie gegen die volkstümlichen Glaubensvorstellungen und Praktiken, von denen sie sich kaum entfernt haben, ankämpfen. Zur Durchführung dieser Aufgabe rufen sie Armeen von Kriegsgeistern an, während der Anführer der Dämonen als ein Wesen mit Klauen aus Kupfer und Zähnen aus Stahl beschrieben wird. Sie stellen beeindruckende Listen von Dämonen auf (so das *Nuqing guilu,* T. 790)[1], darunter einige verstorbene Zauberer *wu*, in denen ihre Namen und genauen Beschreibungen verzeichnet sind; so demaskieren und klagen sie diese Geister an, die, weit davon entfernt, glückbringend zu sein und kultische Verehrung, sei es auch in Form von Sühneopfer, zu verdienen, vertrieben werden müssen und die sie auf bedrohliche Weise mahnen, indem sie sich auf ihre Waffen berufen: Talismane, heilige Schriften, Bannformeln *(zhu)*, die Macht ihres Qi und die Hilfe der Gottheiten. In Befehlshaber der Armee verwandelt, worauf einige ihrer Titel hinweisen (»Soldaten der Dämonen«, »Generale« etc.), bestrafen oder vertreiben sie entweder Dämonen und Geister oder machen sie sich als untergeordnete Götter untertan. Gleich im Anschluß bemühen sie sich um eine Kontrolle und Verringerung der alten Kulte für die Ahnen, die Erdgottheiten und den Gott des Herdes, die sie aufgrund der Unmöglichkeit, sie abzuschaffen, integrieren und deren Opfergaben auf vegetarische Nahrungsmittel (»reine« Gaben, wie sie es nennen, die Fleisch und Geld ausschließen) sie ebenso beschränken wie die Anzahl der Opfer, auf fünf pro Jahr für die Ahnen und zwei für die Götter der Erde und des Herdes. Laut beteuern sie, daß das Tao, daß ihre Lehre »das Leben liebt und den Tod verabscheut«, und indem sie die antike Zweiteilung Himmel/Leben auf der einen Seite und Unterwelt/Tod auf der anderen übernehmen, verstärken sie diese durch einen Dualismus, in dem der geordneten, ihrer Religion, die »wilden Kulte« entgegenstehen. Den himmlischen Beamten, die in den neun Himmeln damit betraut sind, die »Register des Lebens«, in denen die Namen der Lebenden verzeichnet sind, zu führen, stehen diejenigen der sechs unterirdischen Himmel gegenüber, dunkle Götter der unsichtbaren Welt, denen das Führen der Register des Todes obliegt.

Dieser Aspekt der Himmelsmeister, ihre Rolle als Bürokraten und Exorzisten, bringt uns, dies muß gesagt werden, kaum der naturalistischen, die Rhythmen der Natur und ihr komplexes Gleichgewicht respektierenden Philosophie näher, die den Taoismus im allgemeinen färbt; sie ist freilich nicht verschwunden und tritt in ihren Schriften hier und da zutage.

Die Sittenlehre

Um in die Register des Lebens eingeschrieben zu werden und die Zahl seiner Lebensjahre zu erhöhen, muß der Adept vor allem tugendhaftes Verhalten pflegen; seine Verfehlungen werden mit einer Verkürzung der Lebensspanne geahndet, die sich bis auf seine Nachkommen erstrecken kann. Das zu beachtende Sittengesetz ist, von einigen speziellen Punkten abgesehen, denkbar einfach. Es gilt, den Armen und Unterdrückten zu helfen, weder Reichtümer noch Ruhm zu begehren, Fleisch und Wein nur in Maßen zu konsumieren, die heiligen Texte in einer den Bestimmungen entsprechend konstruierten »Kammer der Reinheit« zu rezitieren und die konfuzianischen Tugenden – Menschlichkeit, Loyalität, Rechtlichkeit, Respekt gegenüber Eltern und Alten – zu achten. Man darf »die Familie nicht verlassen« (dies ein Zeichen der Opposition gegen das Einsiedlerdasein) und nicht ungerechtfertigt religiöse Lehren verbreiten (eine Bestimmung, die weiter unten ausführlich behandelt wird). Einige Merkmale entstammen einer dörflichen Moral des guten gemeinschaftlichen Verhaltens: So ist es verboten, Flüsse zu verschmutzen oder trockenzulegen, Brunnen zu verstopfen, in den Ebenen Feuer zu entzünden oder Vogeleier aus den Nestern zu nehmen. Der Respekt vor Tieren und Sklaven (diese nicht im Gesicht zeichnen) wird ebenso empfohlen wie einige bestimmte religiöse Praktiken, die wir an anderer Stelle in größerer Ausführlichkeit finden; sich »von Qi nähren«, des »Getreides enthalten«, das »Eine bewahren« und Atemübungen praktizieren.

Die Suche nach dem universalen Heil besteht fort, wird doch nahegelegt, Räucherwerk nicht allein zu seinem persönlichen Nutzen, sondern vielmehr für »den umfassenden Frieden der ganzen Welt« zu verbrennen. Ein Ton des Argwohns gegenüber den offiziellen Autoritäten läßt sich feststellen, der an die autonomistisch-dörfliche Vorgeschichte dieser taoistischen Bewegung erinnert: Die Adepten dürfen nicht unbesonnen freundschaftliche Beziehungen zu kaiserlichen Beamten eingehen. Die höchsten Tugenden gleichen in ihrem Wesen denen, die Lao zi, auf den ausdrücklich verwiesen wird, empfiehlt: Weichheit, Weiblichkeit und das Zurücktreten, das Nicht[intentionale]Handeln und die Ruhe.

Auf ihrem Weg zum Heil verteilen sich die Adepten auf drei zukünftige Klassifizierungen vorwegnehmende Klassen, von denen freilich nur zwei genannt werden. Am unteren Ende sind jene angesiedelt, die lediglich ein Anwachsen ihrer Lebensdauer anstreben oder erreichen; über ihnen plazieren sich die »göttlichen Menschen«, zu denen keine ausführlicheren Angaben gemacht werden.

Kosmologie und Pantheon

All das stützt sich auf eine Kosmologie, die, wenn auch nicht systematisch dargelegt, so doch zumindest in ihren großen Linien rekonstruiert werden kann, gleichwohl es sich davor zu hüten gilt, eine doktrinäre Darstellung daraus zu machen, denn die in den Schriften enthaltenen Widersprüche erlauben dies nicht.

Am Anfang der Welt steht das Tao, das, aus nichts hervorgegangen und sich auf nichts stützend, sich spontan verwandelt (*Santian neijie jing*, 1205, 1, 2a). Es ist »zugleich eckig und rund, ohne etwas Äußerliches«; die Menschen leben darin gleich den Fischen im Wasser, ohne sich bewußt zu sein, daß es sie umschließt (*Zhengyi fawen tianshi jiaojie kejing*, 789, 8a). Ein ungefähr aus dem 3. Jahrhundert datierender Text drückt sich in einem sehr kurzen Passus folgendermaßen aus:

> Das große Tao umfaßt Himmel und Erde, es nährt alles Leben, herrscht über die Myriaden von Vorgängen [in der Welt]. Formlos, bildlos, vage, obskur [*hunhun dundun*, eine Art Onomatopäie, die das ursprüngliche Chaos beschreibt] und spontan, bringt es die Vielzahl der Lebewesen hervor. Die Menschen vermögen nicht, es zu benennen, und alles, was aus dem Himmel und der Erde hervorgeht, wird durch es getötet. Das Tao verleiht [das Leben] durch subtiles Qi, das drei Farben besitzt: es sind dies die Qi *Xuan, Yuan* und *Shi*. Das Qi *Xuan* (»dunkel, geheimnisvoll«) ist grün und bildet den Himmel, das Qi *Shi* (Beginn) ist gelb und formt die Erde, das Qi *Yuan* ist von weißer Färbung und bildet das Tao (789, 12a).

Das Tao, so fährt der Text fort, brachte den Himmel hervor, dieser erzeugte den Menschen (was dem im *Daode jing* enthaltenen Schema entspricht). Diese drei Qi, die zu den drei Himmeln Qingwei, Yuyu und Dache in Beziehung gesetzt werden (796, 807, 1354, 14b), brachten ihrerseits jeweils drei Qi hervor, um so insgesamt neun zu bilden (die »Neun Himmel«), die den neun Öffnungen der neun Qi des menschlichen Körpers entsprechen. Sind diese wohlgeordnet, so gilt dies für die fünf Zang-Funktionskreise und die Körpergottheiten ebenfalls.

Das weiter oben zitierte, aus dem 5. Jahrhundert datierenden *Santian neijie jing* – in dem Spuren eines Kampfes gegen den als »Kleines Fahrzeug« betrachteten Buddhismus zu finden sind, da er nurmehr lehre, »eine Sitzhaltung einzunehmen und den Atem zu zählen«, eine Formulierung, die den grundsätzlichen, der buddhistischen Lehre seitens des Taoismus beständig gemachten Vorwurf ankündigt – greift einen Teil dieser Kosmologie auf. Der Platz des Menschen im Universum entspricht dem von Himmel und Erde, die ohne ihn nicht »bestehen« können: Eine Welt ohne Menschen gliche einem Leib ohne Götter; freilich vermag der Mensch ohne Himmel und Erde nicht zu existieren. Mit anderen Worten, so wie die Geister die belebenden Kräfte des Körpers bilden, so belebt der Mensch das Universum; und der Mensch seinerseits stellt für Himmel und Erde das dar, was der Körper für den Geist bildet: die Stütze ihrer Macht. So hat der Mensch teil an der kosmischen Ordnung, und die von ihm verursachten Unregelmäßigkeiten wirken sich in gleicher Weise auf diese Ordnung aus, wie es die des Himmels (Sonnen-, Mondfinsternis) und der Erde (Überschwemmungen) tun.

Die höchste Gottheit ist in dieser Schrift der »Große Mensch des Dao und De« *(Daode zhangren)*, der vor dem ursprünglichen Qi geboren wurde. Anschließend traten die großen Götter der Himmelsmeister in Erscheinung, dann unterschiedliche Zustände des »ursprünglichen Chaos«, *youming* (das »Dunkle«), *gongtong* (die »leere Höhlung«) und die »große Leere« *(taiwu)*. Es sei daran erinnert, daß das Thema der unterschiedlichen, auseinander hervorgehenden Zustände des Chaos, wie es hier skizziert wird und wie es sich auch in dem Werk *Lie zi* findet, bereits in den *weishu*-Apokryphen der Han-Zeit findet; im Taoismus wird es beständig wieder aufgegriffen, um den langsamen und fortschreitenden Prozeß der Entstehung darzustellen. Die Zustände des Chaos haben sich verwandelt und die drei ursprünglichen Qi, *Xuan*, *Yuan* und *Shi*, hervorgebracht. Diese sind miteinander verschmolzen, um das »Jademädchen« *Xuanmiao* (»dunkles Geheimnis«) zu bilden, die den Lao jun (den vergöttlichten Lao zi) aus ihrer linken Seite gebar (eine seitenverkehrte Replik der Geburt des Buddha). Dieser nun hat eine Verteilung der drei Qi vorgenommen, die anfänglich im Zustand chaotischer Verschmelzung das Aussehen eines gelben Eies besaßen, um sich dann in drei zu spalten: das Qi *xuan*, leicht und rein, stieg empor und bildete den Himmel, das Qi *shi*, schwer und trübe, sank und formte die Erde (dies das Schema des *Huainan zi*), und das Qi *yuan* verströmte, um das Wasser und die Gestirne zu bilden. Anschließend ging Laojun mittels des Qi der zentralen Harmonie daran, das Universum zu erschaffen und verbreitete die »drei Wege« zur Unterweisung des »himmlischen Volkes«; der reine Yang-Weg war für China, die anderen, Yin von Natur, für die einundachtzig Barbarenvölker bestimmt. Es folgt eine Abfolge der Inkarnationen des Lao zi, der die Funktion eines Ratgebers der Herrscher, auf die wir weiter oben bereits angespielt haben, ausfüllte; diese Aufzählung zeigt große Ähnlichkeit mit jener, die das *Shenxian zhuan* (ein Werk, daß einer mehr der *fangshi*-Richtung nahestehenden Strömung entstammt), wiedergibt. In den Schoß seiner Mutter zurückgekehrt, wird Lao zi anschließend ein zweites Mal unter dem König Wuding der Shang-Dynastie (14. Jahrhundert v. Chr.) und noch mehrmals in unterschiedlichen Epochen wiedergeboren, um die Rolle eines Ratgebers der Kaiser zu spielen.

Dieses Thema der mehrfachen Wiedergeburten des Lao zi im Verlauf der Jahrhunderte, um die Rolle des Lehrmeisters für Herrscher des Altertums zu spielen, wird sich später durchsetzen und eine umfangreiche Weiterentwicklung erfahren. Es steht in Beziehung zu der Funktion, auf die die Himmelsmeister Anspruch erhoben. Tatsächlich stellten diese sich als die Erben der alten Könige dar, die zu ersetzen sie dann beabsichtigen, wenn eine verfallende Dynastie nicht mehr in der Lage ist, seine Aufgabe, die darin besteht, das Tao in Umlauf zu halten, zu erfüllen. Von Lao zi erhielten sie die »Lehre« zur Regierung des Volkes und zur Beherrschung der Dämonen, damit sie Diözesen einrichten (und so eine Kirche aufbauen), und die »drei Qi« dank des »Qi des rechten Einen und mit der Macht eines Eidschwures« zu verbreiten (789, 14b). Diese Vorstellung scheint in bestimmten Formeln durch, die unter den zu erlangenden Verdiensten die »Unterstützung des Landes« (*zhuguo*, z. B. 1301, 16b) aufführen. Nachdem die Himmelsmeister in Sichuan erfolgreich eine Staatsregierung errichtet hatten, um anschließend damit zu scheitern, haben sie auf die politische Rolle, die sie zu ihrer Berufung gemacht hatten, verzichtet und eine Entwicklung im Sinne einer Interiorisation durchgemacht: Ihre Rolle als Ratgeber der Herrscher nimmt somit eine ganz und gar symbolische und religiöse Bedeutung an.

Der überaus komplexe und sich rasch vermehrende Pantheon der Himmelsmeister ist uns durch jene Texte bekannt, die sich speziell der Benennung der Namen und Erscheinung von Dämonen und Gottheiten widmen. Kosmische Gottheiten, Gottheiten der Sterne (insbesondere der Scheffel und die fünf Planeten), der vier Himmelsrichtungen und des Zentrums, der Zykluszeichen, raumzeitliche Koordinaten, die als fliegende Götter beschrieben werden, die unbekleidet, von menschlicher Gestalt mit roten Haaren und augenlos sind; daneben chtonische Mächte, Berge, Felsen, Tiger, Schlangen, Affen, Metalle; mächtige exorzistische Gottheiten, wie beispielsweise Zhao Gongming, der zum Gott der Epidemien wurde, und vor allem die drei Beamten *(sanguan)* des Himmels, der Erde und des Wassers. Die obersten Götter reiten auf Wolkengespannen, werden von »Jademädchen« begleitet und befehligen Armeen. Die achtzig Körpergottheiten sind in diesen Pantheon integriert, was einmal mehr eine Verbindung zu den *weishu,* den apokryphen Schriften aus der Han-Zeit, die den Gottheiten des Körpers ebenfalls Namen verliehen haben, verrät. Sie sind es, die dem Himmel über die von den Menschen begangenen Verfehlungen berichten (789, 4a und 1210, 15a). Das Wissen um Namen und Erscheinung dieser Götter ist unverzichtbar, um Macht über sie ausüben und sie herbeirufen zu können. Dies ist der Grund für die Existenz jener Register, die es auch heutzutage noch gibt, wo sie die Autorität eines Priesters der Kirche der Himmelsmeister bezeugen.

Gleichwohl ist das Wissen um die Identität dieser Geister

nicht ausschließlich für die exorzistischen Praktiken bestimmt. Mehrere Texte beschreiben Meditationsübungen, bei denen der Adept entweder die Generäle in seinen Körper eintreten läßt, um diesen zu befrieden, oder farbiges Qi aufnimmt, so beispielsweise die drei kosmischen ursprünglichen Qi, die in einem fünffarbigen Ei verschmolzen sind, das anschließend eine gelbe Farbe annimmt und in das Zinnoberfeld eingeht (1294, 5b). Andere, ähnliche Praktiken bestehen darin, das jeweils »herrschende Qi«, d.h. jenes Qi der Jahreszeit, die gemäß der Theorie der fünf Wandlungsphasen gerade vorherrscht, zu absorbieren, um es in das unterhalb des Nabels befindliche Dantian eintreten und anschließend zum Kunlun, d.h. dem Gehirn, aufsteigen zu lassen. In weitaus entwickelterer Form werden wir diese Praktiken in der »Tradition des Ge Hong« und in den Texten des Shangqing wiederfinden.

Das Taiping jing

Zum Abschluß wollen wir eine inhaltliche Übersicht über das *Taiping jing*, den »Klassiker des großen Friedens«, geben, ein Werk, das in Teilen aus dem 1. oder 2. Jahrhundert n. Chr. stammt. Trotz der Bearbeitungen, die es im 4. Jahrhundert n. Chr. erfahren hat, bleibt es eine der ältesten taoistischen Quellen, die uns erhalten sind, und spiegelt, zumindest teilweise, zweifellos die geistige Verfassung der Fünf-Scheffel-Reis-Bewegung wider, auch wenn es, in starkem Maß geprägt von klassischen Ideen und in die Zeit der Han gehörenden Glaubensvorstellungen, nicht ausschließlich taoistisch inspiriert zu sein scheint; doch dies trifft auf eine Vielzahl taoistischer Werke zu.

Eine ähnlich betitelte Schrift war Kaiser Cheng (32–7 v. Chr.) mit der Absicht überreicht worden, ihn dazu zu bewegen, Reformen zur Erneuerung der im Verfall befindlichen Tugend der Han-Dynastie durchzuführen. Man weiß, wie zuvor bereits erwähnt, daß die Sekte der Gelbturbane im Besitz eines Buchs mit diesem Titel war, bei dem es sich teilweise um eben jene Schrift gehandelt haben könnte; obwohl diese Sekte von den Himmelsmeistern verleugnet wurde, so haben diese das *Taiping jing*, das wahrscheinlich vor ihre Entstehung datiert, zweifellos übernommen. Eine Version des Werkes soll ihnen freilich offenbart worden sein, auf die wenigstens eine aus diesen Kreisen stammende Schrift sich in zahlreichen Anspielungen und Zitaten bezieht (T. 1301).

Das *Taiping jing* unterbreitet eine Lehre und eine Reihe von Lösungen, die ihren Ursprung in vom Himmel entsandten »göttlichen Menschen« oder »Himmelsmeistern« haben; diese ermöglichen es, das Ende der Menschheit zu verhindern und den Verfall eines Zeitalters durch Heilmittel religiöser und kosmologischer Natur abzuwenden.

Der Titel dieses Werkes, »Großer Frieden«, trägt gleichzeitig auch die Bedeutung »Große Gleichheit«. Es handelt sich um einen in der chinesischen Tradition sehr alten Begriff, der auch den Fernen Osten, in dem sich die Sonne erhebt, bezeichnet. Unser Text bringt ihn mit einem anderen Begriff, *Dongji* oder höchstes *Dong,* in Verbindung. *Dong,* eigentlich »Höhle«, evoziert die Vorstellungen der Leere, der Verbindung und des Fließens; von den Chinesen wird das Zeichen häufig zu einem Homophon in Beziehung gesetzt, das eine allumfassende Durchdringung aller Dinge bezeichnet. Das alte *Taiping*-Ideal ist das eines utopischen und gemeinschaftlichen Staates, der, wie wir sahen, zum Bestand der chinesischen Grundvorstellungen gehört und eine vollkommene Harmonie voraussetzt. Die Ideen des Friedens, des Fließens und der Harmonie sind eng miteinander verknüpft.

Das *Taiping jing* selbst ist Anzeichen für die Harmonie: Es stellt einen der Talismane dar, die der Himmel als eine nur wenig anthropomorphisierte und vergöttlichte kosmische Entität, erste Hypostase des Tao oder Ursprungs-Qi

(Yuanqi), Vater und Mutter der Menschheit, Lehrmeister des menschlichen Verhaltens, der alles kennt und überwacht, als Pfand des Schutzes und der Gunst dem guten Herrscher sendet, d. h. demjenigen, der es verstanden hat, eine glückliche Eintracht herzustellen zwischen Volk, Himmel und ihm selbst, oder zwischen den »Drei Wegen«, nämlich dem des Himmels, der Erde und des Menschen, oder aber, auf einer anderen Skala, zwischen Yin, Yang und der mittleren Harmonie, die aus der Wechselwirkung von Yin und Yang hervorgeht und Quelle allen Lebens ist. Diese Dreiteilung des Kosmos in Himmel, Erde und Mensch war ein Bestandteil der in jener Epoche etablierten konfuzianischen Ideologie. Aus der Dreiteilung des Ursprungs-Qi hervorgegangen, wiederholt sie sich hier in Form einer triadischen Struktur, deren Hierarchie das Universum in einer Abfolge von wohlgeordneten dreigliedrigen Unterteilungen auf sämtlichen Ebenen ordnet: Im Himmelsgewölbe entspricht sie der Sonne (Yang), dem Mond (Yin) und den Sternen (Mitte); auf der Erde den Bergen, Flüssen und Ebenen; beim Menschen unterteilt sie sich ein weiteres Mal in drei Aspekte: in der Familie (Vater, Mutter, Kind), in der Gesellschaft (Herrscher, Minister, Volk) und auf der Ebene der Moral (Dao, De und die konfuzianische Tugend der Menschlichkeit). Aufgabe des Herrschers ist es, das himmlische Qi nach unten, d. h. zu seinem Minister weiterzuleiten, und dieser muß das Qi der Erde zu seinen Herrscher aufsteigen lassen; gleiches gilt für das Volk in bezug auf das Qi der mittleren Harmonie.

Das Zeichen dafür, daß ein Austausch stattfindet, daß die Lebenskräfte zwischen den drei Ebenen des Kosmos im Rahmen einer glücklichen, rechtmäßig hierarchisierten Zusammenarbeit zirkulieren, besteht gerade im Erscheinen des himmlischen Pfands, nämlich des *Taiping jing*; eine Unterbrechung des himmlischen und vitalen Flusses ist dagegen gekennzeichnet durch den Einbruch des Unheils: Hier kommt die Ideologie des *jinwen* (des hanzeitlichen

Konfuzianismus) zur Anwendung. Doch indem das Werk ein sehr altes chinesisches Motiv übernimmt, macht es deutlich, daß das Einvernehmen nicht einfach von oben in Erscheinung tritt: Es muß auch vom Volk in Gestalt von Ratschlägen, die es in seiner Weisheit dem Herrscher erteilt, kommen. Es ist dies ein Versuch, der darauf zielt, dem Volk jene Macht, die ihm in der alten Tradition des Menzius zuerkannt worden war, zu verleihen, derer sich jedoch die Gelehrten der Han-Zeit zu ihren Gunsten bemächtigt hatten, indem sie sich zu alleinigen Richtern über die kaiserliche Tugend und seine gute Regierung machten. Zu diesem Zweck sollten gleichsam eine Art von Briefkästen in Hütten aufgestellt werden, in denen ein jeder seine Vorschläge deponieren können muß. Ebenso sollte es zu einem Austausch sämtlicher Güter, sowohl der materiellen als auch geistigen, kommen. Deren Austausch durch das Zurückhalten von wertvollen Dingen, Reichtümern, physische Lebenskraft, Rezepturen oder Ideen zu unterbinden hieße, einen großen Fehler zu begehen.

Traditionelle Moral und Glaubensvorstellungen werden in origineller Weise neu durchdacht. Die individuelle Verantwortung spielt eine zentrale Rolle, denn in dem Maß, in dem jeder seinen Platz in der Gemeinschaft einnimmt und korrekt handelt, in dem Maß können auch das »Nichteingreifen« des Herrschers und der große Frieden Verbreitung finden. In Registern verzeichnet, die von den »Büros der Langlebigkeit« und des »Bösen« geführt werden, himmlische Register des Lebens und irdische des Todes, im »Palast des Lichts« *(Mingtang)*, im Himmel die einen, die anderen im »Großen Yin«, werden die Vergehen durch eine Verkürzung der zubemessenen Lebensspanne geahndet. Die Unsterblichen steigen gen Himmel, die übrigen gelangen nach dem Tod unter die Erde. Der Lohn für die guten als auch die schlechten Taten fällt auch auf die Nachkommen zurück. Die konfuzianischen Tugenden werden gepriesen; kindliche Pietät besteht vor allem darin, für seine Eltern nach

Methoden der Langlebigkeit zu suchen. Die Seelen der Verstorbenen verlangen weder Pflege noch kostspielige Opfergaben; es reicht ihnen, ruhig unter der Erde zu bleiben, was sie dann tun, wenn der Boden reich ist; so kehren sie zurück, um ihre Nachkommen zu »nähren«; im anderen Fall lassen sie es sich angelegen sein, die Lebenden zu belästigen. Scheinbar besteht also auch eine Verbindung des Lebensflusses zwischen den Lebenden und den Toten. Darüber hinaus reinkarniert sich das Qi der Verstorbenen nach fünf Generationen, offenbar jedoch nicht in individueller Form. Der Himmel wird gleichsam zum Vater, die Erde zur Mutter; so ist es verboten, in der Erde zu graben, um nicht in den Körper seiner eigenen Mutter zu schneiden; auch das Bohren von Brunnen ist untersagt. Verboten ist ebenfalls das Töten von Mädchen in jungem Alter, was nach dem Zeugnis unseres Texts Sitte war, denn diese sind eine Verkörperung des für das Leben notwendigen Yin-Prinzips. Keuschheit erfährt deshalb eine Verurteilung, weil sie den Lauf des Lebens unterbricht.

Es werden Vorschriften und Methoden zur Erlangung der Langlebigkeit empfohlen. Die erste Voraussetzung einer langen Lebensdauer ist ein moralisch und genügsam geführtes Dasein. Medizinische Pflanzen können durch heilende Wirkung bei Erkrankungen diesem Ziel förderlich sein. Nach ihrer Wirksamkeit werden sie unterteilt in »himmlische« Pflanzen, die innerhalb eines Tages wirken, »irdische«, deren Wirkung zwei Tage erfordert und »menschliche« Pflanzen (wörtlich: der »menschlichen Dämonen«, anders ausgedrückt, der Seelen der Verstorbenen), die erst nach drei Tagen eine Wirkung zeitigen. Eine Rolle spielen auch Nadeln (zur Akupunktur) und Moxa; Talismane und Beschwörungen stellen natürlich auch ein wichtiges Hilfsmittel dar. Schließlich kommt der Musik ein therapeutischer Wert zu: Jede Note ist zu einem Organ des Körpers in Beziehung gesetzt, dessen Funktion sie, gemäß den von der Schule der fünf Wandlungsphasen aufgestellten

Entsprechungen, zu gewährleisten vermag. Es gilt, sich in Übereinstimmung mit den Jahreszeiten zu ernähren, und darin zu üben, wenig zu essen, um schließlich nur mehr »nichtmaterielle« Drogen und Nahrungsmittel, wie beispielsweise die Qi, darunter die kosmischen Qi von Yin und Yang, aufzunehmen. Es finden sich Anspielungen auf nicht näher beschriebene Atemtechniken, in deren Zusammenhang das »dunkle Weibchen« des Lao zi in Begriffen beschworen wird, welche die in später datierten Texten beschriebene »Embryonalatmung« ankündigen. Die Innenschau (Visualisation) wird befürwortet; es gibt Beschreibungen von Meditationsübungen, von denen eine, als »das Bewahren des Einen« bezeichnet, darin besteht, farbiges Qi so lange zu visualisieren, bis man vollkommen, sowohl innerlich als auch äußerlich erleuchtet ist; eine andere Übung hat eine Schau der menschliche Formen annehmenden Organe zum Gegenstand; diese sind in Kleider gehüllt, deren Farbe der jeweils vorherrschenden Jahreszeit entspricht.

Kou Qianzhi

Einen Wendepunkt erreicht die Geschichte der Himmelsmeister mit Kou Qianzhi, der die Bewegung erneuerte und ihr in den Jahren 424–448 am Hof der Wei (im Norden Chinas) zu einer Blütezeit verhalf. Diese Episode ist insofern verschieden, als es sich nicht mehr um eine Bewegung volkstümlichen Ursprungs handelt, denn sie findet am Hof und unter den Auspizien des Kaisers statt.

Die Wei-Dynastie war aus dem »barbarischen« Volk der Tuoba hervorgegangen, dessen aus einer Mischung von Schamanismus und Animismus gebildete Religion es für eine verstärkte Aufnahmebereitschaft gegenüber den magisch-religiösen Unsterblichkeitspraktiken des Taoismus prädisponierte. Einige Jahre zuvor waren ein Büro, das sich den Unsterblichen widmete (dem Kou Qianzhi angehörte), und ein Laboratorium für Unsterblichkeitsdrogen eingerichtet worden. Zudem erkannte der Kaiserhof, in der Person des Ministers Cui Hao (381–450), in der Ideologie der Himmelsmeister vom »auserwählten Volk« und in den konservativen und antirevolutionären Tendenzen Kou Qianzhis Momente, die für die Errichtung eines neuen chinesischen Staates im Norden Chinas vorteilhaft waren.

Kou Qianzhi behauptete, in den Besitz zweier Schriften gelangt zu sein, die ihm in den Jahren 415–423 vom Herrscher Lao offenbart worden sein sollen, und indem er diese dem Hof überreichte, konnte er als ein himmlischer Abgesandter, der der jungen »Barbaren«-Dynastie einen Pfand des Vertrauens und der Unterstützung überbrachte, die der Himmel ihr mit seinem Mandat zuerkannt hatte, gelten. Als ein Mitglied der nordchinesischen Aristokratie brachte er zudem die Unterstützung der alteingesessenen Familien des Landes, die bereits für die Sache der Himmelsmeister gewonnen waren.

Die neue religiöse Richtung Kou Qianzhis war von mehreren Komponenten beeinflußt. Der konfuzianische Sinn für eine durch die Achtung der Riten hierarchisch geordnete Gesellschaft vermischte sich mit der Forderung nach moralischem Verhalten, die von den Buddhisten eingebracht wurde; einige von ihnen waren Kou Qianzhis Lehrmeister gewesen. Hinzu kam der Einfluß von Überlegungen, die die chinesische Intelligenz seit annähernd zwei Jahrhunderten beschäftigt hatten; diese war in die zwei Lager der Schule der Mysterien *(xuanxue)* und die der Bezeichnungen *(mingjiao)* gespalten, die sich mit der Beziehung zwischen der privaten Existenz des Individuums und der Gesellschaft, zwischen freier und kreativer Spontaneität und gesellschaftlichen Verpflichtungen befaßten.[2] Andererseits war es ein Anliegen Kou Qianzhis, einen den taoistischen Gemeinschaften innewohnenden Hang zur Bildung einer Randgruppe mit revolutionären Tendenzen, den die Revolte des

Taoisten Sun En (gest. 402) einige Jahre zuvor offensichtlich gemacht hatte, zu kanalisieren und zu reduzieren. In seinem Wunsch, eher ein Zeitalter des großen Friedens einzuleiten, als ein egalitäres Gemeinwesen zu gründen, erging sich Kou Qianzhi in Träumen von einem wohlgeordneten Staat, was dem Minister Cui Hao als dem wesentlichen Schmied seines Erfolges vollkommen zusagte.

In der Tat war er es, der Kou Qianzhi dem Kaiser gegenüber unterstützte und bewirkte, daß er den offiziellen Titel des Himmelsmeisters erhielt und daß sein neuer Codex, das *Laojun yinsong jiejing*, im ganzen Reich verkündet wurde. Ein taoistischer Altar wurde am südöstlichen Rand der Hauptstadt errichtet, und einhundertzwanzig Priester erhielten die Aufforderung, dort ihren Kult zu zelebrieren. Anschließend überzeugte Kou den Kaiser, als neue Regierungsdevise die Bezeichnung »Vollkommener Herrscher des großen Friedens« anzunehmen und sich selbst als diesen zu betrachten. Dies gab Anlaß zu einer feierlichen Zeremonie, bei der Kou dem Kaiser als Bestätigung seiner kaiserlichen Macht Talismane und Register überreichte. Auf diese Weise wurde eine ganze Folge von Zeremonien der Investitur eingeleitet, die bis in das Jahr 574 andauerte; auf ihnen erhielten die Kaiser von den Taoisten die Bestätigung ihres Mandats.

Die taoistische Gemeinde in der Hauptstadt überlebte den Tod Kou Qianzhis im Jahre 448 freilich nur für kurze Zeit. Ihre Auflösung wurde 548 angeordnet. Gleichwohl stellt diese Episode insofern ein bedeutendes Ereignis innerhalb der Geschichte des Taoismus dar, als diese Religion zum ersten Mal offiziell als Staatsreligion eingesetzt worden war.

Im *Daozang* ist uns jene Schrift Kou Qianzhis erhalten, mit der sein religiöser Codex eingeleitet wird; dessen Absicht bestand darin, die »falsche Lehre der drei Zhang« (der ersten Himmelsmeister) zu läutern, die Sexualpraktiken, die Erhebung von Religionssteuern von den Gläubigen, den erblichen Charakter der Ämter und den Brauch der Veranstaltung von Banketten aus ihr zu entfernen. In ihm verurteilt Kou die messianischen Bewegungen und empfiehlt das Kopieren und Rezitieren von heiligen Schriften, insbesondere des *Daode jing*; für seine Gläubigen stellt er Regeln des guten Verhaltens auf und setzt die Vorschriften für die schriftliche Formulierung der an die Götter adressierten Bittschriften und die Riten fest, die den »Eintritt in die reine Kammer« regeln, jenen Raum, in den sich der Meister zurückzieht, während die Gläubigen an dessen Eingang verbleiben, um die Beichte ihrer Sünden abzulegen. Die Guten werden zum »auserwählten Volk« gehören und ewiges Leben erlangen; die Schlechten erleiden die Wiedergeburt als Insekten oder Tiere und Bestrafung in der Hölle.

Mit dem Auftreten neuer Offenbarungen und Strömungen sahen die Himmelsmeister ihren Einfluß in den folgenden Jahrhunderten schwinden; so wurden sie schließlich am untersten Ende einer Hierarchie der taoistischen Schulen geführt. Es scheint, als sei in der Zeit der sechs Dynastien kein einziges Werk aus dieser Schule erschienen, doch wurde am Ende dieser Epoche ein großes, sämtliche Schriften der Schule vereinendes Sammelwerk, das *Zhengyi fawen,* erarbeitet und in der Tang-Dynastie weiter vervollständigt. Es ist uns in dieser Form allerdings nicht überliefert, da es in der Folgezeit in mehrere zerstreute Bände zerfiel.

Während der Tang-Zeit entwickelte sich gegen Ende des 8. Jahrhunderts auf dem Longhu shan ein neues Zentrum und eine neue Linie der Himmelsmeister; die religiösen Distrikte verschwanden. Die Aktivitäten dieses Zentrums waren wesentlich der Redaktion und dem Verkauf von Ordinationsregistern, die einen Wert als Schutztalismane hatten und kultisch verehrt wurden, an die Aufseher der Verdienste, d. h. an die Oberhäupter der liturgischen Organisation, gewidmet. Im 9. Jahrhundert bildeten sich unter dem

Patronat der Lokalheiligen Zusammenschlüsse und Gilden, die, unter die Ägide der Zhengyi-Kirche gestellt, zu Zentren für die lokalen Kulte wurden und bis in die Gegenwart bestehen. Diese taoistische Kirche spielt somit eine wichtige Rolle bei der Errichtung und am Rande auch bei der offiziellen Verwaltung jener Netzwerke des wirtschaftlichen und kulturellen Austauschs, die die Dörfer oder Händler untereinander verbanden[3].

Die Zhengyi-Kirche profitierte von einer beachtlichen Neubelebung unter den Song, die durch offizielle Unterstützung von seiten der Kaiser der Ming-Dynastie verstärkt wurde; ihre Priester wurden in den Rang von Oberhäuptern sämtlicher taoistischer Richtungen, die sich im Lauf der Zeit gebildet hatten, ernannt. Heutzutage stellt ihre Sekte die blühendste und aktivste unter den verschiedenen taoistischen Strömungen dar, die noch existieren.

Ge Hong und seine Tradition

Ge Hong

Ge Hong (ca. 280–ca. 340) ist ein wichtiger Zeuge der langen, ihm vorausgehenden Tradition, die an das Milieu der Unsterblichkeitssucher der Han-Zeit anknüpft. Er stellt ein Glied innerhalb der Kette derer dar, die das korrelative Denken der Schule der fünf Wandlungsphasen fortgesetzt und weiterentwickelt haben. Das Werk, das er uns hinterlassen hat und das seinen Beinamen, *Baopu zi* (der »Meister, der die Schlichtheit umfaßt«, ein Ausdruck von Lao zi), trägt, ist bedauerlicherweise keine methodische Darlegung jener Techniken, auf die er sich bezieht, und erlaubt es uns somit nicht, diese genau nachzuzeichnen. Gleichwohl liefert es uns genügend Hinweise, um es mit anderen Schriften in Verbindung bringen zu können, die, obgleich häufig verstümmelt und entstellt, es vervollständigen; dies ermöglicht es uns, eine Vorstellung von den Glaubensinhalten und Praktiken zu gewinnen, die mindestens seit der Han-Zeit bis zu Ge Hong verlaufen, und die Einheit festzustellen, die, einer bestimmten Entwicklung zum Trotz, die taoistischen Strömungen von der Han-Zeit bis zum chinesischen Mittelalter (4.–6. Jahrhundert) untereinander verbindet. Darüber hinaus ist das Werk für viele spätere Autoren zu einer Quelle geworden, die sie zitieren oder auf dessen Autor sie sich berufen, indem sie ihre Schriften mit seinem Namen signieren, so wie es im alten China bei jenen Sitte war, die sich als geistige Söhne eines großen Meisters sahen. Schließlich ist Ge Hong der einzige Autor in der gesamten Geschichte des Taoismus, der einen persönlichen Standpunkt darlegt, und, aus dem gleichen Grund, der einzige innerhalb der antiken Tradition der Unsterblichkeitstechniken, der diese in einen allgemeinen, über die Funktion als schlichte Methoden der Hygiene oder zur Behandlung von Krankheiten hinausweisenden taoistischen Kontext der Suche nach Unsterblichkeit stellt.

Ge Hong wurde vielfach als ein Alchemist dargestellt. Dies mag nicht vollkommen falsch sein, ist gleichwohl ungenau: Er ist vor allem ein Sucher nach Unsterblichkeit, und in dieser Hinsicht macht er deutlich, daß es sich dabei zwar um sein wesentliches Anliegen handelt, diese Suche allein freilich den Taoismus nicht definiert. Wenn er dem alchemistischen Werk den Vorrang einräumt, da er es als unverzichtbar und entscheidend erachtet, so versichert er häufig, daß zahlreiche andere Bedingungen und Praktiken ebenso unverzichtbar sind. So stellt er einerseits seinen Glauben an die Unsterblichkeit und die zahlreichen Erfordernisse dar, denen sich diese Suche zu unterwerfen hat, doch tut er dies auf der anderen Seite ohne großen methodischen Zusammenhang und ohne ernsthafte Anstrengungen zu einer Synthese. Sein Werk ist ebenso reichhaltig wie unübersichtlich, zuweilen gar anarchisch.

Wir beginnen unsere Darstellung damit, daß wir ihn einordnen, indem wir den Versuch machen, die Geneaologie der Meister und Schriften, auf die er sich beruft, zu rekonstruieren, um dann, nach einer Übersicht über die wesentlichen Züge seines Entwurfs, zu versuchen, einen Überblick der unterschiedlichen Methoden, auf die er sich bezieht, zu geben; dabei sollen seine Aussagen mit Hilfe solcher Texte vervollständigt werden, die diese Methoden in detaillierterer Form beschreiben und die aller Wahrscheinlichkeit nach in seine Zeit datieren oder aber den Schulen entstammen, auf die er sich beruft.

Die Traditionslinie Ge Hongs

Ge Hong gehörte einer Aristokratenfamilie des südlichen China an, der Region, in der sich die Bewegung der Himmelsmeister bis dahin kaum verbreitet hatte und die Tradition der *fangshi* bewahrt worden war.

Er repräsentiert eine lange Überlieferungslinie, deren Ursprünge sich wenigstens bis zu den *fangshi*, die Kaiser Wu der Han-Dynastie umgaben, zurückverfolgen läßt. Die Unsterblichen und Sucher nach der Unsterblichkeit, die er erwähnt, sind jene, von denen uns Zhuang zi und die *Chuci*, aber auch die offiziellen Geschichtswerke der vorausgegangenen Dynastien und die früheren hagiographischen Sammlungen wie das *Liexian zhuan* erzählen. Neben diesen Gestalten bezieht sich Ge Hong beständig auf Schriften und Methoden, deren Vielzahl und Verschiedenheit von den jahrhundertealten Aktivitäten und Spekulationen zeugt, deren Erbe er ist; einige der von ihm dargelegten Methoden lassen sich direkt zu einem Wissen in Beziehung setzen, das bis in die Zeit der streitenden Reiche (wenigstens bis in das 3. Jahrhundert v. Chr.) zurückreicht.[1] Darüber hinaus leistet er eine Bestandsaufnahme der Bibliothek seines Meisters, deren Werke unglücklicherweise nahezu vollständig verlorengegangen und uns unbekannt sind, die aber ein weiteres Zeugnis für die lange Geschichte und das hohe Alter seiner Ursprünge darstellen.

Darin unterscheidet sich diese Tradition vollständig von derjenigen der Himmelsmeister: Die Offenbarung, auf die letztere sich stützt, beruft sich ja auf keinerlei Schrift, sondern einzig auf ein Bündnis, und die Überlieferung des Wissens und der Macht des Meisters an seinen Schüler geschah durch die »Register«, einem Verzeichnis der kosmischen oder göttlichen Kräfte, über die der Meister Macht hatte. In der von Ge Hong geerbten Tradition befinden wir uns sofort in Gegenwart einer Bibliothek, und es werden zahlreiche Verweise auf bestimmte Werke gemacht.

Sein Meister, so sagt Ge Hong, sei der Schüler seines eigenen Großonkels Ge Xuan (um 238–250) gewesen, der selbst die Schule von Zo Ci (155–220) besucht hatte, einem *fangshi* aus dem Gefolge Cao Caos. Aus dieser Überlieferungslinie sei ihm das *Lingbao wufu jing*, die »Fünf Talismane des Lingbao«, die den Eintritt in das Gebirge ermöglichten, und auch die »Schrift über den neunfachen Zinnober und das Goldelixier« zuteil geworden, deren Ursprung wenigstens bis zu dem Alchemisten am Hof Kaiser Wus der Han, Li Shaojun, zurückreichen soll. Auch berief er sich auf seinen Schwiegervater Bao Jing (230 oder 260–330), einen aus einer Familie mit taoistischer Tradition stammenden hohen Beamten, dem eine Methode zur »Befreiung von der sterblichen Hülle« mittels eines Schwertes überliefert worden sei und der außerdem zwei grundlegende Texte des Taoismus erhalten haben soll, die »Schrift der drei Erhabenen« *(Sanhuang wen)*, die, ihm in einer Höhle offenbart, es erlaube, »die Götter des Himmels und die Geister der Erde herbeizurufen«, und das »Diagramm der wahren Gestalt der fünf Gipfel«, ursprünglich ein Werk vom Typ der kosmischen Diagramme, von dem die Legende berichtet, daß es zuvor Kaiser Wu offenbart worden sei. Dieser Text steht in Beziehung zur Kunst, die Gottheiten der durch das Zykluszeichen *jia* (die »sechs *jia*«) markierten Tage herbeizurufen, und einem anderen Werk, das die Beschreibung der Inseln der Unsterblichkeit enthält. Weiterhin hat Ge Hong eine Methode des »Schreitens auf dem Großen Bären« bewahrt, die es ermöglichte, Vergebung für seine Vergehen zu erlangen und seinen Namen in den Himmeln einschreiben zu lassen.

All diese Texte, mit Ausnahme der Abhandlung über die Alchemie, sind von ähnlicher Natur: Sie stehen in Beziehung zu den fünf Wandlungsphasen und den entsprechenden Himmelsrichtungen. Es handelt sich dabei um Formeln, die es gestatten, die Geister herbeizurufen und ihr Wohlwollen zu erlangen. Darüber hinaus sind sie sämtlich durch die gleichen Hände gegangen, die von Personen aus allen Gegenden Chinas, die am Hof von Kaiser Wu und Cao Cao gelebt haben sollen, wo das Interesse dieser Staatsmänner für magische Praktiken und die Suche nach Unsterblichkeit sie zusammengeführt hatte. Diese Schriften sind im *Daozang* enthalten, und obwohl sie geändert, umgearbeitet und verstümmelt wurden, läßt sich doch feststellen, daß sie zumindest teilweise jenen entsprechen, die Ge Hong gekannt hat.

Das Werk über die »sechs *jia*« stellt einen Talisman dar, der es erlaubt, die Geister herbeizurufen und sich die Dämonen dienstbar zu machen, sich zu verwandeln, zu verschwinden und die Kräfte der Natur zu befehlen: Sonne, Donner, Wind und Regen sich erheben zu lassen, all dies Fähigkeiten, in denen sich die legendären taoistischen Heiligen auszeichnen. Auch gestattet es, die »Reiseküche kommen zu lassen« *(xingshu)*, ein in Zusammenhang mit den Techniken der Alchemie stehender Ausdruck, denen des Li Shaojun beispielsweise, von dem gesagt wurde, daß er die »[göttlichen] Wesen durch Opfer an den Ofen erscheinen ließ«; auch erinnert er an die »himmlischen Küchen«, Bankette, bei denen man im Verlauf von rituellen Zeremonien, die bereits die Himmelsmeister kannten, die Speisen herumgehen *(xing)* ließ und die Gottheiten herbeigerufen wurden, die am Festmahl teilnahmen. Die Bezeichnung »Küche« verweist zudem auf die Idee des Garens und auf die Viszera, in denen die Nahrungsmittel »gekocht« werden. Auf diese Weise sind die Vorstellungen von der Zusammenkunft der Geister, von gemeinschaftlichen Banketten und der Meditation über die Viszera eng miteinander verbunden.

Die »Schrift der sechs *jia*« verleiht durch Nennung der Namen und die Beschreibung des Aussehens der sechs *jia* Macht über die Gottheiten, auf die wir noch zurückkommen werden. Auch die »Schrift der drei Erhabenen«, die der »Fünf Talismane« (teilweise im *Daozang* erhalten) und der »Fünf Gipfel« stellten ursprünglich Zauberformeln dar, die es gestatteten, Gottheiten und Lebenskräuter erscheinen zu lassen, an die sich Texte angelagert hatten. Die »Schrift der fünf Talismane« enthält die Namen der Körpergottheiten, die »Schrift der drei Erhabenen« erlaubt die Anrufung von Gottheiten des Himmels (des Hocherhabenen – *Gaoshang* oder des hohen Himmels – *Gaotian*), der Sterne (Sonne, Mond und Großer Bär) oder der Erde (die antiken Götter der Erde und des Flusses) und auch die Beherrschung bösartiger Geister.

Tao und Unsterblichkeit nach Ge Hong

Auf die alchemistischen Techniken werden wir weiter unten zu sprechen kommen. Zu Beginn wenden wir uns der allgemeinen Intention Ge Hongs zu. Wie bereits gesagt, bildet die Unsterblichkeit sein alleiniges Ziel, was der Gesamtheit dieser Schriften und Praktiken eine unbezweifelbare Geschlossenheit verleiht, indem sie sämtlich dieser Beschäftigung untergeordnet werden und ihnen jeweils eine Rolle und ein Stellenwert in bezug auf dieses Ziel zugewiesen wird. Darüber hinaus verleiht er seinem Werk eine weit höherstehende Inspiration als jene, wie sie aus den zuvor dargestellten Texten spricht, indem er es sofort unter das Signum dessen stellt, was er als »Geheimnis« *(xuan)* bezeichnet. Dies zeigen die allerersten Zeilen seines *Baopu zi:*

> Das Geheimnis ist der uranfängliche Ahn des Spontanen,
> der Stammvater der zahlreichen Mannigfaltigkeiten.
> Unauslotbar und dunkel in seiner Tiefe, wird es auch als nicht
> wahrnehmbar bezeichnet;
> langgestreckt in die Ferne nennt man es geheimnisvoll;
> in seiner Höhe bedeckt es die neun Himmel,
> in seiner Breite umschließt es die acht Himmelsrichtungen;
> heller als Sonne und Mond,

geschwinder als der schnelle Blitz;
bald erstrahlt es plötzlich und verschwindet einem Schatten gleich,
mal bricht es wirbelnd hervor und rast dahin wie ein Komet:
bald bewegt von tiefen Strudeln wie in einem hellen Abgrund,
mal flockig und dunstig, erhebt es sich in die Wolken;
es nimmt Gestalt an und Gattung, und so ist es *(you)*,
zurückkehrend in das Dunkel und die Einsamkeit ist es nicht mehr *(wu)*;
es taucht unter in der großen Finsternis und versinkt tief,
erhebt sich über die Sterne und treibt in der Höhe;
weder Metall noch Stein kommen seiner Härte gleich,
und der feuchte Tau erreicht nicht seine Weichheit.
Rechteckig ohne Winkelmaß und rund ohne Zirkel
kommt es, ohne gesehen zu werden, und
geht, ohne daß jemand folgt;
durch es ist der Himmel hoch, die Erde tief,
ziehen die Wolken, und ergießt sich der Regen.
In sich trägt es den Embryo der ursprünglichen Einheit,
es bildet und formt die beiden Prinzipien (Yin und Yang),
die große Entstehung nimmt es auf und stößt sie aus,
es ruft die Vielzahl der Arten hervor und wandelt sie um,
läßt die Sternbilder kreisen,
das uranfängliche Dunkel hat es geformt,
es kommandiert die wunderbaren Triebkräfte des Universums und
atmet aus die vier Jahreszeiten.
Leere und Stille umschließt es in Finsternis,
befreit und entfaltet die Fülle der Natur,
was schwer ist, macht es steigen, und sinken läßt es das Leichte,
die Flüsse He und Wei läßt es fließen.
Fügt man auch hinzu, so fließt es doch nicht über,
man nimmt weg, und es verringert sich nicht,

gibt man ihm, wird es dadurch nicht verherrlicht,
und kein Leid entsteht ihm durch das Nehmen.
Wo das Geheimnis weilt, da ist unendlich die Freude,
wo es fortgeht, erschöpft sich die Wirksamkeit, und der Geist verschwindet.

Indem Ge Hong sein *Baopu zi* solcherart mit dem »Geheimnis« – eine andere Bezeichnung für das Tao – beginnen läßt, stellt er sein Werk unter das Zeichen des Unaussprechlichen, daß alles trägt und umfaßt, und dies ist das Besondere bei ihm, unter das Zeichen des Geheimnisses und des unbegreiflichen Wunders des Lebens. Der kurze Passus, den wir ausgesucht haben, um ihn dem Leser vorzustellen, ist der Art und Weise sehr ähnlich, in der die Taoisten (beispielsweise Huainan zi) das Tao beschreiben (oder den Heiligen; vgl. das *Laozi bianhua jing*, übersetzt von A. Seidel), das den »Stammvater«, den »Ahn« und die anfängliche Einheit bildet und allen Mannigfaltigkeiten Leben und Gestalt verleiht. Als solches umfaßt es sämtliche Gegensätze: Es kann zugleich klein und groß sein, verborgen und offenbar, hart und weich (die beiden Pole des Universums im *Yi jing*), weit und tief oder horizontal und vertikal, dort sein oder auch nicht. Es verleiht allem seine Eigenschaften: die Höhe dem Himmel, der Erde die Tiefe, den Wolken die Schnelligkeit, das Fließen dem Regen usw.; auch verleiht das Tao dem Kreis die Bewegung, die Unbeweglichkeit dem Rechteck, das Emporgehen der Bewegung des Aufsteigens und das Sinken der Bewegung des Abstiegs.

Derjenige, der zum Tao gelangt ist, so fährt Ge Hong fort, ist

so hoch, daß man ihn nicht zu erreichen vermag, und
tief, daß er sich nicht ausloten läüßt;
er reitet auf fließendem Licht,
peitscht den Raum in alle Richtungen,
durchquert die ungeheuren Fluten,
ragt über das Höchste hinaus und

versinkt jenseits der Tiefen,
er übersteigt die Schwelle des Grenzenlosen,
tummelt sich in fernen und abgeschiedenen Feldern,
badet im unbestimmten Dunkel und
segelt auf der Spitze des Grenzenlosen,
die neun Essenzen am Rande der Wolken nimmt er auf
und
kostet die sechs Qi des Himmels,
hin und her geht er in der Finsternis,
fliegt umher im unendlich Kleinen.

Beschrieben wird »derjenige, der zum Tao gelangt« in Begriffen, die von dem im *Zhuang zi* zur Ausmalung der Ausgelassenheiten des Heiligen oder in den *Chuci* zur Schilderung der ekstatischen Wanderungen des Dichters verwendeten inspiriert sind und die von einem Hofdichter wie Sima Xiangru zur Han-Zeit aufgegriffen wurden, um den Himmelsflug des »Großen Menschen« zu beschreiben. Als Elemente dienen ihm das Licht, der Raum, die Finsternis, die Wolken und der Himmel, sei es, daß er sich darin tummelt, sei es, daß er sie in sich aufnimmt. Er hat sie gleichsam durchquert, oder aber er »reitet« oder »steigt« auf ihnen. Das verwendete Vokabular zielt darauf ab, einen Eindruck von der Unendlichkeit und Freiheit zu vermitteln, die in das Unbestimmbare einmünden. Der Autor schöpft aus dem Arsenal der »Begriffsbilder« der chinesischen Sprache, zahlreiche von ihnen aus dem *Zhuang zi* und den *Chu ci* übernommen, welche die Flügelbewegungen eines Vogels beschreiben, die steigen und sinken, drehen, kommen und verschwinden, oder auch die Undurchdringlichkeit der geheimnisvollen Finsternis, das freie Herumirren, die verlassene Weite des Raumes, das Jenseits aller Grenzen, sowohl in der Höhe als auch in der Weite.

Auch benutzt Ge Hong bei der Erörterung der Unfaßbarkeit des Tao die Begriffe *you* und *wu* (»Existenz«, »Da-Sein« und dessen Negation); so begegnet man Wang Bi wieder, der in seinem Kommentar zum *Daode jing* über die letzte Wahrheit schreibt: »Wir wollen es *wu* nennen (es existiert nichts), und gleichwohl vollendet es alle Dinge; wir würden von ihm als *you* (Existenz, Da-Sein) sprechen, doch erkennt man seine Gestalt nicht« (*Lao zi*, 14). Ge Hong greift dies, gleichsam im Widerhall, auf (bestand hier ein Einfluß?): »Spricht man vom Nichtvorhandensein *(wu)*, Schatten und Echo, so scheint es gleichsam anwesend *(you)*; spricht man von seinem Da-Sein *(you)*, so sind die zehntausend Wesen gleichsam nicht vorhanden *(wu)*« (9, 1a). Das feine Ende eines Haars im Herbst (das kleinste, was es gibt) ist zu groß, und der gewaltige Raum genügt ihm nicht. Es wird an Lao zi erinnert: Das Tao hat keinen Namen, die Bezeichnung Tao ist ein »Deckname« (*Lao zi*, 25), und Ge Hong fügt hinzu, daß die ganze Fülle der Bezeichnungen, Unterscheidungen und Spekulationen, deren Gegenstand es bildet, nichts als Verirrungen sind. So glaubt man Zhuang zi zu vernehmen: »Bewahrt euch den Zustand der Ruhe, dann bedarf es weder der Exorzismen noch der Beschwörungen; hier ist das Tao und nicht in der Ferne, unser Schicksal ist in uns, nicht außerhalb.« Der erste Teil dieser Äußerung veranschaulicht die doppelte Haltung Ge Hongs: In gewisser Weise schließt er sich dem »philosophischen Taoismus« von Lao zi und Zhuang zi an, die lehren, daß die Ruhe allein genügt, doch wirft er ihnen zugleich ausdrücklich vor, daß sie keinerlei exakte Methode vermitteln, und widmet den größten Teil seines Werks einer Darstellung derselben. Der zweite Teil dieser Äußerung bedeutet für ihn, wie für eine Vielzahl von Autoren, die dieselbe Formulierung verwenden, die Einnahme einer grundsätzlichen Position: Im Gegensatz zum ersten Teil seines Satzes rechtfertigt sie die Notwendigkeit sämtlicher Methoden: Wir halten die Unsterblichkeit in Händen, sie ist nicht schicksalsbedingt, sondern die Frucht langer Mühen. Doch reichen die großen Prinzipien nicht aus: Lao zi und Zhuang zi fliegen zu hoch und bieten den Suchern nach der Unsterblichkeit keinerlei

Hilfe, so meint Ge Hong, der, bei aller Beteuerung, daß sich der Taoismus nicht auf das »Nähren des Lebens« beschränkt, den überwiegenden Teil seines Werks den Methoden zur Erlangung der Unsterblichkeit widmet.

Gemäß dem von Ge Hong vertretenen Taoismusbegriff, der sein *Baopu zi* in zwei Teile gliedert, einen exoterischen, dem Konfuzianismus gewidmeten, und einen dem Taoismus vorbehaltenen esoterischen, stellt der eine das Komplement des anderen dar. Dem Konfuzianismus, der sich vornehmlich mit der Ordnung der Gesellschaft und dem Verhalten der Menschen befaßt, entspricht der Taoismus als Befürworter eines Verzichts auf Ehre und materielle Güter, auf Wissen, die äußerliche Welt und persönlicher Wünsche. Der komplexen Regelvielfalt des konfuzianischen Daseins stellt er die stille Unterweisung und die Einfachheit seiner Vorschriften entgegen. Jedem seine Domäne, so äußert sich Ge Hong, für den einzig Huang di es verstanden hat, konfuzianische Weisheit und taoistische Heiligkeit auf sich zu vereinen; so gibt er seine Erklärung zur zweideutigen Natur dieser Gestalt, der weiser Herrscher und taoistischer Mystiker zugleich ist, und stellt ihn dabei auch als eine Ausnahme dar, die die Tatsache bestätigt, daß, so Ge Hong, ein Dasein als Herrscher und die Sorgen der Regierung sich nicht mit der Suche nach Unsterblichkeit vereinbaren lassen: Die ursprünglichen politischen Ziele des Taoismus sind verschwunden. Gleichwohl erklärt er mit einer in den taoistischen Texten häufig zu findenden Formulierung, daß im Taoismus »Selbstkultivierung und Regierung des Staats« zusammengehören, was bedeutet, daß die Prinzipien, die beide Arten von Handlungen bestimmen, identisch sind. Freilich sind die Mittel nicht die gleichen wie die des Konfuzianismus, da für den taoistischen Herrscher allein durch die innere Aufrichtigkeit, indem er sich einfach in die richtige Linie des Tao stellt, diese achtet und sich ihr selbst unterwirft, alle Dinge sich gemäß der natürlichen Harmonie ordnen, ohne daß die Notwendigkeit bestünde, Riten, Gebote der Moral und des Verhaltens oder besondere Maßnahmen zur Regierung einzuführen.[2]

Denn es gibt die Unsterblichen, auch wenn sie für das gemeine Volk, welches nicht an sie glaubt, unsichtbar sind. Es ist dieser Skeptizismus, gegen den sich Ge Hong in einer leidenschaftlichen Beweisführung wendet. Er stützt sich auf die Wirklichkeit der von ihm berichteten Erfahrungen, weshalb auch der Darstellung der von den Unsterblichen bewirkten Wundertaten, wie sie die Hagiographen und die offiziellen Geschichtswerke wiedergeben, große Bedeutung zukommt. Die Wunder der Welt kennen keine Grenzen, so äußert er, wie könne man da glauben, sie sämtlich zu kennen, und warum werden sie von uns geleugnet, die wir kaum etwas von dem wissen, was über dem Himmel und auf der Erde existiert? Warum soll man sich auf das beschränken, was wir sehen und hören, denn dies hieße doch, sich zu berauben; nicht an das Irrationale zu glauben und sich einzig auf das tägliche Dasein und das Vorstellbare zu stützen, ist das nicht zu traurig und bemitleidenswert? Fassen wir also gleich dem Heiligen den Entschluß, über diese Beschränkungen hinauszugehen; die konfuzianische Weisheit, die von menschlicher Natur ist, läßt sich einfach verstehen, denn sie stützt sich auf unmittelbare Tatsachen, doch erscheint sie unvollständig verglichen mit der taoistischen Heiligkeit, die vom Geheimnisvollen, dem Leben, den schwer verständlichen Dingen, die über das Augenscheinliche hinausgehen, handelt und Langlebigkeit und Unsterblichkeit kennt. Der Unsterbliche ist ebenso real und in gleicher Weise verborgen wie der Edelstein in seiner Ummantelung; es ist ja nicht so, daß dieser nicht existiert, nur weil er sich darin versteckt. Die Möglichkeit eines Wechsels der Natur ist der Welt eigen, Metamorphosen sind alltäglich, weshalb sollte also ein Mensch sich nicht auch in einen Unsterblichen verwandeln können? Wir sind nicht und sollten uns auch nicht als unveränderlich begreifen. Dies, so schließt er, sei eine Glaubensangelegenheit, die sich dem

Zwang entzieht: Ge Hong verkündet, daß er sich nur an jene wendet, die an Außergewöhnliches, an Wunder glauben, die von den konfuzianischen Klassikern, deren Anliegen sie nicht sind, verschwiegen werden; er vertritt die Ansicht, daß es nutzlos sei, die Skeptiker überzeugen zu wollen.

Ge Hong rechnet die Existenz der Unsterblichen zu den natürlichen Phänomenen der Verwandlung, und um seine These von der Realität dieser Existenz zu stützen, bedient er sich als Argument der sich in der Natur vollziehenden Metamorphosen, von denen bereits Autoren des Altertums, so Zhuang zi, Huainan zi und Lie zi gerne berichtet haben, die über das kosmische Fortdauern und Werden schreiben. In den Vergleich der natürlichen Verwandlungen mit dem Färben bringt Ge Hong, nach dem Beispiel des *Huainan zi,* der diese mit der Gewinnung von Leinenstoff aus Hanf verglichen hatte, gleichwohl das Element des »Bemühens« ein: Wenn auch naturgegeben, so stellt die Unsterblichkeit doch eine Verwandlung und das Ergebnis eines Tuns dar. Sie ist aber ein natürliches Phänomen, wenngleich sie auch in gewissem Maß eine Steigerung erfährt; daß sie als unerklärlich erscheint, sei nur ein Zeichen für unsere Unfähigkeit zu verstehen. Doch da ist noch mehr. Für ihn scheint der Tod kein solcherart natürliches Phänomen zu sein, wie es den Anschein hat. Er ist das Ergebnis autogonistischer Kräfte – giftigen Ausdünstungen aller Art, Krankheiten, dem Altern usw. –, die einander bekämpfen.

Zunächst gilt es zwischen Langlebigkeit und Unsterblichkeit zu unterscheiden; diese ist nur mehr eine Etappe auf dem Weg zu jener und eine notwendige Bedingung. Zum anderen gibt es drei Arten von Unsterblichen. Ge Hong, wie die Mehrzahl der taoistischen Schriften auch, unterscheidet zwischen denen, die auf der Erde wohnen, den irdischen Unsterblichen, die übernatürliche Fähigkeiten besitzen, denen, die sich auf dem Kunlun (der Weltachse) einrichten, und jenen, die im Himmel weilen (4, 7b). An anderer Stelle (2, 8b) stellt er diejenigen auf die unterste Stufe, die eine »Befreiung von der sterblichen Hülle (siehe weiter unten) vollziehen, über denen die »irdischen Unsterblichen« angeordnet sind (in den taoistischen Texten oft mit der ersten Kategorie verwechselt); häufig handelt es sich um das Ergebnis einer freiwilligen Wahl seitens derer, die den gewöhnlichen Begierden nicht entsagen wollen und nicht einmal wünschen, in die Leere aufzusteigen (3, 8a); anschließend kommen die »göttlichen Unsterblichen, die bei Tage gen Himmel steigen«: Ihnen ist es gelungen, ihre körperliche Unversehrtheit zu bewahren und ihren Körper ausreichend rein und leicht werden zu lassen, um mit ihm in die Himmel aufzusteigen.

Auf jeden Fall handelt es sich um eine physische Unsterblichkeit. Die Vorstellung von der Unsterblichkeit wird sich entwickeln, doch ist es für Ge Hong, und wahrscheinlich für die Mehrheit der Taoisten seiner Zeit, sicher, daß sie sich auf den Körper bezieht; sie stellt nicht lediglich einen Bewußtseinszustand dar. Ein Großteil der Praktiken zielt auf die Reinigung und Sublimierung des Körpers ab, über die der Weg zur Heiligkeit führt. Dafür scheint der Unsterbliche bei Ge Hong, trotz einer einigermaßen merkwürdigen doch scheinbar vereinzelten Äußerung (8, 2a), derzufolge das alchemistische Elixier die Unsterblichkeit der gesamten Welt und nicht nur eines einzelnen garantiert, auch wenn er sich in der Unendlichkeit bewegt, nicht wirklich den kosmischen Aspekt des Unsterblichen bei Zhuang zi anzunehmen.

Körperlich, in gewisser Weise »natürlich«, gleichwohl aber »göttlich« und außergewöhnlich, wird die Unsterblichkeit zum Preis langer Bemühungen erlangt. Sie kann und muß kultiviert werden. In diesem Punkt bezieht Ge Hong Stellung in einer langwierigen Auseinandersetzung, die China vor und auch nach ihm beschäftigt hat: Unsterblichkeit und Heiligkeit sind möglich, müssen freilich errungen werden und sind keineswegs angeboren. Hierin besteht in den Augen Ge Hongs das Ziel sämtlicher Praktiken, die nicht in einer einzigen zusammengefaßt werden dürfen, die sich gegenseitig vervollständigen und deren Nützlichkeit sowohl als auch Grenzen es für jede einzelne von ihnen zu kennen gilt.

Die erste Bedingung zur Erlangung der Unsterblichkeit ist es, an diese zu glauben. Ge Hong legt großen Nachdruck auf den Glauben und die feste Absicht. Die Askese ist lang und hart, wenn der Wille des Adepten nicht festgefügt ist, so wird er sein Unternehmen unterwegs bestimmt aufgeben und somit scheitern. Diese feste Absicht, der Glaube, sind eine Gabe; sie bilden einen Teil der Bestimmung eines jeden Menschen, der angeborenen Berufung des einzelnen dazu, sich dieser Suche zu widmen, und lassen sich nicht künstlich erzeugen. Berufung erscheint uns das treffende Wort zu sein, denn Ge Hong erläutert, daß sie abhängig ist von dem über unsere Geburt herrschenden Stern (7, 1a), der jeden dazu vorbestimmt, sich dieser oder jener Kunst oder Beschäftigung zu widmen. Aufgrund dieser Bedingung der Berufung muß der erste Anstoß zur Suche spontan erfolgen. Hieraus ergibt sich als Konsequenz, daß die Proselytenmacherei überflüssig ist.

Zudem gilt es, einen befähigten Meister zu finden, der nicht nur die esoterischen Schriften weitergibt, sondern diese auch durch unverzichtbare mündliche Unterweisungen vervollständigt und es versteht, ein sachkundiger Führer zu sein. Doch wird er nur den als Schüler annehmen, dessen Entschlossenheit und Ausdauer er einer langen Prüfung unterzogen hat (z. B. 14, 5a). Da die Wahl eines Meisters so ausschlaggebend ist, richtet Ge Hong in der gleichen heftigen Weise wie die Konfuzianer Tiraden gegen falsche Meister, gegen Scharlatane und Messiasgestalten jedweder Anschauung, die das Volk irreleiten und es mißbrauchen.

Gleichwohl stellen die Führung durch den Meister und die Unterstützung der Götter nur mehr Hilfsmittel dar: Es ist an jedem selbst, sein eigenes Leben zu bewahren und Langlebigkeit zu erlangen, was letztlich weder eine Angelegenheit der Moral noch der Intelligenz ist (7, 2b–3a). Heftig kritisiert Ge Hong jene, die sich zur Erlangung des Glücks an die Götter wenden und die Dämonen wegen all ihres Unglücks anklagen, anstatt das eigene Verhalten zu überdenken. Er glaubt nicht an die Wirksamkeit von Opfern und Gebeten, wenn sie von lasterhaften Menschen und unverbesserlichen Sündern ausgeführt werden. »Unser Schicksal liegt in unseren Händen«: Was vermögen die Götter, wenn wir es sind, die durch Taten unserem Körper Schaden zufügen? Aus diesen Ausführungen spricht der »Meister der Techniken«.

Zuallererst ist es wesentlich, ein gesundes Leben zu führen, sowohl in moralischem als auch im physischem Sinn. Moralisch deshalb, weil es gilt, die unverzichtbare Ernsthaftigkeit zu bewahren und keinen Störungen durch Begierden, seien diese sexueller Art oder solche nach Macht und Ansehen, ausgesetzt zu sein. Die von Ge Hong befürworteten Vorschriften stehen in Abhängigkeit zur gängigen Moral. Die einzige erkennbare Besonderheit liegt in einer Form der universalen Liebe, die sich bis auf die »kriechenden Wesen« (6, 5a–b und 3, 8b) zu erstrecken hat. Die Vorschriften der dörflichen Gemeinschaft sind verschwunden, was uns in Anbetracht von Ge Hongs sozialem Milieu keineswegs in Erstaunen versetzt.

Die Strafe für ein Vergehen kann auf die Mitglieder der Familie des Schuldigen zurückfallen; dies entspricht dem Strafsystem und der Vorstellung von familiärer Solidarität, wie sie im alten China vorherrschten. Die Vergehen müssen (über die in den Texten angegebenen rituellen Maßnahmen hinaus) durch einen kompensatorischen Akt von der gleichen Art wie das begangene Vergehen wiedergutgemacht werden: So müßte derjenige, der von einem unrechtmäßig erworbenen Gut profitiert hat, Geschenke an Notleidende machen; wer einen Unschuldigen an seiner Stelle anklagen ließ, hätte zur Pflicht, fähige Männer auf Beamtenposten zu befördern.

Die von Ge Hong aufgeführten Vorschriften zur Führung eines körperlich gesunden Lebens entsprechen dem gesunden Menschenverstand und finden sich in nahezu identischer Form auch in den taoistischen Texten gleicher Tendenz (T. 821, 3b; T. 892, 9b und 13a). Es gilt, jeglichen Exzeß zu vermeiden: weder zu lange sitzen oder liegen, sich nicht übermäßig anstrengen noch ausruhen, nicht maßlos essen und trinken, keine Abstinenz betreiben, sexuelle Beziehungen aber auch nicht im Übermaß pflegen, sich weder zu häufig waschen noch die Augen durch zu langes Schauen ermüden etc. (13, 7b–8a). Auch sollte man wissen, wie Krankheiten zu vermeiden und zu heilen sind. Hierauf zielen solche unterschiedlich geartete Praktiken wie die Einnahme von Heilmitteln, die Zirkulation des Qi, gymnastische Übungen und bestimmte Methoden visueller Meditation ab.

Natürlich ist es ebenso wichtig zu wissen, wie man sich vor Gefahren, seien dies bösartige Tiere oder politische Feinde, schützt. Hierin besteht die wahre Berechtigung für die von bestimmten Zauberformeln oder gewissen Praktiken verliehenen übernatürlichen Kräfte, die ein Verschwinden, eine Verwandlung oder auch Unverletzbarkeit ermöglichen, und von denen wir feststellen können, daß einige bis in die Zeit der Streitenden Reiche zurückreichen und Bestandteil der Kriegskunst waren.

Da die Hilfe der Götter zur Vertreibung der Übel unverzichtbar ist, gilt es jene Rezepte zu kennen, die ihre Herbeirufung möglich machen. Zudem ist es gut und notwendig, die Lebenskräfte entweder mittels Drogen und Körperübungen oder durch Belebung der Götter im Körperinneren zu stimulieren (6, 3a).

Nach dieser kurzen Skizze der Organisation dieses Komplexes, der, so Ge Hong, die Anwendung der Methoden zur Sicherung der Unsterblichkeit bestimmen soll, versuchen wir, bevor wir zu einer Darstellung dieser Methoden selbst kommen, ein allgemeines Bild der sie stützenden Vorstellungen über die Welt und den Menschen zu entwerfen, so wie sie sich aus einer Sammlung von Texten rekonstruieren lassen, die der gleichen Tradition entstammen, auf die sich auch Ge Hong beruft; wenigstens ein Teil von ihnen ist älter als er oder aber zeitgenössisch (abgesehen von den Werken, von denen zu Beginn des Kapitels die Rede war, sind dies beispielsweise das *Huainan zi* und der Heshang-gong-Kommentar zum *Daode jing*). Diese Konzeption von Welt und Mensch bildete, obgleich sie im Lauf der Jahre eine Bereicherung erfahren hat, lange nach Ge Hong die Grundlage der taoistischen Kosmologie und Anthropologie bis in die Gegenwart hinein.

Die Kunst, die »Lebenskraft zu nähren«, Yangsheng

Yangsheng, die Kunst, die »Lebenskraft zu nähren« (ein von Zhuang zi verwendeter Ausdruck), besteht darin, einen an den Prinzipien physisch-geistiger Hygiene ausgerichteten Lebensstil anzunehmen, der allerdings nicht dem Taoismus allein eigen, sondern vielmehr Teil des alten chinesischen Fundus war; der Taoismus hat ihn übernommen, weiterentwickelt und in spezifischer Weise dadurch gefärbt, daß er ihn in Verbindung mit dem Begriff »Ursprungs-Qi« *(Yuanqi)*, mit taoistischen Instanzen und Gottheiten und ebenso auch spezifischen religiösen Praktiken in Verbindung gebracht, ihm eine kosmische Dimension verliehen hat und die Vorstellung von Reinigung und Sublimierung hinzufügte. Auch wenn es den Anschein hatte, als würden sie von neuen Tendenzen in den Schatten gestellt, so bilden doch die Regeln dieser Kunst die Grundlage sämtlicher taoistischer Praktiken aller Zeiten – Exorzismus, Behandlung von Krankheiten, Liturgie, »innere Alchemie« – und sie haben während keiner Epoche aufgehört, zum Gegenstand verschiedenartiger Darstellungen zu werden.

Traditionellerweise wird diese Kunst mit der der Regierung eines Landes verglichen: Sie besteht darin, die Lebenskräfte, d. h. im wesentlichen das Qi und die Essenz *(jing)*, zu regulieren und dann zu reinigen (dies die beiden Bedeutungen des Wortes *»zhi«*, daß auch im Sinne von »regieren« benutzt wird). Zwei grundlegende Prinzipien beherrschen deren positive Verwendung: sie durch Verhinderung eines maßlosen und unbedachten Verbrauches zu bewahren und in ausgewogener Weise zirkulieren zu lassen, um sie in einen Zustand harmonischer Aktivität zu bringen; jegliches Leiden und alle Schwierigkeiten rühren von einem Mangel, einem Überfluß oder einer Blockade her – dies bildet eine der wesentlichen Gesetzmäßigkeiten sowohl in der chinesischen Medizin als auch in der Kosmologie. Die Geschichte des großen Yu, eines der Schutzheiligen des Taoismus, gibt hiervon Zeugnis: Yu gelang es, China von den »großen Fluten« zu »heilen« *(zhi)*, nicht wie sein gescheiterter Vater mittels der Errichtung von Dämmen, sondern vielmehr dadurch, daß er dem Wasser natürliche Bahnen in die Richtung der Kraftlinien der Erdbeschaffenheit eröffnete. Von daher rührt die Notwendigkeit einer Kenntnis der Karte von der Erde und des Körpers, die es ermöglicht, die Lebenskräfte in ihnen zu lenken und in Umlauf zu halten.

Kosmologie und Anthropologie

1. Leben und Tod

Die Vorstellungen über Leben und Tod des Menschen in der Tradition Ge Hongs basieren auf zwei großen Prinzipien der Inspiration: zum einen der Begriff des Lebens selbst, das sich wesentlich durch die Begriffe der Gemeinschaft und der Harmonie mit der Natur bestimmt, zum anderen das vorherrschende Bestreben seiner Tradition, das auf die Erlangung der Unsterblichkeit gerichtet ist. Im Sinne einer Harmonie und mit der Natur ist dieser Begriff des

Lebens zu großen Teilen abhängig von den Prinzipien der Schule von Yin-Yang und den fünf Wandlungsphasen, die wir in der Einleitung kurz dargelegt haben, zu denen sich traditionelle Glaubensvorstellungen des alten China hinzufügen, die sämtliche Praktiken bestimmen.

Leben ist Qi; der Tod tritt ein, wenn das Qi entweicht, doch zugleich stellt der Körper des Menschen die Wohnstatt zahlreicher unterschiedlicher Geister dar, die ihn beleben; das Leben dauert nur so lange an, wie diese zugegen sind; verlassen sie den Körper, so bedeutet das den Tod. Zudem weist das Gestirn, das über die Geburt jedes Menschen herrscht, eine festgesetzte Lebensdauer zu, die als Bestrafung für böse Taten verkürzt werden kann. Bestimmte Geister, wie der Gott des Schicksals (Siming), des Herdes und die bereits in den *weishu* erwähnten »Drei Würmer« (oder »Drei Kadaver«), überwachen die Taten der Menschen und erstatten darüber dem Himmel regelmäßig Bericht, der durch eine Verkürzung der dem Schuldigen anfänglich zugemessenen Lebensspanne eingreift, die schlimmste der Strafen, die einen Sucher nach Unsterblichkeit treffen kann. In diesem Sinne wurden später dann Tabellen über Verdienste und Vergehen aufgestellt, deren früheste uns bekannte aus dem Jahr 1171 datiert, die das Maß der noch zu lebenden Tage bestimmten, das entsprechend den begangenen Missetaten oder den erworbenen Verdiensten entweder gekürzt oder vergrößert wurde; diese Tabellen, die sich vom 17. Jahrhundert an vermehrten, spielten im Rahmen des moralischen Verhaltens des Volks die Rolle von persönlichen Handbüchern für das Verhalten der Adepten.

2. *Himmlisches und irdisches Pantheon*

Die wesentlichen Gottheiten oder Geister, denen wir begegnen, sind auf kosmischer Ebene die folgenden: die drei Einen, die Gottheiten der Sterne, der Zeit und des Kalenders und die über die vier Himmelsrichtungen und die Mitte herrschenden Götter. Die Mehrzahl von ihnen ist antiken Ursprungs.

Das Eine, bereits von Lao zi und Zhuang zi gepriesen, die empfehlen, es zu »umfassen« oder zu »bewahren«, wird mit dem Tao gleichgesetzt oder als von diesem hervorgebracht angesehen: den Kommentaren gemäß, stellt es die letzte Wahrheit oder auch dessen erste erkennbare Form dar. Es spiegelt sich in den drei Ebenen des Universums. Nach Lao zi ist es das Prinzip der Triade, das die Welt hervorgebracht hat: es ist die Ziffer Drei der Harmonie und des Menschen, die des Kindes, die der Frucht einer Vereinigung von Himmel und Erde oder des Yin mit dem Yang. Diese Drei-Einen werden aufgrund ihrer Uranfänglichkeit auch die drei Ursprünge *(sanyuan)* genannt: Ein weiteres Mal begegnen wir hier den Glaubensvorstellungen der *weishu*.

Bei den Liujia handelt es sich um Gottheiten, die die *weishu* auf gleiche Stufe mit den kosmischen Größen, dem Himmel, der Erde und den vier Jahreszeiten, stellen. Auch stehen sie in Beziehung zu den kalendarischen Spekulationen, die das Studium der astralen Einflüsse beherrschten und eine wichtige Rolle bei der unverzichtbaren, jegliches religiöse Tun bestimmenden Kenntnis der glück- und unglückverheißenden Tage spielten. Gemäß der chinesischen Zählung der Tage herrschen sie innerhalb der Gesamtheit der sechzig Zykluszeichen, die von großer Bedeutung bei der Divination sind (Ngo van Xuyet, S. 193), über die ersten Tage einer jeden Dekade, eines jeden Mondmonats oder Jahres. Es handelt sich somit um chronokratische Gottheiten, die über die Festlegung der Zeit herrschen. Darüber hinaus, so der große Ritualist des 9. Jahrhunderts Du Guangting, greifen sie bei der Entwicklung des Embryos ein, ganz so wie es gemäß den Texten der Shangqing-Tradition die neun obersten Himmel tun.

Den himmlischen Göttern entsprechen die irdischen, deren wichtigste die aus sehr früher Zeit stammenden Hypostasen der vier Himmelsrichtungen und des Zentrums sind. Dies sind entweder heraldische Tiere (Drache für den Osten, roter Vogel für den Süden, Tiger für den Westen und Schildkröte für den Norden) oder die »Fünf Kaiser«, die an den fünf, durch die fünf heiligen Berge des Taoismus markierten Orten weilen, Berge, die die Erde »befestigen«, d. h. ihre Stabilität garantieren, worin ihre wesentliche Tugend besteht, und die in einer Analogbeziehung zu den fünf Planeten stehen. Funktion dieser Gottheiten, heraldischen Tiere oder Kaiser ist es somit ebenfalls, den irdischen Raum zu errichten, dadurch einen Mittelpunkt zu bestimmen und den Adepten zu beschützen.

Auch an den irdischen Polen hausen Geister, die aus der chinesischen Mythologie übernommen wurden. Im Zentrum erhebt sich der Kunlun, die Weltachse, dessen Gipfel den Polarstern berührt und dessen Fundamente in den Höllen (den »gelben Quellen«) verankert sind. Als irdisches Abbild des »Scheffels« (i. e. das Sternbild Großer Bär) nimmt er die gleichen Funktionen wahr. Er bildet den Aufenthaltsort der antiken Königinmutter des Westens und der irdischen Unsterblichen. Die älteste detaillierte Beschreibung, die wir von ihm besitzen, findet sich im *Huainan zi*, der den Kunlun als einen paradiesischen und initiatorischen Ort darstellt, der umgeben ist von »weichem Wasser«, auf dem keine Feder schwimmt: Einzig durch die Luft vermag man ihn zu erreichen.

3. Der Körper

Das älteste, eine Beschreibung der taoistischen Physiologie, enthaltende Werk ist das *Huangting jing*, das sich hierzu einer schwer verständlichen Terminologie bedient; es handelt sich um ein Standardwerk, das mehrere Kommentare angeregt hat und Anlaß zahlreicher Entwicklungen gewesen ist (siehe H. Maspero, *Le Taoïsme*, und I. Robinet, *Méditation taoïste*).

Nach dem Vorbild des Kosmos ist der Körper in drei Abschnitte unterteilt, deren jeder ein Zentrum beherbergt, bezeichnet als »Zinnoberfeld«, wo jeweils eine der Hypostasien des uranfänglichen Einen ihren Ort hat. So ist im Unterbauch das untere Zinnoberfeld lokalisiert, welches verschiedene Bezeichnungen trägt, darunter die der »Pforte des Lebens« (*ming:* »Schicksal«, bezeichnet auch die Lebenskraft), und das gemäß den Quellen zwei oder drei Daumenbreiten unterhalb des Nabels liegt; im Brustbereich ist das mittlere Zinnoberfeld im Herzen oder auch »Scharlachpalast« angesiedelt; im Kopf nimmt das obere Zinnoberfeld einen als *niwan* bezeichneten »Palast« ein. In diesen drei Zinnoberfeldern weilen ebenfalls die »drei Würmer«, bei denen es sich um zerstörerische und todbringende Prinzipien chtonischer Natur handelt. So stellen die Zinnoberfelder drei ausgesuchte Orte dar, die Träger des Heils ebenso wie des Todes sind, Orte, an denen die himmlischen Ursprünglichen und die irdischen Dämonen weilen.

Während die drei Zinnoberfelder der vertikalen Weltachse entsprechen, sind die fünf *Zang* (»Speicher«) – Leber, Herz, Milz, Lungen und Nieren – die bevorzugten Stellen für die Verbindung des Menschen zum Kosmos, insofern sie den fünf Wandlungsphasen, d. h. in einer horizontalen Richtung, unterstellt sind. Diese regulieren mithin durch die *Zang* Leben und Gleichgewicht des Menschen, jede gemäß den ihr eigenen Möglichkeiten (eine bestimmte Nahrung, Farbe, ein spezifischer Ton etc., die jeweils in Entsprechung zu einer der fünf Wandlungsphasen stehen) und je nach der ihr eigenen Zeit und Stunde des Tages oder Jahreszeit. Die *Zang* stellen das Abbild der fünf Planeten und der fünf heiligen Berge dar. Zudem sind sie die Speicher geistiger Kräfte, bei denen es sich (wobei die Angaben je nach Quelle variieren können) der Reihe nach um die folgenden handelt: die *hun* (dem Yang zugeordnete himmlische Seelen), Geist *(shen),* Wille, die *po* (dem Yin zugeordnete irdische Seelen) und Essenz *(jing).*

Darüber hinaus wird der Körper von vierundzwanzig Lichtgeistern bewohnt, die die Himmelsmeister unter anderen Namen ebenfalls kannten: Sie entsprechen den vierundzwanzig Sonnenwendkreis-Perioden oder auch »Qi« innerhalb eines Jahres.

Die grundlegenden Praktiken

Von dieser allgemeinen Übersicht ausgehend, können wir uns nun einer Darstellung der unterschiedlichen Arten von Praktiken zuwenden, denen sich die Taoisten widmeten.

1. Reinheit

Jedwede Praktik erfordert einen bestimmten Zustand moralischer und ritueller Reinheit, physische, durch die Waschungen und das Fasten erlangte Reinheit, aber auch moralische Lauterkeit: Der Adept muß sich zurückziehen, um jedes gewöhnliche, unreine und zweifelnde Wesen fernzuhalten und in einem Zustand der Ruhe zu verweilen. Keine Technik vermag ohne die Unterstützung der Götter wirksam zu sein, die mit einer vorausgehenden religiösen Zeremonie eingeladen werden und die nicht kämen oder sich wieder zurückziehen würden, wäre ein Skeptiker oder irgendeine Quelle der Unruhe zugegen. Zudem lieben die Geister den Frieden und verlassen zweifelhafte Orte. Ruhe ist somit unverzichtbar, und sei es nur, um die eigenen Götter im Inneren zu bewahren. Aus diesem Grund auch lieben die Taoisten es, in den Bergen zu werken, doch führt Ge Hong aus, daß es gilt, »große Berge«, die von den Göttern beherrscht werden, zu wählen und nicht kleine, von niederen Geistwesen (Geister der Bäume, Felsen, Vampire usw.) heimgesuchte (4, 16b–17a); dies bedeutet eine Abgrenzung von den volksreligiösen Glaubensvorstellungen. Zudem ist es auch der Grund dafür, daß Ge Hong die Ansicht vertritt, Menschen, die damit beschäftigt sind, offizielle Ämter zu bekleiden, und die von Sorgen bedrückt sind, könnten sich der Suche nach der Unsterblichkeit nicht widmen.

Neben den Bergen verfügen die Adepten über Oratorien, deren Vorläufer die als »Kammern der Reinheit« bezeichneten, in Konstruktion und Einrichtung genauen Normen entsprechenden Oratorien der Himmelsmeister darstellen. Darüber hinaus führen sie zu Beginn einer jeden Meditation die symbolische Errichtung eines heiligen und abgeschlossenen Bereiches durch, indem sie in die vier Ecken die vier heraldischen Tiere herbeiholen, die ihren Raum abschließen und beschützen.

2. *Die Zeit*

Die Zeit besitzt Qualität und ist zyklisch; sie wird bestimmt durch den Wandel von Yin, Yang und den fünf Wandlungsphasen.

Da die Einteilung des Tages, dem Muster des Jahresablaufs folgend, durch die Einflüsse von Yin und Yang bestimmt wird, sollten Übungen nur zur Zeit des »lebendigen Qi«, d. h. während der Yang-Stunden zwischen Mitternacht und Mittag, praktiziert werden.

Bei der Mehrzahl der Praktiken findet die aktuelle Jahreszeit insofern Berücksichtigung, als sie die Himmelsrichtung der Gebetsverrichtung und die Identität der einzusetzenden Gottheiten bzw. Instanzen festlegt, die Kaiser der vier Himmelsrichtungen, Sterne, unterschiedlich gefarbte Qi usw. Besonders entscheidend sind die »acht Verbindungspunkte« des Jahres, die Zeiträume, in denen sich das Gleichgewicht zwischen Yin und Yang ändert; es handelt sich um den jeweils ersten Tag der Jahreszeiten, die Sonnenwenden und Äquinoktien, zwei Zeitpunkte, an denen jeweils Yin und Yang ihren Höhepunkt erreicht haben, und zwei, an denen ein Gleichgewicht zwischen beiden besteht. Ein Gutteil der vorgeschriebenen Praktiken muß speziell zu diesen

Zeiten ausgeführt werden. Zudem finden sich in Ge Hongs Werken, wie auch in später datierten, so z. B. denen des Shangqing, die in der gleichen Überlieferungslinie stehen, Einträge über günstige und ungünstige Tage; sie sind Teil des von den Kalenderkundigen aus der Zeit der Streitenden Reiche vermachten Erbes.[3]

3. Drogen

Zu den untergeordneten Praktiken zählt Ge Hong die Aufnahme von Drogen, seien sie pflanzlich oder mineralisch. In dieser Epoche und innerhalb dieser Strömung waren die Taoisten, im Unterschied zu den Himmelsmeistern, in geringem Maß auch Heilkräuterkundige und Ärzte. Seit der Han-Zeit hatte eine Spezialisierung stattgefunden, so daß sich die Medizin von dem Taoismus abgegrenzt hatte, ohne freilich vollständig von diesem getrennt zu werden: Sun Simiao, der berühmte Arzt der Tang-Dynastie, verfaßte Werke über taoistische Meditation; zudem fuhren die Taoisten fort, Heilmittel zuzubereiten, und einige von ihnen sollten an die Bettstatt kranker Kaiser gerufen werden. Zahlreich sind jene, die durch Riten oder Meditation geheilt wurden – Gründer von Schulen, große Gestalten des Taoismus oder auch Kaiser.

Gleichwohl ist das, womit Ge Hong sich befaßt, davon etwas verschieden. Die vegetarischen Heilkräuter der Taoisten sind ihnen eigentümlich, macht er klar; es handelt sich nicht um die gleichen, mit denen die Botaniker ihre Nomenklatur erstellen. Am außergewöhnlichsten sind die *zhi*, geheimnisvolle Kräuter, deren Beschreibungen phantastisch anmuten (ein Teil des 11. Kap. im *Baopu zi* und eine vollständige Abhandlung im *Daozang* sind ihnen gewidmet) und die in den Bergen einzig den Initiierten erscheinen, nachdem diese sich durch bestimmte Riten des Wohlwollens der Götter versichert haben. Die am häufigsten zur Herstellung von Heilmitteln gebrauchten Mineralien sind der Zinnober, Realgar, Malachit, Schwefel, Mika, Salpeter und Auripigment. Mehrere von ihnen werden aus symbolischen Gründen geschätzt, so der Mika, da er dem Feuer und der Fäulnis widersteht und sämtliche Farben des Prismas versammelt. Die rote Farbe des Zinnobers (Rot, Emblem des Yang), der Glanz des Goldes und sein unveränderliches Wesen, die chinesischen Bezeichnungen des Realgar (»männliches Gelb«, Gelb ist die Farbe des Zentrums) und des Auripigment (»weibliches Gelb«) erklären zumindest teilweise den ihnen beigemessenen Wert. Die alchemistischen Drogen, so äußert sich ja Ge Hong, sind von anderer Natur als jene, wie sie die Heilkundigen verwenden. Sie sind geheim und kostbar, da sie nicht lediglich darauf abzielen zu heilen, sondern auch dazu beitragen, Langlebigkeit sicherzustellen. Sie sind »fern«, jene der Ärzte hingegen »nah«, wobei »fern« *(yuan)* ein Terminus ist, der semantisch mit »Himmel« *(tian)* und »Geheimnis« *(xuan)* verbunden ist; sie können lediglich in Zeiten von Unruhen erlangt werden (16, 5b–6a: Man erkennt auch hier die Betonung der inneren Ruhe). Die den Ingredienzen gegebenen Bezeichnungen, so fügt unser Autor hinzu, »stimmen mit denen der gewöhnlichen Ingredienzen überein, wobei ihre Realität eine andere ist« (man könnte den Passus auch interpretieren als: »sie unterscheiden sich tatsächlich«, 16, 6b). Offensichtlich wird auf einen geheimen Code und einen andersartigen Geist Bezug genommen, der einer Anwendung dieser unterschiedlichen Ingredienzen vorsteht, was ihnen eine andere Bedeutung verleiht. Bestimmte Methoden scheinen einen nahezu ausschließlich symbolischen Wert zu haben, so jene, die darin besteht, einen noch ungefiederten Jungvogel mit rotem Fleisch und Zinnober zu füttern, damit seine Federn von roter Färbung sind, wenn sie wachsen; diese werden, ebenso wie sein getrocknetes Fleisch, zu Puder zerrieben, das demjenigen, der es einnimmt, eine Lebensspanne von fünfhundert Jahren sichert.

Zum Schluß sei bemerkt, daß diese Tradition in direkter

Linie von den *weishu* abstammt, was sich durch einige Textpassagen aus ihnen beweisen läßt, die eine exakte Bestätigung der von Ge Hong gemachten Äußerungen liefern.[4]

4. Sexualpraktiken

Die Sexualpraktiken sind, so Ge Hong, unverzichtbar, einfach aus dem Grunde, weil sie es erlauben, sexuelle Beziehungen zu unterhalten – Keuschheit ist schädlich, da sie Unruhe hervorbringt –, ohne dadurch die Lebenskraft zu schwächen. Das allgemeine Prinzip dieser Praktiken beruht darin, es nicht zu einer Ejakulation kommen zu lassen. Durch das Pressen auf die Wurzel des Penis im Moment [vor] der Ejakulation lassen sie, so formulieren es die Taoisten, die »Essenz *(jing)* zum Gehirn steigen« (die Frauen müssen sich auf das Herz konzentrieren und das Qi zu den Nieren absenken, um es anschließend entlang der Wirbelsäule bis zum Gehirn steigen zu lassen); gleichwohl ist zu bemerken, daß dieser Ausdruck zwar, wie ja auch geschehen, wörtlich genommen werden konnte, doch auch eine eindeutig symbolische Bedeutung haben mochte, da bestimmte Texte ihn zur Bezeichnung von Techniken der Atmung und der Visualisation verwenden (T. 818, 17a–b).

In der Weise, wie das »Qi sich vermehren« läßt durch Atemtechniken, so kann zudem auch die »Sperma-Essenz dadurch gemehrt werden«, daß man sie während sexueller Beziehungen ohne Ejakulation in Erregung bringt und sie bewegt. So birgt nur eine nach mehreren Coitus interrupti geschehende Ejakulation nicht die Gefahr in sich, die Lebenskraft zu mindern. Wir werden uns nicht bei diesen Praktiken aufhalten, die ja nicht spezifisch taoistisch sind und die Maspero und van Gulik, auf die wir hier verweisen, beschrieben haben.

5. Die »Enthaltsamkeit von Getreide«

Die Technik der »Enthaltsamkeit von Getreide«, das von irdischer Natur, schwer und dick ist, im Gegensatz zu dem himmlischen und luftigen Qi, stellt auch nur mehr eine zusätzliche Methode dar und vermag keinesfalls, Langlebigkeit zu garantieren. Sie ist Teil der Regeln, die die Ernährung bestimmen, und gehorcht der bereits in aller Ausführlichkeit im *Huainan zi* zum Ausdruck gebrachten Vorstellung, wonach die Art der Speisen, von denen sich ein Mensch nährt, seine Natur bestimmt; wer sich grob(stofflich) ernährt, ist aus grobem Material, wer sich von Qi oder Licht nährt, wird (selbst zu) Qi oder Licht; aus diesem Grund ernähren sich die Unsterblichen bei Zhuang zi und in den »Elegien aus Chu« *(Chuci)* auf derart ätherische Weise.

Die Enthaltsamkeit von Getreide ist eine Form des Fastens, die im Gegensatz zu anderen, bei denen sich der Adept von Qi oder Zauberformeln ernährt, keinerlei Schwächung verursacht; sie verbessert sogar die Gesundheit und feit gegen Wind, Kälte und Gifte (was es erlaubt, große Mengen Wein zu trinken, ohne einen Rausch zu bekommen, dies eine Eigenschaft der Heiligen). In einigen Schriften findet dies in der Weise Ausdruck, daß gesagt wird, auf diese Weise ließe sich die Ernährung der »drei unheilvollen Würmer« verhindern, deren gewöhnliche Nahrung Getreide darstellt. Zudem steigert diese Technik die Wirkungen der Aufnahme der »großen alchemistischen Medizin«. Sie besteht darin, den Verzehr von Getreide einzustellen, dieses zugleich aber durch die Aufnahme bestimmter mineralischer Drogen zu ersetzen.

6. Zauberformeln und heilige Schriften

Auch den Zauberformeln kommt nur mehr eine unterstützende Rolle zu, doch sind sie unverzichtbar und haben eine wichtige Funktion bei allen religiösen Praktiken des Taoismus von den Anfängen bis heute. Die heiligen Schriften selbst stellen Talismane dar; häufig handelt es sich ursprünglich um Zauberformeln, die sich zu Texten entwikkelt haben, und häufig werden diese von Zauberformeln begleitet, die eine Ergänzung bilden. Der Begriff selbst für diese Formeln evoziert die talismanartigen Schätze der Herrscher, die den erhaltenen göttlichen Schutz bezeugen, ebenso wie die im Altertum gebräuchlichen Legitimationsembleme, die die Verträge zwischen Herrschern und ihren Untertanen besiegelten. Diese Zauberformeln beeinflussen und werden dies im gesamten Verlauf der Geschichte des Taoismus, die Form einer in hohem Maße stilisierten, pseudo-archaischen Schrift, die jene auf den alten Bronzen imitiert, die im Mittelalter immer häufiger gefunden wurden und denen man glückverheißende geistige Kräfte zuschrieb. Die heiligen Schriften enthüllen die geheimen und »wahrhaftigen« Namen und Formen (d. h. gemäß ihres göttlichen Wesens) der göttlichen und himmlischen Orte, Berge und Flüsse und ihrer Geister; ebenso beschreiben sie den Lauf und die Aufenthaltsorte der göttlichen Energien im menschlichen Körper, und auf der Erde Beschaffenheit und Namen der irdischen und himmlischen Paradiese, deren Kenntnis unerläßlich dafür ist, dorthin zu gelangen.

Von den Göttern offenbart, die eine Hälfte oder eine Zweitschrift bewahren, stellen Talismane und Schriften das Unterpfand einer früheren Allianz zwischen ihnen und den Menschen dar, die sie von ihrem Meister im Verlauf einer Weihezeremonie, begleitet von einem geschworenen Eid, bei dem die Gottheiten als Zeugen dienen, erhalten. Töne und Bilder der Beschwörung sind es, was die Zauberformeln und häufig die Bücher darstellen, die deshalb abgeschrieben und rezitiert werden müssen und dem Adepten den für die erfolgreiche Ausführung seiner Praktiken notwendigen göttlichen Beistand gewähren.

Metamorphosen, Verwandlungen und Kreisläufe

Ge Hong war uns dabei behilflich, einen Überblick über die taoistischen Praktiken zu skizzieren und ihre allgemeine Bedeutung deutlich zu machen. Wir können nunmehr bei einigen von ihnen verweilen, die Ge Hong zwar nur kurz behandelt, die in anderen Werken freilich in weitaus detaillierterer Weise dargelegt worden sind und eine bedeutendere oder auch etwas abweichende Weiterentwicklung erfahren haben.

Metamorphosen und Verwandlungen

Die tausendfachen Verwandlungen des Qi sind es, die die Mannigfaltigkeit der Wesen bewirkt; der Mechanismus des Lebens besteht aus Mutationen und Evolutionen, *bianhua*, welche das natürliche *dao* (den Weg), die spontanen Bewegungen von Yin und Yang bilden. Wer diese kennt, weiß, so das *Yi jing*, wie die Geister sich bewegen, und nach Zhuang zi handelt der Heilige in Übereinstimmung mit diesen und manifestiert sich durch sie. Wir sahen, daß Ge Hong den Erwerb der Unsterblichkeit mit einer Metamorphose gleichsetzt. Von hier aus bis zu der Annahme, daß der Taoist ein Meister dieser Kunst sei, ist nur mehr ein Schritt.

Ge Hong erwähnt eine Anzahl von Methoden, die es mittels Drogen oder Talismanen ermöglichen, Verwandlungen zu vollziehen; so kann man aus einem Tropfen Wasser einen Fluß, einem Häufchen Erde einen Berg und mit Hilfe eines einzelnen Samens einen Wald erscheinen lassen. Diese untergeordneten Techniken zielen auf eine Beschleunigung des natürlichen Ablaufs der Umwandlung: Mittels des Holzes erlangt man Holz, durch Stein läßt sich Stein gewinnen, die Imitation einer Frau läßt einen zur Frau werden, das Zeichnen eines Flusses bringt Wasser zum Fließen usw. Die Gabe der Allgegenwart beruht auf der gleichen Art von Methode: Sie besteht darin, seine Erscheinung zu vervielfachen, und so werden Meditationstechniken zu diesem Ziel empfohlen, die die Konzentration auf den eigenen Körper lehren. Die Fähigkeit des Verschwindens, mit der die taoistischen Heiligen von den Hagiographien ausgestattet werden, gehört zur gleichen Kategorie und stellt nur mehr das Gegenstück zur Fähigkeit dar, Gottheiten erscheinen zu lassen: »Der menschliche Körper ist von Natur aus sichtbar«, so schreibt Ge Hong, »es gibt Methoden, um ihn unsichtbar zu machen; Geister und Dämonen sind natürlicherweise unsichtbar, doch lassen sie sich durch Techniken sichtbar machen« (16, 2a). Es handelt sich dabei, so fügt er hinzu, um das Prinzip der Metamorphose: Unsichtbar zu werden bedeutet einfach, seine Erscheinung zu ändern. Mit anderen Worten, es besteht keinerlei Diskontinuität zwischen dem Unsichtbaren und dem Sichtbaren, es handelt sich lediglich um einen Übergang.

Wie man das Feuer des Himmels durch Bündelung auf einem Sonnenspiegel und das Wasser der Sonne auf einem Mondspiegel konkrete Form annehmen lassen kann, so bringen die Spiegel auch die »wahre Gestalt« der Dämonen zum Vorschein und vermögen, zukünftiges Geschehen zu spiegeln: Sie konkretisieren das Unsichtbare. Anders herum vermag der versierte Adept sich unsichtbar zu machen, sei es, daß er mit seiner Umgebung verschmilzt und sich so nicht mehr von ihr abhebt – so wird er zu Holz, wenn er in einen Wald geht, zu Wasser, wenn er sich in Gewässer begibt, oder ein gewöhnlicher Mensch, nicht wahrnehmbar in der Menge –, sei es, daß er sich magischer Techniken bedient, die es ihm erlauben, zu verschwinden, »am hellichten Tag in die Erde hinabzutauchen«. Dieses Hinabtauchen in die Erde, in die unterirdische Welt, dessen Schlund in der taoistischen Kosmologie in Verbindung mit dem Himmelsfirst steht, bildet die Parallele zum »Aufstieg gen Himmel am hellichten Tag« als dem letzten Ziel der Taoisten.

Tatsächlich handelt es sich dabei letzten Endes um metamorphotische und somit natürliche Techniken, die es dem Adepten gestatten, seinen Körper zu sublimieren und zu reinigen, und sich in einen geflügelten Unsterblichen zu verwandeln. Der aus seiner Ummantelung entnommene Edelstein, das Tier, welches aus seiner Puppe schlüpft, im Grunde sagen es die verwendeten Bilder aus: Es geht um eine Verwandlung als die Vollendung eines Inhalts (des »himmlischen Mandats«). Diese Vorstellung verbindet sich auf perfekte Weise mit dem Prinzip, wonach man zu dem wird, wovon man sich ernährt: Das Innere gestaltet das Äußere.

Diese durchzuführende Verwandlung geht freilich langsam und schwierig vonstatten, und manchmal tritt der Tod ein, noch bevor sie ganz vollendet wird. Dann führt der Adept die »Befreiung von der sterblichen Hülle« durch, ein Vorgang, durch den er sich von seinem noch zu sehr fleischlichen Körper oder von einem Teil desselben befreit, um diesen dann im Sarg zurückzulassen und davonzufliegen. Es heißt, der Adept »simuliere den Tod« oder wandle seinen Körper um«, da er diesem das Aussehen eines Paars Sandalen, eines Schwerts oder Stabs, alles Embleme des taoistischen Einsiedlers, verleiht die er zurückläßt. Dies zeigt wohl, daß es sich auch wieder um eine Art Metamorphose handelt, die, gleich den anderen, eine materielle Unterstützung notwendig macht; in der Tat heißt es, die »Befreiung von der sterblichen Hülle« besteht darin, »durch Verwendung eines materiellen Gegenstands davonzugehen«. Die wesentliche Differenz zwischen den gewöhnlichen Metamorphosen und der Befreiung von der sterblichen Hülle besteht freilich darin, daß letztere ausschließlich am Ende des Lebens stattfindet: Es handelt sich dabei nicht um eine schlichte übernatürliche oder magische Fähigkeit, sondern um eine Art der Befreiung, in deren Anschluß der Adept unsterblich ist und bei den Geistern, im allgemeinen in den Bergen oder aber auch, so einige der Texte, unter der Erde lebt.

In diesen Fällen setzt der Körper gemeinhin seine Reinigung nach dem Tod fort, so daß er nach einer Reihe von Jahren, zuweilen Jahrhunderten, davonfliegt. Wenn er durch einen materiellen Gegenstand ersetzt worden war, so verwandelt dieser sich ebenfalls und fliegt fort; die Sandalen werden zu Vögeln, zu einem Drachen das Schwert oder der Stab.

Unterschiedliche Techniken finden Anwendung: Die edelste Art solcher Befreiungen ist jene, die sich durch das Schwert vollzieht – sei es ein gewöhnliches Schwert, das der Adept auf seinem Lager umfaßt, sei es, bei einer höheren Form, ein magisch-göttliches Schwert, das einem genauen Ritual entsprechend geschmiedet und an einem abgelegenen Ort fertiggestellt wurde. So erscheint der höchste Eine, der den Adepten auf seinem göttlichen Pferd davonträgt, während das Schwert sich in einen Leichnam verwandelt und dessen Platz im Sarg einnimmt. Doch nimmt der Adept selbst die Gestalt des höchsten Einen an und identifiziert sich so offensichtlich mit dieser Gottheit.

Auch dies ist eine Verwandlung, freilich eine vollkommene, die es möglich macht, »am hellichten Tag zum Himmel aufzusteigen«; auf sie zielt der Adept, indem er sich einen Körper der Unsterblichkeit schafft. Diese Verwandlung nun geschieht mittels des Feuers, sei es das Feuer der operativen Alchemie, sei es jenes des Yang-Qi, das es gleich dem Feuer des alchemistischen Ofens erlaubt, die »Verschmelzung der Seelen« durchzuführen. Das auf die Verwandlungen verweisende Binomen *bianhua,* häufig auch mit einem die Auflösung bezeichnenden Begriff in Beziehung gesetzt, weist deutlich auf die transmutatorische Natur dieses Unsterblichkeitskörpers hin. Verwendet wird auch der Begriff *lianhua,* wobei das Zeichen *lian* entweder mit dem Radikal Metall geschrieben wird und dann die Bedeutung »Reinigung durch das Feuer« erhält, oder aber den Radikal Seide enthält und in diesem Fall »praktizieren«, »üben« bedeutet. Auch das Wort *hua* bezeichnet sowohl die Vorgänge des »Umwandelns«, »Verbesserns« und »Kultivierens«, als auch, so in dem Binomen *huohua,* die »Reinigung durch Feuer«. Im taoistischen Ritual bezeichnet das Wort *hua* die Verbrennung der an den Himmel gerichteten Bittschriften, die mit dem Rauch aufsteigen.

So gelangen wir also zu der »Verschmelzung der Qi«, dem »Schmelzen des *jing*«, die bewirken, daß »das Fleisch sich auflöst und der Körper leicht wird«. Aus Gründen der Darstellung widmen wir uns zunächst jedoch der operativen Alchemie.

Die operative Alchemie

Die chinesische Alchemie gleicht in ihren großen Zügen in großem Maß der des Westens. Das alchemistische Werk ist von religiöser Natur. Ihr »Stein des Philosophen« oder »Elixier der Unsterblichkeit« ist entweder das Gold oder der Zinnober; den Texten zufolge veranschaulichen beide Stoffe das Ergebnis einer langen Umwandlung hin zu einem vollkommenen und vollendeten Zustand. Das erstrebte Gold ist das alchemistische, künstliche, von Menschenhand geschaffene, das höher geschätzt wird als natürliches Gold: Wir erkennen hier die ganze Distanz, die Ge Hong, der sich auf den Standpunkt der Erlangung der Unsterblichkeit stellt, von einen Zhuang zi, dem Verkünder der vollkommenen Beherrschung, trennt.

Zwei Grundprinzipien sind für diese Alchemie bestimmend. Das eine beruht auf der Vorstellung der Metamorphose: Natürliches Gold, das reinste und beständigste der Metalle, ist aus einer langsamen Metamorphose, einer langen Reifung hervorgegangen, die im Schoß der Erde stattgefunden hat; das von Menschenhand geschaffene alchemistische Gold ist von gleicher Natur, es stellt nur mehr das Ergebnis einer hervorgerufenen Umwandlung dar. Das andere Prinzip basiert auf dem Analogiedenken, der Anwendung der Gesetzmäßigkeiten der Entsprechungen, die die Welt beherrschen: So wie der Mensch einen Mikrokosmos darstellt, dessen Struktur der des Makrokosmos entspricht, so verhält es sich auch mit dem alchemistischen Werk, und dies auf räumlicher ebenso wie auf zeitlicher Ebene; so läßt sich der für die Entstehung natürlichen Goldes notwendige Zeitraum auf die Dimensionen des Mikrokosmos verkürzen und somit beschleunigen oder, genauer gesagt, reduzieren. Es ist die Idee der Zeitreduktion, die hier als zutreffend erscheint; die Beschleunigung stellt lediglich die Manifestation und die Konsequenz der Miniaturisierung des Gesamten dar, die eine Intensivierung bewirkt.[5] Der die Bildung des natürlichen Zinnobers bestimmende Prozeß der spontanen Umwandlung des mit dem Blei vereinten »flüssigen Quecksilbers« zur Erzeugung des Zinnobers dauert 4320 Jahre, läßt sich freilich im Maßstab der Alchemie auf die Dauer eines Jahres verkürzen. Auch der alchemistische Ofen stellt eine Reduktion, eine Miniaturwelt dar, die seine, die Gestalt des kosmischen Eies annehmende Form wiedergibt; diese besteht zumeist entweder aus drei Füßen oder drei Etagen für die drei Ebenen des Universums – himmlisch, irdisch und menschlich –, wobei die oberste dem Himmel entsprechend rund, die unterste gleich der Erde eckig ist. Er muß hermetisch abgedichtet sein, in Entsprechung zu dem Adepten, der die äußere Welt aus seiner Meditation auszuschließen hat. Seine Abmessungen gehorchen symbolischen Ziffern, die den kosmischen Gesetzen entsprechend angeordnet sind.

Neben der Zeit und dem alchemistischen Gefäß bilden die Ingredienzen das dritte wichtige Element. Diese, von denen fünf traditionell als wesentlich beibehalten werden – es handelt sich, mit gelegentlichen Abweichungen, um Zinnober, Realgar, Kaneit (oder Auripigment bzw. Arsenit), Malachit und Magnetit –, werden in Beziehung zu den fünf Wandlungsphasen, deren potentielle Vertreter sie gleichsam sind, und den fünf Planeten gesetzt und unterliegen derselben Verteilung: Einem Werk zufolge ist Realgar links (Holz), Auripigment rechts (Metall), Zinnober oben

(Feuer) und Malachit unten (Wasser) angeordnet – freilich finden sich in bezug auf diese Entsprechungen zahlreiche Abweichungen.

Zu diesem Grundschema tritt eine durchgängige metaphorische Dimension. Die Metamorphose stellt einen schrittweisen Prozeß der Reinigung dar; das Elixier wird erst nach einer großen Anzahl von Wiederholungen vollkommen, deren jede einen höheren Grad der Verfeinerung bedeutet und ihm jedesmal eine gesteigerte Wirksamkeit verleiht, wobei das reinste die Unsterblichkeit innerhalb eines Tages zu garantieren vermag. Die Reinigung und das Sieden geschehen entweder mittels des Wassers oder des Feuers.

All dies ist nur mehr eine sehr vereinfachte Darstellung des alchemistischen Prozesses, von dem die Texte, wie man sich denken kann, ein weitaus komplexeres Bild zeichnen. Häufig werden die Ingredienzen in Abhängigkeit von ihrer symbolischen Funktion ausgewählt, wie wir weiter oben bereits festgestellt haben. Dem sei hinzugefügt, daß Gold und Quecksilber, zwei Stoffe, die eine wichtige Rolle spielen, in Entsprechung zur Sonne und dem »Herrscher«, bzw. zum Mond und dem »Minister« gesetzt werden. Die Dynamik, die diese Ingredienzen beherrscht, ist dieselbe, die auch die fünf Wandlungsphasen regiert: So birgt das Blei den »gelben Keim«, denn das Metall enthält die Erde, von der sie das »Qi« erhalten hat, da gemäß dem Gesetz der gegenseitigen Hervorbringung es die Erde ist, die das Metall erzeugt; dies bewirkt, daß der Sohn die Mutter in sich birgt, da er von ihr geerbt hat.

Die Gesetzmäßigkeiten des Wechsels, der Verdichtung, der Verwandlung und gegenseitigen Verbindung, die in der Natur die Bewegungen von Yin und Yang beherrschen, sind auch hier bestimmend. Die von der Alchemie verarbeiteten Stoffe müssen Prozeduren unterzogen werden, die nacheinander ihre Umwandlung, Verfeinerung und Kondensation zum Ziel haben, ganz so wie Yin und Yang sich jedesmal dann ineinander verwandeln, wenn sie einen Punkt äußerster Konzentration erreichen.

Freilich erscheint das Ganze nicht in dem Maß durchschaubar. Häufig findet sich eine große Anzahl von Ingredienzen, und zuweilen ist es schwierig, den Grund herauszufinden, der die Auswahl von einigen unter ihnen bestimmt hat. Ein beträchtlicher Teil der Mineralien, aus denen sich die alchemistischen Elixiere zusammensetzten, waren giftig, was die Chinesen sehr gut wußten; und so konnte festgestellt werden, daß sie, während sie sich ihrer innerhalb der Medizin mit großer Vorsicht bedienten, gleichwohl stärkere Dosierungen für die Herstellung von Elixieren vorschrieben, auch wenn sie dazu rieten, vor der Zuführung dieser Mineralien bestimmte pflanzliche Mittel zu nehmen, um den Körper »vorzubereiten«. Einige Rezepte entsprechen chemischen Zubereitungen, die sich identifizieren lassen, andere nicht, und zwar aufgrund der Verwendung eines geheimen Codes und feststehender Metaphern zur Bezeichnung der Ingredienzen, die somit die Hilfe eines Meisters erforderlich machen. Selbst wenn die Rezepturen in einer verständlichen Sprache verfaßt zu sein scheinen, so führen sie wohl nur in seltenen Ausnahmen zu nennenswerten Ergebnissen.

Das Problem, zu wissen, in welchem Maß diese Alchemie wirklich praktisch durchgeführt werden mußte, ist in Wahrheit nicht gelöst, auch wenn es als vollkommen sicher gilt, daß sie es wurde und zu Entdeckungen auf dem Gebiet der Chemie geführt hat. Die Komplexität der praktischen Ausführung trat zu den theoretischen und symbolischen Spekulationen hinzu, um so bisweilen ein recht wirres Ganzes zu bilden, das von Gesetzmäßigkeiten bestimmt wurde, die nicht immer miteinander übereinstimmten, und bei dem die Praxis die Theorie überlagert, ohne sich mit ihr abzustimmen. Sicher ist gleichwohl, daß bestimmte chemische Manipulationen, wenn sie denn stattfanden, ihre Bedeutung nur mehr durch ein Netzwerk symbolischer Bedeutungen erlangt haben, bei dem nicht allein die Fragestellungen der Yin-Yang- und Fünf-Wandlungsphasen-Schule, sondern auch die von den Hexagrammen des *Yi jing* gebildete Sprache eine Rolle spielte. Ebenso sicher ist, daß die Alchemie sich in Richtung einer zunehmend ausgeprägten Verinnerlichung und eines Vorherrschens des symbolischen Elements entwickelt hat, in solch einer Weise, daß es ab der Tang-Zeit bei einer Reihe von Texten sehr schwierig, wenn nicht gar unmöglich ist, zu erkennen, ob es sich um eine Alchemie, die chemische Manipulationen einschließt, oder aber um eine rein geistige Alchemie handelt.

Die Praktiken des Qi und Jing

Es sei erinnert, daß Qi der Lebensodem ist, das die Grundlage der Welt bildende dynamische Prinzip, das ihr zeitlich vorausgeht und in allen Dingen stets gegenwärtig ist. Es ist die Ewigkeit und gewährleistet die Einheit des Kosmos. In dieser Bedeutung ist es das Yuanqi oder Ursprungs-Qi, die letzte Wahrheit, die gleichbedeutend mit dem Tao ist. In seinem Streben nach Unsterblichkeit sucht der Adept sich von ihm zu »nähren«, es in sich zu nähren und sich mit ihm, dem einzigen ewigen Prinzip, zu identifizieren, denn Himmel und Erde sind dazu bestimmt, zu verschwinden und durch andere ersetzt zu werden. Spätestens seit dem 3.–4. Jahrhundert n. Chr. (im Gegensatz zu Masperos Äußerungen) finden sich Texte, die von einer Aufnahme und Zirkulation des Ursprungs-Qi handeln (z. B. T. 820, 4b–5a).

Dieses Qi ist auch unser Element: »Der Mensch lebt in dem *qi*, und das *qi* weilt im Inneren des Menschen«, so schreibt Ge Hong. »Angefangen von Himmel und Erde bis zu allen Dingen, die erschaffen wurden, gibt es kein Ding und kein Wesen, das nicht des *qi* zur Aufrechterhaltung seines Daseins bedürfte. Wer es versteht, sein *qi* zirkulieren zu lassen, bewahrt die Vollkommenheit seines Selbst und hält all jene bösen Mächte fern, die ihm Schaden zufügen könnten« (5, 5b). Der natürliche Verlauf, der zum Tod führt, stellt einen Prozeß des Verlusts von Energie dar; um dem vorzubeugen und sich eines langen Lebens zu versichern, gilt es somit, zur Quelle dieser Energie, dem Ursprungs-Qi, zurückzukehren, um dann, ohne es in unangemessener Weise nach außen dringen zu lassen, seinen Lauf zu lenken und es zirkulieren zu lassen.

Dieses Qi existiert freilich in verschiedenen Formen und entsprechend unterschiedliche Zuständen. Der Begriff Qi nimmt zudem verschiedene Bedeutungen oder Wertigkeiten an, und zwar gemäß der mehr oder weniger spezifischen Form des ursprünglichen Qi, der es entspricht.

Im menschlichen Körper bildet Qi die Yang-Energie, das ätherische Prinzip. Als solches steht es in unmittelbarer Beziehung zur Yin-Energie des Körpers. Nimmt diese eine feste Form an, so stellt das Qi die Entsprechung zum materiellen Körper in seiner Ganzheit oder aber zu den »Geschmäckern« dar, den Nahrungsmitteln als dem festen Bestandteil der Ernährung, die im Gegensatz zum ätherischen Element, Yang-Qi, dem Yin zugeordnet sind. Ist die Yin-Energie in Form von flüssigen Bestandteilen vertreten, so bildet das Qi den Gegensatz zu *jing*, den »Säften«, oder aber zum Blut. In diesem Fall bezeichnet es etwas weitaus Allgemeineres als das Qi der Atmung, das ja nur mehr seine körperliche Erscheinungsform in ihrer spezifischsten Ausprägung darstellt.

Gleichwohl besitzt dieser Terminus Qi nicht immer eine positive Wertigkeit, denn die innerhalb des Universums bestehende Unterscheidung zwischen reinem und unreinem Qi befindet sich im Menschen wieder, der aus beiden gebildet ist. So erklärt sich die Trennung zwischen den von Natur aus guten Menschen und jenen, die dem Bösen zuneigen, aus einer ungleichen Verteilung von reinem und unreinem Qi. Es existieren mithin schädliche Formen des Qi, die es zu eliminieren gilt. Dazu muß man lernen, »das alte [qi] auszustoßen und das neue aufzunehmen«, alles »Alte« und Verbrauchte ist schlecht, indem man sehr fein durch die Nase, die dem Himmel entspricht, einatmet und durch den Mund als die Entsprechung zur Erde ausatmet; es wird dies als die »Harmonisierung des Qi« bezeichnet, das geläutert, vermehrt und potenziert wird. Zu diesem Zweck »nährt« man das Qi, indem man es so lange wie möglich »einschließt«; es handelt sich dabei um die »Embryonalatmung«, die mit der des Embryos im Mutterleib verglichen wird. Auf diese Weise vermehrt, verleiht das Qi außergewöhnliche Fähigkeiten; insbesondere übt es eine Hemmwirkung aus, welche es ermöglicht, fließendem Blut und brennendem Feuer Einhalt zu gebieten, zu verhindern, daß kochendes Wasser Verbrennungen bewirkt, Schlangen unschädlich zu machen usw. Es vermag auch eine heilende Wirkung dann auszuüben, wenn es zum erkrankten Organ gelenkt wird. Es gilt, das Qi im gesamten Körper zirkulieren zu lassen, um dessen Geschmeidigkeit und Gesundheit und die Schärfe der Sinnesorgane zu garantieren. Bewegt wird es, indem man ihm mit den Gedanken folgt und seinen Lauf durch gymnastische Bewegungen erleichtert, die bereits seit dem 4. Jahrhundert v. Chr. bekannt und bezeugt sind; sie bewirken eine Lockerung der Gliedmaßen und werden von Massagen begleitet.

All dies gehört jedoch zu einer Reihe von Techniken, die nicht dem Taoismus eigen sind, sondern vielmehr von den Heilkundigen und den Buddhisten gleichermaßen praktiziert wurden, und die früh eine Säkularisierung erfahren haben. Eine wirklich taoistische Färbung und Dimension erhalten diese Übungen dann, wenn bei ihnen das Ursprungs-Qi und gewisse, in besonderer Weise mit einer Bedeutung versehene Bereiche des Körpers, beispielsweise die Zinnoberfelder, eine Rolle spielen. Dann erst betreten wir tatsächlich den Bereich der taoistischen Praktiken, die darin bestehen, die Vorstellung von der Welt und somit des Körpers in bezug auf eine sie zentrierende und erhöhende

Transzendenz zu gestalten. Seitdem findet somit das Ursprungs-Qi besondere Berücksichtigung, das durch den gesamten Körper und in der ganzen Welt zirkulieren muß, insofern als ja der Körper in Beziehung zum Universum gesetzt wird. Es vollzieht sich dies über den Umweg ganz bestimmter Bereiche des Körpers, die in besonderer Weise mit der Welt verbunden sind: die drei Zinnoberfelder, die untereinander durch die Wirbelsäule in Verbindung stehen, und die fünf »Viszera« *(zang).* Der Adept lenkt nun im Geist das Qi, sei es in diesen fünf Viszera, in Übereinstimmung mit der vorherrschenden Jahreszeit, indem er ihnen jenes Qi einflößt, das aus der mit ihr in Beziehung stehenden Himmelsrichtung kommt, oder sei es entlang der vertikalen Achse, die vom unteren zum oberen Zinnoberfeld durch die »drei Sperren« (im Bereich des Rückens lokalisierte Punkte) und das mittlere Zinnoberfeld verläuft. Sein Qi zirkulieren lassen zu können, bedeutet mithin jene Orte zu kennen, durch die es fließen muß, d. h. freilich nicht nur Kenntnis zu haben von diesen Durchgangspunkten, sondern vielmehr auch von ihrer Wertigkeit und ihrer Bedeutung, indem sie in Beziehung zur universalen Bewegung des Lebens und zum gesamten Raum gesetzt werden.

Besondere Erwähnung muß den Nieren zuteil werden, die annähernd die gleiche Funktion wie das untere Zinnoberfeld erfüllen und aus diesem Grund zuweilen mit diesem verwechselt werden. Gemeinsam mit ihm und dem Nabel sind sie in einem Bereich lokalisiert, der als geheimnisvolle Quelle des Lebens gilt, und dessen verschiedene Punkte mit ganz unterschiedlichen bildhaften, esoterischen Namen belegt sind: »Geheimnisvolle Pforte«, »Tor des Lebens«, »Dunkles Portal«, »Tor des Schicksals« (»Schicksal«, *ming,* besitzt auch die Bedeutung von Lebenskraft, die von der Natur, dem »Himmel« verliehen wird), »Meer des Qi« und »Palast, in dem das Leben empfangen wird«. Die Welt in ihrer Gesamtheit, einschließlich der Götter, ist dort gegenwärtig: die Königinmutter des Westens und ihr Gefährte, der greise König des Ostens; sie den Mond, er die Sonne tragend, werden sie als das uranfängliche Paar Fu Xi und Nü Gua den Begründern der geordneten und zivilisierten Welt, identifiziert. Die rechte Niere ist das »Große Yin«, die linke das aus ihr hervorgegangene »Junge Yang«: Dies besagt, daß bei ihnen der Wiederaufstieg des Lichts von der Himmelsrichtung Norden und der Wintersonnenwende aus beginnt, die den Ort und den Zeitpunkt innerhalb des Jahres bilden, mit denen sie in Beziehung stehen. Es ist dies jener Ort der Erde, jener chthonische Bereich, wo der männliche Same bewahrt wird und das Yang sich im Winter verbirgt; die breite Bahn der Gebärmutter und der Eingeweide, des Beginns allen Lebens; die Materia prima der Taoisten, die »Mutter des Tao«, das uranfängliche Chaos, dessen Name es trägt: »Große Entstehung«, »Große Reinheit« und »Große Harmonie«; der Ursprung der Embryonalatmung, jenes Qi, das den ganzen Körper durchläuft und das von dort aus zum Gehirn steigen soll, dem Himmel des menschlichen Körpers.

Der zwischen den Nieren befindliche Raum symbolisiert natürlich den Bereich zwischen dem Yin und Yang, die Entsprechung zum höchsten First, der Mitte und dem äußersten Punkt der Welt, der Yin und Yang umschlossen hält; er stellt zugleich das uranfängliche Paar und den Ort seiner Vereinigung sowie auch das aus ihr hervorgehende Kind selbst dar.

Als Quelle des Qi und zugleich auch seiner Entsprechung, ist *jing* der Samen, oder auf einer allgemeineren Ebene, das feuchte Yin-Prinzip des Körpers, das sich mit dem Qi paart. In gleicher Weise wie der Begriff Qi, kann auch *jing* auf mehrere Stufen einer jeweils spezifischen Ausprägung des Yin verweisen: die flüssigen Säfte des Körpers, den Samen oder aber auch den Speichel, der das »Yin des Yang«, darstellt, d. h. jenes flüssige Yin-Element, das sich im oberen Körperbereich, dem des Yang, befindet und somit das Pendant des himmlischen Regens bildet. Wie das Qi vom Vater, so wird das *jing* von der Mutter geerbt, es befeuchtet und befruchtet den Körper, und gleich dem Qi muß das *jing* in komplementärer Weise zirkulieren. Qi und *jing* ergänzen und kreuzen sich und verwandeln sich ineinander. Der Adept läßt sein Qi zum Gehirn steigen (so wie das Yang im Anbeginn der Zeit gestiegen war, um den Himmel zu bilden) und sein *jing* (in gleicher Weise wie das Yin, das gesunken war, um die Erde zu formen) in Gestalt des Speichels sinken, doch läßt er auch das Qi nach Art des himmlischen Wirkens sinken, das sich auf die Menschen und die Erde senkt, und in Entsprechung zum Wasser der Erde, das in Form von Dampf und Wolken zum Himmel aufsteigt, auch das *jing* steigen.

Wie bei dem Qi auch, von dem entweder angenommen wird, daß es durch die Nase eingeatmet wird oder aber daß es aus der Tiefe, dem »Meer des Qi«, hervorkommt, so gibt es ein oberes *jing,* den Speichel, von dem bisweilen angenommen wird, daß er aus der Umwandlung des Qi hervorgeht, und ein unteres *jing,* die Samenessenz. Diese enthält das untere Qi und steigt nach oben, um »das Gehirn zu stärken«. So treten also Qi und *jing* in Wechselwirkung miteinander, kreuzen und vereinigen sich, um den Embryo der Unsterblichkeit zu erzeugen, das »Kind«, den Keim des Feinkörpers, den der Adept in seinem Inneren wachsen lassen soll. In diesem Zusammenhang, der, wenn er auch nicht mehr genau dem Ge Hongs entspricht, doch gleichwohl einer logischen Entwicklung folgt, die in der gleichen Linie steht, scheint es freilich so, als seien die »Sexualpraktiken« sublimiert und in dieser Form dann vollständig in den mehr allgemeineren Rahmen der Qi-Zirkulation integriert worden (obgleich sich Ge Hong, wie wir sahen, eines im allgemeinen bei den Sexualpraktiken verwendeten Ausdrucks bedient hat, um ihn auf die Qi-Techniken anzuwenden).

Dem Speichel seinerseits, der das komplementäre Gegenstück sowohl des unteren Yin als auch des oberen und unteren Qi bildet, kommt große Wichtigkeit zu. Er ist der »göttliche Saft«, der »goldene Likör« (Gold ist dem Yang, der »Likör« oder das »Elixier« dem Yin zugeordnet; es ist dies der gleiche Ausdruck, wie er in der Alchemie verwendet wird), der »Jadesaft« (Jade ist Yin), der »süße Tau« (in der chinesischen Mythologie Zeichen der himmlischen Gunst). Der Speichel erfüllt zwei komplementäre Funktionen: eine reinigende (Reinigung durch das Wasser in Entsprechung zur Reinigung mittels des Feuers, des Qi), wenn der Adept sich auf rituelle Weise den Mund spült. Zugleich bildet er aber, wie das Qi, die Nahrung der Unsterblichkeit, das Lebenswasser; gleich dem Qi macht er die Gelenke geschmeidig, befeuchtet und harmonisiert die fünf »Viszera« und nährt die Körpergottheiten. Das Schlucken des Speichels hebt die einzelnen Atemübungen voneinander ab und wird mit Perlen verglichen, die aufgereiht werden und entlang des Rachens nach unten laufen. Für den Speichel und die Abwärtsbewegung stellt der Rachen somit das gleiche dar, wie die Wirbelsäule für das Qi, nämlich die Achse der vertikalen Bahn. Vereinigen sich Speichel und Qi – zahlreich sind die Schriften aus allen Jahrhunderten, die dies beschreiben –, so entsteht etwas, das einer Pille gleich, von gelber Farbe und honigähnlichem Geschmack, den Nährstoff des Lebens bildet.

All diese mehr oder weniger ausgebildeten Techniken mit ihren Abwandlungen werden, ebenso wie auch die sie begründenden Prinzipien, gleichsam als ein bisweilen stilles oder kaum erwähntes Substrat in den Praktiken des Shangqing fortbestehen; im Gegensatz dazu bilden sie den Gegenstand von Darstellungen, die ausschließlich ihnen gewidmet sind, so beispielsweise in einem Werk von Sima Chengzhen (647–735), oder aber sie werden mit anderen Techniken verbunden und mit einer anderen Symbolik versehen, so geschehen in der inneren Alchemie. Eine Rolle werden sie freilich immer spielen.

Der kosmisierte und vergöttlichte Körper

Es versteht sich von selbst, daß neben der unaussprechlichen Transzendenz das Element des Göttlichen, das paradoxerweise in größerem Maß konkret ist, eine Rolle spielt. Der Körper wird ja von Gottheiten bewohnt, die sich entweder dauerhaft darin aufhalten oder aber durch diese Praktiken herbeigerufen werden. In dieser Weise wird der Körper nicht nur »kosmisiert«, er ist auch vergöttlicht, oder zumindest vollständig von den Gottheiten eingenommen und belebt. Diese verweilen nur dann, wenn der Körper (und der von ihm nicht zu trennende Geist) rein ist, da sie, wie wir bereits bemerkten, den Orten des Trüben nicht zugetan sind. Zudem erlaubt es die Kenntnis ihrer Namen und ihrer Gestalt dem Adepten, sie herbeizurufen und in sich zu bewahren (*cun,* der für »meditieren« verwendete Begriff bedeutet in erster Linie »da sein«, »bewahren«).

Dieses Wissen, diese Anrufung ist eine Handlung, die auf jenem Prinzip basiert, demzufolge das Benennen und Darstellen von etwas oder jemandem Macht darüber verleiht – ein sehr altes, in sämtlichen Kulturen sich wiederfindendes Prinzip, das in China seit dem Altertum zahlreiche Verwendungen gefunden hat. So wird die Welt der Götter zur Sprache und Vorstellung; der Vorgang der Heiligung führt über eine Kenntnis der Topologie und Toponymie, die den wesentlichen Teil einer nicht geringen Zahl taoistischer Werke ausmachen. Er führt über das Wort und das Sehen; dies ist mit dem Faktum zu vergleichen, daß das chinesische Schriftzeichen für »heilig« die Komponenten Ohr und Mund enthält und der Heilige jemand ist, der über ein durchdringendes Seh- und Hörvermögen verfügt; er vermag das Verborgene zu sehen. In gleicher Weise muß sich der Adept mit der zarten und feinen Welt des Unsichtbaren, der Götter und Fluida, vertraut machen und zu diesem Zweck eine spezielle Fähigkeit des Sehens entwickeln, die festhält und versammelt, die Kräfte des Jenseits in einem schöpferischen und imaginativen Vorgang in Erscheinung treten läßt, der sich auf die innere Wahrnehmung der Welt der Götter richtet, die zugleich Gottheiten des Körpers und des Himmels sind.

In der Tat enthält die Meditation eine wichtige visuelle Komponente. Der Taoist muß sein Qi in unterschiedliche Bereiche des Körpers leiten; er soll, indem er seinen Blick auf das Innere seines Körpers lenkt, seine »Viszera« und die sie bewohnenden Geister *sehen* und sein lebendiges Qi zirkulieren lassen, um seinen Körper zu erneuern und zu verfeinern. Die Kontemplation der Viszera ist eine alte Praktik, denn sie findet sich bereits im *Taiping jing*. Ihre Beschreibung bildet den Gegenstand mehrerer Schriften, insbesondere eines Konvolutes von Texten, die sich auf den vermutlich vor die Zeit Ge Hongs datierenden »Klassiker der Gelben Halle« *(Huangting jing)* beziehen.

Die Praktiken zeigen einen doppelten Aspekt der Abschließung und der Öffnung: Abschließung gegenüber der äußeren Sinneswelt aber auch gegenüber der Innenwelt der Gefühle und Gedanken, von der man glaubt, daß sie der erstgenannten entspringt: Bewegung der Trennung, des Sichverschließens vor der unmittelbaren Welt des gemeinen Mannes, des einzelnen, und von daher Sammlung; dann aber Öffnung auf das Universum, auf ein imaginäres und symbolisches Universum, die Welt der Geister, dessen Ursprung im Uranfang, dem ursprünglichen Qi liegt und das in die Ewigkeit einmündet. Wenn nun beständig empfohlen wird, seine Vitalkräfte zu »bewahren«, zu »horten«, so ist dem nichts »egoistisches« eigen, denn nur mittels dieses Hortens vermag man es, in Verbindung zu treten.

Es läßt sich mühelos feststellen, wenn der Adept seine Viszera durch jeden der mit ihm korrespondierenden kosmischen Qi nährt, indem er in jedes einzelne das Qi des entsprechenden Poles einführt und ihnen so eine auf die Himmelsrichtungen bezogene Dimension einflößt. Da die Organe mit dem Makrokosmos verbunden sind, kann der

Adept aus ihnen entweder die heraldischen Tiere der fünf Wandlungsphasen oder die Kaiser der vier Himmelsrichtungen und des Zentrums hervortreten lassen. Zur Morgendämmerung, wenn »die beiden Qi sich noch nicht getrennt haben«, nimmt der Adept die »Keime« der Pole gemäß einer Technik in sich auf, von der sich Elemente in den Überresten des *Wufu jing* finden und die später stark weiterentwikkelt wurde, und nährt seine Viszera mit den »Keimen der Wolken«, d. h. den Qi der fünf Richtungen, die sich noch im Zustand der »Weichheit, vergleichbar den Trieben von Pflanzen« befinden, um »seine Viszera und Organe zu festigen und zu kräftigen«. Dadurch sammelt er in der Ferne die kosmische Essenz von Himmel und Erde und versammelt sie nahe seines Körpers. Diese »Keime« bilden die »Emanationen der äußersten Pole«, die geladen sind mit der Macht der Ränder. »Zart und den Trieben von Pflanzen vergleichbar« besitzen sie die ganze Kraft der Wesen im Zustand der Geburt, in einem Augenblick, der Morgendämmerung, die dem Embryonalzustand der Welt entspricht, welcher der uranfänglichen Einheit am nächsten kommt. Jung und weich, geläuterte und reine Essenz, nähren sie die »Viszera« mit den subtilen Ausflüssen des Universums, die weit entfernt sind von der groben Nahrung, mit der sich die gewöhnlichen Menschen ernähren.

In der Tang-Zeit wird für das *Xuanmen dayi* (1124, 16b), das die unterschiedlichen Praktiken zu koordinieren und in eine Hierarchie zu bringen versucht, derjenige, der sich von den »fünf Keimen« ernährt zum Keim, und zu Licht, wer sich von Licht nährt; wer sich vom Qi der fünf Pole ernährt, vermag im Raum durch das Universum zu gleiten, wer sich von kosmischem Qi nährt, wird eins mit dem Universum, und schließlich wer zur Embryonalatmung gelangt, kehrt zum Zustand des Neugeborenen zurück und verschmilzt mit dem Tao. Es ist dies die Anwendung des alten, beispielsweise vom *Huainan zi* dargelegten Prinzips, wonach die Wesen das widerspiegeln, was sie nährt.

Der Shangqing-Taoismus

Einführung

Ge Hong ist der letzte große Repräsentant der Tradition des südlichen China, bevor diese mit Elementen versetzt wurde, die aus der Tradition der Himmelsmeister herrührten. Tatsächlich tritt die Bewegung des Shangqing (»Höchste Reinheit«) am Ende des 4. Jahrhunderts, einige Jahrzehnte nach der Redaktion des *Baopu zi*, in Erscheinung; sie greift das Wesentliche jener Tradition auf, zu der Ge Hong gehörte, in die sie freilich neben Bestandteilen aus der Tradition der Himmelsmeister auch bestimmte Lokalkulte eingliedert, und macht, zum ersten Mal innerhalb des Taoismus, einige Anleihen beim Buddhismus, die allerdings sehr oberflächlich blieben. Auch gewisse Reminiszenzen an die Debatten über *wu* (Fehlen, Nichtsein) und *you* (Dasein, Existenz), die eine Glanzzeit der chinesischen Intelligenzija des 3. und 4. Jahrhundert dargestellt hatten, fehlen nicht. Das Ganze verbindet sich zu einem Komplex, der in starkem Maß von der chinesischen Gelehrtentradition geprägt ist, sei es von ihren eleganten literarischen Formen oder sei es durch die Einfügung von Mythen des Altertums. Freilich bleibt sie der Tradition der taoistischen Individualisten treu, auf die sie sich offen beruft; das Ritual der Himmelsmeister beschränkt sich nahezu ausschließlich auf den Eintritt in das Oratorium. Von nun an ist es der visuelle Aspekt der Meditation, der dominiert, während die alten, von Ge Hong gepriesenen Techniken der Unsterblichkeit in den Hintergrund treten. Mit dem Shangqing haben wir zum ersten Mal eine wohlkonstituierte, fest auf kanonische Texte gegründete Schule vor uns, die ein gegliedertes und kohärentes

Ganzes bilden und streng reglementierten Vorschriften zur Überlieferung gehorchen.

Zur Geschichte

Die Shangqing-Bewegung basiert auf einer Sammlung von Schriften, die einem gewissen Yang Xi von Göttern und Geistern offenbart und diktiert wurden; diese waren ihm in den Jahren zwischen 364–370 des Nachts erschienen. Von Yang Xi ist kaum mehr bekannt, als daß er ein Klient der Familie Xu, einer Aristokratenfamilie des Südens war, die seit Generationen Verbindungen mit der von Ge Hong unterhielt, für die diese Offenbarungen bestimmt waren. Ungeachtet mancher Äußerungen läßt sich diese Offenbarung nicht mit dem plumpen, von Medien benutzten System »der Brettchen« vergleichen, bei dem das Medium in Trance unförmige Striche malte, die von einem Priester interpretiert werden mußten, um ihnen einen Sinn zu geben. Zeugnis hiervon, wenn es denn eines solchen bedarf, gibt sowohl die Schrift von Yang Xi, deren kalligraphische Qualität die Bewunderung von Tao Hongjing erregt hat, der literarische Wert dieser Texte, der bei weitem den bisher im Taoismus existierender Werke übertraf, als auch die Kohärenz dieses Schriftkorpus. Viel angebrachter scheint es, dieses Phänomen mit den innerhalb der Religionsgeschichte allgemein bekannten Erleuchtungsvisionen zu vergleichen, bei denen Stimmen hörbar werden, die einen Text diktieren; die berühmtesten Beispiele solcher Art von Vision stellen die Apokalypse des heiligen Johannes, das Diktat des Korans und die Visionen Swedenborgs dar.

Bei einigen der Yang Xi erschienenen Geister handelt es sich um legendäre Unsterbliche, die in der Han-Dynastie gelebt haben sollen und von deren Taten uns die Hagiographien berichten. Andere sind Lokalheilige, wie die Brüder Mao, die ebenfalls in der Han-Dynastie gelebt haben sollen und die dem Maoshan, einem Berg im Süden von Nanjing und Zentrum der Shangqing-Bewegung, seinen Namen gaben, die aus diesem Grund auch die Maoshan-Bewegung genannt wurde. Andere sind bis dahin unbekannte Gottheiten oder Geister, wie die Dame Wei Huacun, die Hauptlehrmeisterin Yang Xis und erster Patriarch des Shangqing; dreißig Jahre zuvor gestorben, war sie »Weinausschenkerin« gewesen, was bedeutet, daß sie zur hierarchischen Organisation der Himmelsmeister gehört hatte. Von ihr stammt das Ritual, das sie Yang Xi diktiert hat; ein Teil von diesem ist im taoistischen Kanon erhalten und stellt eines der ältesten schriftlichen Zeugnisse zur Liturgie der Himmelsmeister dar.

Die Offenbarung der Shangqing ereignete sich in einem Moment, als die Anhänger der Himmelsmeister, die zusammen mit dem von den Barbaren verjagten Herrscherhof aus dem Norden gekommen waren, einen Kreuzzug der Zerstörung von Tempeln und Altären unternahmen, der sich gegen den Volksglauben und die altüberlieferten Gebräuche der Länder Südchinas, ihre Lieder und Tänze, ihre Trommelwirbel und Tieropfer richtete. Das Tun der Himmelsmeister erfolgte im Rahmen einer politischen und sozialen Besitzergreifung der traditionell zum Separatismus neigenden Länder des Südens durch die Regierungskreise, deren religiöse und ideologische Seite dieser Besitzergreifung es darstellte. Die Xu-Familie, deren Mitglieder zur Regierungsfraktion gehörten, waren dem Glauben der Himmelsmeister ergeben.

Die Offenbarung der Shangqing aber, gleichsam die Revanche des Südens am Norden, stellte sich allen vorangegangenen als die überlegene dar. Sie versprach ihren Adepten den Zugang zu einem Himmel höherer Rangstufe – dem Himmel des Shangqing, der »Höchsten Reinheit« –, sie lieferte heilige Schriften und Methoden von größerer Bedeutung und verbannte die früheren Unsterblichen *(xian)* – wie beispielsweise Ge Xuan, den Großonkel von Ge Hong – auf den zweiten Rang hinter ihre eigenen Gottheiten und

»Wahrhaftmenschen« *(zhenren).* Ihr Kampf war ein zweifacher: Außer jenem, den sie gegen die Himmelsmeister einleitete, nahmen die Offenbarungsgottheiten des Shangqing ihrerseits den Kampf wieder auf, den die Himmelsmeister gegen die lokalen Glaubensvorstellungen geführt hatten (was sie nicht daran hinderte, wie oben bereits erwähnt, sich insgeheim Versatzstücke von diesen zu eigen zu machen).

Diese Offenbarung breitete sich in aristokratischen Kreisen des Südens aus; in diesen konstituierte sich eine Gruppe, in der sich durch familiäre Beziehungen geeinte Menschen versammelten, die in der Offenbarung des Shangqing eine neue religiöse Bindung fanden, konkretisiert durch die Überlieferung heiliger Schriften, die von geschworenen Eiden begleitet wurde. Diese Gruppe fand ihren großen Theoretiker in der Person Tao Hongjings (456–536), Mitglied einer Familie, die schon seit mehreren Generationen mit denen der Xus und Ges alliiert war; als gewissenhafter Historiker und zugleich Bibliograph versammelte, beglaubigte und klassifizierte er die heiligen Schriften und brachte sie zu Ehren. Die von ihm in seiner Annotierung des Werkes *Zhengao,* das über die verschiedenen Umstände der Offenbarung an Yang Xi in allen Einzelheiten berichtet, angeführten Fakten zeugen von der weiten Verbreitung der Shangqing-Schriften in den Kreisen der chinesischen Intelligenzija und von dem Erfolg, den sie hatten. Es war dies freilich ein zweischneidiger Erfolg, der ihnen im Verlauf des 5. Jahrhunderts allerlei Mißgeschicke einbrachte – Diebstahl wertvoller Dokumente, gefälschte Abschriften, Plagiat und Verkauf von Texten gegen bedeutende materielle Güter – doch auch positiven Erfolg, denn gegen die Mitte dieses Jahrhunderts bot der Maoshan einer Gruppe von Gläubigen Schutz, die sich dem Studium der offenbarten Texte widmete; in den offiziellen Geschichtswerken werden sie als die bedeutendsten unter den Eremiten ihrer Zeit erwähnt, denen zuweilen durch offizielle Anerkennung seitens der Prinzen und Kaiser Ehrung zuteil wurde. Der bekannteste von ihnen war Gu Huan (ca. 420 – ca. 483), ihr erster »Historiograph« und Bibliograph, dessen Pionierarbeit Tao Hongjing aufgegriffen und vollendet hat.

Durch den Besitz dieser hochgeschätzten Texte der Shangqing erlangten diese durch Schwur zu einer Art religiöser Bruderschaft verbundenen Männer, allesamt Gelehrte von hoher Bildung und Angehörige mächtiger Klans, einen Zuwachs an Ansehen innerhalb des Taoismus, dessen Geschichte einen neuen Wendepunkt erreicht, an dessen Spitze sie stehen, indem sie neue Strukturen errichten und eine neue geistige Elite formen. Es entstanden durch Schenkungen unterstützte Klöster und Gemeinschaften, sowohl Frauen als auch Männer, Verheiratete und auch Unverheiratete, Laien ebenso wie Nichtlaien versammelnd, die von Pilgern, die bei religiösen Festen in Scharen kamen, besucht wurden. Die Himmelsmeister, ganz offensichtlich einer Ungnade begegnend, die eine Abschwächung ihrer mutmaßlichen Wirksamkeit und ihrer Glaubwürdigkeit billigte, wurden auf den zweiten Rang verbannt.

Tao Hongjing, der ein vielseitiges Genie, Gelehrter der Heilkräuter und ein Freund der Buddhisten war, verbrachte, wie wir bereits erwähnten, zahlreiche Jahre damit, die Shangqing-Schriften zu kompilieren und ihre Echtheit festzustellen; zudem war er aber auch ein Vertrauter des buddhismusfreundlichen Kaisers Wu der Liang-Dynastie, für den er alchemistische Substanzen zubereitete; seine kaiserliche Freundschaft war es, die Taos Einsiedelei während der Verfolgungen, die den Taoismus in den Jahren 504 und 517 trafen, schützte. Dadurch, daß sie bestimmte Taoisten trafen, die nun in den Norden emigrierten, wurden diese Verfolgungen zum Urheber einer Verbreitung der Lehren dieser Schule, die sich so in ganz China ausbreitete: Im 6. Jahrhundert erschien unter den Auspizien von Kaiser Wu der Nördlichen Zhou eine Enzyklopädie taoistischer

Werke, in der den an erste Stelle gesetzten Schriften des Shangqing der größte Platz eingeräumt wurde. Gleichwohl blieb das Zentrum der Bewegung im Süden, wo die Schüler Tao Hongjings lebten. Vom 6. bis zum 10. Jahrhundert, in der Zeit der sechs Dynastien und der Tang, war es die Shangqing-Schule, die in den Kreisen der Taoisten den vorherrschenden Einfluß ausübte. Wang Yuanzhi (gest. 635), Nachfolger Taos als 10. Shangqing-Patriarch, erlangte ebenfalls die Gunst des Kaisers, dessen Legitimität er dadurch bestätigte, daß er ihm seine religiöse Unterstützung zuteil werden ließ, und den er in bestimmte Texte einführte. Es folgten Pan Shizheng (gest. 694), dessen Gespräche mit Kaiser Gaozong von seinen Kenntnissen sowohl der Shangqing-Texte als auch der des Buddhismus zeugen, und anschließend Sima Chengzhen (647–735), auf ihn werden wir noch zurückkommen müssen, der einer der größten Meister seiner Zeit war; Kaiser Yuanzong und der Dichter Li Bo wurden von ihm in bestimmte Schriften der Schule eingeführt; auf Simas Verlangen hin erließ Xuanzong im Jahr 721 ein Edikt, das den Gottheiten des Shangqing anstelle der Lokalgötter die Herrschaft über den Kult der heiligen Berge verlieh. Nachfolgend siedelte Sima sich auf dem Tiantaiberg (in der Provinz Zhejiang) an, von wo ihn aufeinanderfolgende Herrscher, die zu seinen Ehren Tempel errichten ließen, zu sich riefen.

Während des gesamten 9. Jahrhunderts zeugen Dichter und Prosaschriftsteller von dem Interesse, daß die Shangqing-Schriften in den Kreisen der Gebildeten hervorgerufen hatten, die sich in dem Maß von diesen inspirieren ließen, daß ihre Werke, voller Anspielungen auf Schriften und Hagiographien dieser Schule, ohne eine Kenntnis der entsprechenden Werke sich einem vollständigen Verständnis entziehen, ein Faktum, das leider von der Mehrzahl der Literaturhistoriker ignoriert wird.

Der Erfolg ließ nicht nach, denn auch noch im 11. Jahrhundert kamen die Patriarchen der Schule in den Genuß kaiserlicher Unterstützung und fuhren damit fort, den Herrschern ihre Lehren und »Register« zu übergeben und dank kaiserlicher Spenden Tempel zu errichten.

Die Literatur des Shangqing, aber auch seine Meditationsmethoden, übten im Rahmen der Entwicklung und Ausbildung des Taoismus einen beträchtlichen Einfluß aus; wollte man eine Rangfolge der unterschiedlichen taoistischen Schulen aufstellen, so würde das Shangqing darin als die bedeutendste erscheinen. Die nachfolgenden Jahrhunderte haben es verstanden, sich diese Schriften in überaus großem Umfang nutzbar zu machen, um sie zu kodifizieren, weiterzuentwickeln und umfangreiches Gedankengut daraus in unterschiedliche Ausarbeitungen aufzunehmen. Der taoistische Teil des *Taiping yulan,* der großen Enzyklopädie, die auf kaiserliche Anordnung kompiliert, im Jahre 983 fertiggestellt wurde, besteht im wesentlichen aus den Schriften des Shangqing. Diese wurden in Sammlungen zusammengefaßt, bisweilen auch großen Ritualen angegliedert, die umfassende Anleihen machten, so beispielsweise das 1120 entstandene »Große Ritual der Jadehalle«. Der Liturgie lieferten sie neben Hymnen und Formen der Meditation, denen sich der zelebrierende Oberpriester während des Rituals zu widmen hat, auch eine Anzahl von Praktiken und Konzepten, so beispielsweise das »Auflösen der Knoten« und Darstellungen von Sonne und Mond. Im 13. und 14. Jahrhundert weicht das Shangqing vor den Himmelsmeistern zurück, die ihre Vorrangstellung gegenüber den anderen Schulen wiedererlangen, dabei freilich die Ordinationsregister aus dem Shangqing übernehmen, denen sie den höchsten Rang einräumen.

Zur gleichen Zeit jedoch vollzogen im Gegenzug die Schriften und der Geist des Shangqing eine Wandlung. Das, was seine Originalität ausgemacht hatte, das Vorherrschen der visuellen Meditation und der individuellen Praxis, verblaßte aufgrund einer auf Institutionalisierung hin gerichteten Entwicklung. Nach und nach wurden die Werke kodifiziert und geordnet – Tao Hongjing gehörte zu den ersten, die diese Aufgabe leisteten –, was gemäß einer Werteordnung geschah, die den Rang eines Adepten in der nach Besitz, Kenntnis und praktischen Ausübung der Schriften organisierten Hierarchie der Bewegung bestimmte, ein bißchen nach Art der Register der Himmelsmeister, deren Platz sie in dieser Hinsicht einnahmen. Es erschienen Sammlungen, deren Ziel darin bestand, den Pantheon der Schule zu systematisieren und ihre Werke in eine logische Ordnung zu bringen. Insbesondere zwischen der zweiten Hälfte des 4. und dem Ende des 5. Jahrhunderts erfuhr der gesamte Schriftkorpus des Shangqing Veränderungen. Neue, wenig homogene und schwierig zu datierende Texte, die Elemente des Lingbao (siehe das folgende Kapitel), der Himmelsmeister und weit wichtigere Spuren des Buddhismus integrierten, überlagerten die älteren oder wurden in sie eingefügt. Die allgemeine Tendenz dieser Überarbeitung zielte in Richtung auf eine Ritualisierung und Institutionalisierung; der Meister gewann ebenso zunehmend an Bedeutung wie auch die Regeln zur Weitergabe der Schriften. Die moralisierende Ader der zu befolgenden Vorschriften, in denen sich konfuzianische und buddhistische Tugenden vermischten, nahm auf Kosten der Bestimmungen über rituelle Reinheit zu; die Methoden der Visualisation durchliefen eine Vereinfachung, und die Rezitation der Texte gewann die Oberhand über ihre praktische Ausübung; das lyrische Element verschwand. Ein Ritual bildete sich heraus, und es tauchten Ordinationsregister nach Art der Himmelsmeister auf. Parallel dazu nahm die Beziehung zwischen Gläubigen und Göttern allmählich jene Form an, wie sie bei den Himmelsmeistern bevorzugt wurde: Der den Bittschriften zugemessene Raum nahm zuungunsten der Gebetgedichte zu. Es entstand ein Shangqing-Ritual, dessen Voraussetzungen sich bereits zur Zeit Tao Hongjings angekündigt hatten, das Elemente aus dem Lingbao aufnahm und, in unentwirrbarer Vermischung mit den alten, neue Talismane und Schriften hervorbrachte.

Unter den Song dann gingen vom Maoshan, anfänglich schlichter Ort eines lokalen Kultes, der sich seit den Shangqing-Offenbarungen zu einem von Erinnerungen, Eremitagen und Tempeln geprägten, in ganz China berühmten und verehrten Berg gewandelt hatte und von dem jede mit Geheimnissen befrachtete Grotte, jeder Bach und jeder Kamm bekannt war und verzeichnet wurde, neue Offenbarungen aus. Diese machten, obwohl von unterschiedlichem Charakter und wesentlich auf den Exorzismus hin orientiert, zahlreiche Entlehnungen beim Shangqing, auf den sie sich sowohl zur Errichtung ihrers Pantheon als auch zur Ausarbeitung einiger ihrer Praktiken, der Aufnahme astraler Fluida und des Himmelsfluges beispielsweise, beriefen.

Der 45. Patriarch der Schule, Liu Dabin (um 1317–1328), verfaßte schließlich eine monumentale Monographie dieses Berges, in der er dessen Geschichte nachzeichnet und eine Beschreibung seiner mythischen und spirituellen Geographie liefert.

Allgemeine Charakteristiken und der Beitrag der Shangqing-Schule

Wenn wir zu dem ursprünglichen Shangqing, dem der Offenbarung an Yang Xi, zurückkommen, so sind die seine religiöse Praxis bestimmenden Grundprinzipien nach wie vor jene, die wir bereits erfaßt haben: Topologie und Toponymie nehmen einen wesentlichen Platz ein, Kosmologie und Anthropologie bleiben in ihren großen Linien nahezu unverändert, die Regeln zur Überlieferung von Wissen werden wieder aufgegriffen, erfahren freilich in starkem Maße eine Betonung, und eine ganze Anzahl der alten Praktiken wird beibehalten, dabei gleichwohl weiterentwickelt.

Der wesentliche Unterschied besteht in der Hierarchie der Werte, die einem Wandel in der allgemeinen Ausrichtung entspricht: Eine starke Bewegung der Verinnerlichung gab der Meditation den Vorrang, die vor allem eine visuelle ist. Der Shangqing-Taoismus gibt einen erheblichen Teil des rechtlichen Aspekts der Himmelsmeister auf, drängt die physischen Übungen und die Anwendung von Drogen und Heilkräutern in den Hintergrund und unterwirft die alchemistische Prozedur einer beträchtlichen Veränderung. Er gibt dem Mythos, der Erfindung und der Fabel den Vorzug, beharrt auf der Vergöttlichung und Kosmisierung des Adepten und räumt dem Bild, dem Flug und der Reise einen maßgeblichen Platz ein. Die Landschaft wandelt sich, der Pantheon ist ein anderer, und doch tritt fast kein wirklich neues Element in Erscheinung. Alles existierte bereits, und sei es nur in ersten Ansätzen; so werden die Götter eher angerufen als herbeibefohlen, der Adept schließt sich ihnen mehr an, als daß er sie beherrscht, und die Beziehung zwischen Yang Xi und seiner himmlischen Lehrmeisterin, einer Tochter der Xiwang mu, erlangt jene Tonart einer Liebesbeziehung wieder, wie man sie bereits aus den *Chuci* kannte, und dies trotz einer deutlichen Verherrlichung der Keuschheit. Die innere Anrufung und die individuelle Schulung in geistiger Konzentration zählen mehr als die Macht einer rituellen Handlung. Die Götter sind Fürsprecher und Vermittler, das Heil wird zu einer Angelegenheit des Wissens um die »wahre Gestalt« der himmlischen Orte und Gestalten; so steht es mehr in Abhängigkeit von der Verwandlung der Vorstellung des Adepten über die Welt und sich selbst als von Kämpfen gegen die Mächte des Bösen. Die Beziehungen der Mächte treten hinter Verschmelzung und Vereinigung, die Theurgie hinter die Mystik zurück. Die Götter sind Vermittler, die dem Adepten den Schlüssel zu den himmlischen Reichen überbringen, ihn, manchmal gar von Mund zu Mund, mit göttlichem Fluidum nähren, zu ihm hinabsteigen und ihn an ihrer Hand in den Himmel aufsteigen lassen. Vielfältig sich wandelnd sind Gestalt und Namen dieser Götter: ihre metamorphosierende Mannigfaltigkeit entspricht der des Tao.

Dies ist auch der Grund, daß das Shangqing die erste

Bewegung innerhalb des Taoismus darstellt, die eine Anzahl echter Hymnen an die Gottheiten hervorgebracht hat. Jubel, Verherrlichung und mystische Freude verschmelzen miteinander, dort, wo ein Ge Hong nahezu der einzige gewesen ist, ähnliche Töne zu finden, um das »Geheimnis«, *Xuan*, zu besingen. Der Adept nimmt teil an den Ausgelassenheiten der Götter, wie sie in den Schriften beschrieben werden, mit ihrer Musik, ihren himmlischen Höfen, Wagen und Bannern, Baldachinen aus Federn, Scharen von Drachen, singenden Phönixen und azurnen Gespannen; er besucht Paradiese, deren Beschreibungen in prachtvoller Weise jene fortsetzen, die sich in den *Chuci* und dem *Huainan zi* finden und im nachfolgenden Taoismus Schule machen sollten. Eine zentrale Rolle spielt das Bild des Heiligen, das eine Nähe zu jenem zeigt, das die alten Schriften, die volkstümlichen Hagiographien und die hanzeitliche Mythologie geben. In seiner ständigen Präsenz, sei es in den Verheißungen, welche dem eifrigen Adepten in den Schriften gemacht werden, sei es in den von ihm selbst formulierten Gelübden, stellt es genau das Motiv seiner Suche dar und illustriert auf sehr suggeste Weise sein letztes Ziel.

Die in den Shangqing-Texten gelehrten, im wesentlichen auf geistige Visualisation konzentrierten Techniken, nehmen eine Mittelstellung zwischen den körperbezogenen Praktiken und den geistigen Spekulationen ein. Es handelt sich dabei um eine die Spekulation ergänzende visionäre Mystik, in der das praktiziert wird, was M. Eliade als »schöpferische Imagination«, H. Corbin als »aktive Vorstellungskraft« bezeichnet haben und was Paracelsus schlicht Imagination nannte. Alles vollzieht sich in der Welt der Bilder, in der »die Geister körperlich und die Körper vergeistigt werden«; sie spielt eine Vermittlerrolle zwischen der Welt der greifbaren Dinge und jener der unaussprechlichen Wirklichkeit, der Welt der *xiang* (der »Bilder« oder »Symbole«), die bereits das *Yi jing* verwendet und über die Wang Bi sagte, daß sie Mittler zwischen der Welt der Ideen und der Welt der Worte sei. Die Taoisten, und unter ihnen die Shangqing-Bewegung in noch systematischerer Weise, indem sie mittels Bildern verfahren, Bildern, die Worte darstellen, bringen im Grunde nur mehr das, was einen allgemeinen Zug des chinesischen Denkens bildet, in eine systematischere Ordnung: Worte, die Zeichen sind, wie beispielsweise Tao, Taiji, Yin und Yang, Qi und die Ziffern, stellen eher Bilder als Konzepte dar; auf halbem Wege zwischen Abstraktion und konkreter Sache sind sie, gleich den Bildern, Träger einer aktiven Gestalt, die dem Begriff fehlt. So wie die Welt als in fortgesetzter Erschaffung befindlicher Prozeß verstanden wird, so auch die eine latente Kraft enthaltenden Worte und Bilder, die sich in dem Maße entwikkelt, indem sie denjenigen durchdringen, der sie handhabt. Das Denken gründet auf der Analogie, arbeitet mit Symbolen und Zeichen. Die großen metaphysischen und ontologischen Fragen, so die Beziehung zwischen dem Selbst und dem anderen, zwischen Einheit und Vielheit und die Entstehung der Welt, werden in Form von Bildern behandelt. Die visuelle Meditation läßt den Adepten in plastischer und szenischer Weise das erleben, was die Metaphysik in dialektisch-diskursiver Form ausdrückt. Die Schriften des Shangqing sind in dieser Hinsicht besonders beispielhaft: In ihnen ist diese Tendenz am weitesten vorangetrieben. Im Rahmen der inneren Alchemie werden wir sie freilich in voller Entfaltung sehen (siehe Kap. »Song- und Yuan-Zeit: Die Innere Alchemie«).

Nicht ohne Beziehung zu diesem ersten ist ein weiteres Charakteristikum: Diese Schriften zeugen von einer nachdrücklichen Orientierung hin zur Verinnerlichung, die in mannigfaltigen Merkmalen erkennbar wird. Der visuellen Meditation, die sich allein im eigenen Raum vollzieht, wird der Vorrang gegeben: Die »innere Kontemplation«, so betont Yang Xis Lehrmeisterin, bildet »die Wurzel und den Ursprung der geistigen Unsterblichkeit«. Der Ritualismus lockert sich: Die Aufnahme der Fluida von Sonne und

Mond können im Inneren stattfinden, wenn schlechtes Wetter vorherrscht – allein die phantasievolle Vorstellung ist wichtig; ebenso ist es keineswegs notwendig, sich für die Übungspraxis in die Berge zurückzuziehen, sie läßt sich im Herzen durchführen, denn »zwischen dem Körper und den heiligen Bergen besteht kein Unterschied«; die Übungen lassen sich außerhalb festgelegter Zeiten absolvieren, wenn es einen zwingenden Grund gibt, dies zu tun; bei den Anrufungen handelt es sich nicht mehr um einfache magische Formeln, sondern um wahre Gebete, die in sehr poetischer Form Lobgesänge an die Gottheiten richten; auch das Bekennen der Vergehen ist ein ganz und gar innerer Vorgang; von den Krankheiten und dem Tod wird angenommen, daß ihre Ursachen im Innern begründet sind; die ausdrücklich verurteilten sexuellen Praktiken werden durch eine innere Kontemplation des Gottes selbst ersetzt, den die Adepten der Himmelsmeister zu dieser Gelegenheit anriefen; seine Anrufung, so wird erläutert, entbindet davon, sich den alten Praktiken widmen zu müssen. Die Götter machen sich über den Heiligen lustig, der aufgebrochen war, um in der ganzen Welt nach der Wahrheit zu suchen: In ihm selbst, so sagen sie ihm am Ende seiner Reise, wird er sie finden. Der folgende Passus aus einem dieser Werke faßt diese Haltung zusammen:

> Unsterblichkeit wird mit dem Herzen erlernt; ist das Herz aufrichtig, so erlangt man den Weg zur Unsterblichkeit; der Weg zur Unsterblichkeit ist eine innere Suche; zieht man sich ins Innere zurück, so wird das Tao herbeikommen.

All dies unterliegt freilich einer sorgfältigen Regelung. Die Meditation wird genauen Vorschriften entsprechend durchgeführt und angeleitet; diese sind von der Schrift bestimmt, die sich mit großer Genauigkeit der Beschreibung jenen Visionen widmet, die der Adept in sich herbeiführten soll. Sie legt die Inszenierung der Meditationen fest, die gleichsam minuziöse »Psychodramen« bilden, und liefert deren Programm. Ihre Ausführungen, die wie ein Bericht geordnet sind, enthalten die dreifache Gliederung, auf deren Unterscheidung in den Berichten man sich geeinigt hat: die Befähigung – die Würde des Adepten, auf die wir zurückkommen werden –, die Leistung – die praktische Durchführung der Meditationstechnik – und die Billigung mit der Verwandlung des Adepten, der unsterblich wird. Somit stellt dieser etwas völlig anderes als ein »Medium« oder einen »Illusionisten« dar. Er ist es, der die Bilder, in strukturierter Weise geordnet und gegliedert, erzeugt, und er ist der Grund für das Herabsteigen der Götter. Häufig enden die Übungen in einem ekstatischen Zustand, in dem der Adept keinerlei Unterscheidungen macht und in einer leuchtenden Erregung keine Trennung zwischen oben und unten, innen und außen existiert. Deutlich wird eine Abgrenzung zwischen diesem Zustand und dem des gewöhnlichen Bewußtseins gemacht, so daß eine Gefahr der Verwechslung nicht besteht; diese Abgrenzung wird durch »Übergangsriten« wie beispielsweise Massagen, durch einen sowohl materiell (der »reine Raum«) als auch geistig (die Einrahmung durch die vier heraldischen Tiere der vier Himmelsrichtungen) genau bestimmten Ort, durch deutlich bezeichnete Zeiten (festgelegte Tage und Stunden) festgelegt; all dies, so hat es den Anschein, wird in größerer Ausführlichkeit als in den vorhergehenden Traditionen dargelegt. Zu diesem »kurzen« Zeitraum tritt ein »langer«, der eines steten Weiterführens des Adepten bei der Initiation in die Schriften der Schule, gemäß einer Hierarchie, in der jene Schriften angeordnet sind, die Adepten allmählich zur Heiligkeit führen.

Das Shangqing, das in einem gewissen Maße die Beziehungen der Menschen zu den Gottheiten gestaltet und kodifiziert, befindet sich in der Mitte zwischen dem zurückgezogenen Weg des inspirierten Eremiten und dem einer sozialen Organisation des geistigen Strebens. Wie in der Tradition der Sucher nach Unsterblichkeit auch, und im Gegensatz zu den

Abläufen in der hierarchisierten Kirche der Himmelsmeister, ist der Adept sein eigener Priester, d. h., er verfügt über einen persönlichen und direkten Zugang zum Heiligen. Dieser wird ihm jedoch nur mittels eines kodifiziertne Textkorpus eröffnet, dessen Weitergabe genauen Bestimmungen unterworfen ist und dessen Besitz die Zugehörigkeit zu einer bestimmten Gruppe von Menschen festschreibt.

Die Schrift

Es ist die Schrift, auf der diese Schule gründet, und man sieht, wie sich in ihr auf grandiose Weise eine Theorie der heiligen Schrift entwickelt, die den gesamten Taoismus geprägt hat und sich selbst im Ritual wiederfindet; sie stützt sich auf die Vorstellung einer der Schrift und dem Bild innewohnenden zwingenden Kraft und schöpferischen Bedeutung, deren Wurzeln in den antiken Grundbestand Chinas hineinreichen. Die Macht der Schrift bezeugen die Legenden im Umkreis des großen Yu, der die Herrschaft über die Wesen erlangt und die Erde für die Menschen bewohnbar gemacht hat, indem er ein Abbild aller Dinge auf heilige Dreifüße anbringen ließ, auf einer anderen Ebene freilich auch die Rechtsbräuche des Altertums, in denen einzig das Geschriebene den Wert eines Beweises besaß. Die Schrift als Entschlüsselung der Welt besitzt einen sakralen Ursprung – sie entstand in China aus der Divination – und eignet eine kosmische Dimension. Sie bildet die Gestalt der Wesen ab und überrrägt die Form der Zeichnungen, welche die Sterne dem Himmel und Berge und Flüsse der Erde einprägen. Sie macht die Welt verstehbar und erlaubt es so dem Menschen, sich in ihr zu orientieren und sie zu handhaben. Die Schrift entschleiert die »wahre Gestalt« der Wesen und der Dinge, ihre geheime Gestalt, die aus der Kontemplation des Gottes in der Höhe hervorgeht und eine Beeinflussung der Wesen ermöglicht.

Eine der ersten Fragen, die Yang Xi an seine himmlischen

Erscheinungen gestellt hat, bezog sich auf den Ursprung der *jing*, der Schriften – eine grundlegende Frage, die auf das Wesen der überbrachten Lehre selbst abzielt.

Die *jing*, so wurde ihm geantwortet, sind das ursprüngliche Qi im Zustand der Verdichtung. Spontan aus der Leere hervorgegangen, leiten sie die Entstehung der Welt ein. Traten sie zunächst in Gestalt von Lichtstrahlen, dessen Anblick dem Auge unerträglich ist, in Erscheinung, so haben sie sich während ihres Herabsinkens »verfestigt« und zunehmend grobstoffliche Gestalt angenommen; aus Licht wurden sie zu »Wolkensiegeln«, das heißt zwar noch Wolken, doch gleichsam in beständigere Form geprägt. Anschließend waren es die Götter, die sie in nichtmenschlichen Zeichen aus Jade auf goldenen Tafeln schrieben, worauf sie in Himmelspalästen oder heiligen Bergen aufbewahrt wurden. Erst dann, als der Himmel »die Spuren herabkommen ließ«, erfolgte ihre Übertragung in die Schrift des Menschen: Die heiligen Schriften, die der Mensch besitzt, sind eine Gnadenbezeugung des Himmels, die sich über die Menschen breitet, doch bilden sie nur mehr eine »Spur«, einen grobstofflichen Abdruck und Widerschein einer himmlischen Urform, die in den Himmeln verbleibt, gleichwohl aber auch das Zeichen, das zu ihnen hinführt, zu ihnen zurückführt: »Leitfaden« stellt eine der Bedeutungen des Zeichens *jing* dar, das sinnverwandt mit dem »Weg« ist.

Die heilige Schrift, Ursprung der Welt und Pfad, der es erlaubt, ihre Struktur zu erkennen und ihre ursprüngliche Natur wiederzufinden, stellt einen »Schatz« dar, der mit den im Besitz der Herrscher- und Fürstenfamilien befindlichen Talismanen einer Dynastie gleichgesetzt wird, die ein Zeugnis des ihnen vom Himmel gewährten Schutzes sind. Gleich den königlichen Talismanen und ganz in Entsprechung zu dem ursprünglichen Qi und der vitalen Kraft, deren Inkarnation und Gefäß sie fortan bilden, müssen sie wie ein Schatz bewahrt werden: Sie gewähren göttlichen Schutz, sind Zeichen eines Bundes mit den himmlischen

Mächten, und zeugen von der spirituellen Genealogie, die den Adepten mit den Gottheiten und den Himmeln verbindet.

Denn schließlich gelangen sie in seine Hände, nachdem sie im Verlauf von Tausenden kosmischer Zeitalter von Gottheit zu Gottheit überliefert, und, nachdem diese sie den Menschen offenbart hatten, während Generationen vom Meister an den Schüler im Laufe einer langen Überlieferungskette, die den Adepten in Beziehung zum Ursprung der Welt setzt, weitergegeben wurden. Darüber hinaus stellen sie, indem sie die »Namen«, »Klänge« und Erscheinungsformen der göttlichen Gestalten und Orte, und somit die Mittel zur Heilserlangung enthüllen, den Unterpfand für den Schutz dieser Gottheiten dar, die dadurch, daß sie den Menschen aus eigenem Antrieb die »Schätze« zum Geschenk machen, sich zugleich verpflichten, ihnen zu entsprechen.

Indessen sind die Werke nicht einzig Schrift, sondern auch Klang. Schrift und Klang, das Sichtbare und das Hörbare verbinden sich und vervollständigen einander. Die Werke waren in Form von Lichtzeichen in der Leere erschienen und wurden von den Göttern in goldener Schrift in die Himmel geschrieben; sie zu kopieren ist ein Akt des Glaubens; während des Rituals müssen sie in schriftlicher Form aufgeschlagen auf dem Altar liegen, und der Adept hat sie während seiner Meditation in Händen zu halten; die Zaubersprüche müssen geschrieben werden. Es sei daran erinnert, daß die Schriften ja in Form eines Diktats offenbart worden waren. Doch es gilt auch, die Texte zu rezitieren. Die Rezitation findet hier nachdrücklichere Betonung als bei den Himmelsmeistern; so wird deutlich gemacht, daß jedem Fehler in der Rezitation eine Bußhandlung zu folgen hat. Die Werke werden zudem gleichsam als Widerhall ihrer Rezitation auf Erden von den Göttern in den Himmeln gesungen. Sowohl die »wahre Gestalt« als auch der »geheime Klang« besitzen eine gemeinsame Wirksamkeit.

Das Shangqing, indem es mehr als je zuvor die heilige Schrift entwickelt und verherrlicht hat, war nun dazu veranlaßt, in größerem Maß als bisher den Vorschriften zur Überlieferung der *jing* Gewicht zu geben, die, von nun an in bisher nicht gekanntem Ausmaß anstelle der »Register«, die von recht unterschiedlicher Natur sind, weiterentwickelt und ausformuliert als Einführung in die Lehre gelten. Die Überlieferung geschieht im Anschluß an ein mehrtägiges Fasten unter vier Augen vom Meister zum Schüler in Form eines beeideten Vertrages und gemäß einem nach dem Vorbild altertümlicher Riten der Ordination, des Bundes und der Belehnung gestalteten Ritual, bei dem die Gottheiten und die infernalischen Mächte in Bannsprüchen als Zeugen angerufen werden. Diese Weitergabe wird von Geschenken des Schülers an den Meister begleitet, dabei an alte Mythen erinnernd, die im Zusammenhang mit Legenden über die kulturstiftenden Herrscher stehen, denen der Himmel als Lohn für ihre Ergebenheit Talismane oder heilige Schriften sandte, die als Unterpfand seiner Aufrichtigkeit die Bezeichnung »Vertrauen« *(xin)* trugen. Ringe oder Talismane wurden in zwei Teile gebrochen, Symbole der im Altertum gebräuchlichen Vertragsembleme, von denen Meister und Schüler jeweils einen an sich nahmen.

Der Schüler verpflichtet sich vor allem dazu, das Werk niemals unberechtigt zu verbreiten. Dieses darf in der Tat nur mehr an den weitergegeben werden, der seiner würdig ist, an jene, deren Namen in den himmlischen Registern verzeichnet sind und »Knochen aus Jade« besitzen, d. h. aus dem unverweslichen und wertvollen Material, aus dem der Körper des Unsterblichen besteht, mit einem Wort, an jene, die von Natur aus zur Unsterblichkeit bestimmt sind. Dies bedeutet, daß derjenige, dem ein *jing* übergeben wird, zugleich auch die Offenbarung und die Versicherung dieser Bestimmung, seiner Qualifikation, erhält. Die unberechtigte Aneignung einer heiligen Schrift bedeutet den »Diebstahl eines Schatzes des Himmels« und eine Wegnahme ihrer Wirksamkeit, die nur mehr in Abhängigkeit von der Eignung des Schülers, gleichsam der zweiten Hälfte der Macht, die der Schrift eignet, besteht. Ein unberechtigt überliefertes oder erworbenes Werk wird von selbst in den Himmel fliegen oder aber in Flammen aufgehen. Der Akt einer leichtfertigen Weitergabe wird mit einem Begriff geahndet, der das Ausfließen des Wasser durch einen Spalt beschreibt; das Vergehen ist von der gleichen Art wie jenes, das darin besteht, seine Lebenskraft verrinnen zu lassen. Es ist dies das schwerwiegendste Vergehen, daß der Schüler begehen kann und durch das er auf immer die Möglichkeit zur Erlangung der Unsterblichkeit verliert. Auf der anderen Seite bringt der rechtmäßige Besitz einer Schrift göttlichen Schutz mit sich: Jademädchen und -knaben eilen zum Schutz des Werks und seines Besitzers herbei. Er schließt freilich auch Pflichten ein, denn der Anteil des Menschen an dem Vertrag harrt seiner Erfüllung; dem Adepten obliegt es, die Schrift kultisch zu verehren, sie zu rezitieren und die in ihr enthaltenen Methoden zu praktizieren.

Die Rolle des Meisters besteht innerhalb dieser Richtung somit mehr darin, die Schrift *(jing)* zu überliefern, als den Adepten zu leiten, denn es ist im wesentlichen die Schrift, die die Rolle des Führers übernimmt und Wissen vermittelt. Bestätigung erfährt dies durch das Faktum, daß die »mündlichen Lehrsprüche«, die jenen Teil der Belehrung darstellten, der persönlich »von Mund zu Mund« weitergegeben wurde, von nun an häufig in schriftliche Form gefaßt und der Schrift angefügt werden. Es findet der Übergang von einer halbmündlichen Tradition zu einer nahezu vollkommen schriftlichen und kodifizierten Tradition statt. Die Offenbarung ist abgeschlossen und vollständig im Schriftenkorpus des Shangqing enthalten; nichts sonst gibt es darüber hinaus, was bemerkenswert im Sinne einer Niederschrift wäre. Der Meister ist nicht mehr als ein Bürge der rechtmäßigen Überlieferung. Die von ihm mit dem Schüler eingegangene Bindung gleicht, so die Texte, der einer Vaterschaft, die Beziehungen der Schüler untereinander sind kollegialer Natur. Der Meister zelebriert keine Messen; die von ihm überlieferten Methoden tragen nicht seinen Namen, wie das in der Tradition der Unsterblichkeitssucher der Fall gewesen war. Er ist nur mehr ein einfaches Glied innerhalb der Kette, welche die Götter mit einer bestimmten Nachkommenschaft von Menschen verbindet, doch als Garant einer rechtmäßigen Überlieferung der Schrift ist er auch Bürge ihrer Wirksamkeit.

So ist es die Schrift bzw. die Gesamtheit der Werke, die im Mittelpunkt der Shangqing-Schule steht; in ihr ersetzt die in der Gestalt ihres Patriarchen kulminierende spirituelle Hierarchie die geistliche, eine Hierarchie mit Stufen der Initiation, die an den erhaltenen und in die Praxis umgesetzten Schriften gemessen werden.

Heilsvorstellung und Unsterblichkeit

Die Schriften des Shangqing hatten unterschiedliche Auffassungen über das Heil in Einklang miteinander zu bringen. Dabei stellten sich zwei Fragen: zum einen, wer wird errettet, wobei diese Frage abhängig ist vom Begriff des Menschen; zum anderen die Frage, worin das Heil besteht. Auf die erste Frage gibt das Shangqing eine Antwort, indem es auf sehr kohärente und stichhaltige Weise drei Vorstellungen in Übereinstimmung miteinander bringt. Die Antwort auf die zweite Frage erscheint als weitaus uneinheitlicher.

Der Begriff der Vergeltung spielt eine vorrangige Rolle: Das Heil des Individuums ist verbunden mit dem seiner Ahnen der siebten oder sogar der neunten Generation; die Vergehen der Ahnen fallen auf den einzelnen zurück und dessen Vergehen infolgedessen auch auf seine Nachkommen, so wie es das *Taiping jing* beschreibt. Diese Idee beruht auf dem Fundus chinesischer Grundvorstellungen, wonach der einzelne sich niemals ganz von der Familie unterscheidet und immer in gewissem Maße einen kollektiven Charakter beibehält. Der Einfluß des Ahnenkults spielt dabei eine Rolle, der sich ganz analog auch im Rechtssystem für Strafen wiederfindet, die sich auf die Familie des Schuldigen erstrecken. Doch kommt ein neues Element zum Tragen, daß sich logisch mit der Vorstellung verbindet, der gemäß, so werden wir weiter unten sehen, eine Reinigung auch post mortem erlangt werden kann: Dieser Idee zufolge ist es für den Adepten somit möglich, seine Ahnen zu erretten. Von nun an bittet dieser zum einen um Vergebung seiner eigenen Vergehen und der seiner Ahnen, auf der anderen Seite fällt der Nutzen der durch seine Praktiken erworbenen Verdienste auch diesen zu: Sämtliche Werke des Shangqing versprechen dem Adepten, daß die Ahnen zur gleichen Zeit wie er selbst errettet werden. So wirkt der Adept, indem er am eigenen Heil arbeitet, auch an dem seiner Ahnen. Ontologisch besteht zwischen diesen und ihm selbst keine Trennung.

Zudem setzt sich eine ganz andere Darstellung durch, die des Heiligen, der »einzigartig« und kosmisch ist, ein zentrales Bild, das tief in den Werken *Zhuang zi, Lie zi* und *Huainan zi* verwurzelt und durch die volkstümliche Bildkunst mit phantastischen Details ausgeschmückt, die Suche nach der Unsterblichkeit motiviert. Es handelt sich dabei um ein beständiges und grundlegendes Thema der Shangqing-Literatur. Der Adept in seinen Gebeten und die Texte in ihren Verheißungen finden immer wieder dieselben Bilder: Der Heilige trägt das traditionelle Gewand aus Federn, das ihn einem Vogel ähnlich macht, reitet auf dem Licht, steigt auf die Sterne oder treibt in der Leere; Wind und Licht sind sein Wagen, Drachen bilden das Gespann; seine Knochen sind wie Jade, sein Gesicht strahlt, eine Aureole umgibt seinen Kopf, sein ganzer Körper sendet ein übernatürliches Strahlen aus, gleich der Sonne und dem Mond; er kennt die Zukunft, vermag tausend *li* an einem Tag zurückzulegen, in Wasser einzutauchen, ohne naß zu werden und in

Feuer zu gehen, ohne zu verbrennen; weder wilde Tiere noch Waffen können ihm etwas anhaben; er befehligt die Kräfte der Natur und die Geister, er vermag all seine Wünsche zu erfüllen und erfreut sich ewiger Jugend; dem Himmel und der Erde, Sonne und Mond ist er ebenbürtig. Die letzte Vision des Gläubigen im Shangqing ist zugleich kosmisch und mystisch, besteht sie doch aus einer mystischen Teilhabe am Universum und der Vereinigung mit der höchsten Wahrheit bzw. dem Tao. Er gelobt, im Universum aufzugehen und sich mit den großen Kräften der Welt zu einen, Yin und Yang, der geheimnisvollen Mutter und den drei Entstehungen.

Schließlich gibt es einen dritten Bestandteil dieses komplexen Bildes, der von den Suchern nach Unsterblichkeit ererbt ist: Das Heil hängt von jedem einzelnen ab. Im Gegensatz zu den Himmelsmeistern stützt sich die Shangqing-Schule auf technische und mystische, also individuelle Methoden. Die Mitwirkung des Adepten an seiner Erlösung ist eine vollkommen persönliche, direkte und aktive, bei dem es kein eingreifendes Handeln eines anderen menschlichen Vermittlers gibt, und wenn er die Folgen der Verfehlungen seiner Vorfahren erleidet, so sind ihm persönlich die Mittel anheimgegeben, sich davon zu befreien, was er selbst bewirken muß: »Sein Heil ist in ihm selbst begründet.« Die Tradition der *fangshi* ist es, die hier zum Tragen kommt.

So wird der Adept aufgefordert, ein dreifaches Schicksal auf sich zu nehmen, dessen unterschiedliche Elemente recht gut miteinander vereinbar sind: das eines menschlichen und sozialen, mit seiner Sippe verbundenen Wesens, das des kosmischen Menschen und das eines vereinzelten Individuums. Die Vorstellung von der Unsterblichkeit ist in ihrem Inhalt freilich weitaus komplexer.

Zunächst scheint ein Widerspruch zu bestehen zwischen der Vorherbestimmung, die notwendig zur legitimen Erlangung eines heiligen Texts ist, nämlich »Knochen aus Jade« zu haben und die Eintragung des eigenen Namens in die himmlischen Register zum einen, und zum anderen der Pflicht zur praktischen Ausübung, die selbst den Göttern auferlegt wird. Der vollkommene und einzigartige Zustand des kosmischen Unsterblichen enthält keine Abstufungen; gleichwohl existiert eine Hierarchie der Himmelsbeamten und eine genaue Abstufung zwischen unterirdischen, irdischen und himmlischen Unsterblichen; diese setzt sich zudem fort, so daß der Gläubige selbst nach seinem Tod seine Praktiken ausüben kann, um vom Rang eines »unterirdischen Gouverneurs« *(dixia zhu)* in den eines himmlischen Unsterblichen aufzusteigen. Das Shangqing läßt zwei Standpunkte nebeneinander bestehen, die in der buddhistischen Terminologie als »Plötzlichkeit« und »Allmählichkeit« bezeichnet werden; es handelt sich um das Problem von »Gnade« und »Werken«, mit dem sich jede Mystik konfrontiert sieht und das auch hier nicht fehlt.

Der Stand eines Unsterblichen bildet das Ziel, das die Schriften beharrlich vorbringen und ausmalen, und nicht mehr der Rang eines himmlischen Beamten: Man sieht nur noch selten, wie es in den vorhergehenden Werken der Fall war, daß der Adept einen Rang innerhalb der Himmelshierarchie erstrebt, auch wenn diese weiterhin besteht. Die Wünsche des Gläubigen richten sich auf den Stand des Unsterblichen, den Zhuang zi und Ge Hong mit einigen Unterschieden beschreiben. In den Schriften des Shangqing ist der Heilige keine legendäre Gestalt mehr; seine Erscheinung hat sich verinnerlicht und bildet das Vorbild, mit dem sich jeder Adept identifiziert. Es werden dieselben Formulierungen und Bilder verwendet, doch findet die kosmische und außerkosmische Dimension der Unsterblichkeit Betonung: Der Adept wünscht, »den drei Leuchtenden ebenbürtig« und »im Qi des Spontanen geboren zu werden«, »in der Hölle die himmlischen Unsterblichen zu erreichen und in der Tiefe die Abgründe zu berühren«; er will »in der Ferne sich tummeln, dort, wo es weder rund noch eckig gibt, in tiefster Gelassenheit jenseits aller Erscheinungen, wo *you* und *wu* im Dunkel sich vermengen«. Ohne freilich die Ebene des naiven und konkreten Wunderbaren zu verlassen, ist doch diese letzte Vision, die der Gläubige des Shangqing anstrebt, zuweilen mit einer echten mystischen Tönung versehen, so beispielsweise wenn er dem Wunsch Ausdruck gibt, »ewig auf den Gipfeln der großen Leere, in der Kammer des kostbaren Palasts zu verweilen; des Morgens sich ausgelassen mit dem Jadekaiser zu ergehen, des Abends mit der geheimnisvollen Mutter zu ruhen und seinen Durst an den Jadepflanzen der unermeßlichen Quelle des ›Lang‹-Brunnens (auf dem kosmischen Berg Kunlun) zu löschen«. Es handelt sich um ein universales Heil, dessen Ausdruck und Darstellung sich jedoch vollkommen von denen des Buddhismus unterscheiden und mit bestimmten Darstellungen über eine Vereinigung mit dem Kosmos hinausgeht. »Würde ich doch mit der Leere geboren, so ruft er aus, und stürbe mit ihr, stürbe und würde wiedergeboren.« Und fortan gilt für diese Adepten: »Langes Leben liegt in dem mystischen Blick, das Tao ruht in der grundlegenden Winzigkeit, die einen befriedeten Körper und eine sublime Ruhe verleiht, den Geist mit wahrem Qi durchdringt und das Herz in den geheimnisvollen Triebkräften [der Welt] ruhen läßt.« Einige der verwendeten Begriffe stellen einen deutlichen Hinweis auf eine Überwindung der Alternative zwischen Leben und Tod dar, ganz nach Art des Zhuang zi, so beispielsweise, wenn die Rede davon ist »weder zu leben noch zu sterben«, »sich von Leben und Tod freizumachen« oder »Leben und Tod gleich zu machen und zu durchtrennen«. Diese in den vorausgehenden Werken völlig fehlende Art und Weise des Ausdrucks stellt etwas ganz und gar Neuartiges dar. Das Ganze wird zudem von einem neuen Begriff der Wiedergeburten überwölbt, auf den wir zurückzukommen haben.

Die Praktiken

Das Dadong zhenjing

Wichtigster Text des Shangqing, der zu einem der Hauptwerke des Taoismus wurde, ist das *Dadong zhenjing*, der »Wahrhafte Klassiker des großen Dong«. Das Wort *dong* besitzt mehrere Bedeutungsebenen: »Höhle«, »Mulde«, »Tiefe«, »überqueren, verbinden«. Die »Höhlen« spielen innerhalb des Taoismus insbesondere seit dem Shangqing, der eine erste Bestandsaufnahme gemacht hat und Beschreibungen von ihnen gibt, eine wichtige Rolle. Eingebettet in Bergsenken, wo die Eremiten ihre Exerzitien durchführten, stellen sie irdische Paradiese dar, in das Innere der Erde eingerollte Labyrinthe, die Schätze des Lebens, heilige Schriften oder schutzgewährende Talismane bergen; sie stehen miteinander in Verbindung, so daß man entlang einem unterirdischen Weg von einer Himmel-Hölle zur anderen laufen kann. Es sind Welten im kleinen, zu denen zu gelangen schwierig erscheint, da ihr Eingang verborgen und verengt ist und sich zuweilen auf drei Etagen verteilt; jede Welt hat ihre eigene Sonne und ihren eigenen Mond, und sie stehen mit den Himmeln in Verbindung. Was in diesen als »Leere« bezeichnet wird, trägt in den Bergen den Namen »Höhle« und »Kammer« [der Gottheiten] innerhalb des Körpers; sie alle bilden eine Einheit, so heißt es in einem Text. Wir werden auch sehen, daß die drei Hauptteile des taoistischen Kanon ebenfalls solche »Höhlen« darstellen. Was den Begriff Dadong angeht, so erklären die Kommentatoren ihn als Bezeichnung für die »höchste Leere«, das »große Geheimnis ohne Grenzen«.

Die Rezitation dieses Werkes – die, wie zu sehen sein wird, für sich schon eine Umsetzung in die Praxis darstellt – genügt, um die Unsterblichkeit zu gewährleisten und macht die alten alchemistischen Methoden überflüssig. Der Text ist einer doppelten Struktur entsprechend aufgebaut, die eine himmlische Ebene und eine weitere, körperliche ins Spiel bringt, die es gegen den Tod zu schützen gilt. Vor einer Rezitation muß der Adept eine große Zahl von Göttern zusammenrufen, deren Fürsprache und Schutz er erbittet und die ihren entsprechenden Platz im Meditationsraum einzunehmen haben. Anschließend soll er sich selbst in einem Strahlenkranz auf Löwen sitzend visualisieren, mit heiligen Insignien versehen, bekleidet mit Federn und einer Kappe aus »Jadegestirnen« und flankiert von den emblematischen Tieren des Ostens und Westens, dem grünen Drachen und dem weißen Tiger. In dieser Weise sakralisiert und verherrlicht, in einem von unzähligen, ihn unterstützenden Göttern behausten, von himmlisch gefärbten Wolken und übernatürlichen Gerüchen erfüllten Oratorium, rezitiert er das *Dadong zhenjing.*

Die Rezitation jedes Abschnitts wird begleitet von einer ständigen Visualisation der Körpergottheiten; diese steigen aus dem Gehirn zu einer der »Pforten des Todes« herab, genau bestimmten Punkten des Körpers, durch die ein todbringendes Qi eindringt, um diese hermetisch verschlossen zu halten und aus dem Körper des Adepten zum einen die Wohnstatt der Himmelsgeister, zum anderen den Stoff für das Werk der Verfeinerung zu machen, dem dieser sich widmet. So rezitiert einzig der Adept die an die Gottheiten des Himmels gerichteten Stanzen, in denen ihre göttlichen Ausgelassenheiten gepriesen werden.

Merkwürdigerweise nehmen diese großen Götter innerhalb der Shangqing-Literatur, in der man sie nur selten antrifft, keine wichtige Stellung ein. Dafür sind es zumeist die Körpergottheiten, die anläßlich der von den Schriften dieser Strömung dargelegten Übungen wirksam werden. Dabei kommt ihnen freilich nicht allein die Rolle von Hütern der tödlichen Öffnungen zu: Sie stellen die wesentlichen Lebenskräfte dar und legen Punkte des subtilen Körpers fest. Lang ist ihre Liste, denn es gibt ihrer neununddreißig; für weitere Einzelheiten sei auf die bereits an anderer Stelle geleistete Untersuchung zu diesem Thema verwiesen.[1]

Diese Rezitation und die sie begleitende Visualisation-Animation haben zum Ziel, die Götter und den Körper als ihre Wohnstatt miteinander zu verbinden, aber auch, eine Vereinigung der Gottheiten des Körpers und der des Himmels zu erreichen. Die Lesung jeder an die Himmelsgötter gerichteten Stanze geht einher mit einer Visualisation der Körpergottheiten, so daß die in den Schriften enthaltenen Beschreibungen der Ausgelassenheiten der Götter sich ebenso auf die himmlischen als auch die des Körpers beziehen können und der durch die Anwesenheit der Gottheiten geheiligte Körper des Menschen letztlich gleichsam zu einem irdischen Himmel wird. Zudem verfügen all jene von uns als »körperlich« bezeichneten Götter über einen himmlischen Wohnsitz, der zu jenem im Inneren des Körpers hinzukommt.

Das Ziel besteht darin, durch die Unterschiedlichkeit und Vielfalt der Formen des Lebens, die unseren Körper beleben, zur Einheit zu gelangen. Der Mensch wird verstanden als eine Vielheit, die in Harmonie gebracht werden muß, als eine Ganzheit, die es zu erringen gilt, und als eine Einheit, die unter Bewahrung seiner Komplexität herzustellen ist: Die »hundert Geister«, so heißt es im *Dadong zhenjing* wiederholt, müssen miteinander verschmelzen und zur Einheit gelangen. Die Methode des *Dadong* wird als die der »einigenden Verschmelzung« und »Rückkehr zum Ursprung« beschrieben.

Urheber dieser Verschmelzung ist der »wirbelnde Wind«, ein »göttlicher Wind«, der die Fesseln durchtrennt, ausgeatmet vom Herrscher des Einen, den der Adept nach vollendeter Rezitation des Klassikers *(jing)* in Gestalt eines »weißen Qi« (weiß, die Farbe des Lichts), das aus der Vereinigung der »hundert Gottheiten« hervorging, sieht, wie er durch seinen Mund eindringt, den ganzen Körper durchströmt, austritt, ihn umfängt und erleuchtet, sich purpurn färbt (die Farbe der in den Himmel projizierten Mitte) und sich »verdichtet«, um den Herrscher des Einen des Dadong zu bilden; dieser nun atmet seinerseits einen wirbelnden Wind aus, der alle Dinge »gleich einer weißen Sonne« erleuchtet. Dieser Wind stellt nichts anderes als das Ursprungs-Qi dar, das man in der zeitlich etwas späteren Lingbao-Schule unter der Bezeichnung »allumfassender Wind« wiederfindet, der durch seine »wie ein Rad drehende« kreisförmige Entfaltung der Reihe nach die äußersten Bereiche der Welt belebt und die fünf Wandlungsphasen in Bewegung versetzt, Einheit und Vielheit miteinander verbindet, ein naher Verwandter jenes Windfahrzeugs, auf dem Lie zi ritt, ein gewaltiger, rasender Wind, der in Form eines »Widderhorns« aufsteigt, Windvogel, der große Phönix des Zhuang zi, Flug und Fliegender zugleich, göttlicher Wagen und der ihn besteigende Gott. So formuliert es ein Vorwort zum *Dadong zhenjing.*

Die komplexe Einheit

Die Einheit, die es zu erlangen und zu bewahren gilt, stellt eine komplexe Einheit dar, die nicht einfach jene des chaotischen Urbeginns ist, sondern vielmehr auch jene der Rückkehr, welche die Vielheit einschließt und sammelt. Darum auch ist sie dreifach oder dreimal dreifach, woraus die Neun, die letzte Ziffer vor der Rückkehr zur Eins, ergibt.

Unter den zahlreichen Körpergottheiten und, nach wie vor, im Rahmen der Einheit des Individuums, spielen drei Götter eine ausnehmend wichtige Rolle. Es sind dies die drei Ursprünglichen, denen wir bereits begegnet sind; doch die Shangqing-Schriften übernehmen und bearbeiten, so scheint es, ältere Texte und entwickeln und arbeiten die Meditation über die Drei-Einheit weiter aus. Drei Gottheiten, die Drei Ursprünglichen *(sanyuan)*, herrschen über die vierundzwanzig *Qi* des Körpers und weilen in den Zinnoberfeldern. Sie werden zum Gegenstand von Meditationsübungen, in deren Verlauf der Adept, von ihnen und ihren Akolyten begleitet, zum Sternbild des Scheffels (Großer Bär), dem in das Himmelsgewölbe projiziertes Symbol der Mitte und der Einheit, aufsteigt.

Das Gehirn, der Kunlun des Körpers und Sitz des höchsten Ursprungs ist es, dem besondere Beachtung zuteil wird. Seine mystische Geographie gewinnt an Komplexität. Fortan enthält es neun Kammern, die, aufgereiht in zwei Etagen und untereinander verbunden, in ebenso vielen Palästen Götter beherbergen. Das zu diesen Kammern gehörende Niwan, das obere Zinnoberfeld, steht in Beziehung zum Hals und damit zum gesamten Körper. Die Kontemplation jener Gottheiten, die diese Paläste bewohnen, ermöglicht für sich genommen, die Unsterblichkeit zu erlangen. In zwei Gruppen sind diese Götter unterteilt: Die eine setzt sich aus männlichen, die andere aus weiblichen zusammen. Die Meditationen über die Gottheiten des »männlichen Einen« und über die des »weiblichen Einen«, wobei diese höher stehen als jene, ergänzen einander und gipfeln in der Visualiation des wahrhaften Herrschers des Höchsten Einen (der Taiyi des Altertums), die sich auf dem Flug des Adepten und des Taiyi in den »Scheffel« vollendet. So bildet die Gottheit des Höchsten Einen, zusammen mit dem männlichen und weiblichen Einen, die selbst von vielfachem Wesen sind, die Triade der »Drei-Einen« und bewirkt ihre Synthese.

In der Shangqing-Literatur herrscht der Taiyi über sämtliche Körpergottheiten. Er wird als »die Essenz des Embryos und Meister der Verwandlungen« bezeichnet, was bedeutet, daß er den Ursprung und das Prinzip der Evolution und somit der Vielfalt und das Leben als Wandel, die sich entwickelnde Einheit, darstellt. Das ist der Grund, warum er unterschiedlich benannt und lokalisiert wird. Er ist allgegenwärtig und vielgestaltig. Der Adept visualisiert ihn in seiner eigentlichen Gestalt und identifiziert sich mit ihm.

Die Knoten des Embryos, Tod und Wiedergeburt

Das Taiyi bewegt sich. Der Begriff Dadong, eine andere Bezeichnung der Shangqing-Schule für das Tao, weist auf den Aspekt der Verbindung hin. Leben bedeutet Verwandlung. Das Qi muß zirkulieren. Tod ist andererseits gleichbedeutend mit Stillstand. Die althergebrachten Symbole für die Prinzipien des Todes, so beispielsweise die drei Würmer, überlagert das Shangqing mit einem neuen: Es sind die »Knoten des Embryos«, die es zu lösen gilt, um Unsterblichkeit zu erlangen. Von der Schwangerschaft an, während der Embryo sich noch in der Gebärmutter befindet, wo er die »Qi der Neun Himmel« empfängt, die ihm Leben verleihen, bilden sich zwölf Knoten und Knötchen, »sterbliche Wurzeln der Gebärmutter«, die »die fünf inneren Organe (Viszera) in zusammenschnürender Drehung halten« und die Ursache für Krankheiten bilden. Noch bevor er geboren wird, trägt der Mensch die Keime des Todes in sich in Form von Hemmnissen, die sich dem freien Fluß des Lebensstroms entgegenstellen. Um diese aufzulösen, muß der Adept sein Embryonaldasein in göttlicher und kosmischer Form erneut durchleben. Er durchlebt die Entwicklung dieses Embryos, indem er die Qi der Neun ursprünglichen Himmel empfängt, eines pro Monat, den ursprünglichen Himmelsvater und die geheimnisvolle *(xuan)* Erdmutter anruft und indem er die Herrscher der Neun Himmel in seinen Körper herabsteigen läßt, die der Reihe nach eines seiner Organe verfeinern und umwandeln. So schafft er sich den Körper eines Unsterblichen aus Gold und Jade. Es sind dies die »neun Verwandlungen« oder der »neunfache Zinnober«, eine völlig verinnerlichte Version der Alchemie des Ge Hong, aus der dieser Ausdruck stammt.

Bei anderen Übungen sind es die Lichtpunkte darstellenden Körpergottheiten, die in drei Gruppen zu je acht von den Gottheiten des weiblichen Einen in den drei Zinnoberfeldern zusammengerufen, die Knoten der roten Söhne, die ihnen übergeben werden, lösen und diese Söhne in einem großen Feuer verbrennen, das den gesamten Körper des Adepten verzehrt und ihn zu Asche werden läßt.

Auch wenn »die Praxis auf der Vortrefflichkeit des Herzens gründet und sich nicht mit einem himmlischen Namen auf weißen Tafeln begnügt«, so gilt es hier, wie in den vorangehenden Schulen auch, seinen Namen in die Himmelsregister eintragen zu lassen, um Unsterblichkeit zu erlangen. Die Gottheiten führen regelmäßig eine Inspektionsreise in der Welt durch und aktualisieren dabei die Register des Lebens und des Todes. In großen feierlichen Versammlungen, gleichsam sublimierten, himmlischen Entsprechungen der irdischen Versammlungen, die bei den Himmelsmeistern die gleiche Funktion erfüllten, kommen sie zu genau bestimmten Zeiten zusammen, bei denen der Adept nun danach trachtet, mittels der Meditation über das Lösen der Knoten seine Vergehen zu löschen. Die »fünf Götter der Register«, die speziell mit der Überwachung der Menschen betraut sind, spielen dabei die wesentliche Rolle. Diese Gruppe, angeführt von dem im Gehirn lokalisierten Taiyi, versammelt Gottheiten, von denen die erste in der Leber, die zweite in den Lungen, die dritte im Herzen und die vierte im Nabel weilten; mit einigen Varianten entspricht dies den »Fünf Zang«: Die Milz, der eine zentrale Stellung zukommt, ist durch das Gehirn (eine Projektion der Mitte nach oben) ersetzt, anstelle der Nieren erscheint der Nabel, der in einem Bereich des Körpers lokalisiert ist, dem die gleiche symbolische Funktion eigen ist. Der Adept muß nun, sobald die Knoten gelöst sind, in einer Art Psychodrama sehen, daß die fünf Gottheiten feierlich seinen Namen auf die Tafeln des Lebensregisters setzten. In dieser schematischen Darstellung läßt sich diese Übung, die zahlreiche Varianten enthält, zusammenfassen.

Nun besitzen diese Knoten als Keime des Todes im Menschen eine ontologische Natur, da sie seit dem Embryonalstadium existieren; dies setzt eine Vorstellung vom Tod voraus, die sich von jener unterscheidet, die wir bei Ge Hong fanden. Um die Knoten zu lösen, gilt es, den Verlauf seiner Entstehung zurückzugehen und erneut zu erleben, eine neue Geburt durch »Rückkehr in den Zustand des Embryos« zu durchlaufen, ein Ausdruck, der sich bei Ge Hong nicht findet, und der den »Embryo der Unsterblichkeit« der inneren Alchemie ankündigt. Hier nun kommt ein wichtiges Faktum zum Tragen: jene, die das Leben geben, sind nicht mehr die leiblichen Eltern, sondern der ursprüngliche Vater und die ursprüngliche Mutter, von kosmischer und unendlicher Natur, oder aber die neun ursprünglichen Qi, eines für jeden Monat der Entwicklung. Der so entstandene Körper ist nun nicht einfach mehr der verfeinerte Körper, den Ge Hong sich zu erschaffen suchte, sondern es handelt sich um einen »spirituellen Körper«, so der von Tao Hongjing selbst verwendete Begriff.

Die Wiedergeburt ist ein neuer Begriff, der in den früheren Texten nicht erscheint und der nun in mehreren Formen der Meditationsübung Gestalt annimmt. Die vom Shangqing aufgegriffene Vorstellung des *shije* erfährt eine bedeutende Weiterentwicklung, die in der Beschreibung einer »Reinigung durch das höchste Yin«, eine der Formen des *shije,* erkennbar wird. In diesem Fall erwacht der Körper, dank der Hilfe jener Gottheiten, die ihn behütet haben, nach hundert Jahren, manchmal nachdem er verwest ist, im höchsten Yin zu neuem Leben, den der Zhang Lu zugeschriebene *Xiang'er* Kommentar zum *Daode jing* als »Palast der Reinigung des Körpers« beschreibt, eine Art von Schmelzofen oder eine Gebärmutter, die auf eine neue Geburt vorbereiten. »Nach dem Tod«, so führt ein Zitat aus dem *Dengzhen yinjue* (*Taiping yulan,* 664, 14) bezüglich des *shije* aus, »vermag der Geist fortzuschreiten, wohingegen der Körper nur mehr vergehen kann.«

Diese Möglichkeit der »Befreiung von der sterblichen Hülle« bedeutet, daß bei einer unvollkommenen Reinigung der unvollständige Tod und das Überleben an einem Übergangsort in Erwartung einer vollständigeren Reinigung und des endgültigen Heils eintreten. Tatsächlich stellt das so verstandene *shije* eine Stufe der taoistischen Askese, einen nachtodlichen Heilsvorgang, dar und nicht etwa einen »rituellen Selbstmord«, wie es eine durch keinerlei Evidenz gestützte Hypothese will.

Der Adept mag auch im »Palast des roten Feuers« oder in der »Halle des flüssigen Feuers« wiedergeboren werden, zwei im äußesten Süden lokalisierte Paradiese, in denen er eine Reinigung durch das Feuer erfährt und wiedergeboren wird, freilich nicht wie im Buddhismus als Mensch, sondern als Unsterblicher: Es ist dies ein Erlösungsweg, der das Gegenteil der buddhistischen Reinkarnation bildet.

Auch diejenigen, die in die Höllen hinabgestiegen sind, vermögen die feinabgestufte Hierarchie der unterirdischen Beamten zu erklimmen, falls sie den Beweis für ihre Reinheit erbringen, und so in die Himmel aufzusteigen: Dieser Aufstieg wird an keiner Stelle unterbrochen, und es besteht eine stetige Verbindung zwischen den Höllen und den Himmeln.

Die ekstatischen Reisen

1. Irdische Paradiese

Der Adept des Shangqing – indem er zu den früheren Irrfahrten des Heiligen bei Zhuang zi und Huainan zi zurückfindet, die sie bis an die Grenzen der Welt und jenseits der vier Meere führten, und sich an die Expeditionen der Herrscher des Altertums erinnernd, die ihre Welt bereisten, um ihren Raum zu erschließen und ihre königliche Wirkkraft in sie zu tragen und dann die in ihrer Person versammelten besonderen Wirkkräfte dieser Welt in die Hauptstadt zurückzubringen[2] nach Art und Weise der reisenden Schamanen und so, wie es Huang di, der Große Yü und die heiligen Schutzpatrone der Schule getan haben, die von ihrer Suche getrieben, auf ihren Fußwanderungen, so die Legende, die Berge und Polarmeere durchquerten – unternimmt in gleicher Weise im Geist Reisen, ohne seinen Raum zu verlassen und verwirklicht damit den Spruch Lao zis: »Ohne die Schwelle zu übertreten, kennt er die ganze Welt.«

Er begibt sich bis in weit entfernte Randgebiete, bis in fremde wilde Länder und bisher noch unerschlossene Landstriche, die Welt der Barbaren und Monster, der Wunder und des Außergewöhnlichen, die reich an ungenutzten Kräften sind, wie sie der »Klassiker der Berge und Meere« beschreibt.[3] Im Gegensatz zu dessen Beschreibungen und denen des *Chuci*, für das diese Länder voller Gefahren und von Ungeheuern bevölkert sind, erscheinen sie dem Adepten als von günstigen Einflüssen gesättigt. So begegnet er dort jenen berühmten Geistern aus der chinesischen Mythologie, die die vier Säulen der Erde bilden, die vier Kaiser oder auch »fünf Greise« (den der Mitte eingeschlossen), von denen er eine Speise der Unsterblichkeit erhält. Auch läßt er sie in sein Oratorium und bis in seine Viszera kommen und nährt sich von ihrem Fluidum. Er wagt sich bis zu den berühmten »Inseln der Unsterblichkeit«, zu denen einst die Kaiser Gesandte ausschickten. Der Adept gelangt bis zum Kunlun und seinen Entsprechungen, den geheiligten Bergen, Weltenachsen, den Hauptgipfeln. Diese heiligen Berge des Taoismus sind Fixkoordinaten, sie bilden die Entsprechung zu den Gestirnen des Himmels und den fünf Viszera des Menschen, den Ort der Unsterblichen und Wohnstatt der fünf Kaiser, an dem auch die heiligen Schriften verborgen sind. Das »Diagramm der wahren Gestalt der fünf Gipfel«, das aus der taoistischen Strömung des Südens übernommen wurde und das Produkt der »geheimnisvollen Kontemplation« des Herrschers Tao darstellt, gibt die »Beschaffenheit ihrer gewundenen und labyrinthischen Gipfel« preis. Gleich der

Beschreibung der Inseln der Unsterblichen auch, soll es Dongfang Shuo gewesen sein, ein »gefallener« Unsterblicher, verbannter Begleiter der Königinmutter des Westens, der im Gefolge des hanzeitlichen Kaisers Wu gelebt hat, der ihn den Menschen übergab. Dieses in mehreren Versionen vorhandene Diagramm enthält labyrinthartige Karten und auch Talismane, die ihrem Besitzer den Zugang zu den Gebirgen als Orten voller Magie und reich an Yang-Kraft und zur gesamten Welt eröffnen.

Diesem Genius Dongfang Shuo, eine Art erleuchteter Clown und göttlicher Schelm, der den Beinamen »Grüner Jüngling« trägt, wird auch ein Shangqing-Werk zugeschrieben, das die »äußeren Regionen« beschreibt, in die sich der Adept ebenfalls begibt und dabei ihre sechs Namen, der vier Himmelsrichtungen, des Zenit und des Nadir, rezitiert; diese werden gemäß der traditionellen Einteilung in Neunergruppen, von sechsunddreißig unterirdischen Reichen und ebenso vielen Himmeln (vier mal neun) überlagert, die sich so in Form einer Pyramide von unten nach oben abstufen.

Die Reisen zu den äußersten Bereichen lassen sich nur mit Hilfe von Führern, Karten und Talismanen, und aufgrund einer Kenntnis der geheimen und göttlichen Laute durchführen, bei denen es sich um die Namen der aufzusuchenden Gottheiten und der zu durchschreitenden Pforten handelt und die zugleich auch gleichsam von den göttlichen Mächten ausgehändigte Passierscheine darstellen. Die Reisen vollziehen sich durch den nach innen gerichteten Blick des Adepten, der sich darin übt, jenes scharfe Sehvermögen zu erlangen, das den Heiligen auszeichnet, bis zum Ende der Welt zu blicken, klar und deutlich Flora und Fauna, Bewohner und Götter zu sehen und sie dabei zur gleichen Zeit, gleichsam in einer doppelten Bewegung, zu sich kommen zu lassen, in einer doppelten Bewegung, bei der seine Kammer und sein Körper die Welt enthalten, die er von einem Ende bis zum anderen durchläuft.

2. *Die Planeten, Sonne und Mond*

Diese Wanderungen beschränken sich nicht auf den Bereich des Irdischen. Sie gipfeln in dem Flug zu den Gestirnen, der Sonne, dem Mond und dem Großen Bären. Es handelt sich hierbei also um einen Himmelsflug, der gespeist wird durch das Licht. In den Praktiken des Shangqing spielen die Sterne eine wesentliche Rolle. Sie bilden zugleich kosmische und zeitliche Markierungen, sind Agens und Regulativ des Umwandlungsprozesses, dem sich der Adept unterzieht und den sie überwachen.

Die Beziehungen des Adepten zu den Gottheiten der Gestirne, die gemeinsam mit Sonne und Mond eine Triade, das Pendant zu jener der drei Zinnoberfelder, bilden, entspricht ungefähr der, die er mit den fünf Kaisern der Pole anknüpft, da diese in direkter Beziehung zu den irdischen Fixpunkten, den Hauptbergen, ebenso stehen wie auch zu den Geistern, die über die vier Weltgegenden herrschen. Die Lage ist die gleiche, freilich übertragen auf eine höhere Stufe, nämlich das Himmelsgewölbe.

Der Sonne und dem Mond als himmlischen Erscheinungsformen des Yin und Yang kommt eine besondere Rolle zu. Wie Granet deutlich gemacht hat[4], vollbringt in den alten chinesischen Mythen die Sonne, möglicherweise auch die mythischen Könige, innerhalb eines Tages oder eines Jahre seine Himmelsreise, bei der sie aus dem Tal des Aufgangs emporsteigt, wo sie ihre Strahlen badet, entlang des Sonnen-Maulbeerbaums steigt, von einer Konstellation zur anderen läuft und dabei an unterschiedlichen Stationen verweilt, um dann im Baum des Untergangs zu verschwinden. Das »Buch vom gelben Qi [dem des Mondes] und der Yang-Essenz [der Sonne]« ist ein Werk des Shangqing, das diese Elemente übernimmt, sie nach seiner Weise entwickelt und zudem auf den Mond überträgt. Während der »acht Übergänge« des Jahres – den Sonnenwenden, den Äquinoktien und dem jeweils ersten Tag einer Jahreszeit – hat der Adept die Gestirne auf all ihren Stationen zu begleiten. Ebenfalls an den Polen lokalisiert, handelt es sich bei diesen um Länder der Unsterblichkeit, in denen sich ein Baum des Lebens erhebt; in ihm nisten Vögel, aus deren goldenen Federn das Gewand der Unsterblichkeit für die Gläubigen gewebt wird und auf denen Früchte reifen, die demjenigen ewiges Leben verleihen, der sich von ihnen nährt. Am Fuß des Baums findet sich ein Gewässer, eine Quelle oder ein Teich, das dem Gestirn, den Einwohnern des Landes und auch dem zu Besuch erscheinenden Adepten es erlaubt, sich zu reinigen. Bei den Herrschern dieser glücklichen Orte handelt es sich um niemand anderen als die Schutzgeister, Ordner der »glücklichen Mächte«, die gemäß der frühen chinesischen Mythologie an den Polen weilen.

Der Adept muß, an jeder Station eines der Gestirne in einer dieser Gegenden, einen Talisman zeichnen, den er in jenes Wasser wirft, mit dem er anschließend seine reinigenden Waschungen vollzieht; hierbei handelt es sich um einen Anklang an die Unheil abwendenden und therapeutischen Riten der Himmelsmeister. Nun steigt er auf dem Strahl des Sterns bis zu dem der jeweiligen Station entsprechenden Palast. Dort erhält er aus den Händen des Herrschers dieses Orts die Früchte der Unsterblichkeit; anschließend schluckt er den von ihm gezeichneten Talisman.

Diesen Übungen sind verschiedene Bedeutungen eigen. Einerseits nährt sich der Adept vom Licht, indem er es in den Teil seines Körpers eindringen läßt, der der vorherrschenden Jahreszeit und dem Rhythmus des Sternenlaufs (oder des Laufs jenes Planeten, über den er meditiert) entspricht, und wird selbst zu Licht. »Das rote *qi* [der Sonne]«, so heißt es im *Huangqi yangjing jing,* »verdichtet sich und sinkt herab, um den Körper [des Adepten] zu bedecken. Dieser wähnt sich im Licht der Sonne. Das Licht der Sonne umgibt seinen Körper, und er steigt zum Palast des allumfassenden Yang [die Position der Sonne am Mittag, die der Sommersonnenwende entspricht].« So »ist alles Licht, innen und auch außen«. Wer sich diesen Praktiken widmet, erlangt ein »rotes Gesicht«, »sein ganzer Körper leuchtet und glänzt« und er »strahlt ein außergewöhnliches Licht aus; sein Nacken trägt einen runden Lichtschein, er erleuchtet die sechs Himmelsrichtungen«. Der Sonne und dem Mond gleich, trifft er sich mit dem Heiligen des *Zhuang zi* und des *Huainan zi.*

Gegenstand der Meditation des Adepten bilden auch die wechselnden und parallelen, gegensätzlichen und komplementären Bewegungen von Yin und Yang, Sonne und Mond, die sich kreuzen und verbinden, wovon ein komplexes System des hierogamischen Austauschs von Attributen zeugt (so bestehen beispielsweise die beiden Gestirne sowohl aus Feuer als auch aus Wasser).

Keineswegs handelt es sich dabei um einen Sonnen- oder Astralkult: Die Verständigung der beiden Prinzipien, die Verbindung, der Kontrast und der Einklang ihrer Bewegungen werden betont. Sonne und Mond sind hier untrennbar voneinander. In Entsprechung zu den fünf Planeten und den fünf Bergen auf einer anderen Ebene, stellen sie die Welt dar und das, was sie ausmißt, die vier Himmelsrichtungen, und was sie zu zwei Paaren verbindet. Beide, in ihrem zweifachen Lauf, sind eine Darstellung der grundlegenden Bipolarität, die die uranfängliche Einheit vierteilt, und kündigen die Einheit der Gegensätze an. Der Adept bildet gegenüber der Sonne und dem Mond das dritte Glied, das Zentrum, in der gleichen Weise, wie er es bereits war, als die vier Embleme der Erdpole ihn umkreisten, hier im Himmel freilich nach dem Modus der Ziffer Drei. Darüber hinaus läßt er in einer Zusammenfassung des Universums durch seine Praktiken die drei Welten zusammentreffen, die äußere Welt, die Sonne und Mond durchlaufen, die von den Gottheiten bewohnte symbolische Welt und die seines eigenen Inneren, die den beiden ersten gleicht, da sie zugleich physisch und symbolisch ist.

3. Der Scheffel (Großer Bär)

Sonne und Mond sind freilich noch auf halbem Weg zwischen dem Himmel und der Erde lokalisiert, da es polare Orte der Erde sind, die sie besuchen. Mithin fehlt eine echte vertikale Dimension: Sonne und Mond entsprechen dem Osten und Westen, nicht aber dem Norden und Süden. Höhe und Tiefe sind nicht vorhanden. Die Funktion des Scheffels ist es, als einzigartiges, wenngleich auch doppeltes Symbol, die grundsätzliche Einheit der beiden Prinzipien darzustellen.

Auch der Scheffel (der Große Bär) bildet mit der Sonne-Yang und dem Mond-Yin eine Triade, deren Mittelpunkt er darstellt. Sein magisch-religiöser Wert hat einen frühen Ursprung: Er tritt bereits in den *Chuci* in Erscheinung und wird durch die an ihn gerichtete kultische Verehrung des Kaisers Wu und die Erwähnungen im *Huainan zi* bestätigt. Es muß nur an die grundlegend religiöse Bedeutung der astrokalendarischen Spekulationen im alten China erinnert werden, um die Bedeutung dieses Scheffels innerhalb des unmittelbar aus diesem Milieu hervorgegangenen Taoismus zu verstehen. Als Zentrum des Himmels setzt er sich an die Stelle des Polarsterns, der als eine in sich selbst geschlossene Einheit kaum eine Rolle spielt. Durch seine Bewegungen bestimmt er sich zum Ordner und Indikator der natürlichen Rhythmen, die es erlauben, eine für die Ausführung religiöser Handlungen im Einklang mit den symbolischen und göttlichen Instanzen, die daran teilnehmen müssen, um die Wirksamkeit dieser Handlungen zu gewährleisten, notwendige Orientierung zu bestimmen; er ist es also, der den rituellen Raum errichtet, den Eintritt in diesen ermöglicht und den Zeitpunkt und die Gestalt der auszuführenden Handlungen bestimmt.[5] Als ordnende Instanz des glückbringenden Aspekts der Welt ist er auch Beschützer mit Unheil abwehrenden Kräften. Indem er das Zentrum darstellt, bildet er die Stätte des Höchsten Einen, des Taiyi.

Während das Paar Sonne-Mond/Yin-Yang Zeichen für die dem gesamten Universum innewohnende Dualität ist, stellt der Scheffel den einzigen und zentralen Pol der Welt dar. Doch ist er das Abbild einer komplexen Einheit, da er aus neun Sternen besteht (die Neun ist die Ziffer der Totalität, der Vollendung der Ziffernreihe, der Vielheit, die zur Einheit zurückkehrt), von denen zwei unsichtbar bleiben; sie vermag nur derjenige wahrzunehmen, der sich dazu würdig erweist, wodurch ihm mehrere Jahrhunderte an Lebensspanne zugemessen werden. Die Ziffer Neun steht vollkommen in Einklang mit seinem Status als Aufenthalt des Taiyi, da diese Gottheit in den Spekulationen der Han-Zeit die neun Paläste des Himmels durchmißt (ganz so wie es der große Yu mit den neun Weltgegenden getan hat), um diesem seine Beschaffenheit einer geeinten und geordneten Ganzheit dadurch zu verleihen, daß er ihn in verschiedene Abschnitte teilt, die er durch seine einende und bewegende Anwesenheit ordnet, dabei der Reihe nach von einem zum anderen schreitet und sie dann regelmäßig im Zentrum zusammenfügt, sobald er dort eine Rast einlegt.

Jeder einzelne Stern des Scheffels so die Shangqing-Texte, beherbergt ein Paradies, das nach dem gleichen Plan wie die von Sonne und Mond errichtet ist. Der Scheffel selbst ist von »schwarzen Sternen« umgeben, seinen *po*-Seelen, auf denen weibliche Gottheiten, die Gemahlinnen der Herrscher über die Gestirne des Scheffels, wohnen, auf die sie ein »dunkles Licht« ergießen. Wir befinden uns in der Welt des Himmels, die eine Welt der Umkehrung ist, in der das Yang und das Licht sich im Inneren befinden, wohingegen die Dunkelheit, die Seelen und das Yin außen sind. Innerhalb des menschlichen Körpers weilen diese Gottheiten im Gehirn, die der Gestirne des Scheffels hingegen, die männlich sind, wohnen im Herzen.

Mehrere Arten von Praktiken werden gelehrt. Aufgrund seiner Unheil abwehrenden Funktion, die sich in den nachfolgenden Jahrhunderten beträchtlich ausweitete, kann der

Adept den Scheffel einfach als solchen anrufen, oder aber er bedeckt sich mit dem schützenden Mantel seiner Gestirne. Doch kann er sich auch zu ihm erheben oder gar »den Scheffel beschreiten«; dabei handelt es sich um eine für das 1. Jahrhundert n. Chr. bezeugte Methode, deren Spuren in bestimmten Schriften der Himmelsmeister und womöglich auch bei Ge Hong zu finden sind, doch ist es das Shangqing, das ihre ersten detaillierten Ausgestaltungen liefert; innerhalb der Liturgie hat diese Praktik vielfältige Entwicklungen erfahren.

Dieses Beschreiten vollzieht sich gemäß dem Schritt des Yu, der nach Auffassung Ge Hongs die Möglichkeit zum Eintritt in das Gebirge gab. Angewendet auf das Beschreiten der Sterne, vollzieht dieser Schritt die Einheit von Yin und Yang nach; er stellt das »Wesen des Flugs in den Himmels, den Geist des Gangs auf der Erde, die Wahrheit der Bewegung des Menschen« dar, so wird von späteren Schriften erläutert: Er ist also die Quintessenz jeglicher Bewegung – im Himmel, auf der Erde oder des Menschen –, ist der Tanz, der Himmel, Erde und Mensch vereint, den die Formulierung »drei Schritte, neun Spuren«, mit dem er zuweilen gedeutet wird, in Beziehung setzt zu den Drei Ursprünglichen und den neun Gestirnen des Scheffels. Dieses Schreiten auf dem Scheffel wird als »Schreiten auf dem Netz« oder »Schreiten in [oder »auf«] der Leere« bezeichnet. Es sollte zum Anlaß für berühmte religiöse Gesänge werden und ein Sujet bilden, das zahlreiche Dichter inspiriert hat.[6]

Diese Technik, die darin besteht, die »Zeit zu begehen«, anders ausgedrückt, sie in den Raum einzuschreiben, leitet ihre Herkunft von dem Marsch des Gottes Taiyi her, der mittels seines Umherschreitens das Qi verbreitet hat, es in Form von jeweils als Träger spezifischer Kräfte wirkenden Bruchteilen in die unterschiedlichen Bereiche des Raums und aufeinanderfolgenden Zeitperioden entsprechend verteilte, in dieser Weise seine Funktion als die Einheit herstellender Ordner und Vermittler zwischen Himmel (die Bewegungen der Gestirne) und Erde (auf die sie diese mittels der gleichen, auf eine andere Ebene transponierten Bezugspunkte übertragen) erfüllend, die der Herrscher des Altertums in seiner Halle des Lichts (Mingtang), der Adept in seinem Gebetsraum und später dann der Priester innerhalb des rituellen Bereichs nachvollzogen haben. *Bugang*, das »Schreiten auf dem Netz« bedeutet auch »Schreiten auf dem Harten« (*gang*, gleichlautendes, ähnlich geschriebenes Schriftzeichen, das in der Verwendung mit dem erstgenannten austauschbar ist), die Dauer, das geeinte Yang; es ist dies die Verteilung der Einheit.

Diese geschieht von der Mitte des Himmels aus, um von diesem in einer zentrifugalen Bewegung zur Erde hinabzusteigen oder zum Zentrum eins von der Erde zum Himmel zu steigen, je nachdem ob der Adept vom ersten Stern des Scheffels zum letzten oder aber umgekehrt schreitet. Beide Bewegungen wechseln sich ab, in den Übungen des Shangqing ebenso wie auch im Ritual: Auf den »Abstieg« der Einheit zur Vielheit folgt der »Aufstieg«, hier der Aufstieg des Adepten zum Himmel. Eine Version dieser Übung zählt »drei Wege«: der eine »in der Richtung« (vom ersten zum letzten Stern), der andere »rückwärts«, in die entgegengesetzte Richtung, und ein dritter, die »Rückkehr«: Nachdem der Adept vom Himmel zur Erde hinabgestiegen ist, kehrt er dorthin zurück.

In den Schriften des Shangqing, in denen diese Praktik noch nicht die äußerste Komplexität erlangt hat, die ihr später verliehen wird, zeichnet der Adept die Sterne des Großen Bären auf ein Seidenband, und nachdem er durch das Herbeirufen der Planeten um sich herum einen heiligen Bereich geschaffen hat, »bekleidet« er sich mit den Sternen des Scheffels, um dann in die Konstellation zu steigen, indem er zunächst auf dem von den »schwarzen Sternen« gebildeten äußeren Kreis läuft und die dort weilenden weiblichen Gottheiten anruft. Jetzt erst vermag er die Gottheiten des Scheffels zu beschreiten, wobei er jedesmal die Gottheit des Sterns in Erscheinung treten läßt, auf den er einer genauen Reihenfolge entsprechend seinen Fuß setzt.

Zahlreich sind die aus der Kosmologie der Han-Zeit übernommenen symbolischen Implikationen des Scheffels.

Zwar ist er das Zentrum, doch stellt er auch den Norden dar, und somit den Ursprung, die Stellung der mit dem Embryo in Beziehung stehenden Zykluszeichen, den vom Wasser symbolisierten Pol, das große Yin, welches das Yang hervorbringt, den Ort aller Entstehung. Seine sieben Sterne öffnen die sieben Körperöffnungen des Embryos und geben ihm Leben. Seine neun Sterne setzen ihn in Beziehung zu allen Dingen, die als neun gezählt werden, so wie es von der ersten Seite an die ihm gewidmete »Geflügelte Schrift der fliegenden Sterne und der neun Wahrhaftigen« verkündet.

Durch die Eins ist er der Ort des Ursprungs, die Neun macht ihn zu dem der Rückkehr. Die Tage »der Rückkehr zum Ursprung« *(huiyuan)* sind ihm gewidmet und stellen Tage der Erneuerung dar. Die Titel seiner weiblichen Gottheiten erinnern an Phänomene der Verwandlung und implizieren, daß ihre Funktion darin besteht, den Embryo zu schützen. Geburt, Rückkehr und Drehung: So ist er die Erscheinungsform des in der Entwicklung begriffenen Taiyi, des Höchsten Einen, der in seiner verborgenen und in sich geschlossenen Gestalt von dem Polarstern dargestellt wird.

Am Himmel bildet er eine Darstellung der Entfaltung der um das Eine zentrierten und geordneten Welt in überaus gedrängter Form.

Die weiter oben bereits erwähnte Schrift weist nun jedem der Sterne Aufgaben der Regierung, der Überwachung und Steuerung sowohl im Bereich des Himmels als auch der Erde zu. Der Scheffel weist die Richtung, er ordnet, und so ist ihm auch die Aufgabe anvertraut, zwischen dem Guten und Bösen zu scheiden, zu strafen und Belohnung zu erteilen. Ein großer Teil der auf ihn bezogenen Praktiken soll Vergebung für die selbst begangenen Vergehen erbitten und den eigenen Namen aus den Totenregistern streichen. Als Richter über Gut und Böse steht der Scheffel auch in Beziehung zu den Höllen. Aus diesem Grund enthält eine ihm gewidmete Shangqing-Schrift, das *Kaitian santu jing* (»Klassiker der drei Karten, die den Himmel öffnen«), eine »Methode, um ins Leben überzugehen und sich der Unsterblichkeit zu versichern«, bei der der sich mit dem Scheffel im Himmel drehende Adept von den Gestirnen bis zu den drei himmlischen Pforten getragen wird; der gleiche Text zählt freilich auch die Namen der sechs Gerichtshöfe der Hölle (sechs ist die Ziffer der Höllen) in der Stadt Feng auf, die das Gegenstück der drei himmlischen Pässe bilden, so wie die sechs dämonischen Himmel den drei Himmeln der Himmelsmeister gegenüberstanden. In dieser im Nordosten gelegenen Stadt, die den Namen der alten Hauptstadt der Zhou-Dynastie trägt, residieren die dem Herrscher des Scheffels unterstellten Höllenrichter, unter ihnen frühere Kaiser oder legendäre Heroen und auch die »unterirdischen Kommandanten«, die *dixia zhu* aus den Apokryphen *weishu* der Han-Zeit, denen es zuweilen obliegt, Rechnungen der Toten mit den Lebenden zu begleichen.

Als vielgliedrige Einheit, »verschlungenes und gewundenes Netz«, so schreibt ein Text, die festsetzt und ordnet, zugleich auch ins Leben ruft und Entwicklung bewirkt, ist der Scheffel eng mit der Vorstellung des Durchgangs verbunden. Seine sieben Sterne sind es, die »Übergang bewirken«; der Ausdruck »die sieben Durchgänge« verweist auf seine Begehung; der letzte Stern des Scheffels trägt die Bezeichnung »Himmelspforte«, die zuweilen als Name für die gesamte, als »Verbindung zwischen Trennung und Vereinigung« bezeichnete Konstellation dient. Um sich dieses Tor öffnen zu können, muß der Adept einen Schein vorzeigen, der in vorgeschriebener Form seine religiöse Identität ordnungsgemäß feststellt.

So hat der Shangqing-Adept zunächst die ganze Welt durchlaufen; im Gefolge des Laufs von Sonne und Mond markiert er die vier Eckpunkte der Welt und vermißt ihre vier Sektoren. Anschließend erhebt er sich auf der verdoppelten Mittelachse, denn die Mitte existiert insofern zweimal, als sie zugleich Höhe und Tiefe versammelt und entfaltet, verbirgt und zu erkennen gibt: Trennung zwischen oben und unten, Himmel und Hölle, und/oder Vereinigung von Yin und Yang im Inneren des Scheffels, Trennung und Vereinigung, die auch in den Beziehungen zwischen Mensch und Gottheiten deutlich werden: So wie er zu ihnen hinaufsteigt, so kommen sie zu ihm herab, als Inkarnation und Himmelfahrt, die sich nicht voneinander trennen lassen. Es besteht eine Dualität der vertikalen Pole und auch der Beziehungen zum Göttlichen. Vom Paar Sonne–Mond bis zur Konstellation des Scheffels vollzieht sich die Entwicklung von der Weite hin zur Intensität. Der Scheffel bildet gleichsam die Verdichtung dessen, was die beiden Gestirne mit ihrem weiten Lauf auf der Erde darstellen, in eine einzige Konstellation: Er versammelt in einer Einheit jene Ausdehnung, wie sie Sonne und Mond durchmessen. Und auch jene vom Adepten ausgeführten Techniken bezüglich Sonne und Mond, die sich innerhalb eines Jahres oder eines Monats vollenden, werden für den Scheffel in einer einzigen Übung abgeschlossen.

Kommen wir nun auf die Techniken der operativen Alchemie zurück, so läßt sich die Entwicklung aufdecken, die sich zwischen diesen, den Astralpraktiken des Shangqing und der späteren inneren Alchemie vollzieht. Den wenigen alchemistischen Rezepten, die in den Shangqing-Schriften aufgeführt werden, eignet die Besonderheit, daß einige der Drogen Bezeichnungen tragen, die sie in Verbindung mit den Astraltechniken bringen. So werden beispielsweise Auripigment und Realgar als »Hun-Seele der Sonne« und »Blume des Mondes« benannt; eines der hergestellten Elixiere trägt den Namen, mit dem die Essenz des Mondes bezeichnet wird, die der Adept während seiner Meditation aufnimmt; ein anderes ist nach einem Unsterblichkeitstrunk benannt, den die Shangqing-Gottheiten in den Mund des meditierenden Adepten träufeln. Die Alchemie nimmt somit eine astrale Färbung an. Im Gegenzug nun wird die Sonne mit einem Ofen verglichen, dessen Aufgabe darin besteht, »die Organe zu verflüssigen«, sie trägt den Namen »Licht des Zinnobers« und bildet als Feuer, zusammen mit dem Mond-Wasser, eines der Agenzien der Reinigung. Der zur Bezeichnung der kosmischen Drehungen, in die der Adept einbezogen ist, verwendete Terminus, *zhuan,* ist derselbe, der auch für die alchemistischen Umwandlungen benutzt wird. Von der Alchemie aus vollzieht sich eine Verschiebung und eine Entwicklung hin zur Aufnahme der als Unsterblichkeitsdroge betrachteten Essenzen von Sonne und Mond. Auch die dem Adepten in der Meditation von den Gottheiten überbrachten Säfte der Unsterblichkeit tragen Bezeichnungen, die den alten alchemistischen Techniken entlehnt sind, wie etwa »Goldsaft« oder »flüssiges Gold« *(jinyi).*

Wenn wir noch einmal zurückkehren, um Ge Hong zu beobachten, wie er in manchen Rezepten das Wasser von Sonne und Mond auffängt, um sie zu Elixieren zu verarbeiten und diese einzunehmen, so ist zu erkennen, wie der Prozeß fortdauert und sich bis hin zum Shangqing zunehmend verinnerlicht. Diese Bewegung der Verinnerlichung ist auch noch in jener Technik am Werk, die darin besteht, Monat für Monat die Qi der neun großen uranfänglichen Himmel zu absorbieren, um so eine Erneuerung des Körpers zu erreichen, eine Technik, die bezeichnenderweise Methode der »neun Zinnober« *(jiudan)* genannt wird; nun ließ sich diese körperliche Erneuerung, die nach demselben Schema Monat für Monat, Organ für Organ vollzogen wurde, durch die Einnahme von Drogen erlangen, was im *Wufu jing,* einem der Haupttexte der Tradition Ge Hongs, dargelegt wird.

Einige Methoden des Shangqing stellen somit verfeinerte und verinnerlichte Versionen alchemistischer Techniken dar. Die Erschaffung des spirituellen Körpers muß mittels der Meditation ausgeführt werden, in Gestalt einer Vereinigung komplementärer kosmischer Prinzipien (Sonne und Mond, ursprünglicher Vater und ursprüngliche Mutter), in wiederholten Bewegungen des Steigens und Ausfällens, der Verfeinerung und Kondensierung, die in verblüffender Weise die Prinzipien und Formulierungen der inneren Alchemie ankündigen.

Das Lingbao

Das Erscheinen des Lingbao-Schrifttums war eine direkte Konsequenz des durch die Shangqing-Texte errungenen Erfolgs. Das Binomen *»lingbao«,* im allgemeinen übersetzt als »heiliges Juwel«, jene Bezeichnung, daran sei erinnert, die den »Hexen« gegeben worden war, setzt sich zusammen aus dem Terminus *bao,* »Schatz«, dessen reichhaltige Konnotationen wir weiter oben dargelegt haben; der ihm angefügte Begriff *ling,* den man mit »heilig«, »Geist« übersetzen kann, hat in dem Binomen eine komplementäre Bedeutung. Er bezeichnet die sich mit dem *bao,* dem Schatz einende Gottheit, sei dies ein Gegenstand oder ein menschliches Wesen, Hexer oder Medium, der dem Geist als Träger dient und ihm ermöglicht, sich zu inkarnieren. Beide Begriffe sind geschlechtlich differenziert, unter ihnen besteht die gleiche Beziehung wie zwischen dem Himmel/männlich *(ling)* und der Erde/weiblich *(bao),* dem kosmischen Paar, dessen Vereinigung und Trennung die Grundlage des Lebens bildet.

Die Lingbao-Schriften basieren auf dem ältesten Text unter ihnen, dem »Klassiker der fünf Talismane« *(Wufu jing),* von dem Fragmente im taoistischen Kanon enthalten sind und der in Beziehung zu den Apokryphen *weishu* des »Diagrammes vom (Gelben) Fluß« und der »Schrift vom Luo« stand. Dieses Werk ist es, das dem größten Teil des Lingbao-Kanons seine auf die fünf Bezirke, die nach Raum und Zeit ausgerichtet sind, gründende Struktur verleiht. Es ist somit völlig logisch, daß von sämtlichen übrigen mit diesem Text in Beziehung stehenden Schriften angenommen wird, daß sie Ge Xuan offenbart wurden, dem Großonkel von Ge Hong, der sie tatsächlich in seinem Besitz gehabt haben soll. Ge Xuan soll die Lingbao-Schriften seinem Schüler Zheng Siyuan und der wiederum an Ge Hong, gleichzeitig aber auch an einen buddhistischen Mönch, Falan, von dem man weiß, daß er um 241 gelebt hat, und an Sun Quan (185–252), den Gründer des Königreichs Wu (mit der Hauptstadt Nankin), überliefert haben. Die Berufung auf Ge Xuan stellte eine Möglichkeit dar, das Alter dieser Schriften zu legitimieren. In Wirklichkeit sind sie in den Jahren 397–402 von Ge Chaofu verfaßt worden, über den man fast nichts weiß, außer daß er zur Familie von Ge Xuan und Ge Hong gehörte, deren Bibliothek er kannte und die ihm mit Gewißheit zur Abfassung seiner Texte gedient hat. Ohne Zweifel kannte er zudem die Shangqing-Texte, von denen er sich inspirieren ließ und in denen er nach einem Element zur Legitimation suchte. Innerhalb kaum eines Jahrzehnts hatten diese Schriften einen beachtlichen Erfolg, so daß zur Zeit Tao Hongjings Klöster, die Adepten dieser Strömung beherbergten, auf dem Maoshan in der Nähe derjenigen des Shangqing angesiedelt waren.

Aus zwei Gründen ist das Lingbao wichtig: Bis heute bestimmt es die wesentlichen Aspekte des Rituals; zudem tritt mit ihm innerhalb des Taoismus eine erste wirkliche Infiltration durch den Buddhismus in Erscheinung, freilich eines bereits in hohem Maß sinisierten Buddhismus (innerhalb des Shangqing war dieses Eindringen, daran sei erinnert, nur ein oberflächliches). Die Shangqing-Schule stellte gleichsam einen Endpunkt dar – bezogen auf die Methoden und den Geist der Unsterblichkeitssucher –, nach dem nichts Gleichartiges geschaffen werden konnte, es sei denn in Gestalt eines Plagiates. Eine Erneuerung ließ sich nur – mehr mittels andersartiger Einbringungen herbeiführen: Es waren die Ausarbeitung der ritualistischen Ansätze der Himmelsmeister und des Buddhismus, die diese lieferten. Hinzu kamen einige Elemente aus dem Konfuzianismus (im wesentlichen die Achtung der konfuzianischen Tugenden), die in den voraufgegangenen Strömungen weniger betont worden waren und nachfolgend im gesamten Taoismus beibehalten wurden.

Dieser Schriftkorpus, dessen Kern die »Rote Schrift der fünf Werke« (T. 22) und der »Klassiker zur Rettung der Menschen« bilden, hat sich teilweise aus Vorstellungen entwickelt, wie sie das *Wufu jing* enthalten. Er gleicht einer zuweilen verhältnismäßig kohärent anmutenden Synthese ebenso, wie auch einem manchmal recht uneinheitlichen Gemisch. Wir werden feststellen, daß er Merkmale der Himmelsmeister – einen Teil des Rituals und mit ihm einen Teil des Pantheons – und bestimmte, vom Shangqing übernommene Elemente – die Vorstellung der heiligen Schrift, der eine kosmische Dimension eignet, die Hymnen und ihr Stil, gewisse kosmologische Angaben, einige Methoden der Visualisation – versammelt, zu denen Anleihen aus alten Schriften, die Ge Hong gekannt hat (wie das *Sanhuang wen*), sowie buddhistische Elemente – eine bestimmte Heilsvorstellung und einige kosmologische Vorstellungen – hinzukommen. All dies ist um ein zu großen Teilen aus dem *Wufu jing* übernommenes Weltbild angeordnet und in fünf, von den fünf Wandlungsphasen beherrschte Bereiche gegliedert, deren Funktion, wie wir sahen, darin besteht, die Anordnung einer Gesamtheit von auf mehreren Ebenen miteinander homologisierbarer Koordinaten der Welt zu garantieren; hierdurch wird es möglich, mittels des Rituals und durch Anrufungen Dämonen und Katastrophen zu vertreiben. Mehrere dieser Texte tragen die Bezeichnung »Rote Schrift« und berufen sich so auf eine Reinigung durch das »rote Feuer« des Südens, des höchsten Yang. Freilich ist diese Farbe vor allem ein Hinweis auf die Verbindung mit jener Tradition, dergemäß das *Wufu jing* und das *Hetu* (das »Diagramm vom (Gelben) Fluß«) in roten Schriftzeichen verfaßt worden waren.

In der komplexeren und systematischeren Ausarbeitung des Rituals der Himmelsmeister und in der auf den Buddhismus zurückzuführenden Erweiterung des Heilsbegriffs, der sich nun auf alle Wesen erstreckt, liegt der größte Beitrag der Lingbao-Bewegung, von der man sagen kann, daß sie den wirklichen Ahnherrn der taoistischen Liturgie darstellt.

Lu Xiujing (406–477), der vor allem ein Ritualist war, spielte in dieser Hinsicht eine wichtige Rolle. Als Verfasser einer ersten taoistischen Bibliographie unternahm er den Versuch, die Gesamtheit der bis zu seiner Zeit erschienenen taoistischen Schriften zu ordnen, wozu er sich auf bestimmte, in den Lingbao-Texten enthaltene Elemente stützte, um diese dadurch in eine hierarchische Ordnung zu bringen, daß er sie nach Art des buddhistischen Tripitaka in drei »Höhlen« einteilte. Die Schriften des Shangqing wurden von ihm an erste Stelle gesetzt, für die Kodifizierung des Rituals freilich stützte er sich vor allem auf die Werke des Lingbao. Zudem schuf er ein Ritual zur Überlieferung des Lingbao-Kanons, das auf alten Prinzipien gründet – durch Schwur besiegelte Überlieferung der Schriften und Austausch von »Pfändern des Vertrauens« –, die aber, weitaus feierlicher, während einer den großen Lingbao-Ritualen ähnelnden Zeremonie stattfanden. Im Lauf der Zeit verlief die Evolution in Richtung einer immer größeren Komplexität und eines enormen Anwachsens eines Rituals, bei dem, im Gegensatz zu dem Geschehen bei den ursprünglichen Himmelsmeistern, die Laien eine zugunsten der Priester zunehmend eingeschränkte Rolle spielten. Dies hat dazu geführt, daß in der Gegenwart bei bestimmten Zeremonien die Laien nurmehr durch Vermittlung einiger ihrer Repräsentanten teilnehmen.

Aufgrund der Entwicklung, zu der die Texte des Lingbao geführt haben, werden wir zunächst das vom Ende des 4. Jahrhunderts datierende sogenannte »ursprüngliche Lingbao« untersuchen; in einem zweiten Teil dann kommen wir auf das Ritual zu sprechen, das es hervorgebracht hat.

Das ursprüngliche Lingbao

Schematisierend können wir sagen, daß die ursprünglichen Werte, wenn auch mit einigen Abänderungen, beibehalten, dabei freilich dem des »Mitgefühls« *(ci)* untergeordnet werden. Die Praktiken sind kaum neu: Das Ritual der Himmelsmeister wird übernommen, wenngleich beträchtlich weiterentwickelt, modifiziert und beherrscht von dem System der fünf Wandlungsphasen; die Visualisationen des Shangqing treten in den Hintergrund, verlieren an Umfang, doch haben sie weiterhin Bestand; das letzte Ziel bleibt nach wie vor, »am hellichten Tag in den Himmel aufzusteigen«, allerdings wird es mit der Vorstellung eines universalen Heils ausgestattet. Neben dem *Wufu juing* sind es von den älteren Werken das *Daode jing* (was diese Bewegung mit den Himmelsmeistern verbindet), das *Sanhuang wen* (das in Beziehung zur Tradition Ge Hongs steht) und die Schriften des Shangqing (insbesondere das *Dadong zhenjing*), die übernommen und gepriesen werden. Dagegen finden sich, wie im Shangqing-Taoismus auch, die gymnastischen Praktiken, die Techniken zur »Nährung der Lebenskraft«, die Einnahme von Drogen und die operative Alchemie auf einen untergeordneten Rang verwiesen (T. 23, 14a; T. 671, 1, 7a, 9b und 2, 2b etc.). Der liturgische Aspekt, die Rezitation der Texte, erhält Vorrang; der sich alleine in seiner Kammer der Meditation widmende Adept verschwindet nahezu völlig. Der Meister gewinnt wieder an Bedeutung; zusammen mit dem Tao und der Schrift gehört er, in Nachahmung des Buddhismus, zu den »Drei Schätzen«; Lao jun, die vergöttlichte Form des Lao zi, bildet hierfür das Vorbild. Die Meditation über die Meister wird in das Ritual des Eintritts in den rituellen Bereich eingegliedert.

Der Einfluß des Buddhismus und das universale Heil

Die Mehrzahl der Entlehnungen, die das Lingbao beim Buddhismus macht, sind oberflächlich und ungeschickt; sie stammen nicht aus einem gelehrten Buddhismus und zeugen von einer eingehenden Unkenntnis dieser Lehre. Die heiligen Schriften sind nun nicht in jedem Fall von den Göttern im Himmel verfaßte Werke, sondern werden, nach dem Vorbild der Sutren, von der höchsten Gottheit vor einer Versammlung der Götter verkündet, aus der zuweilen ein Schüler hervortritt, der Fragen an sie richtet; wie das Shangqing, doch in größerem Maße als dieses, findet das Lingbao Gefallen daran, seinen Gottheiten in Nachahmung der phonetischen Umschrift des Sanskrit Namen zu verleihen; bestimmte kosmologische Vorstellungen des Buddhismus, wie wir bei Gelegenheit sehen werden, werden den ursprünglich vorhandenen aufgesetzt; gewisse Begriffe werden, häufig sinnwidrig, übernommen; einige dem Buddhismus entstammende Termini enthalten Anspielungen auf Höllenqualen, eine Vorstellung, die bis dahin im Taoismus fehlte; zaghaft taucht die Idee einer Wiedergeburt auf der Erde auf. Der einzige wirklich wichtige Beitrag des Buddhismus innerhalb dieser Schule besteht in der Tat in der Vorstellung des Heils, hinter die jene von der Unsterblichkeit zurücktritt, und die sich in Richtung auf ein universales Heil hin entwickelt, was uns von den Suchern nach Unsterblichkeit fortführt. Indessen besitzt dieser Begriff zwei Seiten, wodurch der buddhistische Einfluß eine andere Richtung erhält.

Großes Gewicht wurde auf diesen buddhistischen Einfluß gelegt, der in dieser Beziehung eindeutig ist: Für das Lingbao führt das individuelle Heil über das Heil aller, »in unzähliger Menge«, so eine häufig verwendete neue Formulierung. Die ersten Schriften lassen es dabei bewenden; jene freilich, die in dieser Schule etwas später erscheinen, benutzen gelegentlich eine dem Geist des Mahāyāna näherstehende Formulierung wie »die Menschen erretten, bevor man sich selbst rettet« (T. 361, 2, 13b), die zu verwenden in bestimmten anderen Texten in der Tang-Zeit gebräuchlich wird. Ebenso lassen sich Formulierungen finden, wonach alle Heiligen den Schwur getan haben, während Tausender von kosmischen Zeitaltern danach zu streben, den Leidenden und Fehlenden zu helfen und sie zu erretten; die in ein Kloster eintretenden Mönche leisten denselben Schwur.

Dies steht im Widerspruch zu dem alten chinesischen Prinzip, das man sowohl im Konfuzianismus als auch im Taoismus findet, wonach es gilt, daß man zunächst sich selbst regulieren muß, bevor man die Welt regieren kann, eine Vorstellung, die sich leichter mit der Position des Hīnayāna in Einklang bringen ließe. Diese beiden Haltungen lassen sich in Übereinstimmung bringen, wenn man, in sehr »mahāyānistischer« Weise, annimmt, daß beide Formen des Heils miteinander verbunden und gleichwertig sind und der Unterschied lediglich einer der Methoden ist; und hiermit kommen wir auf einen Standpunkt zu sprechen, den die Taoisten wenig später bereitwillig einnehmen, wobei sie in keiner Weise in Verlegenheit gebracht werden durch das, was bei ihnen, je nach Epoche, entweder ein auf einer oberflächlichen logischen Ebene angesiedelter unbewußter Widerspruch gewesen ist oder aber eine Art Evolution darstellte.

Diese Anschauung hat es mühelos verstanden, eine stark ausgeprägte, rein chinesisches Komponente zu integrieren, die sich in den Texten des Lingbao auf verschiedene Art und Weise zeigt und diese überlagert: Auf der einen Seite umfaßt das universale Heil ausdrücklich das der Toten, insbesondere das der Ahnen – dies bildet den Anfang des Auftretens und der Entwicklung der taoistischen Begräbnisriten; auf der anderen Seite wird das Heil in der Weise, wie man es im alten China tat, verstanden: Der Mensch – im Altertum der Herrscher – ist integrierender Bestandteil des Kosmos, sein Gleichgewicht ist verbunden mit jenem des Universums (hier haben wir das Erbe der Fünf-Wandlungsphasen-Theorie vor uns). Somit ist das Heil des einzelnen oder das einer Gruppe abhängig von dem des Universums und umgekehrt; wie bei den Königen des Altertums auch, ist die Liturgie dazu bestimmt, dieses Gleichgewicht zu sichern.

Dies bestätigt sich beispielsweise bei den Gelübden, die von den Gläubigen oder dem zelebrierenden Priester gesprochen werden. Einige von diesen zeigen Ähnlichkeit mit jenen, wie sie frühere Kaiser formuliert haben könnten, und verdanken dem Buddhismus nichts: Die Erde sei groß und weit, weder überschwemmt noch verschlungen, Sonne und Mond mögen verschont bleiben von Finsternissen und die vier Jahreszeiten mögen in geordneter Abfolge verlaufen (T. 330, 3a–5a). Die Gebete zielen darauf ab, die Geister zu beherrschen, die heiligen Berge zu befestigen, die Dauer der himmlischen Zeit zu bewahren, den Lauf der drei Leuchtenden zu bestimmen, den großen Frieden herbeizuführen, Reichtum und Glück des Volks zu sichern und alle Lebenden zu erretten (ebenda, 7b, 9b). Verschiedene Ebenen sind gegenwärtig: die Ordnung des Kosmos und die des Staats, die Welt der Lebenden und die der Toten (T. 457, 1a–2b; T. 369; T. 344, 15a; T. 352, 1a; T. 348, 1a).

Das Bild des Heiligen verblaßt: In diesen Gelübden strebt der Gläubige weder, wie im Shangqing, danach – allenfalls in vereinzelten und nebensächlichen Anklängen, und wesentlich in den vom Shangqing entlehnten oder von ihm inspirierten Hymnen –, sich mit dem himmlischen Körper zu identifizieren, noch sich dessen Lauf anzuschließen. Der kosmologisch-politische Standpunkt hat Vorrang: Es herrscht eine größere Nähe zur Konzeption des Heiligen, wie sie sich im *Yi jing* findet. Der Wunsch nach Rettung der Ahnen, den der Adept regelmäßig in seinen Gelübden oder der Priester während der Liturgie zum Ausdruck bringt, stellt genauso eine jener von uns aufgezeigten Inkohärenzen innerhalb des Lingbao dar: Wenn sämtliche lebendigen und toten Wesen errettet werden sollen, warum dann insbesondere die Ahnen? So finden wir hier drei unterschiedliche, sich überlagernde Vorstellungen vom Heil, die aus dem Ahnenkult (das an seine Familie gebundene Individuum), von der rituell-magischen Funktion des Heiligen als Herrscher und kosmischer Ordnungsstifter und aus dem Buddhismus herrühren.

Leben und Tod

Das Lingbao mündet weniger in eine Synthese als vielmehr in einen Kompromiß, und bleibt dabei taoistisch, d. h. zutiefst chinesisch.

Wie S. Bokenkamp gezeigt hat, wird die Vorstellung des Weiterlebens nach dem Tod gemäß den chinesischen und taoistischen Glaubensvorstellungen im Lingbao nur mehr unbeholfen mit dem buddhistischen Terminus *»miedu«* (wörtlich »verlöschen und hinübergehen«) verbunden, der die Befreiung bezeichnet. Die *hun*-Seele wird unter der Erde (was an die volkstümlichen Vorstellungen der Han-Zeit erinnert) von den infernalischen Mächten bewahrt, den »Drei Beamten« der Himmelsmeister, und kann durch Befehle des Priesters oder aufgrund von zu Lebzeiten verübter tugendhafter Taten befreit werden, um zum Palast des Südens überführt zu werden, während der Körper, der im antiken Palast des großen Yin im äußersten Norden weilt, von einer der über denjenigen der fünf Bereiche der Welt herrschenden Geister oder Götter versorgt wird, dem der Tote durch das Datum seiner Geburt zugeordnet ist; er erfährt dort eine Reinigung, die ihm ein neues Leben ermöglichen soll. Eine Wiedergeburt, bei der Körper und Seele wiedervereint sind, ist ebenso vorgesehen wie eine schrittweise, dank der Ausübung des Lingbao neunmalige Reinigung oder, gemäß den Texten, eine ausreichende Zahl von Wiedergeburten, in denen der Adept genügend Verdienste anzusammeln vermag, um physisch und geistig für den Aufstieg in die Himmel vorbereitet zu sein, wo er ewig weilen wird (siehe z. B. T. 97, 2, 18b). Diese Wiedergeburt ereignet sich somit in buddhistischer Manier auf der Erde und unterscheidet sich von den Wiedergeburten im Himmel, wie sie das Shangqing kennt.

Gleichwohl wird ein Teil der Lehre des Shangqing beibehalten. Gemäß T. 456, 33bff. sind die leiblichen nicht die »wahren« Eltern und der Körper des Adepten gehört nicht ihm, er stellt nur mehr eine vorübergehende Wohnstatt dar (dies ein Anklang an Zhuang zi). Wer das Tao erlangt hat, besitzt weder Gestalt noch einen Körper als eine Quelle des Grams (eine Anspielung auf Lao zi), sein Ich *(wo)* oder seine Person (*shen,* was auch »Körper« bedeutet) ist nur mehr eins mit seinem Geist und bildet mit ihm zusammen seinen »wahrhaftigen *shen*«; somit kehrt er zu seinen ursprünglichen, wahren Eltern zurück und stirbt niemals mehr, und während des *»miedu«* zerfällt sein Körper nicht mehr zu Asche. Im Gegensatz dazu kehrt derjenige, der schlechte Taten begangen hat, zu vorübergehenden Eltern zurück, und sein schlechtes Karma bleibt bestehen. Werden die Geister befreit, verschmelzen sie mit dem Licht, und so wird man als Mensch wiedergeboren, Körper und Geist trennen sich nicht mehr.

Diese Formulierung ist etwas unklar, doch läßt sie sich folgendermaßen zusammenfassen: Die Vereinigung von Körper und Person ist keine stabile. Wer durch sein Karma dem Leiden unterworfen ist, wird von Eltern wiedergeboren, die nicht seine »wahren« Eltern sind (hier findet sich die Vorstellung der »ursprünglichen« Eltern des Shangqing und von »wahr« im Sinne von »heilig« wieder), und so setzt sich die Instabilität fort. Wer im Gegensatz dazu das Tao erlangt, besitzt keinen gewöhnlichen Körper *(xing)* mehr; sein Ich und sein *shen* (Person, hier wahrscheinlich der Begriff für wiedergeborene Person) bilden nur mehr eins; er stirbt nicht mehr und kehrt zu seinen »wahren« Eltern, d. h. zu seinem Ursprung zurück. Für das einige Jahrzehnte später datierte *Taishang jing jie* (T. 787, 4a) wird diese Einheit von

Körper und Geist durch Meditation und das Horten von Qi und *jing* erlangt. Zudem beschreibt ein Werk (T. 369) eine Methode, die dazu dient, den Toten einen Aufstieg auf dem Heilsweg dadurch zu sichern, daß man ihnen Schriften übermittelt, die in der Grabstätte vergraben werden.

Darüber hinaus besteht die in den Registern geführte Abrechnung der Lebensjahre, deren Anzahl von den guten und schlechten Taten abhängig ist, weiter fort. Außer den fünf Gottheiten der Register des Shangqing haben die alten Götter des Herdes, die »drei Kadaver« und fast sämtliche Gottheiten, himmlische, irdische, unterirdische und auch die des Körpers, daran teil, und wie im Shangqing werden regelmäßig große Götterversammlungen abgehalten, um die Register zu aktualisieren; dies geschieht an Tagen, die somit zu Tagen des Fastens und der Reinigung werden.

Die Höllen nahmen in den Schriften der Shangqing kaum Platz ein, in denen man nur mehr ein Dorf kannte, das zugleich Ort des Gerichts und Zentrum der Verwaltung der Unterwelt war. Das Lingbao (insbesondere T. 456) liefert weitaus mehr Details über diese Verwaltung, die auf der Grundlage früherer, von den Himmelsmeistern gelieferter Vorstellungen systematisiert wurde. Die Grundstruktur, auch hier wieder triadisch, wird von drei Gerichtshöfen ausgehend konstruiert: derjenige der linken Seite, dem Großen Yang und dem Feuer zugeordnet, der über solche Fälle urteilt, die in den Bereich des Lebens gehören; derjenige der rechten Seite, dem Großen Yin und dem Wasser zugehörig, urteilt über die dem Bereich des Todes unterstehenden. Der mittlere ist ein Gerichtshof, der über beide richtet; er trägt die Bezeichnung »Wind-Messer«, ein Wind, der beim Tod die Verbindungen durchtrennt, vergleichbar dem göttlichen Wind des Shangqing, der von den Fesseln befreit, und mit der Vorstellung des *shijie,* das durch das Zeichen *jie* die Idee des Zerlegens enthält. Es handelt sich um eine Befreiung, aber auch um die Teilung zwischen links und rechts, zwischen dem Leben und dem Tod. Jede dieser drei Kategorien von Gerichtshöfen wird dreimal für die drei Ursprünglichen, des Himmels, der Erde und des Wassers, wiederholt, wobei jeder dieser Bereiche von dem »grünen Mädchen« regiert wird und jene Angelegenheiten behandelt, die jeweils dem himmlischen, irdischen und aquatischen Bereich zugehören. Jedes Gericht umfaßt zwölf Büros, verwaltet von zwölfhundert Beamten. Diese Höllen stellen somit, wie im Shangqing auch, Orte des Gerichts und der Verwaltung für die Leben und Tod betreffenden Fragen, nicht aber Stätten der Marter dar.

Pantheon und Kosmologie

Es scheint, daß das Lingbao fast nur mehr anläßlich der Befehle, denen sich der Priester während des Rituals widmet, auf den Pantheon der Himmelsmeister zurückgreift. Bestimmte Gottheiten des Shangqing bestehen fort, ebenso die alten Gottheiten des Kalenders. Auch treten solche Götter in Erscheinung, die für diese Schule spezifisch sind, deren größte die höchsten Gottheiten der aktuellen taoistischen Literatur darstellen. Die höchste Gottheit ist der Yuanshi tianzun, der »Himmelserhabene des Urbeginns«, eine dem Buddhismus angenäherte Form des Yuanshi tianwang (*wang*, »König«, anstelle von *zun*, der »Erhabene«) aus dem Shangqing, der den antiken Taiyi ersetzt. Lao jun, der vergöttlichte Lao zi, steht an zweiter Stelle. Die fünf Kaiser, wie im Shangqing auch als die fünf Greise bezeichnet, die Dämonen- und Drachenkönige spielen ebenfalls eine wichtige Rolle. Der »Scheffel des Nordens« hat fortan vier, den übrigen vier Richtungen des Raumes entsprechende Gegenstücke, um so dem grundlegenden kosmologischen Modell des *Wufu jing* zu folgen. Natürlich stellt Ge Xuan einen der herausragendsten Heiligen dar.

Trotz der von ihm übernommenen traditionellen Einteilung der Welt in fünf Bezirke ist es vielleicht gerade im

Bereich der Kosmologie, in dem das Lingbao Neuerungen einführt.

Diese Einteilung in fünf Bezirke wird von der aus dem Buddhismus übernommenen Aufteilung in zehn Regionen begleitet: acht horizontale für die acht Punkte der Windrose, dazu oben und unten. Dies ist eine Neuheit, denn im Shangqing und in der chinesischen Tradition findet man nur Unterteilungen in vier, fünf, sechs (vier, oben und unten), acht oder neun (acht und die Mitte).

Es gibt nur mehr zweiunddreißig und nicht sechsunddreißig Himmel, die in der Horizontale auf dem Umfang der Himmelsscheibe verteilt sind, acht Himmel für jeden der vier Bereiche. Sie tragen von denen des Shangqing abweichende Bezeichnungen und werden, in buddhistischer Manier, auf »drei Welten« verteilt, die Welt der Begierde, der Gestalt und des Gestaltlosen. Die Beschreibungen der Himmel und Paradiese richten sich dagegen nach denen des Shangqing.

Die traditionelle Vorstellung der Weltentstehung von einem geeinten Qi aus, das sich in Himmel und Erde getrennt hat, wird beibehalten, jedoch ohne große Kohärenz mit der Idee der drei ursprünglichen Qi, *xuan, yuan* und *shi*, die von den Himmelsmeistern stammt, in Verbindung gebracht.

Für eines der wichtigsten Werke dieser Schule, das *Jiutian shengshen zhangjing*, das uns einem ungeheuren Vorspiel zur Erscheinung der Welt beiwohnen läßt, bilden die drei Qi wesentlich nur mehr eines und werden in Beziehung zu drei Gottheiten gesetzt, bei denen es sich um drei »Herren« *(jun)* handelt, des himmlischen *(tianbao)*, des heiligen *(lingbao)* und des göttlichen *(shenbao)* Schatzes, drei Bezeichnungen von annähernd gleicher Bedeutung. Diese nun haben in drei aufeinanderfolgenden kosmischen Zeitaltern und in drei getrennten Himmeln, die zu den drei großen Himmeln des Taoismus werden (Himmel der jadenen Klarheit, *yuqing*, der höchsten Klarheit, *shangqing*, und der großen Klarheit, *taiqing*) drei Lehren überbracht: die des Dadong (»Große Grotte«), des Dongxuan (»Geheimnisvolle Grotte«) und des Dongshen (»Göttliche Grotte«). Wir haben hier die Ansätze der Klassifizierung der Schriften im *Daozang* vor uns.

Die meisten Neuerungen führt das Lingbao ein, indem es mit äußerstem Nachdruck die alten apokalyptischen Tendenzen Chinas reaktualisiert; diese waren in geringem Maß bereits in den Schriften des Shangqing wiederaufgetaucht, die dem offiziellen Geschichtswerk der Han-Dynastie entlehnte Beschreibungen und Begriffe übernommen hatten. Diese tauchen hier, vielleicht unter dem Einfluß der buddhistischen Vorstellung von dem kosmischen Zeitalter, wieder auf, freilich nach einem durch die Theorie von Yin und Yang und den fünf Wandlungsphasen bestimmten Schema strukturiert. Indes werden die alten Ängste vor Naturkatastrophen, die in der Furcht vor dem Weltuntergang ihren Höhepunkt erreichten, hier in weitaus systematisierter Form zum Ausdruck gebracht. Diese Tendenz war innerhalb der Schule von Dauer, da sie von Schriften, die später als der ursprüngliche Kern des »alten Lingbao« datieren, aufgegriffen wurden (T. 320, 321, 322).

Die in den Shangqing-Texten zutage tretenden eschatologischen Elemente vermischen zwei Themen: Das erste steht in Beziehung zu den kosmologischen Spekulationen über Yin und Yang in Gestalt eines durch die Abnahme von Yin und Yang verursachten Weltenendes, durch einen dramatischen und eruptiven Bruch der Harmonie und der notwendigen Verbindung dieser beiden Kräfte, der zu einer Zerstörung aller Dinge führt. Dieses Thema war bereits in der Han-Zeit bekannt, da sich Belege in dem Kapitel über das Kalenderwesen des *Hanshu* (»Dynastiegeschichte der Han«, verfaßt von Ban Gu und ca. im Jahr 82 n. Chr. vollendet) finden lassen. Gemäß dem *Santian zhengfa jing*, einem verlorengegangenen Shangqing-Text, von dem wir nur mehr Auszüge besitzen, ist das Yang nach 3600 Himmelsumläufen, das Yin nach 3300 Erdumläufen erschöpft; dies stellt das Ende eines kleinen Zyklus dar. Der große Zyklus vollendet sich in gleicher Weise nach 9900 bzw. 9300 Umläufen. Die Welt und ihre Gesetzmäßigkeiten kehren sich um: Wie zu Beginn der Welt und anläßlich des Erscheinens einer das Heraufdämmern eines neuen Zeitalters ankündigenden Schrift, halten die Gestirne inne und kehren ihren Lauf um.

Auf dieses eschatologische Motiv hat das Shangqing das Motiv einer welterschaffenden Schrift und das des unverwundbaren Heiligen, der unsterblich und von außerkosmischer Dimension ist gleichsam aufgepfropft. So wie die Schrift die Welt erschafft und der Heilige sie ordnet, so beherrschen bei der Apokalypse die heiligen Texte und die Unsterblichen die Zyklen des Yin und Yang und deren Wechsel, und indem sie auf dem Kunlun, der Weltenachse, Zuflucht suchen, überleben sie die kosmischen Katastrophen.

Bestimmte Elemente der altertümlichen Mythologie tauchen mit der Nennung von geheimnisvollen Wesen, die eingreifen, um die Menschen zu richten, ebenfalls auf: die »Mutter des Wassers« (oder »aquatische Mutter«?) und das himmlische bzw. metallene (oder auch goldene) Roß, ebenso wie ein großer Vogel, bei dem es sich wohl um einen Phönix handelt. Zudem erwähnt einer der Shangqing-Texte das Herabsteigen eines »Heiligen der nachfolgenden Zeiten« *(housheng)*, d. h. des Zeitraums nach der Entstehung von Himmel und Erde *(houtian)*, im Gegensatz zu der Zeit, die dieser Entstehung vorausgeht *(xiantian)*; es handelt sich um eine Bezeichnung, die den in der himmlischen Hierarchie der Shangqing hochstehenden Heiligen eigen ist.

Diejenigen, die gerettet werden, sind jene, die die »Zeichen der Heiligkeit« tragen – physische Kennzeichen: Sonnenlicht in den Augen, grüne Zähne, weißes Blut, eckiger Mund und purpurfarbene, durch Mund und Bauch ausgeatmete Emanationen beispielsweise. Diese Kennzeichen sind in detaillierter Form im *Housheng lie ji* verzeichnet, und je nach Erscheinungsform stellen sie eine Beziehung zwischen dem Adepten, der sie trägt, und einem spezifischen Himmelspalast her. Die Texte finden so Gelegenheit, die Gläubigen der Schule zu charakterisieren und ihnen höchsten Lohn zu versprechen, indem sie ihnen ein Überleben am Ende der Welt zusichern.

Mehrere Texte des Lingbao greifen dieses Thema mit einigen Änderungen auf. Zum einen sind die kosmischen Zeitalter in Beziehung zu den Sternenumläufen gesetzt, die an jene des »Scheffels« (Sternbild Großer Bär) gebunden sind; zum anderen wird die Abfolge der kosmischen Zyklen von einem Rhythmus bestimmt, der durch die den fünf Wandlungsphasen oder Qi zugeordneten Ziffern und Bezugsgrößen beherrscht ist. Zum Ende der Herrschaft eines jeden Zyklus steigt der Kaiser der jener Wandlungsphase zugehörigen Farbe herab und bringt eine Lehre auf einen geeigneten irdischen Berg, um eine der Zahl des jeweiligen Qi entsprechende Anzahl von Menschen zu erretten. Es existieren zudem zwei Arten von Zeitaltern: kurze und lange. Ein jedes endet mit einem Übermaß an Yang (Feuersbrunst) oder Yin (Überschwemmung). Am Ende eines ersten Zeitalters ruft die Mutter der Wasser (der Mond) eine Überschwemmung hervor, die Berge senken sich, die Kaiser der fünf Weltgegenden versammeln sich in der geheimnisvollen Hauptstadt im höchsten der Himmel, die neun Qi des Universums werden erneuert, und die zehntausend Herrscher wechseln ihren Rang. Zum Ausgang eines großen Zeitalters sind das Yang-Neun, und das Yin-Sechs erschöpft, die Wesen des Bösen befreien sich von ihren Ketten, Himmel und Erde kehren sich um, Metalle und Gesteine verschmelzen, und die sechs Richtungen des Raums verbinden sich zu einer einzigen.

Diese apokalyptische Vision übernimmt Merkmale aus derjenigen des Shangqing: Am Ende der Welt nehmen die Götter, darunter insbesondere die Königinmutter des Westens (dies eine späte Erinnerung an eine chiliastische Bewegung der Han-Zeit, in deren Mittelpunkt diese Gottheit stand) die Guten auf, die das »Saat-Volk« bilden, und bringen sie zu den »Ländern des Glücks« oder auf kosmische Berge, die von den kosmischen Katastrophen nicht erreicht wurden (dies gibt Gelegenheit zu einer neuen Beschreibung des Kunlunbergs), und wo auch die heiligen, noch zu offenbarenden Schriften aufbewahrt sind. Gerettet werden somit jene, die die Schriften besitzen, die zu diesem außergewöhnlichen Anlaß ihre grundlegende Funktion als Leben und Heiligkeit verleihender Talisman erfüllen. Dem Untergang der alten folgt das Erscheinen einer neuen, reinen Welt. Die Daten für das einzutretende Weltenende wurden mittels Zykluszeichen angegeben, die sich unterschiedlich deuten ließen; man nahm an, daß sie die Jahre 382 oder 442 bezeichnen, so daß es mehrfach Gruppen von Gläubigen gegeben hat, die in Angst der angekündigten Katastrophen harrten (Lagerwey, *Wu-shang pi-yao,* S. 81 und 86f.; T. 352, 1, 22b, 15b, 20a, 19b; T. 330, 1a; T. 22, 2, 4b–8a).

Der Messianismus

Diese chiliastische Eschatologie wurde in manchen taoistischen Kreisen von einem Messianismus begleitet, der seine Zeit wesentlich im 5. Jahrhundert erlebt zu haben scheint und der seinen Ursprung aus dem Thema der Reinkarnationen des Lao zi herleitet, von dem wir sahen, daß es in der Han-Zeit Gestalt angenommen hatte. Der »Housheng« des Shangqing heißt Li Hongyuan. Dieser Name erinnert sehr an den des Li Hong, den Namen falscher Propheten, deren Auftreten die Geschichte Chinas kennzeichnet. Einige von ihnen erhoben Ansprüche auf den Thron, so jener Li Hong, der im Jahre 324 für seine Proklamation, zum König bestimmt zu sein, hingerichtet wurde; andere, wie einer von ihnen am Ausgang des 4. Jahrhunderts, legten sich an der Spitze von Rebellenbanden den Titel »Heiliger König des

Tao« zu. Zu Beginn des 5. Jahrhunderts sieht man, wie Kou Qianzhi sich mit Vehemenz gegen sie erhebt, was vermuten läßt, daß das Phänomen zu dieser Zeit bereits weite Verbreitung gefunden hatte. Entsprechend dem *Laojun bianhua wuji jing* soll dieser Name Li Hong derjenige sein, den Lao zi annahm, nachdem er die Barbaren im Westen bekehrt hatte und nach Sichuan zurückgekehrt war. Nun erwähnt einer der von uns behandelten Texte des Lingbao diesen Li Hong, der somit in diese Schule übernommen wurde (T. 322, 4b). Die Geschicke dieses Messias setzen sich innerhalb des Taoismus wenigstens bis in die Song-Zeit hinein fort.

Ein anonymes Werk, die »Schrift der göttlichen Beschwörungen der abgründigen Tiefen« (T. 335) ist diesem Thema gewidmet; es stammt von einer zu Beginn des 5. Jahrhunderts in liturgisch organisierten Gemeinschaften zusammengeschlossenen Sekte aus dem Süden des blauen Flusses, die über eine eigenständige Priesterschaft und ein eigenes Ritual verfügte und von einem sehr aktiven Bekehrungseifer getrieben wurde. Mit Ausnahme des letzten Zuges, der innerhalb des Taoismus außergewöhnlich war, besitzt die von dieser Schrift vermittelte Botschaft in ihrer Gesamtheit nichts wirklich Besonderes. Das Werk ist beispielhaft für dieses Genre von Literatur, und durch zahlreiche Verweise auf grundlegende Vorstellungen des Taoismus steht es voll und ganz in Zusammenhang mit dieser religiösen Tradition. Die Schrift gilt als Talisman und sichert das Heil. Sie kündigt ein unmittelbar bevorstehendes Weltenende an, dem menschliche und kosmische Katastrophen vorausgehen – Epidemien, Überschwemmungen, Kriege, Räubertum, Unterdrückung durch die Regierungsmacht, Hungersnot, Elend usw. – verursacht von Dämonenarmeen und moralischer Korruption. Auch hier wird das »Saat-Volk«, bestehend aus denen, die im Besitz dieses Werks sind, gerettet werden. Die Ankunft des Menschheitserretters Li Hong vervollständigt das Bild. Es sei nur mehr angemerkt, daß mit verstärkter Macht die alte Angst vor

Epidemien wieder auftaucht und mit ihr auch die Betonung des prophylaktischen Werts der Schrift, ebenso wie die Zwangsvorstellung von Angriffen seitens der Dämonen, die es abzuwehren gilt.

Praktiken und Voraussetzungen zur Erlangung des Heils

Sei es um diesen Katastrophen zu entrinnen oder um sein eigenes Heil, das der Toten oder aller Lebenden zu sichern, die Mittel sind annähernd die gleichen: Gebete, Befehle, Verwendung von Bannformeln und Rezitation von Texten nehmen eine größere Bedeutung, als ihnen im Shangqing zukam, ein, und dies auf Kosten einiger visueller Meditationen, die freilich weiterhin bestehen.

Die Hierarchie der Heilsbedingungen stimmt nahezu mit der des Shangqing überein. Zu ihr tritt die Notwendigkeit ein menschliches Wesen männlichen Geschlechts zu sein – worin sich der Einfluß des Buddhismus zeigt. Die nachfolgende Reihenfolge ist identisch: Ausübung von sowohl konfuzianischen als auch buddhistischen Tugenden und altüberlieferter Methoden, die auf gleiche Stufe gestellt sind, dann rechtmäßiger Besitz einer Schrift, deren Rezitation und schließlich die Ausübung der von ihr benannten Methoden.

Bezüglich des moralischen Verhaltens findet man die gleiche Mischung, bestehend aus Tendenzen, die von den Himmelsmeistern und dem Shangqing geerbt sind, vor: Vorschriften zur Achtung vor der Natur stehen neben Mahnungen gegen die unberechtigte Weitergabe eines Werks, zu denen konkretere Warnungen vor einem Mangel an Respekt gegenüber dem Meister hinzukommen; dies ist ganz folgerichtig für das Lingbao, das, indem es dem Ritual soviel Bedeutung beimißt, sich dazu veranlaßt sieht, die gleiche Bedeutung auch dem zelebrierenden Meister zuzuerkennen.

Die ebenfalls rein rituelle Rezitation der Schriften erlangt in gleicher Weise eine Bedeutung, die sie bereits im Shangqing innehatte, sich freilich noch verstärkt. Die Bezeichnungen der Himmel sind »himmlische Klänge«, und von daher wohnen ihrer Rezitation übernatürliche Kräfte inne. Nach dem Beispiel jener Praxis, die sich bereits im Shangqing zu zeigen begann, weisen diese Namen eine Pseudo-Sanskritform auf; sie stellen »geheime Worte des großen Brahman« dar und besitzen eine den Mantras vergleichbare Wirksamkeit. Hauptgegenstand des *Duren jing* bildet die Offenbarung der Namen der Himmel und ihrer Bewohner; ursprünglich war es vor Anbeginn der Zeiten von dem Yuanshi tianzun (dem »Himmelserhabenen des Urbeginns«) rezitiert worden, und indem es die Menschen psalmodieren, reaktualisieren sie diese erste Rezitation, welche die Entstehung der Welt gelenkt hat; sie fand ihre Vollendung in einer mystischen Perle, die, in der Leere hängend, den Ausgangspunkt für den Kosmos bildete, an dem sich sämtliche Götter versammelt hatten. Jede der wiederholten Rezitationen des Texts durch den höchsten Gott, eine für jede Richtung des Raumes, bildete eine Quelle des Lebens und der Erneuerung: Die Blinden erlangten ihr Augenlicht, die Tauben ihr Gehör, die Alten ihre Jugend, die Frauen ihre Fruchtbarkeit zurück, und die Toten erstanden auf. Die Rezitation der Schriften »ebnet« die Erde (die »flache« Erde, Entsprechung zu dem großen Frieden oder der großen Gleichheit; *ping* bedeutet ebenso »flach, eben« wie auch »Frieden«) und verhindert die kosmischen Katastrophen: Kriege, Epidemien, Ungleichgewicht von Yin und Yang oder im Ablauf der Jahreszeiten und Verdunkelung der Gestirne. Je größer die Zahl der Rezitationen ist, um so mehr erhöht sich deren Wirksamkeit, die bis hin zu einer Verbindung mit den Göttern und dem Flug in die Himmel gehen kann. In dieser Konzeption der Rezitation läßt sich einmal mehr die Mischzusammensetzung des Lingbao erkennen, von der wir ja sahen, daß sie chinesische Wurzeln besitzt und dabei in gewissen Texten obendrein eine buddhistische Färbung aufweist, die keineswegs eine Entstellung darstellt: Zuweilen geschieht es in Form von Licht, das aus dem Munde des Yuanshi tianzun strahlt und in die Erde eintaucht, daß der Gott, angesichts des menschlichen Leidens von Mitleid bewegt, seine Lehren austeilt.

In den Schriften des alten Lingbao hat das Ritual des »Werfens der Drachen« seinen Ursprung, das berühmt wurde und zwischen dem 7. und 14. Jahrhundert auf kaiserliche Anordnung häufig feierlich ausgeführt werden sollte. Es bestand darin, am Ende einer im allgemeinen in den Bergen abgehaltenen liturgischen Zeremonie auf Metall- oder Steinplättchen geschriebene Gebete in Grotten, Schluchten oder Quellen zu werfen, an denen ein goldener Drache befestigt war, dessen Aufgabe darin bestand, das Plättchen fortzutragen und es bis zu den Drei Ursprünglichen zu geleiten. Die fernen Ursprünge dieses Ritus liegen in den Sühneritualen der Herrscher in mythischer Vergangenheit[1]; daran erinnert eine Anzahl von Merkmalen, die von den Texten explizit als solche interpretiert werden. An die Plättchen waren ein Ring aus Jade und goldene Knöpfe angefügt, die die Stelle des Bluts einnahmen, mit dem man sich bei den Treueschwüren die Lippen einrieb; die Seidenfäden, mit denen Drache, Jade und Knöpfe an die Plättchen gebunden wurden, stellten Symbole für die abgeschnittenen Haare dar, die jener Gottheit dargebracht wurden, die als Zeuge des Schwurs zugegen war. Bei diesem Ritus handelte es sich somit um eine symbolische Transposition der vom Herrscher zum Wohl ihres Reichs und des Volks ausgeführten persönlichen Opferriten. Es wird verständlich, warum die Kaiser an ihrer Durchführung interessiert waren und sie anordneten.

Einem mehrere Jahrzehnte später als das »alte Lingbao« datierten Text (T. 361, insbes. 1, 1b) zufolge müssen diese Plättchen zu den hundertachtzig Meeren geleitet werden, die sich in den zweiunddreißig Himmeln und den zweiunddreißig Wasserschluchten inmitten der Berge befinden, in denen sich die drei Drachen (die *nara* im Buddhismus) tummeln. An erster Stelle der acht majestätischen und schrecklichen Tiere *(bawei)* angeordnet, die in Beziehung zu den Sternen und den acht »Toren« (für die acht Punkte der Windrose) der Welt stehen, bei denen es sich um die Gifte der vom Yuanshi tianzun gezähmten unheilbringenden Tiere handelt und die alles Übel, insbesondere die wilden Tiere, vertreiben, entscheiden diese Drachenkönige darüber, wem Rettung zuteil werden kann, und erretten die Gläubigen beim Untergang der Welt.

Das Ritual

Die Struktur

Als Ritual zur Erlangung des Heils und der Erneuerung bildet die Liturgie des Lingbao zusammen mit der kirchlichen Organisation der Himmelsmeister einen der institutionellen Bereiche des Taoismus. Die Bedeutung, die das Ritual innerhalb des Taoismus erlangt, entspricht einer Entwicklung dieser Religion in eine gemeinschaftliche Richtung und zugunsten einer Einflußnahme der Priester, die eine institutionell eingerichtete Gruppe bilden. Zu Beginn hat es Riten gegeben, die wie im Shangqing in der Zurückgezogenheit ausgeführt werden konnten, doch gewannen ganz allmählich die Gemeinschaften die Oberhand; im 5. und 6. Jahrhundert zuweilen in kleinen Gruppen abgehalten, brachten sie bald darauf entweder eine Großfamilie chinesischen Stils oder aber ein ganzes Dorf zusammen und wurden schließlich zu offiziellen Zeremonien imperialen Ausmaßes. Heutzutage in den ländlichen Gebieten und in jenen Schichten des Volks Zuflucht suchend, deren Kulte es assimiliert hat, ist es mit den lokalen Festen verbunden und festigt die regionalen Strukturen.[2]

Diese Liturgie gründet sich im wesentlichen auf die Offenbarung des Lingbao und integriert Elemente des Rituals der Himmelsmeister. Zunächst von Lu Xiujing kodifiziert, wurde sie erneut im 8. Jahrhundert von Zhang Wenfu und schließlich von Du Guangting, der eine Autorität auf diesem Gebiet war, gestaltet. Nachfolgend dann wurden unter dem Deckmantel neuer Offenbarungen Änderungen eingebracht, doch blieb ihre allgemeine Struktur diejenige des Lingbao. Diese Änderungen wurden zu einem großen Teil schließlich in die später kompilierten großen Sammelwerke übernommen, von denen die wichtigsten in das 12. und 13. Jahrhundert datieren.

Die Liturgie verarbeitet und illustriert den Großteil jener Elemente, denen wir bereits begegnet sind. All die vom Adepten in der Meditation erlebten Symbole werden in spektakulärer Weise in Szene gesetzt, mitunter, und dies vor allem in neuerer Zeit, mit einer quasi theatralisch-dramaturgischen Prägung; eine der Ursprünge des chinesischen Theaters liegt im taoistischen Ritual. Die Beziehung zwischen den von uns betrachteten Elementen der Meditation und dieser Liturgie ist so grundlegend, daß sich weder der Ursprung noch der tiefere Sinn des Rituals ohne eine Kenntnis des Prinzips, der Themen und des Ablaufs der unterschiedlichen taoistischen Meditationsformen, die das Ritual nun seinerseits in Szene setzt und darstellt, tatsächlich verstehen lassen. Bestimmte Grundideen werden gleichwohl bereichert oder auch weiterentwickelt, so beispielsweise die den gesamten Taoismus durchziehenden kosmologischen und kalendarischen Spekulationen, die ein Erbe der Han-Gelehrsamkeit darstellen.

Mehrere allgemeine Züge lassen sich freilegen, von denen einige, dies sei unterstrichen, Teil der gesamten taoistischen Tradition sind: der szenisch-theaterhafte Aspekt des Ganzen, das von Musik, Bannern, Gesängen und Tänzen, zuweilen auch von Pantomime begleitet wird; die Wiederholung, d. h. jeder Teil des Ritus bildet eine Einheit aus mehreren, ineinander verschachtelten Teilen; der mehrdimensionale Charakter, d. h. der Ritus vollzieht sich zur gleichen Zeit auf mehreren Ebenen; die im allgemeinen unpersönliche Form sowohl des Pantheons als auch der Bitten und Bekenntnisse, welche der Priester im Namen der Versammlung verlauten läßt, trotz des zuweilen lokalen und volkstümlichen Charakters dieser Zeremonien; die Mehrzahl der im Ritual involvierten Schichten, derer es drei gibt: der Himmel und seine Gestirne, die Erde mit ihren Bergen und der Mensch und seine Organe, die freilich alle auf den himmlischen und göttlichen Bereich verweisen, zu dem hin sie zusammenlaufen und der sie eint. Diese drei Schichten werden auf zwei Ebenen inszeniert: die äußerliche, in physischen Handlungen ausgeführte Zeremonie, die ihre Entsprechung in der inneren Meditation des Priesters findet. Zudem besitzen die vollzogenen Handlungen einen symbolischen Wert: Wenn beispielsweise der Priester sein Schwert mit Wasser besprengt, so gilt es zu wissen, daß es sich um Wasser des himmlischen Einen und um das die Dämonen vertreibende Schwert des Zhang Daoling handelt und daß dieses Wasser eines ist, das aus dem heiligen Berg der Mitte, d. h. aus dem Herzen des Wahrhaftmenschen, zu dem der verklärte zelebrierende Priester wird, hervorquillt.

Es bestehen und bestanden zahlreiche Varianten und mehrere Arten von Ritualen; traditionell und in schematischer Weise werden drei Arten gezählt: das »goldene Register«, das von himmlischem Wesen ist und mit dem Ziel ausgeführt wird, Naturkatastrophen zu verhindern; es war ursprünglich den Herrschern gewidmet und wird in der Tang-Zeit hauptsächlich zu Ehren der kaiserlichen Familie zelebriert; das »gelbe Register«, das von irdischer Natur ist und die Ruhe der Verstorbenen sichern soll; in der Song-Zeit nahm man jedoch an, daß es auch zum Wohl der Lebenden zelebriert werden könnte; das »jadene Register« von menschlicher Natur, das ursprünglich den Fürsten gewidmet war und darauf abzielte, die Menschen zu erretten.

Heutzutage existieren nur mehr das gelbe, als »dunkel« bezeichnet und das »goldene« Register, das »rein« genannt wird und das Heil der gesamten Menschheit sichern soll. Bei einer identischen Struktur sind die Unterschiede gekennzeichnet durch eine rituelle Trennung der verwendeten Instrumente und durch einige Varianten, die das »gelbe Register« betreffen.

Wir vermeiden es, in die Einzelheiten der fortschreitenden Umwandlung des Rituals, seiner Entwicklung und seinen unterschiedlichen Varianten zu gehen, und begnügen uns damit, einen schematischen Überblick zu geben, der mit Hilfe einer Untersuchung der Schriften des *Daozang* sowie einer Reihe von Studien zu diesem Thema, auf die wir für detailliertere Ausführungen verweisen, erstellt wird.

Auf das wesentliche seiner Gestalt reduziert, die sich seit der Zeit der Sechs Dynastien kaum gewandelt hat, teilt sich das gesamte Ritual in drei Abschnitte. Die am Vorabend gemachte »abendliche Ankündigung« stellt eine Errichtung der sakralen Welt dar. Die Durchführung des Opfers selbst, die am darauffolgenden Tag stattfindet, besteht aus zwei Teilen, einem ersten, als »Fasten« *(zhai)* bezeichneten, und dem zweiten, der »Opfer« *(jiao)* genannt wird. Der erste Teil umfaßt eine Reise um die Welt im kleinen, wie sie der heilige Bezirk darstellt; von ihr wurde gesagt, daß sie möglicherweise vom Ritus der buddhistischen Umwanderung angeregt wurde, doch ist offensichtlich, und der Leser wird sich sicherlich davon überzeugen lassen, daß sie in enger Beziehung zu all jenen »Reisen«, seien es kosmologisch-theologische, kaiserliche oder ekstatische, stehen, die die Chinesen kannten. Der zweite Teil ist eine Prüfung der Kompetenz, bei der der Priester die Mächte seines »Registers« an sich vorbeiziehen läßt, um dessen Wirksamkeit zu prüfen, zu bestätigen und somit zu steigern; er knüpft den Bund mit den Göttern neu und unterstreicht ihn mittels eines Speisenopfers, das sein entfernter Vorfahre in den »Küchen« findet. Das Ganze wird gekrönt von der »Verkündung der Verdienste«, d. h. des Ergebnisses des Opfers, der »Billigung«; diese findet am darauffolgenden Tag statt und schließt mit der Zueignung der Zeremonie, bei der die Götter »verabschiedet«, der Altar abgebaut und die Schriften verbrannt werden.

Die unterschiedlichen Abschnitte

1. Die Anordnung der Bestandteile

Die wesentlichen Elemente des Rituals sind zum einen die Götter, zum anderen die Menschen, und zwischen Göttern und Menschen die Instrumente – physische, geistige und menschliche –, die die Rolle von Vermittlern spielen und die Hauptakteure sind.

Das Ritual spielt sich vor dem gesamten himmlischen Hof ab. Die Gesamtheit der Götter bildet, von Ausnahmen abgesehen, im allgemeinen einen sehr vermischten Pantheon, in dem die Gottheiten der alten Himmelsmeisterriten, bestimmte Götter des Shangqing – insbesondere jene der Gestirne –, lokale Götter oder legendäre Heroen und schließlich die Gottheiten des Lingbao zusammenkommen. Mehrere Ebenen lassen sich unterscheiden, von denen zwei die wesentlichen sind. Die erste umfaßt berühmte Götter oder Instanzen, von denen einige aus dieser Welt, andere aus dem Jenseits entstammen, wobei es sich zum größten Teil um abstrakte Gestalten, kosmische Prinzipien oder Kräfte handelt, wie z. B. Yuanshi tianzun, die »Drei Reinen« und »Drei Erhabenen«, die »Fünf Kaiser«, die »Drei Beamten« *(sanguan),* Lao jun, die Gestirne, den Donner usw. Die zweite Ebene setzt sich zusammen aus Botengöttern, die hauptsächlich im Zhengyi ihren Ursprung haben, seien dies nun »zivile«, wie die Körpergottheiten (des Meisters) oder jene der vier Himmelsrichtungen, oder aber kriegerische, beispielsweise die »Könige der Dämonen«, oder alle möglichen Arten von bewaffneten und schrecklichen Mächten.

Was diese Gottheiten der zweiten Ebene betrifft, so besteht die Kunst des Meisters darin, »mittels des wahren Qi des himmlischen Tao die ›korrekten‹ [orthodoxen, im Sinn von kontrolliert und nicht wild] Qi der drei Zinnoberfelder und der fünf Viszera zusammenzurufen, ihnen die Funktion von geheiligten Gottheiten zu verleihen« und diese dann aus seinem Körper »austreten« zu lassen, um sie in Boten zu verwandeln *(hua)*, welche die Verbindung mit dem Himmel gewährleisten. Zwischen diesen beiden Arten von Göttern besteht ein grundsätzlicher Unterschied, und so kann man sagen, daß der Meister es ist, der gleichsam die Grenze bildet und den Ort, an dem dieser sich zeigt: In respektvoller Haltung des Untergebenen den Göttern der ersten Ebene gegenüber, vor denen er als Vasall erscheint, ist er dafür Herrscher über die Gottheiten der zweiten Ebene, gleichsam ein Oberbefehlshaber vor seinen Truppen. Das Ganze funktioniert wie eine himmlische Verwaltung: Die bürokratische Tendenz ist stärker als die vom Buddhismus eingeführte des Mitleids und jene des leuchtenden Strahlens, die im Shangqing vorherrschend war, wenn diese Züge freilich auch keineswegs vollkommen fehlen.

Das Ritual wird für die Menschen ausgeführt; früher mag dies ein Kaiser gewesen sein, heutzutage sind es zumeist Mitglieder einer Familien-, Dorf- oder Gildegemeinschaft. Als Gläubige, d.h. insofern als sie die Verbote und Vorschriften achten, sind sie befugt, diese Zeremonie zu verlangen. Hierin liegt die Bedeutung der feierlichen, im Verlauf der Zeremonie stattfindenden Verkündigung der Gebote und Verbote sowie der Riten zur Reinigung und zum Erlaß der Sünden, die zu unterschiedlichen Zeitpunkten mehrmals im Verlauf der Zeremonie durchgeführt werden.

Es gibt zweierlei Instrumente: Die einen sind materiell und inszenatorisch, die anderen stellen die zelebrierenden Priester dar.

Zunächst ist es der Ort, d.h. der heilige Bezirk und der Altar, die sich im allgemeinen nicht in einem Tempel, sondern unter freiem Himmel befinden, in den Anfängen häufig auf einem Berg, und die zu diesem Anlaß errichtet werden. Der heilige Bezirk bildet eine jener »Welten im kleinen«, innerhalb derer der Taoismus wirkt, die sich organisieren und orientieren gemäß den traditionellen Koordinaten, welche dazu dienen, die Richtungen, in die sich der Priester der Reihe nach wendet, zu bestimmen, indem sie diesen eine genaue Bedeutung verleihen. In bezug auf die Struktur dieses heiligen Raums, den Rahmen, der die Grundlage für den Rest bildet, mit seinen vier Ecken, seinem Himmel und seiner Hölle, der Kulisse eines Theaters gleich abgegrenzt durch Tafeln, Behänge oder Inschriften oder auch mittels Reisscheffeln, die an antike Bräuche der Himmelsmeister erinnern, erhält die Gesamtheit des Rituals ihre Bedeutung. Ein überraschendes, meines Wissens bisher noch nicht entdecktes Faktum gilt es hervorzuheben: Die gesamte Struktur dieser Welt gleicht jener, wie man sie auf den Divinationstafeln der Han-Zeit findet – seine »vier Pforten«, die, wie zu sehen sein wird, in Beziehung gesetzt sind zu dem Menschen (oder dem Mond) den Dämonen (oder der Sonne), dem Himmel und der Erde, der Anordnung der Trigramme, der Konstellationen und unterschiedlichen numerischen Systeme, ebenso wie auch deren Abwandlungen, welche den vier Himmelsrichtungen angefügt sind etc. Hierdurch wird dieses Ritual zum direkten Erben der han-zeitlichen Kalenderberechnungen und -spekulationen.

Es gibt nun mehrere Modelle des geheiligten Bezirks. Der des *Sanhuang zhai* (der drei Herrscher) beispielsweise ist nach dem Modell der »Mingtang«, dem »Palast des Lichts«, einem Mikrokosmos, der als Bereich für die rituelle Herrschaft der Kaiser des Altertums gedient hat, errichtet: ein in neun Felder gegliedertes Rechteck mit vier in den Ecken befindlichen Toren; drei Tische mit Opfergaben werden errichtet, für den Himmel, die Erde und den Menschen; in der Mitte des Altars ein weiterer Tisch mit einem Räuchergefäß (*Wu-shang pi-yao*, Lagerwey, S. 152). Ein anderer wird in drei »Etagen« errichtet, drei konzentrische, auf den Boden gezeichnete Rechtecke, die, von außen nach innen gesehen, den drei Bereichen der Beamten entsprechen, des Wassers (die Höllen), umkreist von den acht Trigrammen, der Erde, durch vier Tore abgegrenzt, und des Himmels mit zehn Richtungen, wobei zwei einem verdoppelten, oben und unten miteinander verbindenden Zentrum entsprechen (ebenda, Lagerwey, S. 163–164). Heutzutage wird dieser dreigeteilte Bereich in seinem äußeren Teil von vierundzwanzig Lampions eingefaßt, die die vierundzwanzig Qi des Jahres und die ihnen entsprechenden vierundzwanzig Sterne des Zodiakus darstellen; den mittleren Teil säumen vier Tore und acht Trigramme. Bei den vier Toren handelt es sich um dasjenige des Himmels im Nordwesten, der Erde im Südosten, des Mondes bzw. der Menschen im Südwesten und der Sonne oder der Dämonen im Nordosten. Diese Anordnung ist mit den acht Trigrammen gemäß der Anordnung des Königs Wen gekoppelt. Jede Himmelsrichtung wird zu einer Ziffer in Beziehung gesetzt, entsprechend einer als *nayin* bezeichneten, vom Shangqing verwendeten Zuordnung, in der Weise, daß die addierten Ziffern des Nordens und Westens auf der einen Seite, des Südens und Ostens auf der anderen zwölf ergeben (insgesamt also vierundzwanzig, entsprechend den vierundzwanzig Qi bzw. Sternen), und daß die Teilung von Yang- und Yin-Ziffern sich entlang einer Nordost/Südwest-Achse vollzieht; dies entspricht dem kosmischen System »dem Himmel vorausgehend« *[xiantian]*, d. h. vor der Entstehung der Welt. Auf den Altären werden die Talismane der fünf Richtungen, die »Unterpfände des Vertrauens« ebenso wie die Opfergaben angeordnet – je nach Gegebenheit und Epoche sind dies: Wein, getrocknetes Fleisch, Räucherwerk, Suppe –, die das den Göttern dargereichte »Bankett« (die »Küche«) bilden. Der Hauptaltar wird mit einer »Höhle« oder aber auch mit einem Berg verglichen; seine Bezeichnung lautet »neun Provinzen«, ein Terminus, der die gesamte bekannte Welt bezeichnet; gleichwohl befindet er sich aber »jenseits der drei Welten« in dem höchsten Himmel.

Zu dem äußeren Altar kommt ein »innerer«, von dem Priester durch seine Meditation errichteter Altar hinzu, indem er die vier heraldischen Tiere zusammenruft, die wie in den Meditationsübungen aus seinem Körper treten, um gleichsam die vier Flächen des geheiligten Bezirks zu bilden, welche die schädlichen äußeren Einflüsse fernhalten; ebenso ruft der Priester andere exorzistische Kräfte, wie jene des Scheffels, mit denen er sich bedeckt, des die Dämonen geißelnden Schwerts und des reinigenden Wassers an. Auf diese Weise wird die Welt im kleinen abgeschlossen, gereinigt und sakralisiert, »versiegelt« und »tabuisiert«, so die gebräuchliche Terminologie. Schließlich bildet auch der Körper des Meisters selbst einen dreistöckigen, durch die traditionellen Koordinaten des Taoismus bezeichneten Altar.

Die Musikinstrumente sind von zweierlei Art – Streich- und Perkussionsinstrumente –, auch sie finden in den Körperinstrumenten des Priesters ihre Entsprechung: Mit den Zähnen klappern kommt dem Anschlagen der Glocke oder des Klangsteines gleich, die Glocke ist dem Yang und dem Himmel, der Klangstein dem Yin und der Erde zugeordnet. Das Räuchergefäß stellt ein Instrument der Reinigung dar; es ist vermutlich durch das Shangqing eingeführt worden, das die alte chinesische Tradition des Opferrauches übernommen hat, der unter den Han zu einem wichtigen Agens der Reinigung geworden war (siehe U. Cedzich).

Die Anzahl der teilnehmenden Priester war von Epoche zu Epoche verschieden; ihnen oblagen unterschiedliche Aufgaben: Texte psalmodieren, die Zeremonie anleiten, Räucherwerke abbrennen etc. Der Hauptrezitator ist der wichtigste unter den »Begleitern«; er intoniert die Anrufungs- und Konsekrationsformeln und rezitiert die Beichttexte. Er ist freilich nurmehr das sichtbare Double des Meisters, der, den Großteil der Zeit schweigend, die wesentliche Funktion innehat, denn er besitzt die Macht, mit den Göttern in Verbindung zu treten. Diese Macht, so verkündet er feierlich, wird ihm durch die »Register« zuteil, d. h. durch jenes Dokument, das seine Inthronisation bestätigt und das nichts anderes darstellt als eine Liste derjenigen Geister, über die er als Himmelsboten verfügen kann. Tatsächlich sind es seine Fähigkeiten zur Konzentration, seine eigenen Lebenskräfte – jene der fünf »Viszera« oder auch der Gliedmaßen, welche in individueller Gestalt die gleichen sind wie die weiter oben erwähnten heraldischen Tiere, die zu jenem Pantheon hinzutreten, den ihm sein »Register« gewährt – die es ihm gestatten, den Altar zu sakralisieren und die Zeremonie durch Herbeirufung der Gottheiten durchzuführen; all dies ist das Ergebnis der ihm überlieferten Schriften und Talismane, der Unterweisungen, die er erhalten hat, und schließlich der ihm zuteil gewordenen Schulung in der Meditation.

Erklärter Zweck der Zeremonie ist die Bittschrift, die dem Himmel seitens der Gemeinde überreicht wird und die gemäß den von den Himmelsmeistern übernommenen Formen und Regeln abgefaßt wurde; doch man wird bemerken, daß das eigentliche Geschehen die Wiedererrichtung der Welt, die »Rückkehr« des Priesters auf die Welt als ihr Garant, darstellt. Das Ritual reinigt die Gemeinschaft, indem es das »Alte«, nämlich die schlechten Geister, austreibt und das »Neue« aufnimmt.

Auch hier erfüllt die Schrift wieder ihre Funktion. Das gesamte Ritual ist schriftlich, und die heiligen Texte müssen auf dem Altar ausgestellt werden; in gleicher Weise gilt es, die Talismane den rituellen Vorschriften entsprechend zu verfassen. Doch auch der Klang ist beteiligt, denn die Bittschrift wird laut verlesen; hierher rührt auch die vielfach betonte Wichtigkeit des richtigen Ausdrucks: Aussprache, Rhythmus und Intonation. Die Bittschrift verkündet den Anlaß der Zeremonie, häufig die Weihung eines Tempels, doch auch Bitten um Regen, eine Heilung, die Gefangennahme eines Banditen oder die Vertreibung eines Dämons, der einen Gläubigen heimsucht; sie mag aber auch zur Danksagung für eine Geburt, zuweilen die eines Erbprinzen, für die Erfüllung eines Wunschs etc. abgehalten werden. Der Priester bringt auch die Anliegen der Gemeinschaft in einer standardisierten, sehr allgemeinen Form zum Ausdruck, die den weiter oben wiedergegebenen Gelübden in den Texten des alten Lingbao sehr ähnlich ist. Hinzu tritt die Rezitation heiliger Schriften wie beispielsweise des *Duren jing,* das selbst eine Beschwörung, welche die schützende Anwesenheit der Götter gewährleistet, darstellt. Doch das tatsächliche, den erklärten Zweck der Zeremonie unterstützende Ziel stellt die Erneuerung des Bündnisses zwischen den Menschen und den Göttern oder, genauer und konkreter formuliert, des Bunds zwischen dem zelebrierenden Meister und den Gottheiten seiner Register dar, denn ohne dieses jedesmal bestätigte Bündnis vermochte keine Bittschrift zum himmlischen »Goldenen Tor« zu gelangen.

2. Die Durchführung

Als »Stätte des Tao« bezeichnet, d. h. das vom Tao sakralisierte Universum, stellt der zweite Akt den Kern der Zeremonie dar, auf den die übrigen, ihn einrahmenden, zulaufen. Es ist dies die Durchführung des Mysteriums, der Aufstieg gen Himmel der Boten und des Priesters selbst, die bei einer Audienz dem Tao die Ehre erweisen und eine Bittschrift überbringen. Dieser Teil hat sich im Lauf der Jahrhunderte in großem Maße entwickelt, so daß dieselbe Zeremonie schließlich mehrmals wiederholt wurde.

Sie vollzieht sich auf mehreren Ebenen, die nurmehr eine einzige bilden: der Mikrokosmos, gebildet durch den heiligen Bezirk; der Makrokosmos, dargestellt mittels der Trigramme; der Himmel, vertreten in den Sternen des Scheffels. Äußerlich sind es die Bewegungen des Priesters, der kommt und geht, sich wieder und wieder dreht, nach dem Schritt des Yu tanzt, das die Dämonen geißelnde Schwert schwingt, die Finger bewegt, die sich mit den Füßen in der Nachahmung des Schritts auf dem Scheffel paaren, umringt von seinen Akolythen, die Räucherwerk abbrennen, Texte rezitieren und die Musikinstrumente spielen.

Der Priester durchmißt die so wiedererschaffene Welt in ihren vielfachen Schichten, um sie zu ordnen, indem er darin die Einheit verteilt, dabei die Breite, Länge, Höhe und Tiefe nach Art des Yu ausmessend, der dies für das gesamte Reich getan hatte, nach dem Vorbild der Kaiser in der Mingtang und genauso wie es auch der Gott Taiyi der *fangshi* auf den Neun Palästen oder im Himmel auf den Sternen des Scheffels machte. Diese Reise erfüllt eine doppelte Funktion: Der Priester befriedet die Welt und sakralisiert sie, indem er, nach Art und Weise der Meditationen des Shangqing, von allen Seiten her die Gottheiten zusammenruft, die über sie herrschen. Der aufsteigenden Richtung folgend, läßt er aus sich die göttlichen Mächte austreten, dabei beginnt er mit denen der unteren Rangstufe, jenen des Zhengyi, um sie auf den Altar herabsteigen zu lassen und anschließend mit den höheren Mächten, denen des Shangqing, fortzufahren.

Mehrere Mittel werden verwendet, um den Aufstieg zu den Himmeln äußerlich zu symbolisieren. Sie unterscheiden sich je nach Art der Konstruktion des Altars. So tritt der Meister entweder durch das nordöstlich gelegene Tor, dasjenige der Dämonen und Tor der Hauptstadt aller Höllen, oder aber durch das der Erde im Südosten ein. Beispielsweise beginnt er bei der Pforte der Höllen, die die Pforte der Dämonen *(gui)* ist, zu der alles zurückkehrt und sich versammelt, um erneut aufzubrechen[3], dort, wo die Menschen in den düsteren Gefängnissen gefangengehalten werden, und schreitet zur Pforte der Erde, beim »Tor der Menschen« gelegen, anschließend zu der des Himmels, und wendet sich dort, dem Kaiser gleich, nach Süden, der Richtung des Himmels. Vom Schritt des Yu aus, dem »Schreiten auf dem Scheffel« als dem himmlischen Maßstab, oder auf den Trigrammen, hin zu jenem Triagramm, das den Himmel symbolisiert (das erste Trigramm *qian*), stellt ein anderes Muster dar.

Doch ebenso wie die »Befreiung von der sterblichen Hülle« *(shijie)* sich im höchsten Yin (Taiyin) vollziehen kann, so vollzieht der Priester, dabei vom Himmel ausgehend, um bis zur Erde, dem höchsten Yin, zu gelangen, einen labyrinthischen Gang, der eine alte, als *dunjia* bezeichnete Technik der Metamorphose nachahmt, welche zur Unsichtbarkeit führt: Diese in die Han-Zeit datierende Technik, die in enger Beziehung zu dem »Schreiten auf dem Scheffel« steht, war es, die Ge Hong für das »Betreten des Gebirgs« angeraten hatte. Hier nun greifen nicht mehr die »Liu jia«-Gottheiten ein, denen wir weiter oben bereits begegnet sind, sondern vielmehr deren Yin-Entsprechungen, die »Liu ding« (die Geister der sechs Tage mit dem Zykluszeichen *ding,* die, verglichen mit den Yang-Tagen *jia,* in Beziehung zum Yin stehen), Nacheiferer der Yin-Götter, die den Scheffel umgeben und über Verwandlungen und die Wiedergeburt herrschen, wie wir weiter oben sahen. Denn das Yin, insofern es *wu* (Nichtsein) ist, vermag umzuformen und zu wandeln; als Kennzeichen der Dualität ist es ein Doppeltes: Es ist »*wu* und *you* (Sein) und vermag zum Leben hinauszugehen und in den Tod zurückzukehren, das Unsichtbare und das Sichtbare zu umfassen«, so heißt es in einem Text (T. 852, 2, 2b); als Unbestimmtes bildet es das Agens des Übergangs; es »ist ohne Form«, fügt derselbe Text hinzu, der die Meinung vertritt, daß das Yin, anders als das Yang, das sich vermessen läßt, unerschöpflich ist. »Ich trete ein in den Bereich der Dunkelheit, so rezitiert der Priester, und lebe für immer« (siehe P. Andersen).

Zu diesen äußeren Mitteln kommen andere, innere, hinzu, wie jenes, das darin besteht, ein Kind zu visualisieren, das aus den Nieren, dem Norden des Körpers, den

Höllen hervorgeht, entlang der Wirbelsäule, der Himmelsbrücke, zum Gehirn aufsteigt und wächst, bis es zum Wahrhaftmenschen geworden ist, gekleidet in Rot, der Farbe des Südens und des Zinnobers. So wird ein ganzer Abschnitt des Rituals in der Stille der Meditation des Hauptpriesters ausgeführt, und hier fügt sich der Beitrag der Shangqing-Meditationen ein. Im Vergleich zu dem, was ihm vorausgeht, besteht die Neuerung des Lingbao in dieser Hinsicht darin, daß die innere visuelle Meditation, die hier in einem gemeinschaftlichen Rahmen ausgeführt wird, nicht mehr einzig dem persönlichen Heil des Meisters und seiner Familie nützlich ist, sondern vielmehr das der gesamten Welt sicherstellen soll.

Dieser Aufstieg stellt eine Wandlung dar: Der Meister verwandelt sich in den Wahrhaftmenschen, d. h. den kosmischen Menschen, in Lao jun. Aufsteigend »stärkt er sein Gehirn«, so ein alter Ausdruck zur Bezeichnung des Steigens der Essenz zum Kopf; er befördert das Yang, welches im Yin weilte, im Norden, in den Höllen, den Nieren, und läßt es zum Gehirn, im Süden, steigen. Dabei geht er von einer der beiden Anordnungen der Trigramme, der des Systems »nach [der Entstehung] des Himmels«, das jenes der Gestalt gewordenen und in Bewegung befindlichen Welt darstellt, zu der anderen über, dem System »vor [der Entstehung] des Himmels«, welches zugleich die Welt im virtuellen Zustand, dem Ursprung, und die Welt in ihrem Zustand der Vollendung, dem Ende, darstellt. Er wandelt sich und verschwindet gar. Ziel ist es, den Göttern die Bittschrift darzubringen und so durch die Vermittlung des Meisters den Bund zwischen den Menschen und ihnen zu erneuern, was sich auch in den auf dem Altar angeordneten Opfergaben, einem himmlischen Bankett, bestehend aus getrocknetem Fleisch und Wein, ausdrückt.

3. Die Billigung

Die Zeremonie endet mit dem dritten Akt, der am darauffolgenden Tag stattfindenden »Verkündung der Verdienste«. Der Meister wendet nun dem Himmelstor den Rücken zu und schaut in Richtung der Gläubigen: Vom Himmel kehrt er zu den Menschen zurück.

Auch wenn dieser Abschnitt des Rituals mit einer buddhistischen Bezeichnung *(gongde)* versehen ist, so entspricht er einer sehr alten, auf den antiken Kult des Erdgottes zurückgehende geistigen Veranschaulichung, die der Taoismus integriert hat. Semantisch und historisch entspricht der Terminus »Verdienst« dem Wort *fu,* »Glück«, im Sinne einer »himmlischen Segnung«, die anläßlich der altertümlichen »Küchen« als Gegenleistung für die Absolutionsriten angestrebt und erlangt wurde, welche die Gläubigen von ihren Vergehen befreiten.[4]

Die Bittschrift wurde in Empfang genommen; der Meister ist aus den himmlischen Sphären zurückgekehrt. In seinem Innern hat er die von ihm als Boten ausgesandten göttlichen Kräfte wieder eingegliedert. Diese kehren nun verherrlicht, nachdem sie zum Himmel aufgestiegen sind und es ein weiteres Mal verstanden haben, ihre Fähigkeiten als Mittler walten zu lassen, und den Bund bekräftigt haben, dorthin zurück. Der Körper des Meisters wird von ihnen vergöttlicht und glorifiziert. Diesen göttlichen oder besser vergöttlichten Kräften, die er zu veräußerlichen wußte, befiehlt der Meister, »seinen Körper zu umschlingen und seine Knochen zu umschließen, seine Leitbahnen zu regulieren und zu verbinden, seinen gesamten Körper und seine ganze Substanz zu durchlaufen, sich vollkommen nach Himmel und Erde zu richten, nach unten in das Zinnoberfeld einzugehen und nach oben bis zum *niwan* [dem oberen Zinnoberfeld] zu steigen«. Der Wahrhaftmensch, den er im Innern bis zum Scheitel aufsteigen ließ, ist herabgekommen. Doch wie jener, der als Knabe aufbrach, nun in Gestalt eines

Alten, nachdem er für eine Weile die des Wahrhaftmenschen angenommen hatte, zurückkehrt, so kehrt auch der Meister zurück und verkündet laut die Erneuerung seiner »Verdienste«, d. h. seiner Macht. Er hat Virtualitätursprung und Vollendung miteinander verbunden: Durch Veräußerlichung seiner vergöttlichten Vitalkräfte hat er diese aus dem virtuellen Zustand, dem »vor [der Entstehung] des Himmels«, in den der äußerlichen Manifestation, »nach [der Entstehung] des Himmels«, überführt, um sie schließlich, vollendet durch ihre Veräußerlichung, wiedereinzugliedern; durch die Übermittlung der Botschaften der Gläubigen an den Gott des Ursprungs, den Yuanshi tianzun, hat er zudem die äußere Welt mit ihrem Uranfang verbunden, wodurch diese eine Belebung erfährt: Die Blinden sehen, die Toten erstehen auf, und die ganze Welt wird errettet. Von all dem erstarkt, ist er eine Stufe auf der Leiter der »Verdienste« und in der geistigen Hierarchie vorgerückt. In einem gewaltigen Reinigungsfeuer werden nun die Schriften, heiligen Texte, Talismane und Tafeln verbrannt, so daß sie aus der gewöhnlichen Welt verschwinden.

Die Entwicklung des Rituals

Während der Song-Dynastie traten im Rahmen von Offenbarungen zahlreiche neue Riten in Erscheinung, die danach trachteten, sich den voraufgegangenen gegenüber als überlegen darzustellen und diese zu übertreffen. Freilich sah sich jede neue Offenbarung vor die Notwendigkeit gestellt, sich auf eine alte und ehrwürdige Tradition zu berufen, um eine Zuhörerschaft zu gewinnen und von deren Autorität zu profitieren. Die Anknüpfung geschah durch die Aufstellung einer mythischen Genealogie und durch Übernahme einer bestimmten Anzahl von Vorstellungen aus den alten Traditionen, die ganz unterschiedliche Elemente für eine Verbindung lieferten und die Gestalt von Talismanen annahmen; so z. B. die »Feuerglocke« *(huoling)*, die »fünf Talismane«

(wufu), der »östliche Brunnen« (*dongjing*, so der Name eines Aufenthalts von Sonne und Mond), der Sonne und dem Mond verliehene Bezeichnungen (*Yuyi* und *Jielin*) usw.

Sei es, daß sie in Höhlen entdeckt wurden, wie die antike Schrift *Sanhuang wen*, oder wie die Shangqing-Texte durch Eingebung entstanden sind, alle erheben sie gemeinhin den Anspruch auf eine zeitlich weit zurückliegende Entstehung und stützen sich auf die Autorität von Zhang Daoling oder des Shangqing. Häufig standen diese Offenbarungen in Zusammenhang mit Kämpfen um Einfluß auf der politischen Bühne, und so war ihr Erfolg abhängig von den Schwankungen der kaiserlichen Gunst, die abwechselnd der einen oder anderen Gruppe die Vorherrschaft zuerkannte. Große Ritualsammlungen wurden wesentlich seit der Herrschaft Kaisers Huizongs (100–1125) kompiliert, dessen Interesse für den Taoismus so weit ging, daß er selbst Hymnen komponierte; diese Enzyklopädien wurden in den darauffolgenden Jahrhunderten überarbeitet und erweitert, insbesondere jedesmal dann, wenn das Reich von sozialen und politischen Unruhen erschüttert wurde. Dies erklärt sich aus dem im weiteren Sinn exorzistischen Charakter der Rituale, denn die taoistischen Zeremonien wurden als Mittel zur Befriedung der Geister eingesetzt: Sie wurden zur Beendigung von Trockenheit ebenso wie auch von Epidemie abgehalten, freilich auch, um eine Region von Banditen zu befreien; der örtliche Magistrat nahm an ihr teil und leitete sie zuweilen; die Kaiser ließen sie wiederholt abhalten, so beispielsweise während einer Epidemie im Jahr 875 und aus Anlaß einer Dürre. Zeitweise waren die taoistische Liturgie und das Staatsritual eng miteinander verknüpft: hiervon zeugt die Person Du Guangtings, eine führende Gestalt des Taoismus im 9. Jahrhundert, der im Ahnentempel der Tang-Kaiser mit liturgischen Aufgaben betraut wurde. Somit verfolgte das taoistische Ritual nicht immer religiöse Ziele, sondern wurde, und gleiches gilt auch für den Buddhismus, zu einer Technik der Ordnung und Gesundheit, einer sowohl sozialen als auch individuellen Therapie; tatsächlich machen die Begleitumstände der verschiedenen Offenbarungen deutlich, daß deren Empfänger zu einem nicht geringen Anteil an einer schweren Krankheit litten, die von der entsprechenden Offenbarung geheilt wurde.

Die Eingliederung von Lokalkulten in dieses Ritual, deren Blüte und Vermehrung im 9. Jahrhundert durch die Zersplitterung des Reiches begünstigt worden war und die fortdauerten, stellt das charakteristische Hauptgeschehen in der Evolution des Rituals seit dieser Zeit dar. Die Gottheiten vervielfachen sich, sie sind historischen oder legendarischen Ursprungs, hervorgegangen aus Kulten, die anderen Verstorbenen als den Ahnen geweiht waren – etwas, dem sich der ursprüngliche Taoismus entschieden widersetzt hatte –, auf dem Schlachtfeld Gestorbene beispielsweise, die vom Kult vereinnahmt, sich von gefährlichen und rachsüchtigen Dämonen in bezähmte und dem Meister zu Diensten stehende Kräfte verwandelten, anstatt daß sie in Lokalkulten verehrt, aber nicht dienstbar gemacht wurden.

Die Mehrzahl der neuen Riten maß den Bannformeln und Talismanen vermehrte Bedeutung zu, und zuweilen wurde ihnen innerhalb des Rituals eine zentrale Rolle zuerkannt, was zu ihrer Vermehrung führte. Zwei Pole sind besonders ausgeprägt: die Gestirne – im allgemeinen Sonne, Mond und der Scheffel – und die Höllen, die, daran sei erinnert, in Beziehung zum Scheffel gesetzt werden – mit dem Kult des Kaisers des Nordens, Zhenwu, dem »Dunklen Krieger«, und dem des Gottes Tianpeng. Der Kult des sehr populären »Dunklen Kriegers« hatte in der Song-Zeit großen Erfolg, der unter der Ming-Dynastie, deren Gründer diesen Geist als seinen Beschützer ansah, sogar noch weitaus größer war; als ein Exorzist mit wirrem Haar, nackten Füßen und mit dem Schwert in der Hand, wird er von dem »Schwarzen Vernichter« begleitet und ist verbunden mit Tianpeng, einem Stern des Scheffels, wie er selbst und sein Begleiter auch. Die Hauptquelle für Tianpeng, wie auch für die »Drei Strahlenden«, ist im Shangqing zu finden, das einen gewissen Einfluß auf diese Neuerungen ausgeübt hat. Entwicklungen zum Thema der fünf Wandlungsphasen sind in Anbetracht der beiden wesentlichen Pole so gering, daß man annehmen kann, daß sie zu einem zweitrangigen Problem werden, auch wenn sie freilich immer in dem Maß gegenwärtig sind, als das Lingbao-Ritual weiterhin die Grundstruktur bildet. Die Richtung dieser Evolution läßt sich mittels der Tatsache verdeutlichen, daß die Reinigung, so stellt ein Autor dieser Zeit fest, zumeist eher durch Aufnahme der Fluida von Sonne und Mond, als durch das aus Metall und Holz hervorgegangene Wasser und Feuer, im ganzen betrachtet also nicht so sehr durch die fünf Wandlungsphasen, als vielmehr durch die Gestirne geschieht. Der tantrische Buddhismus hat auf die Entwicklung des Rituals einen Einfluß ausgeübt, der sich beispielsweise in der Verwendung von »Siegeln« und »Mudras«, d. h. mit den Fingern ausgeführter Gesten, zeigt: So läßt sich das Beschreiten des Scheffels z. B. mit den Fingern ausführen. Häufig wird eine starke Betonung auf die Notwendigkeit zur Aufrichtigkeit während der Ausführung des Rituals und beim Schreiben der Bannformeln gelegt; sie allein vermag die angestrebte Wirksamkeit zu zeitigen; ausdrücklich wird sie mit dem als *gewu*, der »Untersuchung der Dinge« bezeichneten Erkenntnisprozeß bei den Konfuzianern verglichen (T. 224, 1, 3b; siehe auch T. 223, 25, 5b und T. 222, 1, 2a), der »die Ahnen herbeibringt« (gemäß der Etymologie des Neokonfuzianers Cheng Yi) und der zu den Prinzipien der Dinge hinführt. Zahlreiche Spuren eines Einflusses seitens der inneren Alchemie lassen sich erkennen, insbesondere in den Ritualen des Qingwei (z. B. T. 222, 1, 2a–b; T. 223, 25, 3b–5a). Es bestand in der Tat eine enge Beziehung zwischen der inneren Alchemie und dem Ritual: So war beispielsweise Bo Yuchan, einer der größten Meister der inneren Alchemie, zugleich auch ein angesehener Ritualist, spezialisiert auf das Donnerritual, worin die Nachkommen seiner Traditionslinie ihm gefolgt sind.

Zahlreich sind die Schulen, die sich zuweilen nur wenig voneinander unterscheiden und sich gegenseitig nicht ausschließen. Ein Meister konnte unterschiedslos Riten verschiedener Schulen praktizieren und dabei diejenigen ihrer Techniken miteinander kombinieren, die ihn am wirkungsvollsten erschienen.

Eine der ersten großen Offenbarungen war jene, die Li Lingsu (1076–1120) zuteil wurde, der ab dem Jahr 1116 in den Genuß außergewöhnlicher Gunst seitens Kaiser Huizongs kam. Er stellte das *Duren jing,* dem er 59 Kapitel hinzufügte, an den Anfang des taoistischen Kanons. Von ihm wurde der Shenxiao-Ritus (»göttlicher Himmel«) eingeführt, dessen Name einen Bereich des Himmels bezeichnet, der sich nach Li Lingsu über allen bisher bekannten befindet und von ihm als die Vollendung der Shangqing-Offenbarung dargestellt wurde. Kaiser Huizong, der als ein älterer Bruder des Jadekaisers galt, der auf die Erde herabgestiegen war, um die Menschen zu erretten, erhielt den Titel eines »Großen Kaisers des langen Lebens«; auf diese Weise vergöttlicht, wurde er nicht nur an die Spitze dieser neuen geoffenbarten Ordnung gestellt und zum Gegenstand eines Kults gemacht, sondern er erhielt ebenfalls die Verantwortung für das Heil seiner Untertanen.

Die Aufgabe dieser Bewegung war im wesentlichen eine liturgische: Ein vollständiger Zyklus von Rezitationen sichert das Heil der Menschheit, kommt einer Rückkehr zum Ursprung gleich, unterbricht den Kreislauf des Geborenwerdens und Sterbens und ermöglicht eine Wiedergeburt im Himmel Taiping. Ein wichtiger Platz wird der kosmischen und Unheil bannenden Kraft von Blitz und Donner zuerkannt, die der Meister zur Ausübung seiner Macht aufnehmen muß, ebenso auch dem Bannspruch der »Feuerglocke« *(huoling),* der seine Herkunft aus dem Shangqing ableitet und eine vorrangige Rolle innerhalb des Exorzismus spielt.

Im Jahr 1119 wurde Li Lingsu vom Hof verwiesen und starb im darauffolgenden Jahr unter mysteriösen Umständen; sein Werk wurde allerdings von seinem Schüler Wang Wenqing (1093–1153) fortgeführt. Als die »Barbaren« den Norden Chinas besetzten und den Hof zwangen, nach Süden zu flüchten, wurde die äußerst erfolgreiche Shenxiao-Bewegung angeklagt, für diese Niederlage verantwortlich zu sein (dies eine genaue Umkehrung der Dinge, denn das taoistische Ritual hatte die Absicht, den Frieden des Reichs zu garantieren), und stand fortan schlecht bei Hof, doch wurde es in den Küstenregionen des Südens weiterhin praktiziert. Die Himmelsmeister haben es übernommen, und so bestand es in Gestalt des Shenxiao-Rituals der fünf Donner fort. Die spätere Entwicklung des Rituals hat viele Entlehnungen bei ihm gemacht.

Der Tianxin-Ritus (»Herz des Himmels«), der zur gleichen Zeit in Erscheinung trat, besaß ebenfalls die Gunst Kaiser Huizongs. Seine Offenbarung gab vor, bis in das 9. Jahrhundert zurückzureichen, doch sind es vom Beginn des 12. und 13. Jahrhunderts datierende Schriften, die ihm tatsächlich Gewicht verliehen haben. »Tianxin«, das »Herz des Himmels«, das mit dem Sternbild Scheffel identifiziert wird, ist ein der weiter oben erwähnten *dunjia*-Technik entlehnter Begriff, eine Technik, die es ermöglicht, zu entweichen und sich unsichtbar zu machen. Er wird mit dem Norden und dem Zykluszeichen *zi,* dem Beginn allen Lebens (z. B. T. 1005, 2, 2a), in Beziehung gesetzt. Wenn auch der Donner bei diesem Ritus eine Rolle spielt, so gründet er sich auf den Gebrauch dreier wesentlicher Talismane, von denen angenommen wird, daß sie auf Zhang Daoling zurückgehen: derjenige der »drei Lichter« (Sonne, Mond, Gestirne), der des Scheffels und jener des Kaisers des Nordens, des »Dunklen Kriegers«. Er stellt die Darbringung von Bittgesuchen mittels des Gangs auf dem Scheffel in den Vordergrund, der mit der inneren Verwandlung einhergeht und die Heilung von Krankheiten erlaubt. Wenn der

Schwerpunkt auf die Talismane gelegt wird, so verdankt sich deren Wirksamkeit gleichwohl den Qi-Techniken und den Meditationen, die es dem Priester gestatten, bei ihrer Niederschrift jene kosmischen Kräfte in sich aufzunehmen, von denen er in seinem Amt Gebrauch zu machen hat. Aufgabe dieses Rituals ist es, dem Staat zu helfen und das Volk bis in die niedersten Schichten hinein zu erretten. Insbesondere gekennzeichnet durch eine exorzistische und therapeutische Tendenz und auch spezialisiert auf die Heilung von Besessenen, hat es sich vor allem ab der zweiten Hälfte des 12. Jahrhunderts derart ausgebreitet, daß mehrere Romane, so z. B. das *Shuihu zhuan* (»Die Räuber vom Liangshan-Moor«), von ihm Anregung erfahren haben. Besonders im Süden Chinas hat es sich verbreitet, und in der Gegenwart lassen sich seine Spuren bis zum Volk der Yao in Thailand verfolgen.

Das Ritual der »Jadehalle«, Yutang, 1120 von Lu Shizhong, einem berühmten Exorzisten seiner Zeit, offenbart, ist dem des Tianxin sehr ähnlich, dessen esoterische Form zu sein es vorgibt. Auch beruft es sich auf Zhang Daoling; sein Pantheon und seine Bannsprüche gleichen denen des vorhergehenden; die aus dem Shangqing entlehnten Elemente, lange Passagen aus bestimmten Werken, sind hier wesentlich zahlreicher, wenn auch vermischt mit Techniken des Exorzismus und mit Komponenten aus dem Heilsritual des Lingbao; die vom Shangqing verwendeten Begriffe zur Bezeichnung der Sonne (*Yuyi* und *Jielin*) sind in bezeichnender Weise mit Termini, die der inneren Alchemie entstammen, dem »wahren Wasser« und dem »wahren Feuer«, verbunden.

Ebenfalls auf das Shangqing berufen sich die Riten Tongchu (»Anbruch der Jugend«), dies der Name eines der Shangqing-Himmel, der nur den Menschen vorbehalten ist. Im Jahr 1121 Yang Xizhen offenbart, übernehmen sie aus dieser Tradition die berühmte Anrufung des Tianpeng, des neunten Sterns im Sternbild des Scheffels und erster der

»vier Heiligen«, dessen vierter der weiter oben bereits erwähnte »Dunkle Krieger« ist.

Sehr zahlreich sind die Donnerriten, in denen der Priester sich die Macht des Donners einzuverleiben hat, Ergebnis der Vereinigung von Yin und Yang (T. 263, 97, 10b), die Manifestation der Dynamik des Tao und seines majestätisch-furchterregenden Aspekts (ebenda, 45, 14a) und geheime Antriebskraft der Welt; sie erfahren nach der Ming-Zeit eine intensive Entwicklung und stellen einen eher volkstümlichen Aspekt dieser Rituale dar. In gewisser Hinsicht sind diese Donnerriten ein Wiederauftreten des dem mächtigen Donnergott gewidmeten antiken Kults, der in bestimmten Teilen des Volks mit dem kosmischen Ei, dem ursprünglichen Chaos, verwechselt wurde. Ein erstes Zutagetreten bilden die durch ein Werk aus dem 13. Jahrhundert bekannten Riten des Qingwei (der »reinen Freiheit«), als deren Gründerin Zu Shu (um 889–904) gilt; daneben zählt Mo Qiyan (1226–1293) zu ihren Begründern. Sie zielen auf eine Synthese der Traditionen der Himmelsmeister (durch Einbeziehung des *Daode jing*), des Lingbao und des Shangqing hin; die wichtigsten Instanzen und Personen der vorangehenden Traditionen werden in ihren Pantheon integriert. Von Guanxi aus, dem Ursprungsort ihrer Gründerin, haben sie sich bis zum Wudang shan in Hubei ausgebreitet und wurden von den Himmelsmeistern übernommen.

Gleichwohl, und dies war zu erwarten, zog die Verbreitung von zunehmend komplexen Ritualen eine Reaktion in Richtung auf größere Einfachheit nach sich. Es war jene von Jin Yunzhong (um 1224–1225), dem Autor des umfangreichen *Shangqing lingbao dafa* (HY 1213), die sich gegen das erhob, was von ihr als Verzerrungen betrachtet wurde, insbesondere wie sie in den auf dem Tiantaiberg praktizierten Riten stattfanden, und verkündete, daß einzig die von der inneren Alchemie inspirierten Riten von Wert seien, und in beträchtlichem Maß die Anzahl der Talismane verringerte. Im gleichen Geist verfaßte Zheng Sixiao, der sich die Tendenz der inneren Alchemie zu eigen machte, die auf eine Synthese der »drei Lehren« (Taoismus, Buddhismus und Konfuzianismus) zielte, ein Ritual, in dem er den Vorrang der Meditation und der stillen, »im Herzen«, im Zustand tiefer Konzentration sich vollziehende Rezitation pries und verteidigte. Sein Werk, das allerdings an der Grenze zwischen Ritual und Abhandlung steht, ist ein gutes Beispiel für die Aufnahme von Techniken und Begriffen der inneren Alchemie in den Teil, den die Liturgie der Meditation widmet.

Das Zeitalter der Tang

Einführung: Die Situation des Taoismus

Während der Tang-Dynastie erlebte der Taoismus eine große Blütezeit, die sich teilweise dem Umstand verdankte, daß die Dynastiegründer, deren Familienname Li der gleiche war, den das *Shiji* dem Lao zi zugeschrieben hatte, diesen zu ihrem Ahn machten und so den Taoismus in einem Maß begünstigten, daß er bis dahin nicht kannte.

Ungeachtet einer in dieser Religion vorhandenen Tendenz, sich der Beamtenschaft und der kaiserlichen Macht ebenso wie auch der Beherrschung der Menschen durch die konfuzianische Moral entgegenzustellen, verfügte sie gleichwohl über einen Trumpf, durch den sie häufig in den Genuß des Schutzes seitens der Kaiser gekommen war. Wie wir ja bereits in der Einführung zu diesem Werk hervorgehoben haben und auch im gesamten Verlauf der Darstellung feststellen konnten, war der Taoismus wertvoller Verwahrer der chinesischen Kultur; seine Riten und seine Ideologie wurzelten zudem im Ideal des Heiligen, das in großer Nähe zu der Idealvorstellung des weisen Herrschers stand und häufig mit diesem verwechselt wurde. Sowohl durch sein kulturelles Erbe als auch aufgrund dieser Idealvorstellung bildete somit der Taoismus, nach dem Beispiel des Konfuzianismus, ein geeignetes Element zur Förderung einer ideologischen Einheit und, wenn eine neue Dynastie sich begründete, um dieser ein Ritual bereitzustellen, dessen Wurzeln bis in den imperialen Kult der Han-Zeit zurückreichten, ein Kult, dem die Absicht eignete, die Errichtung des »Großen Friedens« im Reich zu verfolgen; dies eignete sich dazu, die Etablierung des Neuen zu stärken, indem man es mit einer Autorität ausstattet, dessen Ursprünge Jahrhunderte zurückreichen. Wenn sich häufig Revolten erhoben, die sich von taoistischen Losungen inspirieren ließen oder von taoistischen Adepten angeführt wurden, so setzten diese sich immer im Namen des »Höchsten Friedens« und mit dem Ziel in Marsch, die durch eine schwache Dynastie oder einen kraftlosen Herrscher, denen das »Mandat des Himmels« entzogen worden war, gefährdete Ordnung wiederherzustellen. Somit fand sich eine neue Dynastie häufig in der gleichen Position.

Der Fall der Tang-Dynastie ist in dieser Hinsicht exemplarisch. Der Shangqing-Patriarch Wang Yuanzhi (528–635) hatte ihrem Gründer Gaozu (reg. 618–627) bereits vor dessen Machtergreifung insgeheim die Versicherung gegeben, daß er das Mandat des Himmels erhalten habe, und lieferte eine religiöse Bestätigung für die Errichtung der Dynastie. Auch war es wohl kein Zufall, daß zur Zeit der Dynastiegründung auf mehrere Erscheinungen des Lao zi vor allem auf dem Berg Yangjue im Süden der Provinz Shanxi hingewiesen wurde. Durch verschiedene Maßnahmen brachte Kaiser Gaozong (reg. 649–683) sein Wohlwollen gegenüber dem Taoismus in offenkundiger Weise zum Ausdruck; so verlieh er Lao zi einen neuen Titel, der ihn zu seiner Inkarnation des uranfänglichen Chaos erhob, ließ in jeder Provinz taoistische Tempel errichten, machte das *Daode jing* zum Bestandteil des Textkorpus, auf den sich die offiziellen Prüfungen bezogen, ordnete im Jahr 675 die Anfertigung einer Kopie sämtlicher taoistischer Schriften an, verlieh den taoistischen Priestern einen Rang, der sie unmittelbar hinter die Prinzen *(wang)* stellte, begünstigte offiziell Pan Shizheng (587–684), den Nachfolger Wang Yuanzhis an der Spitze des Shangqing, und ließ sich von diesem bestimmte Punkte der Lehre in Begriffen darlegen, die sein Wissen und sein deutliches Interesse an dem Stoff bezeugen. Das Kloster Luguan, das an der Stelle errichtet worden war, von der aus der Legende nach Lao zi zur

Bekehrung der Barbaren gen Westen aufgebrochen war und dabei dem »Paßwächter« Yin Xi das *Daode jing* als Testament hinterließ, wurde zu einem Zentrum des offiziellen Kults. Sein Abt, Yi Wencao (gest. 688), kompilierte auf kaiserliche Weisung hin umfangreiche »Heiligenannalen«, die, wenn auch heute verloren, das Vorbild anderer, in der Song-Zeit verfaßter Werke bildeten, in denen die gesamte Geschichte des Taoismus unter der Ägide des Gottes Lao zi versammelt wurde, dessen hohe Autorität auf diese Weise die Gesamtheit der Offenbarungen, die im Verlauf der Jahrhunderte unter dem Deckmantel vielfacher Inkarnationen aufeinander gefolgt waren, vereinigte.

Der vom Patriarchen Li Hanguang (683–769) in die Shangqing-Lehren eingeführte Kaiser Xuanzong (reg. 712–755), der übrigens gleichsam versessen auf die Wundertaten war, die die an seinen Hof berufenen Taoisten und Tantriker auszuführen sich imstande zeigten, scheint die Absicht gehegt zu haben, den Taoismus zur offiziellen Ideologie zu machen, in dem Versuch, ihm eine Bedeutung zu verleihen, die wenigstens der gleichkommen sollte, in deren Genuß der weitaus reichere und besser verwurzelte Buddhismus stand. Durch Einrichtung von Prüfungen über taoistische Schriften im Jahr 741, deren Studium fortan den Zugang zu Beamtenposten eröffnen konnte, und durch die Organisation taoistischer Schulen versah er diese Religion mit dem Status einer offiziellen Lehre; darüber hinaus wurde von ihm verfügt, daß jeder Haushalt ein Exemplar des *Daode jing* zu besitzen habe, das künftig den »Klassiker der Schriften« und die »Gespräche« des Konfuzius ersetzen sollte. Den taoistischen Klerus unterstellte er der Gerichtsbarkeit der für die Angelegenheiten der kaiserlichen Familie zuständigen Behörde, was als unmittelbare Konsequenz aus der Tatsache geschah, daß Lao zi sein Ahnherr war; auf diese Weise wurden die taoistischen und konfuzianistischen Riten im Kult für die kaiserlichen Ahnen miteinander verbunden. In jeder der Hauptstädte und in sämtlichen Präfekturen wurde ein Tempel zu Ehren des Lao zi erbaut; der auf der Geburtsstätte des Gottes errichtete Tempel wurde restauriert und erweitert. Diese politischen Maßnahmen waren überdies von einem unbestreitbaren persönlichen Interesse am Taoismus diktiert; dies belegen die von Xuanzong verfaßten Vorworte und Kommentare zu taoistischen Werken, so beispielsweise die zum *Daode jing*. Es scheint, als habe der Kaiser den Taoismus zu einer Einigung der unterschiedlichen religiösen Riten unter der Ägide einer einzigen Gottheit, nämlich Lao zi, benutzen wollen, der, von seiner Familie und dem Staat anerkannt, eine sowohl öffentliche als auch private Universalgestalt darstellte. Vom Buddhismus hatte der Taoismus den Einsatz von Techniken zur Gewinnung neuer Anhänger gelernt – Rezitation heiliger Schriften, belehrende und wunderbare Erzählungen –, so gut, daß seine Tempel und Feste zu Orten und Gelegenheiten der Begegnung wurden. Durch ihre Integration in das Getriebe des Staats konnte Xuanzong so zur Verbreitung des Lao-zi-Kults auf ihren Einfluß rechnen. Parallel dazu bewegten sich Taoisten von großer Bedeutung, neben den bereits weiter oben genannten waren dies Ye Fashang, Cheng Xuanjing, Li Rong oder auch Du Guangting und viele andere, innerhalb eines offiziellen Umfeldes und spielten am Hof eine wichtige Rolle. Insbesondere Du Guangting war es, der im Vertrauen auf die durch die taoistische Liturgie bewirkte Unterstützung eine politische Rolle spielte, indem er als Verteidiger des im Verfall begriffenen Hauses der Tang und später der Wang [Gründer des Königreichs Shu] auftrat. Der erste taoistische Kanon wurde 748 kompiliert, ihm folgten andere, die freilich alle nicht erhalten sind. Hinzu kommt, daß der Kaiser im Jahr 990 sämtliche taoistischen Schriften kopieren und revidieren ließ, die anschließend an die Haupttempel verteilt wurden. Gleichwohl gilt es festzustellen, daß der Taoismus, selbst auf dem Höhepunkt seiner Entwicklung und der kaiserlichen Protektion, im Verhältnis zum Buddhismus weit im Hintergrund blieb, so z. B. in der Hauptstadt Chang'an mit sechzehn taoistischen Einrichtungen im Jahr 722, denen einundneunzig buddhistische gegenüberstanden.

Die Tang-Zeit ist auch die Epoche einer beträchtlichen Annäherung des Taoismus an Buddhismus und Konfuzianismus im Sinne eines Versuches der Harmonisierung der »drei Lehren«, der gegenüber auch die Kaiser sich nicht gleichgültig zeigten (so hat beispielsweise Xuanzong das *Daode jing*, aber auch das buddhistische *Vajracchedika* und den konfuzianischen »Klassiker der kindlichen Pietät« kommentiert). Bereits seit der Han-Zeit, in der es schwierig war, zwischen den taoisierenden *fangshi* und den »konfuzianischen Gebildeten« zu unterscheiden, und in der Epoche der Sechs Dynastien, in der, wie wir feststellten, ein bedeutender Teil der Intelligenz sich entweder dem Studium des Lao zi und des Zhuang zi oder aber den Unsterblichkeitspraktiken widmete und ein Ge Hong sein Werk in zwei Abschnitte teilte, einer dem Konfuzianismus, der andere dem Taoismus gewidmet, existierte zwischen beiden Lehren eine lange Tradition des gegenseitigen Interesses und des Austausches; seit seinen Anfängen hatte der Taoismus die konfuzianischen Tugenden übernommen, sowohl bei den Himmelsmeistern, seit dem *Taiping jing* und in deutlicherer Weise noch bei Kou Qianzhi als auch in der Schule des Lingbao. In der Tang-Zeit wurde diese Tradition deutlich sichtbar mit dem Auftreten solcher Strömungen wie der des »Weges der kindlichen Pietät« *(xiaodao)*, die unter das Patronat eines sehr populären Lokalheiligen mit Namen Xu Sun gestellt wurde, der im 3. Jahrhundert gelebt haben soll und auf den die Schule *Jingming zhongxiao* (der »Reinheit und des Lichts, der Loyalität und der kindlichen Pietät) zurückgeht. Es läßt sich die Meinung vertreten, daß der Taoismus bis zur Song-Zeit, in der der Neokonfuzianismus einen, wie wir sehen werden, allein von ihm ausgehenden Bruch dadurch herbeiführt, daß er sich vom Taoismus absetzt, aus dem er so zahlreiche Entlehnungen macht, zur

Kultur eines Großteils der Gebildeten gehörte, während zahlreiche Taoisten sich ihrerseits in Jugendjahren durch die konfuzianischen Klassiker bildeten und seit der Tang-Zeit, d. h. weit früher, als allgemein von den Historikern verlaute, aktive Verfechter der Einheit der »drei Lehren« waren.

Die Beziehungen zum Buddhismus waren weitaus zweideutiger und bisweilen stürmisch. Es sei daran erinnert, daß der Buddhismus zwischen dem 2. und 4. Jahrhundert in China unter dem Deckmantel des Taoismus eindrang, der, verblüfft durch eine grundlegende Übereinstimmung, zu der Ähnlichkeiten in der Gestalt hinzukamen (wie die Taoisten, benutzten auch die Buddhisten Talismane zur Heilung, magische Kunststücke und bestimmte Meditationstechniken, die gewisse Gemeinsamkeiten mit den eigenen aufwiesen), sich zunächst einer aus ihm selbst hervorgegangenen neuen Richtung gegenüber wähnte. Davon profitierten die ersten Buddhisten, von denen außerdem viele, vertraut mit den Klassikern des Taoismus, ihre eigenen Schriften im Licht taoistischer Konzepte lasen, bis zu dem Tag, an dem sie sich heftig von diesem absetzten, um ihre eigene und unabhängige Identität zu beweisen. Weitaus mehr zum Proselytismus neigend, entwickelte sich die buddhistische Religion und konnte sich in erheblich größerem Maße etablieren als der Taoismus, dessen Tempel, Klöster und Reichtümer selbst in den für ihn günstigen Zeiten stets bedeutend weniger zahlreich waren.

Der berühmte Streit über das *Huahu jing* brach aus, dessen Höhepunkte in das 4. und 6. Jahrhundert und dann ein weiteres Mal während der Tang-Dynastie in das 7. Jahrhundert fallen: Der Buddha, so die Taoisten, sei nichts anderes als eine Inkarnation des Lao zi, der aufbrach, um die indischen Barbaren zu bekehren, und der Buddhismus nurmehr eine vergröberte Spielart des Taoismus. Es würde zu weit führen, wollte man die Einzelheiten dieser Feindseligkeiten darstellen, die durch den Wechsel von Gunstzuwendung bzw. deren Entzug häufig eine Verschärfung erfuhren.[1] Die Tradition des *Huahu jing* erwies sich insofern als fatal für die Taoisten, als sie immer wieder den Groll der Buddhisten entfachte, und bei jeder der Debatten, die sie mit diesen zu führen hatten, die betreffenden Texte verboten wurden, was häufig eine Verurteilung der Taoisten selbst als auch aller anderen taoistischen Schriften zur Folge hatte. Die Kämpfe um die Vorherrschaft waren bisweilen sehr heftig, und so scheint das im Jahre 845 von Kaiser Wuzong erlassene Verbot des Buddhismus zum Teil von dem Taoisten Zhao Guizhen angeregt worden zu sein.

Freilich gilt es zu unterstreichen, daß diese Streitigkeiten nicht von allen mitgetragen wurden, daß Austausch und Begegnungen zwischen Taoisten und Buddhisten zu allen Zeiten häufig stattfanden und es in jeder Epoche Taoisten gab, die den Buddhismus als eine komplementäre und parallele Lehre zu ihrer eigenen ansahen, die, wenn sie zuweilen auch als unterlegen, so doch nicht als unvereinbar mit ihr galt. Wir sahen bereits und werden auch weiterhin feststellen, daß der Taoismus nicht aufgehört hat, Entlehnungen beim Buddhismus zu machen, der, wenn auch in weniger eingestandener Weise und somit schwieriger festzustellen, freilich dasselbe tat, ein Faktum, das bisher so gut wie unbekannt ist und kaum erforscht wird. Die vom Kaiser organisierten öffentlichen Streitgespräche – bei denen es für die Teilnehmer oft um entscheidende Einsätze ging, da der Sieger offizielle Protektion gewann – blieben für beide Seiten in bezug auf die Lehren selbst als auch deren Ausformulierung nicht ohne Folgen. Die solcherart miteinander konfrontierten Konzepte und Lehrmeinungen erfuhren zugleich eine Vertiefung, gingen Verbindungen miteinander ein und übten, davon zeugen sowohl die buddhistischen als auch die taoistischen Quellen, einen entscheidenden Einfluß auf die Entwicklung beider Religionen aus. Gleichzeitig mit diesen offiziellen Debatten fand ein beständiger Austausch zwischen einzelnen statt. Groß ist die Zahl jener Taoisten, die wie Tao Hongjing mit Anhängern des Buddhismus Freundschaft schlossen. Ebenso zahlreich sind die Fälle einer Konversion von einer Religion zur anderen; bereits im *Zhengao* werden Anhänger des Taoismus, die zum Buddhismus konvertierten, aber auch umgekehrte Fälle erwähnt. Der berühmte Verfasser von Schmähschriften gegen den Taoismus aus dem 6. Jahrhundert, der Buddhist Zhen Luan, war ein früherer taoistischer Adept. Gleiches gilt auch für Yixing, einen der berühmtesten buddhistischen Mönche des 8. Jahrhunderts, der als ehemaliger taoistischer Meister, was von den buddhistischen Quellen verschwiegen wird, sowohl in den taoistischen als auch den Praktiken des Tantrismus versiert war. Bestimmte Berge, so beispielsweise der Tiantai, der einer buddhistischen Schule ihren Namen gab, oder der Lushan, Zentrum des Lingbao-Taoismus, beherbergten Seite an Seite taoistische und buddhistische Gemeinschaften, die in gutem Einvernehmen miteinander lebten. Von seiten der Taoisten und auch in den Reihen des Buddhismus erhoben sich auf dem Höhepunkt der Auseinandersetzungen, aber auch im Verlauf der Jahrhunderte, immer wieder Stimmen, um die grundlegende Identität zwischen Buddhismus und Taoismus über die bestehenden formalen und methodischen Unterschiede hinweg zu bekräftigen; dies war, neben vielen anderen, der Fall bei dem Buddhisten Sun Chuo (um 300–380), einem Anhänger und Schützling des Taoisten Wang Xizhe, für den der Buddha die gleiche Weisheit wie Konfuzius und Lao zi verkörperte, bei den Taoisten Zhang Rong (Ende 5. Jahrhundert) und Ma Shu (um 560–581), die beide den »Schriften des Buddhismus, Lao zi und dem *Yi jing* zugetan waren«, oder bei dem Lehrer Du Guangtings, der über das »große Elixier« lehrte, indem er Parallelen zum Buddhismus zog (siehe T. 296, 40, 13b–14a). In der Tang-Dynastie setzt sich diese Tendenz lediglich fort und erfährt sowohl bei den Taoisten als auch den Buddhisten Bestätigung.

Doch ist es die Tang-Zeit, in der eine Bewegung der

Konsolidierung des Taoismus mit einer echten Integration buddhistischer Ideen einhergeht.

Die Konsolidierung

Das Zeitalter der Tang stellt für den Taoismus in der Tat eine Epoche der Konsolidierung und der Koordinierung dar: Widmete er sich äußerlich der Eingliederung gewisser buddhistischer Elemente, so war es im Inneren erforderlich, die unterschiedlichen Tendenzen, die in den vorausgehenden Jahrhunderten zutage getreten waren, zu bündeln. In dieser Beziehung setzen die Taoisten der Tang-Zeit lediglich ein Werk fort, das sie im 5. Jahrhundert begonnen hatten, doch widmeten sie sich ihm nun in weitaus methodischerer und systematischerer Weise; so vermehrten sie die hagiographischen Sammlungen, klassifizierten die Schriften, erstellten Verzeichnisse der darin erwähnten und beschriebenen Himmel, der Himmelspaläste und ihrer Darstellungen, der Himmels- und Körpergottheiten, der heiligen Orte und irdischen Paläste, die alle »von selbst aus dem Qi hervorgegangen sind« (T. 1123, 14b–15a). Hervorragende Ritualisten wie Zhang Wanfu (um 711) und Du Guangting (850–933), um nur diese beiden zu nennen, legten die liturgischen Vorschriften ebenso fest wie auch die Regeln für den Aufstieg in der hierarchischen Rangordnung der Priester, das Klosterleben, die Priestergewänder, die Herstellung von Statuen und Gemälden, die Form der Kultgegenstände und die Rezitation der Schriften. Es läßt sich eine bedeutsame Aktivität auf dem Gebiet der operativen Alchemie feststellen, die mit einer Verinnerlichung dieser Techniken und den Anfängen der »inneren Alchemie« einhergeht. Schließlich entwickelt sich auch ein vertieftes Verständnis der wesentlichen Begriffe, die nun definiert werden.

Mehrere Werke, bei denen ich mich nur mehr auf die

Nennung einiger Titel beschränke und von denen anzumerken ist, daß sie sich in bezug auf ihren Inhalt in keine der früheren Schulen einreihen lassen, widmen sich diesen Aufgaben in Gestalt von Anthologien, die den Versuch einer Integration und Koordination der verschiedenen Traditionen unternehmen. Im Anschluß an das *Wushang biyao* entstehen thematisch strukturierte Anthologien wie das *Sandong zhunang* im 6. Jahrhundert, das *Daomen jing faxiang cheng xuci* im 7. Jahrhundert und das *Yiqie daojing yinyi miaomen youqi* im 8. Jahrhundert; bei anderen Werken, so dem *Benji jing*, dem *Daojiao yishu* und dem *Xuanmen dayi* aus dem 6. bzw. 7. Jahrhundert beispielsweise, handelt es sich um theoretische Schriften, die sich auf heute nicht erhaltene Texte stützen, deren Anzahl freilich von der in dieser Zeit betriebenen intellektuellen Arbeit zeugt.

Das *Daojiao yishu*, eine der ersten methodischen Darstellungen verschiedener Aspekte der taoistischen Lehre, bildet ein gutes Beispiel für die zu jener Zeit unternommenen Versuche einer Bilanzierung, Synthese und Organisation. Wie die ihm darin vorausgegangenen Werke auch stützt es sich auf buddhistische Gedanken, darunter die nun weitaus besser als zuvor beherrschte Dialektik des Mādhyamika, und versucht, auf der Grundlage zweier Arten von Werken eine kohärente Theorie zu konstruieren: Einige der Werke sind traditionelle, so z. B. das *Daode jing* und die Schriften des Shangqing und Lingbao, aus denen verstreute Zitate in dem Versuch, sie in Übereinstimmung zu bringen, zitiert werden; daneben finden sich aber auch neuere Werke, die bereits mit dem gleichen Aufbauwerk begonnen hatten; das *Benji jing*, das *Xisheng jing* und weitere nicht auf uns gekommene Schriften wie das *Daomen dalun* oder auch Autoren, von denen nichts überliefert ist, so z. B. die Meister des Gesetzes Xu, Meng, Song und Xuanqing. In dieser Weise wendet das Werk auf bestimmte grundlegende Schriften eine neue Lesart an, indem es Satzteile auswählt und sie im Licht der bereits geleisteten Arbeit einer Assimilation geistiger Techniken und Konzepte des Buddhismus interpretiert. In dieser Hinsicht neigen die am Buddhismus orientierten Spekulationen dazu, die von den Schriften des Shangqing und des Lingbao eingebrachten Ideen in den Hintergrund zu drängen, wiewohl die Kosmologie im wesentlichen von diesen inspiriert ist. So wohnt man einer merkwürdigen Amalgamierung von Taoismus und Buddhismus bei: Dem Buddhismus sind die Dialektik von Gestaltetem *(you)* und Ungestaltetem *(wu)*, von Illusion und Realität, die wertvollen begrifflichen Instrumente *ti*, die konstitutive Grundlage, und *yong*, die Anwendung, entnommen, die es ermöglichen, zwei komplementäre Aspekte des gleichen Prinzips in Einklang miteinander zu bringen. Ein Teil seiner Kosmologie und Scholastik, die in dieser Zeit sämtliche Schriften dieses Genres durchdringen, ist ebenfalls dem Buddhismus entlehnt, so beispielsweise die drei Welten, die »vier Großen« (Erde, Wasser, Feuer und Wind), die, verbunden mit den fünf Wandlungsphasen, zu denen der Wind hinzukommt, sechs Prinzipien ergeben.[2] Die sechs Arten von Bewußtsein des Buddhismus *(manovijñāna)* werden mit den sechs Emotionen *(qing)* aus der chinesischen Philosophie gleichgesetzt. Die Vorstellung von der Gestaltung der Paradiese gründet auf der des Shangqing, die freilich eine dem Zeitgeschmack gemäße Umarbeitung erfährt: Es gibt drei uranfängliche Himmel, die »Drei Reinen«, von denen ein jeder drei Himmel hervorbringt, die wiederum jeweils drei weitere Himmel erzeugen; zählt man zu diesen siebenundzwanzig die ersten neun hinzu, so erhält man die Zahl sechsunddreißig, die Anzahl der Himmel des Shangqing. Die rein taoistischen Vorstellungen vom »Chaos« und der »Reiz-Reaktion« bzw. Resonanz *(ganying)* werden beibehalten. Durch buddhistische Konnotationen bereichert, erhält die Idee der Leerheit mehrere Bedeutungen: Leerheit bezeichnet das Ungestaltete des uranfänglichen Chaos, in dem nichts erkennbar ist, das Beginn und letztes Ziel zugleich ist; sie bedeutet Öffnung, im Gegensatz zum konkreten Dasein, das Hemmnis darstellt; Leerheit ist die Leere des Geistes, der in der Kontemplation zu sich selbst findet, und schließlich wird sie, ganz nach Mādhyamika-Tradition, auch als »geheimnisvolle Leere« *(miaoyou)*, die Negation *(wu)* und Affirmation *(you)* im Sinne einer Potentialität zugleich umfaßt, definiert: weder Körper noch Hemmnis, nicht Leere und nicht Durchgang, sondern Möglichkeit zum Sein. Die »Frucht des Tao«, die vom taoistischen Adepten angestrebte letzte Erkenntnis, erfährt eine positive Bestimmung als Dauerhaftigkeit, Freude, Ich und Reinheit; dabei handelt es sich um eine direkte Entlehnung aus der Vorstellung vom Nirvana gemäß der buddhistischen Tiantai-Schule, die nach jenem Berg benannt ist, auf dem Buddhisten und Taoisten in Gemeinschaft lebten.

Alle erwähnten Werke streben nach einer Neudefinition oder einer verbesserten Erfassung einer Anzahl wesentlicher Begriffe. Tao wird definiert als *li* (Norm, das den Dingen Struktur verleihende Prinzip), transzendent, da es allen Dingen vorausgeht (»vor dem Himmel [entstanden]«, *xiantian*), ohne Ursache seiend (»geboren aus dem Geburtlosen«, »aus sich selbst so seiend« unerschaffen trägt es seinen Ursprung in sich selbst), unfaßbar, unsichtbar und unhörbar. Gleichwohl ist es immanent, insofern als es universal, extensiv oder »pervasiv« ist (um jenen Anglizismus aufzugreifen, den F. Jullien für das ansonsten unübersetzbare Wort *tong* verwendet)[3]: »Kein Ort, an dem es nicht ist«. Die bedeutendste Eigenschaft des Tao ist es freilich, und dies entspricht in direkter Linie der taoistischen Tradition, Gegensätze in sich zu vereinen: Es ist immanent und zugleich transzendent, zusammengezogen, »geheim« und »verschlossen« (*si*, »in sich selbst verschlossen«, so das *Yinfu jing*), doch auch überall verbreitet, ausgespannt, groß, ja unendlich. Seine Fähigkeit zur Verwandlung, Veränderung und Erneuerung stellt ein weiteres hervorstechendes Merkmal dar; durch sie vermag es hervorzubringen und zu vollenden, »Vater und Mutter«, »Ahn« und Quelle allen Lebens zu sein, unbewegt und Triebkraft zugleich (»im Tao ist unbewegte Weisheit und bewegender Geist«, heißt es im *Yiqie daojing miaomen youqi,* 1b); selbst formlos vermag es sämtliche Formen und Möglichkeiten in sich zu enthalten (der Passus aus dem 21. Kapitel des *Daode jing,* »In ihm ist alle Essenz, es birgt das Versprechen«, wird sehr häufig zitiert).

Um dem Buddhismus zu begegnen, aus dem sie freilich auch ihre Lehren ziehen, wenden sich die Taoisten ihren klassischen Schriften zu, angefangen bei Lao zi und Zhuang zi, und bleiben bei allen ihren Entlehnungen doch den Grundvorstellungen ihrer eigenen Philosophie in erstaunlichem Maß treu. Die höchste Wahrheit oder, genauer, ihre Verwirklichung findet in Begriffen Ausdruck, deren Bedeutung auf Freiheit verweist, eine Öffnung, die ein »Wechselspiel« der Teile untereinander ermöglicht (»die Leerheit, *kong,* ist die Art und Weise, wie das Tao wirkt« formuliert Du Guangting), einen Durchgang *(he),* freie Zirkulation *(tong)* und das Fehlen von Hemmnissen *(wu'ai, wuzhi):* »Es kommt, ohne sich zu bewegen, es geht, ohne sich zu eilen« heißt es bei Sima Chengzhen, der Zhuang zi zitiert. Sei es zur Bezeichnung des Geistes *(shen, xin)* oder des Tao, die verwendeten Begriffe sind sich sehr ähnlich. Von diesem Fließen, dieser Verfügbarkeit her kommt das Licht, die innere Ruhe, nicht jedoch Unbewegtheit. Es herrscht keinerlei Quietismus, in dieser Beziehung besteht völliges Einvernehmen; ein Nichthandeln, aus dem das rechte Tun erwächst, eine Unbewegtheit, die den Ursprung des Lebens und seiner schöpferischen Bewegung bildet, ein Dunkel, das alle Möglichkeiten birgt, ein Vergessen, das Nichtfesthalten bedeutet, ein Beginn, der Ursprung einer jener ungeordneten Schöpfungen, deren fortschreitendes Sichordnen zu beschreiben eine Vorliebe des Taoismus darstellt, die langsame Entstehung; die Leerheit als Geheimnis, freilich jenes des Lebens, das »Wunderbare« *(miao),* unbekannter Ursprung, dem »nichts vorausgeht« *(wuxian).* Es ist das staunende Nichtwissen, das sich hier ausdrückt.

Die Integration des Buddhismus

Der Buddhismus trägt seinen Teil zu diesem Werk der Reflexion bei, indem er dem Taoismus, insbesondere mit dem Tetralemma des Mādhymika[4], ein begriffliches Instrumentarium und Formen des Ausdrucks an die Hand gibt, die weitaus entwickelter als die seinen waren. Die Leerheit bzw. das »Nichtvorhandensein« *(wu)* bedeutet das Fehlen des Nichtvorhandenseins, das Hinausgehen über die beiden korrelativen Begriffe von Vorhandensein (oder Existenz, *you*) und Nichtvorhandensein (bzw. Nichtexistenz, *wu*), das zu einer doppelten Synthese führt, die in zwei Begriffen ihren Ausdruck findet: zum einen in dem des *miao you,* der »wunderbaren Existenz«, welche die Nichtexistenz einschließt und voraussetzt, zum anderen in dem Begriff *zhen wu,* »wahrhafte Nichtexistenz«, die ihr Gegenteil, die Existenz, enthält. Dabei handelt es sich um ein rein buddhistisches Denken, doch sieht man, wie die Taoisten jener Epoche diese Form der Dialektik mit einer ganz neuen Leichtigkeit handhaben und auf alle möglichen Arten gegensätzlicher Vorstellungen anwenden, um so eine Vereinigung der Gegensätze hervorzubringen, die den Ort der »rechten Mitte« bildet. Es gilt zu erwähnen, daß Zhuang zi und die Schule des Yin-Yang und der fünf Wandlungsphasen gleichsam eine Vorbereitung hierfür waren.

Mit dem *Daode jing* als Mittelpunkt entstand in Gestalt von Kommentaren zu Zhuang zi und Lao zi eine Schulrichtung, und ein Begriff tauchte auf, der sich von Lao zi herleitete, dessen dialektische Denkweise diese Formulierung ohne weiteres stützen würde: Es handelt sich um die Chongxuan-Schule (Schule des »doppelten Geheimnisses«), dessen Vorläufer möglicherweise bis in das 4. Jahrhundert zurückreichen, seine wichtigsten Vertreter aber in Cheng Xuanying (um 650) und Li Rong (2. Hälfte des 8. Jahrhunderts) gefunden hat. Der in Werken dieser Zeit häufig verwendete, den Kristallisationspunkt dieser Strömung bildende Terminus *chongxuan* ist von einem Passus aus dem 1. Kapitel des *Daode jing* inspiriert, der lautet »geheimnisvoll und abermals geheimnisvoll«; er verweist auf eine zweifache Bewegung des Geistes, sowohl auf der theoretisch-begrifflichen als auch auf der existentiell-mystischen Ebene; ein doppeltes »Vergessen«, das Vergessen des Vergessenen, oder auch zweifache Verwerfung, Verwerfung des Verwerfens in einer triumphierenden Bejahung, eine in zwei Abschnitten vollzogene Vertiefung des »Geheimnisses«, Überwindung des Glaubens an die Absolutheit des Daseins (dies der Irrtum jener, die der Idee des Absoluten anhängen, die »Ewigkeitsgläubigen«), schließlich Überwindung des Begriffs der Leerheit (der Irrtum der »Nihilisten«), die zu einer paradoxen Bewußtwerdung der Wirklichkeit des als illusorisch bezeichneten Daseins führt, einer Wirklichkeit, die wahrer ist als die als illusorisch erkannte, in einer Befreiung von jeglichem Anhaften an eine Meinung. Es geht darum, nicht bei einer Glaubensvorstellung, welche dies auch immer sein mag, zu verharren und nicht dahin zu gelangen, an die Existenz einer Leerheit zu glauben. Diese stellt nur mehr ein Mittel dar, dessen Ziel aber keineswegs die Vernichtung der Existenz, *you*, ist. Diese beiden Wahrheiten gilt es gemeinsam zu erfassen, übereinandergelagert zunächst und schließlich zur Gleichheit verschmolzen: Leerheit ist Fülle und umgekehrt; der logische Standpunkt, der zwei gegensätzliche Wahrheiten nicht zur gleichen Zeit erfassen kann und sie nur mehr chronologisch anerkennt, muß dahingehend überwunden werden, daß beide in voller Klarheit erkennbar werden. Um es noch einmal zu erwähnen: Bei alldem handelt es sich um Lehren des Mādhyamika, die freilich perfekt assimiliert und auf Schriften und Konzepte des Taoismus angewendet werden. Bei dieser Gelegenheit wird man feststellen, und dies ist nicht ohne Ironie, daß Buddhisten und Taoisten ganz genau das verwerfen, was zu lehren die Neokonfuzianer, gestützt auf ihre Unkenntnis der beiden Religionen, ihnen zum Vorwurf machen.

Der gleiche methodologische Vorgang findet auch bei der Klärung eines althergebrachten Disputs Anwendung, der China im gesamten Verlauf seiner Geschichte beschäftigt hat: die Beziehung zwischen Wort und Wirklichkeit (hier der letzten Wahrheit, dem Tao); auf diese Weise gelingt es den Taoisten, ein grundlegendes Paradoxon ihrer Philosophie zu erklären: Lao zi und Zhuang zi ergehen sich beide in Diskursen, behaupten gleichwohl, daß »der Wissende nicht spricht« und daß die Wahrheit weder ausgesprochen noch vermittelt werden kann. Gemäß den Darlegungen des *Daojiao yishu* (10, 5a), das auch wieder Bezug auf das 1. Kapitel des *Daode jing* nimmt (das Tao ist unbenennbar und benennbar), kann die Unmöglichkeit einer Benennung auf zwei Ebenen lokalisiert sein: Sie mag daher rühren, daß die Leerheit keinen »Körper« besitzt, der sich »beschreiben« läßt (die Namen dienen dazu herbeizurufen), kann sich aber auch das konkrete Dasein beziehen, insofern es »illusorisch« ist und kein eigentliches Substrat besitzt. Im Gegenzug läßt sich die Möglichkeit der Benennung ihrerseits in einem zweifachen Sinn anwenden: auf die Leerheit, aufgrund ihrer Eigenschaft, real zu sein, und auf das konkrete Dasein, da seine Konkretheit es zu erfassen ermöglicht.

So eröffnet sich ein Weg zur Rechtfertigung des Diskurses.

Die Klassifizierung der Schulen und Werke

Doch wie die Buddhisten zuvor auch sahen sich nun die Taoisten einer anderen Schwierigkeit gegenüber: der nämlich, alle Strömungen (oder Stimmen) in Einklang miteinander zu bringen. Die Schulen, so konnten wir feststellen, hatten sich vervielfacht; die Notwendigkeit einer Organisation des Ganzen hatte sich recht früh bemerkbar gemacht. Wir sahen auch, daß einige Werke des Shangqing und des Lingbao sich dieser Aufgabe auf der Grundlage einer hierarchisch gegliederten Ordination anzunehmen begonnen hatten; Lu Xiujing war es, der diese Richtung weiterführte und ihr einen entscheidenden Impuls gab; von Tao Hongjing fortgesetzt, wurde sie zu einem charakteristischen Kennzeichen des tangzeitlichen Taoismus. Es setzt ein langwieriges Nachdenken über die Werke, ihre Natur und ihre jeweilige Bedeutung ein, das sich auf die großartige, vom Shangqing hinterlassene Vision zu diesem Thema stützte und diese weiterentwickelte. Bibliographische Kategorien wurden genau formuliert und unterschiedliche Grade der Dignität zwischen geoffenbarten kanonischen Schriften *(jing)*, Talismanen, von den Meistern überlieferten »Lehrformeln«, Essays und Kommentaren, Vorschriftensammlungen, zur Ordination bestimmten Registern, kosmischen Diagrammen, »Methoden« oder Darstellungen technischer Art, Hagiographien u. a. aufgestellt.

Die hierarchische Anordnung der Schulen und ihrer Schriften erhebt sich auf der Grundlage kosmologischer und theologischer Vorstellungen. Sie vollzieht sich mithin nach dem Prinzip der Triade, das, vielfältig facettiert und bereits fest im taoistischen Denken verankert, durch seinen Platz als Mittelachse innerhalb der Lehrsysteme sämtlicher Schulen für ihre Kosmologie, ihre Theologie und Patrologie ein gemeinsames Fundament bereitstellen konnte.

Mehrere Quellen und Traditionen stehen sich gegenüber, die es aufeinander abzustimmen gilt. Auf der einen Seite findet sich die Theorie von den Sanhuang, den Drei Erhabenen, der Erhabene des Himmels, der Erde und der höchste Erhabene *(tai)*; einst von den Ratgebern Qinshi huangdis vorgebracht, war diese Triade bei den *fangshi* im Gefolge Han Wudis in die Drei-Einen verwandelt worden: der Eine des Himmels, der Erde und der höchste Eine *(tai).* Im *Sanhuang wen,* das eine der Grundlagen der Traditionen darstellt, denen sich die Taoisten der Tang-Zeit gegenübersehen, erfahren die Drei Erhabenen eine Art von Verlagerung: Es sind nun die Erhabenen des Himmels, der Erde und des Menschen, wobei der letztgenannte als ein Mittlerelement fungiert, das an der Verbindungsstelle der beiden anderen seinen Platz hat und diese nicht mehr transzendiert, wie das der höchste Erhabene tat. Dieses triadische Prinzip kommt so auf zwei Ebenen zur Anwendung: höchste Einheit, die sich in Himmel und Erde teilt, oder aber Himmel und Erde, die sich im Menschen vereinigen. Die Himmelsmeister ihrerseits setzen drei Formen des Qi an den Beginn der Welt – *xuan, yuan* und *shi* (»geheimnisvoll«, »ursprünglich« und »uranfänglich«) –, die in Beziehung zu den drei Ursprünglichen, den *sanyuan,* stehen, von denen wir sahen, daß sie zum Gegenstand der Meditation geworden waren und gleichzeitig die dreifache Achse eines weitgespannten Netzwerks von Entsprechungen bildeten, das u. a. die »Drei Beamten« des Himmels, der Erde und des Wassers, die drei Leuchtenden und die drei Zinnoberfelder umfaßt.

Somit können wir feststellen, daß die Theorie der »drei Höhlen« *(sandong)* zwar den buddhistischen Tripitaka nachahmt, ihr Ursprung gleichwohl weit in der Geschichte des Taoismus zurückreicht. Ihre Ausformulierung begann zunächst in einigen Texten des Shangqing, wurde dann von Lu Xiujing auf der Grundlage des *Jiutian shengshen zhangjing,* eines der Hauptwerke des Lingbao, weiterentwickelt und lieferte ein kosmologisches und theologisches Fundament zur hierarchischen Gliederung der Schulen. Diese Form der Klassifizierung war freilich Sache der südlichen Schulen gewesen und hatte die der Himmelsmeister unberücksichtigt gelassen, die erst später integriert wurde. Vollendet und zum Abschluß gebracht wurde sie in der Tang-Zeit.

Im Verlauf aufeinanderfolgender kosmischer Zeitalter

verkündeten drei oberste Gottheiten, die Herrscher über drei verschiedene Himmel, der Reihe nach drei Lehren oder auch »drei Höhlen«, die den drei Schulen des Südens entsprechen; es sind dies, in der absteigenden hierarchischen Folge: die Höhlen *zhen* (»wahrhaft«), in der die Werke des Shangqing versammelt sind, *xuan* (»geheimnisvoll«) für die Schriften des Lingbao und *shen* (»göttlich«) für die Tradition der Unsterblichkeitssucher des Altertums. Da die Zahl der Schriften sich vervielfältigte, wurden den »Höhlen« Anhänge *(fu)* hinzugefügt; das *Taixuan fu,* in dessen Mittelpunkt das *Daode jing* steht, ist dem *Dongzhen* (Shangqing) angefügt, die Werke des *Taiping fu,* die sich um das *Taiping jing* gruppieren, gehören zum *Dongxuan,* das *Taiqing fu,* dem *Dongshen* angegliedert, versammelt alchemistische Werke, und schließlich das *Zhengyi fu,* das die Schriften der Himmelsmeister vereint. Auf diese Weise entstehen drei Fahrzeuge: das »große«, das sich auf die »drei Leeren« oder auch Drei Ursprünglichen bezieht, das »mittlere«, das die Meditation über die Körpergottheiten und die Zirkulation des Qi lehrt, und das »kleine«, das insbesondere der Alchemie, der Handhabung von Talismanen und der Beherrschung von Dämonen und Geistern gewidmet ist (die Aufstellung ist in der Literatur nicht einheitlich). Natürlich bilden die drei Höhlen mit ihren Anhängen und ebenso auch die drei Gottheiten, aus denen diese drei Lehren hervorgehen, nur mehr eine einzige; das gesamte Schema ist mit der altüberlieferten Meditation über die Drei-Einen verbunden. Die Dialektik des Buddhismus kommt zur Anwendung: Die drei sind zugleich eins und nicht eins, weder eins noch nicht eins, zugleich drei und nicht drei und weder drei noch nicht drei.

Alles hat freilich seinen Ursprung im Tao, das am Anbeginn der Welt »in Reaktion auf einen Anstoß die Spuren herabsenkte« *(ganying),* um sich dann dreizuteilen. In überaus konziser Weise beruft sich diese Formulierung auf zwei grundlegende Theorien. Die erste, die eine der Grundlagen des taoistischen Denkens und des *Xici* (des »Großen Anhanges« zum *Yi jing*) konstituiert, bezieht sich auf das Wirken des Himmels und des Heiligen, das niemals von einem persönlichen Wollen bestimmt ist, sondern eine »spontane Reaktion« – d. h. eine Reaktion, die der natürlichen Ordnung der Dinge entspricht – auf einen Reiz darstellt; das *Daojiao yishu* liefert eine sehr ausführliche Version dieser Theorie. Die zweite Theorie bezieht sich auf die alte chinesische Vorstellung der »Spur«, die im Licht des Buddhismus neu gelesen wird. Die Lehre bildet nur mehr eine Spur der Wahrheit, ist ein hinweisendes Indiz und nicht die Wahrheit selbst, sondern lediglich ein bestimmter und unvollständiger Ausdruck derselben, der als Wegweiser dienen muß und den es zu überwinden gilt; sie ist gleichsam ein durch die Bedingtheit und die Welt verfälschter Schleier, durch den hindurch sich das Absolute offenbart. Die Schriften stellen den »Namen« oder Buchstaben dar, das dunkle Fahrzeug, das außerhalb der »Wurzel« ist, doch stehen sie mit dieser in einer zweifachen Beziehung: der einer Teilnahme, insofern sie mit ihrer Wurzel und ihrer vollkommenen Ursache, dem Tao, verbunden sind, und der einer Entsprechung, insofern als sie der Lauf sind, der zum Ursprung führt. Diese Spuren sind »herabgesunken«, sie wurden gewährt; der hier benutzte Terminus *(chui)* hat, gemäß einer sehr alten Formulierung, die sich bereits im *Taiping jing* (S. 275) findet, in erster Linie die Bedeutung »hängen« und wird traditionell zur Bezeichnung der im Himmel »aufgehängten« Sterne verwendet, dessen zivilisierendes Element der Gestaltung, dessen »Schrift« *(wen)*, sie bilden.

Anderen Versionen zufolge ist es der Yuanshi tianzun selbst, der »Himmelserhabene des Uranfangs«, der sich in drei Herrscher verwandelte; diese bilden die drei »Verwandlungskörper«, drei unterschiedliche Erscheinungsformen, die er angenommen hat, um in drei verschiedenen Zeitaltern drei ungleiche Lehren zu verbreiten; beide jedoch, Körper und Lehren, bilden nur mehr eins, nämlich seinen »wahrhaften Körper«, der sich allein aus Gründen der Zweckmäßigkeit (der »unterschiedlichen Zeitalter«) dreiteilt. Diese Vorstellung und ihre Ausformulierung schließen sich zugleich sowohl einem alten Bestand des chinesischen Denkens an, den man insbesondere bei den Legisten, aber im Keim auch bei Konfuzius und ausdrücklich entwickelt im *Huainan zi* findet, das die Anpassung an die »Zeit« und einen gewissen Opportunismus befürwortet, und zum anderen der pädagogischen Theorie des *upāya (fangbian)* der Buddhisten, die »geschickten Mittel«, die es, um sich verständlich zu machen, derart anzuwenden gilt, daß die Lehre dem Zuhörer angepaßt wird und somit je nach Epoche entsprechend desjenigen, an den sie gerichtet ist, verschiedene Formen annimmt. Sowohl diese Theorie als auch die vom Körper der Erscheinung und der Verwandlung *(nirmānakāya)* fanden vielfache Anwendung in den taoistischen Werken der Tang-Zeit (besonders in Kap. 2 und 11 des *Benji jing*) und dienten nach dem Vorbild des Buddhismus dazu, jene Abweichungen zu erklären, durch die sich die Schriften voneinander unterschieden und bisweilen in Gegensatz zueinander brachten. Die Form der Lehre, oder mit anderen Worten, die Erscheinungsform, die der von den Göttern – Yuanshi tianzun oder Lao zi – bekleidete »Körper der Entgegnung« für den Gläubigen annimmt, ist abhängig von der Aufnahmefähigkeit und dem Vermögen des Adepten, zu sehen und zu begreifen.

Die drei Lehren werden mit drei Bestandteilen des Menschen, Qi, Geist und Essenz *(jing)*, in Beziehung gesetzt. In diesem speziellen Kontext bildet das Qi die gröbste Form, die dem Tastsinn, der äußeren Erscheinung entspricht. Der Geist wird zum Gehör und dem Raum in Beziehung gesetzt; die Essenz, die innerhalb dieser Rangordnung den höchsten Platz einnimmt, ist verbunden mit dem Sehen und dem Licht. Diese mit den drei Zinnoberfeldern in Beziehung gesetzten Bestandteile veranschaulichen drei Erkenntniszustände. An die Grenzen der menschlichen Erkenntnis erinnert freilich ein Passus im *Daode jing* (Kap. 14), der die unzugängliche Natur des Tao beschreibt: Qi, Essenz und Geist stellen die in den Zinnoberfeldern lokalisierten drei Ursprünglichen dar, deren Namen lauten: das Unfaßbare (für den Tastsinn-Qi), das Geräuschlose (ein Wort, das auch zur Bezeichnung des Vereinzelten, des Spärlichen dient, das zu weitgedehnt und fern ist, als das es erkannt werden könnte, der Name für Gehör–Raum–Geist) und das Unklare (für die Sehenessenz).

In anderen Werken stellen die drei Herrscher ihrerseits nur mehr »Spuren« der ihnen vorausgehenden drei Ursprünglichen oder drei uranfänglichen Chaoszustände dar (und hier nun findet bisweilen eine jener langen Aufzählungen vom Chaos bis zu den verschiedenen, alle auf die Leere verweisenden Namen, die spontan einer aus dem anderen hervorgehen, ihren Platz). Einer nach dem anderen treten sie in Erscheinung, und ein jeder geht »durch Verwandlung« (nicht durch Zeugung) aus einem der Chaoszustände hervor, dessen »Merkmal« er ist. Sie sind die Herrscher einer Lehre und befinden sich am Ursprung der Prinzipien der Welt. Ihnen entsprechen drei Arten von Qi (in etwa die drei ursprünglichen Qi der Himmelsmeister), bei denen es sich um die Energien handelt, die das Universum gestalten. Als zugleich Energie und Beherrscher der Wahrheit, nehmen sie mithin eine Mittelstellung zwischen den uranfänglichen Modi des Chaos, die zugleich auch Zustände der Leere sind, und dem Kosmos ein. So wie nach den Theorien des Shangqing die Schrift der Welt zugleich vorausgeht und sie begründet, so übermitteln hier die drei Herrscher eine Lehre und gestalten von einem Zustand der chaotischen Undifferenziertheit und der reinen Potentialität aus zugleich die Welt. Durch das Werk, und somit durch das Wissen, bilden sich Himmel und Erde und scheiden sich hell (Yang) und dunkel (Yin). Diese drei Herrscher sind mit der aus den beiden höchsten Gottheiten der Liturgie, Yuanshi tianzun und Taishang daojun (dem »Höchsten Herrscher

Tao«), und dem Taishang Laojun (dem vergöttlichten Lao zi) gebildeten Triade identifiziert worden. Den Bereich der drei Herrscher bilden die Drei Reinen, die obersten Himmel, mit denen sie bisweilen gleichgesetzt werden.

Über den zweiunddreißig Himmeln des *Duren jing,* die die »drei Welten« bilden, befinden sich die vier Himmel der »Saat-Menschen« (dies ein Erbe der Tradition der Himmelsmeister), zu denen das Leiden nicht mehr gelangt, die »Drei Reinen« und schließlich der höchste Himmel Daluo (»großes Netz«, ein dem *Daode jing* entstammender Ausdruck), dessen Beschreibung von denen der himmlischen Regionen, wie sie sich in den Shangqing-Werken finden, inspiriert sind. Diesen Himmeln entsprechen unterschiedliche Grade der Heiligkeit: Die althergebrachten Unterscheidungen zwischen den Heiligen *(sheng),* den »Wahrhaftmenschen« *(zhenren)* und den »Unsterblichen« *(xian),* die in den früheren Schriften nie in ganz homogener Weise erläutert worden waren, werden mit gewissen Verfeinerungen und Änderungen übernommen.

Das für die Schriften benutzte System der Klassifizierung bestimmt auch den stufenweisen Aufstieg des Taoisten innerhalb der priesterlichen Rangordnung: Anläßlich ihrer Ordination erhielten die taoistischen Meister einen kompletten Satz von Werken, der einer bestimmten Sektion innerhalb des Kanons entsprach. Auf der untersten Stufe standen die Schriften der Himmelsmeister; diese, die als untergeordnet galten und von denen man annahm, daß sie die übrigen Schriften (im Keim) enthalten, stellten den ersten Schritt dar. An der Spitze befanden sich die Werke des Shangqing, die eine Initiation auf der höchsten Stufe verleihen sollte. Die Einführung konnte bei den Knaben mit sieben, bei den Mädchen mit zehn Jahren beginnen. Den Unverheirateten stand es ab dem Alter von fünfzehn Jahren offen, Mönch oder Nonne zu werden. Sie begann mit den Schriften der Himmelsmeister *(Zheng yi),* setzte sich fort mit jenen Werken, die dem *Sanhuang wen* angegliedert waren und den um das *Daode jing* versammelten Texten, an die sich das gesamte Konvolut der »Drei Grotten« *(sanhuang)* anschloß, und vollendete sich schließlich auf der höchsten Stufe der Rangordnung mit den Werken des Shangqing. Diese fortschreitende Initiation in die geistliche Rangordnung war bestimmt von den liturgischen Kenntnissen als einer sowohl äußerlichen als auch inneren praktischen Anwendung eines Wissens.

Die Meister bilden die religiöse Gemeinschaft und gehören gleichwertig mit dem Tao und den Schriften zu den »drei Schätzen«. Sie werden während einer feierlichen Zeremonie eingesetzt, in deren Verlauf ihr Platz in der religiösen Welt festgelegt wird, gekennzeichnet durch eine genau bestimmte Zuweisung zu einem Distrikt *(zhi)*, der sie an einen heiligen Berg bindet, zu dem ihre Meditationskammer gehört. Dieser dreifach bestimmte Ort ist in gleicher Weise ein himmlischer, denn er wird in Entsprechung zu ihrem Geburtsdatum und der zu diesem Zeitpunkt vorherrschenden Sternenkonstellation festgelegt; so ist er zugleich in Zeit und Raum, im Himmel und auf der Erde, in der äußeren Welt und dem Oratorium des Priesters lokalisiert. Der Meister verpflichtet sich, die »Zivilisation« oder auch die Kunst der Verwandlung (*hua,* das Wort hat beide Bedeutungen) zu überliefern, für das Heil der Menschen zu wirken, Gebete für Regen und gutes Wetter zu sprechen und rituelle Handlungen durchzuführen; er erhält das Register, *lu,* eine Liste jener übernatürlichen Kräfte, über die er fürderhin Macht hat. Dieses Register ist von gleicher Natur wie die königlichen Talismane, die eine Bestätigung des den Herrschern im Altertum vom Himmel verliehenen Mandats darstellten.

In Form einer dreifachen Triade werden die Meister kultisch verehrt: Die erste setzt sich aus den drei ersten Himmelsmeistern (Zhang Daoling, seinem Sohn und Enkel) zusammen; sie findet eine Widerspiegelung in der zweiten, von dem gegenwärtigen Himmelsmeister, seinem Vater und Großvater, und auch in der dritten, der persönlichen Triade eines jeden Meisters, bestehend aus seinem eigenen Meister, dessen Meister und dem Meister dieses Meisters. Die Beziehung, die einen Meister mit seinem Schüler verbindet, wird ausdrücklich mit der zwischen Vater und Sohn verglichen, denn, so heißt es, der Meister ist es, der seinem Schüler das Leben schenkt. Somit basiert dieser Kult auf einer religiösen Abstammung und dem Modell des Ahnenkults, der sich ja tatsächlich auf drei Generationen erstreckt.

Parallel dazu wurden, entsprechend ihrer Spezialisierung, mehrere Arten von Meistern anerkannt: Lehre, Ritual, monastische Disziplin oder auch innere Läuterung; die Eremiten und Exorzisten bildeten eine Gruppe für sich.

Neiguan

Die Zeit der Tang-Dynastie ist für den Taoismus auch jene Epoche, in der sich eine neue Orientierung hin zur Mystik Ausdruck verschafft. Verdeutlicht durch eine Vielzahl von Schriften, deren wichtigste in das 7. Jahrhundert datieren, tritt eine gewaltige Strömung zutage, die hier nur mehr in Kürze vorgestellt werden kann und die wir aus Gründen der Darstellung als *neiguan,* »innere Meditation«, bezeichnen. In ihr entwickelte sich eine Form der stillen und bildlosen Meditation, die mehr auf einen Zustand der geistigen Leerheit und der Vereinigung mit dem Tao als auf Ekstase und den Himmelsflug abzielte. Wieder geschah es unter dem Einfluß des Buddhismus, daß die Konzeption der Meditation und der Kontemplation eine neue Wendung nahm. Während in den Techniken des Shangqing das »Vergessen«, das Ausschalten des Denkens nur mehr eine Form der Manipulation, die Verwirklichung des Bruders mit der gewöhnlichen Welt darstellte, entwickelt es sich nun zu einer eigenständigen Praktik, die von Spekulationen über die Wirklichkeit der Welt und über die Leerheit begleitet wird. Altüberlieferte Begriffe werden neu definiert; so besteht nunmehr die »Befreiung« darin, den Geist von sämtlichen Konzepten und jeglicher Vorstellung von Aneignung und Verlust freizumachen, so daß er von nichts mehr, auch nicht dem Fehlen von irgend etwas, erfüllt ist (*Benji jing*, 2, Paris 1960, S. 26); »die Familie verlassen« *(chujia)* bedeutet Trennung von der Welt des Existierenden, sich frei zu machen von der Achtung der religiösen und moralischen Gebote. Doch die wahren Gebote sind jene, die sich weder beachten noch übertreten lassen, und der überlegene Adept zieht sich nicht von der Welt zurück, denn er ist ohne Furcht vor ihren Befleckungen. Die Meditation über die Schriften umfaßt zwei Stufen: Die eine besteht in der Konzentration, die andere darin, sich von dieser Meditation freizumachen und zu erkennen, daß es im »Gesetz« (*fa*, die Lehre) ursprünglich keinerlei Schriften gibt (diese Vorstellung stammt aus dem 6. Jahrhundert und datiert somit vor das berühmte Diktum dieser Art aus dem Chan/Zen-Buddhismus); in gleicher Weise geht es bei der Meditation über den Meister auf der ersten Stufe darum, diesen in Gedanken zu kontemplieren, um dann auf einer zweiten alle Gedanken auszuschalten (*Benji jing*, 2, S. 30).

Diese Tendenz ist Zeugnis einer der dem Taoismus eigenen Verfahrensweisen, um einen Versuch zur Versöhnung von Taoismus und Buddhismus durchzuführen. Die Bedeutung dieses Versuches liegt nicht allein in der Art und Weise, wie die Taoisten beide Religionen miteinander verbunden haben, sondern auch darin, daß es sich hierbei um das Werk einer Assimilation des Buddhismus gehandelt hat, die es ihnen ermöglichte, diese erste Phase hinter sich zu lassen, um dann gegen Ende der Tang-Dynastie in Gestalt der inneren Alchemie *(neidan)* zu einer vollkommen eigenständigen Formulierung zurückzufinden. Einmal mehr läßt sich angesichts dieser Leistung feststellen, daß die Taoisten, wenn sie Entlehnungen machen – und im Gegensatz zu Buddhisten und Neokonfuzianern tun sie dies derart, daß sie diese zu erkennen geben, indem sie bereitwillig jene buddhistischen Schriften anführen, aus denen sie schöpfen –, gleichwohl ihren Ursprüngen und dem eigentümlichen Charakter ihrer Ausrichtung treu bleiben. So wandten sie sich denn vor allem Lao zi und Zhuang zi zu und bewahrten ihre Identität ebenso wie ihre grundlegenden Eigenschaften.

Das *Neiguan jing* ist eine kurze Abhandlung, die später zu einem ausgiebig zitierten Standardwerk wurde. Interessant ist das Werk insbesondere aufgrund der Art und Weise, wie es buddhistische Ideen in einen taoistischen Fundus einfügt. *Neiguan* bedeutet »innere Betrachtung«, und entsprechend der taoistischen Tradition, die sich nie einer Innenschau nach Art westlicher Mystiker hingegeben hat, handelt es sich um einen Text, der sich zu großen Teilen mit der Kontemplation der Körpergottheiten befaßt. Die Anthropologie ist eine ganz und gar taoistische: Das Ursprungs-Qi gibt einem Körper Leben, dessen Struktur dem Modell aus der Schule von Yin-Yang und den fünf Wandlungsphasen entspricht; bei den Körpergottheiten handelt es sich um jene, denen wir bereits begegnet sind. Der Körper bildet einen Mikrokosmos: Die Augen entsprechen Sonne und Mond, die Haare Sternen usw. Der Text, in dem es unausgesprochen um eine Meditation über die Wiedergeburt geht, denn dies ist ein Thema, daß mit ihm in Zusammenhang steht, beginnt mit einer Beschreibung der Entstehung des Embryos, ein wiederkehrendes Motiv innerhalb des Taoismus, das bereits im 7. Kapitel des *Huainan zi* behandelt wird und sich auch in einer ganzen Reihe anderer taoistischer Werke wiederfindet (so z. B. im *Yebao yinyuan jing*, T. 336, 8, 1a–b, das diese Entwicklung des Embryos in Verbindung zu den neun Himmeln setzt, oder im *Chujia yinyuan jing*, T. 339, 16b). Hieran schließt sich eine Aufzählung der Körpergottheiten, der Götter des Shangqing-Registers, die im Körper wohnen und der Geister der fünf *(Zang-)*Organe an. So vollzieht der Text, indem er von *xin* handelt, das in diesem Zusammenhang zugleich als physisches Organ, Sitz der Emotionalität und des Denkens und als Geist verstanden wird, eine Wende. Hier nun vermischen sich Taoismus und Buddhismus: Der Mensch ist bei seiner Geburt rein, dies ein Gemeinplatz der chinesischen Tradition, die in den Emotionen den Ursprung von Störung und Verirrung sieht. Nun gelten freilich die Emotionen als Quelle der sechs Formen des Bewußtseins *(shi),* wie sie der Buddhismus kennt, und sie sind es, die den Ursprung falscher und einseitiger Ansichten bilden. So gilt es also, nach dem Ursprung dieses Bewußtseins *(shi),* der im *xin* liegt, und weiter nach dessen Ursprung zu suchen, der in der Vorstellung des aus dem Begehren hervorgegangenen Ich zu finden ist. Hier befinden wir uns nun inmitten einer buddhistischen Innenschau. Gleichwohl schlägt der Text insofern eine andere Richtung ein, als er keine einzige der buddhistischen Methoden zur Zerstörung dieses Bewußtseins und des Ich-Begriffs aufgreift, sondern auf die »Leere des Geistes« zurückkommt, die, obgleich sie von berühmten Denkern des Altertums gepriesen worden war, in der Folgezeit innerhalb des Taoismus gleichwohl unbeachtet blieb. Unsterblichkeit wird durch das Tao erlangt, und das Tao stellt sich von selbst ein, sofern das *xin* rein ist. So enthält der Schluß des Textes ein Lobpreis auf die Leerheit des *xin* und die Beruhigung des Geistes *(shen):* Das Tao wird sich so von selbst einstellen. Es finden sich Zitate von Lao zi, und auf Zhuang zi wird verwiesen: Unwissende sind all jene, die ihren Körper mühen, ihren Willen arbeiten lassen und ihren Geist in Unruhe versetzen. Lao zi, der gegen Ende des Werks in Erscheinung tritt, bezieht seinerseits eine Grundposition, die seit Jahrhunderten jene des Taoismus ist, indem er erklärt, daß seine Weisheit mitnichten angeboren ist und es zur Erlangung des Tao seiner Anstrengung bedurfte.

Dieses Werk verbindet somit zwei Arten der Meditation und findet, ungeachtet eines kurzen buddhistisch inspirierten Passus zu seinen Ursprüngen zurück, um dann, trotz eines Anklanges von Quietismus, mit einem Aufruf zum »Studium« zu enden. Tatsächlich gibt sich ja der Taoismus im gesamten Verlauf seiner Geschichte bewußt gradualistisch, was ganz eindeutig durch die übrigen Schriften der *neiguan*-Richtung eine Bestätigung erfährt. Sima Chengzhen vertritt diesen Standpunkt mit Nachdruck, indem er ausführt, daß es eine Beschleunigung der Bewegung zu vermeiden gilt, denn diese würde der »ursprünglichen Natur« *(xing)* Schaden zufügen; er betont, daß auch die Behauptung, das Ziel lasse sich ohne jegliche Askese erreichen, unstatthaft ist, stelle sie doch eine Verlockung dar, vor der es den Anfänger zu warnen gilt.

Den Kern der *neiguan*-Schriften bildet eine Sammlung, die sich um zwei Werke gruppiert: zum einen das *Dingguan jing*, den »Klassiker der Konzentration und Meditation«, ein in mehreren Versionen existierendes Standardwerk, das mit dem Namen Sun Simiao (gest. 682) verknüpft ist, und das *Zuowang lun*, eine Sima Chengzhen zugeschriebene »Abhandlung über das Sitzen und Vergessen« (dies ein Ausdruck aus dem *Zhuang zi*), die mit dem erstgenannten Werk in Zusammenhang steht. Einmal mehr läßt sich die Vielseitigkeit der taoistischen Autoren feststellen, denn Sun Simiao war Alchemist und Arzt und Sima Chengzhen ein Patriarch der Shangqing-Schule, der, so belegen seine Werke, weder die Praktiken der Visualisation dieser Schule noch die Techniken zur Erlangung der Unsterblichkeit geringschätzte. Beide Texte bringen eine Reihe wesentlicher Aspekte zur Sprache, so beispielsweise die Definition der Grundbegriffe *ming* (das »Dekret«), *xing* (die »ursprüngliche Natur«), den »Willen« *(zhi)*, die Erkenntnis, die Faktoren für das Scheitern des Menschen und die entscheidende Funktion des *xin* (»Herz-Geist«) im Prozeß der Befreiung.

Alle von uns hier behandelten Texte unterscheiden deutlich mehrere Stufen, fünf die einen, andere sieben, doch diese entsprechen hier nun nicht mehr einem Aufstieg in der geistlichen Hierarchie, sondern vielmehr einem vollkommen persönlichen Fortschreiten, das keinerlei Bestätigung von Äußerlichem erfährt, und einer Askese, wie sie in der gesamten Geschichte der Mystik zu finden ist.

Die erste Stufe bereitet auf die Kontemplation vor und ist charakterisiert durch Achtung der moralischen Gebote und Vorschriften sowie der Regeln zur Lebensführung, die von der Art sind, wie sie Ge Hong empfohlen hatte: weder zu lange sitzen oder stehen und nicht zu lange arbeiten (Sima Chengzhen). Zu dieser ersten Stufe kann auch die Ausübung der altüberlieferten Methoden, beispielsweise der Einnahme von Drogen gehören (*Daojiao yishu,* 1, 21a). Ihr Ziel ist es, eine erste Reinigung und den Beginn innerer Gelassenheit zu gewährleisten.

Das *Dingguan jing* zählt fünf Stufen, die eine kontinuierliche Entwicklung bezeichnen; sie führen von der Bewegung zur Ruhe und nehmen ihren Ausgang beim gewöhnlichen Zustand des Tätigseins, um dann in eine vollkommene Ruhe zu münden, deren Charakteristikum es ist, sowohl im Handeln als auch im Zustand der Unbewegtheit anzudauern. Nun erst beginnen die sieben Stufen, die den Mystiker zur »Quelle des Tao« führen. Die althergebrachten Kategorien werden integriert: Auf der ersten Stufe gilt es, »das Eine zu umfassen und die Mitte zu bewahren«; auf der zweiten erlangt der Gläubige sein jugendliches Aussehen wieder; die dritte läßt ihn die Unsterblichkeit erreichen, er tummelt sich auf den heiligen Bergen und vermag zu fliegen; umgeben wird er von himmlischen Knaben und Mädchen, die ihn beschützen. Auf der vierten Stufe läutert er seinen Körper zu Qi, erstrahlt im Licht und ist zu einem »Wahrhaftmenschen« *(zhen)* geworden. Die fünfte Stufe bringt die Verfeinerung des Qi zu Geist, der Adept ist nun »Gottmensch« *(shen);* er vermag Himmel und Erde zu bewegen, Berge zu versetzen und Meere auszutrocknen. Auf der sechsten Stufe wandelt er seinen Geist um und vereint sich mit der Welt der Erscheinungen *(si);* solcherart eins geworden mit den Erscheinungen, wandelt er seine Gestalt entsprechend den Umständen und Bedürfnissen der Wesen. Auf der letzten

Stufe schließlich befindet er sich jenseits der Welt der Lebewesen, doch gibt es keines, das er nicht zu erreichen vermochte; er ist zum höchsten Ziel gelangt.

Der Begriff *dingguan* selbst verdient eine Erläuterung. Gleich dem vom Tiantai-Buddhismus übernommene Binomen *zhiguan (śamatha-vipaśyanā)* verweist er auf eine zweifache geistige Haltung: *Ding* bedeutet Konzentration, die eine derjenigen der Erde gleichkommende Stabilität bewirkt; *guan* ist die Kontemplation, in der sich die intuitive Weisheit *(hui, prajña)* verwirklicht und, gleich dem Himmel, im Licht erstrahlt. Es handelt sich um zwei komplementäre Aspekte, die in den Schriften immer gegenwärtig sind: der negative oder verneinende Aspekt, der Aspekt der Stasis, der einen Bruch mit der Welt und den geistigen Gewohnheiten bewirkt; hier wird er mit der Erde verglichen, deren Eigenschaft in der chinesischen Kosmologie es ist, stabil zu sein, und der Kategorie des Yin zugeordnet, die eine Bewegung des Rückzuges bedeutet. Vervollständigt wird dieser negative Aspekt durch einen positiven, den der Entfaltung und des Lichts, die charakteristisch sind für den Himmel und das Yang. *Ding* und *hui* bilden, zusammen mit der Beachtung der »Gebote« *(jie)*, denen in bestimmten taoistischen Schriften die *shu*, die »Methoden«, die altüberlieferten Praktiken, hinzugefügt werden, eine Triade, die buddhistischen Ursprunges ist. Gemäß den Darlegungen von Huineng (638–713), einem Zeitgenossen Sima Chengzhens, und Shenhui (668–760) aus der Schule des Chan/Zen, gehören *ding* und *hui* notwendigerweise zusammen: Mißt man *ding* zuviel Bedeutung bei, so versinkt man in Stumpfsinn; wird freilich ausschließlich die Weisheit *(hui)* kultiviert, führt dies in den weltfremden Wahn *(kuang)*. Für das *Daojiao yishu* bildet strenggenommen *ding* einen inhärenten Bestandteil von *hui;* in anderen Texten freilich gilt es *ding*, nachdem es praktiziert worden ist, zu überwinden, da es noch dem Bereich des Denkens zugehört.

Mehrere Zustände des Geists *(xin)*, der fortan eine wesentliche Rolle spielt, werden unterschieden: es gilt, den »anhaftenden«, nicht aber den »leeren Geist«, den »bewegten«, nicht jedoch den »leuchtenden Geist«, der das Tao ist, verlöschen zu lassen. Keinerlei Festhalten darf bestehen, nicht einmal mehr der Wunsch nach der Wunschlosigkeit und auch nicht das Festhalten an der Leerheit; denn, so bemerkt Sima Chengzhen, um den Zustand der Leere erreichen zu können, darf nichts mehr vorhanden sein. Einzig um diesen Preis lassen sich Leichtigkeit und strahlendes Leuchten erlangen; die Unterscheidung zwischen wahr und falsch verschwindet, und der Geist gelangt in jene »blinde Sammlung«, von der wir weiter oben sahen, daß sie Licht ist. Schwierig ist die Kunst, nichts gilt es anzustreben, und doch darf man sich nicht der Erwartung hingeben, daß dieser Zustand der Freiheit von selbst eintritt. Es ist, in Form einer differenzierten Verbindung von »Gradualismus« und »Subitismus«, von Streben und Stand der Gnade, Angeborenem und Erworbenem, eine »Einstellung«, die es dem Geist zu vermitteln gilt, die insofern eine rein negative ist, als sie darin besteht, die Verwirrung zu beseitigen, ohne sich an die Leerheit zu binden, noch das Licht zum Verschwinden zu bringen (*Zowang lun,* 3b–4a); weder auf die Konzentration und auch nicht auf ihr Nichtvorhandensein soll man seinen Geist richten (ebenda, 12a).

Es gilt *xin* (hier, der Geist im Sinne von »Denken«) mit *shen* (Geist) und nicht mit dem Körper *(xing)* zu kontemplieren, so erläutert Du Guangting in seinem Kommentar zum *Qingjing jing* (T. 759, 10a–b), ein weiteres jener Werke, die in der Tang- und Song-Zeit großen Erfolg hatten. Die »Vorstellung« (wörtlich »Geist-Vorstellung«, *xinyi*) »zieht das *qi* an«, welches *shen* hervorbringt, doch darf der Geist sich an nichts festmachen, und so existiert auch kein geistiger Zustand, der sich kontemplieren, »anwenden« *(yong)* oder ausüben ließe; mit anderen Worten: »*Xin* ist nicht der *xin* [der Geist eines einzelnen].« Gleichwohl ist er Herrscher über die Wohnstatt des Körpers (dies ein

Grundaxiom des Taoismus); ohne diese vermag er nicht zu bestehen; all dies vollzieht sich gleichsam so, als gäbe es weder einen Körper noch das Nichtvorhandensein eines Körpers. Gelangt man nicht zu dem Zustand des (Nichtgeists), wie könnte man den Körper vergessen? Das Vergessen des Körpers durch den Geist ist »Nichtgeist«, und »Körper ist nicht der Körper«. Mit anderen Worten, das »Vergessen«, das »Nichtgeist« ist, kann letztlich nur vom Geist kommen: Die Leere, so fährt dieser Kommentator fort, stellt nur mehr ein illusorisches »Symbol« (*xiang*, eine dem Buddhismus entlehnte Vorstellung), ein »Hilfsmittel« *(upāya)* dar, ist eine vom »Himmelserhabenen« (Tianzun) in seiner großen Güte geschaffene pädagogische Methode (12a); es bildet nur mehr den »funktionalen Modus« *(yong)* des Tao (11a) und ist, mit anderen Worten, nurmehr der mühsame Aspekt jener geistigen Übung, die zum Tao führt. Es gilt, das »Nichtfunktionieren« zu erreichen, welches die »wahre Leere« und das wahre Tao ist. Da »große Leere« und »kleine Leere«, die durch das Nichthandeln praktiziert wird, Gegensätze bilden, gilt es dahin zu gelangen, daß beide verschwinden, denn »groß« existiert allein im Gegensatz zu »klein«.

In dieser Sammlung von Schriften besteht Übereinstimmung in bezug auf den Nachdruck, der auf zwei Prinzipien gelegt wird, die uns derart miteinander verbunden auch im nachfolgenden Kapitel über die »innere Alchemie« begegnen werden: nicht an der Leere festhalten, sie nicht verdinglichen, ist das erste, vom Buddhismus angeregte; das zweite Prinzip, die Kultivierung sowohl auf der physischen als auch auf der geistigen Ebene zu betreiben, ist fest in der taoistischen Tradition verwurzelt, die wir in der Alchemie wiederfinden.

An der Leere festhalten und sich konzentrieren auf den Wunsch nach Wunschlosigkeit, darin besteht die große Falle, auf die bereits *Huainan zi* (Kap. 11) hinweist, wenn er, lange vor Einführung des Buddhismus, schreibt: »Wer beständig danach strebt, leer zu sein, wird es nicht; wer sie nicht anstrebt, erlangt sie von selbst.« Soweit wir wissen, wird dieser Passus von unseren Taoisten nicht zitiert, doch macht er deutlich, daß sie durchaus vorbereitet sein konnten, diesen in aller Ausführlichkeit von den Buddhisten dargelegten Aspekt ihrer Lehre zu verstehen und zu übernehmen. Weiter oben haben wir bereits die Schule des »doppelten Geheimnisses« und ihre Lehre vom »zweifachen Vergessen« erwähnt. Die Werke der Tang-Zeit beschäftigen sich in unterschiedlichen Weisen mit dem Thema der Kontemplation *(guan)*, und unterscheiden zu diesem Zweck zwischen mehreren Formen der Kontemplation, die aufeinanderfolgende Stufen bilden. In manchen Werken sind es drei, so im *Daojiao yishu* und *Sanlun yuanzhi:* zunächst die Kontemplation der »illusorischen dharma«, die in einer Meditation über die zusammengesetzte Natur der Wesen besteht; leicht fällt es unseren Autoren, diesen Punkt mit einer Textpassage aus dem 2. Kapitel des *Zhuang zi* zu veranschaulichen; es folgt die Kontemplation der »wirklichen dharma« und schließlich die der »universalen Leere«. Der Einfluß der buddhistischen Tiantai-Schule ist hier offensichtlich. Oder aber: Kontemplation des »Gestalteten« *(you)*, dann die über das »Nichtgestaltete« *(wu)* und anschließend die des mittleren Tao; diese Interpretation wird durch die Sanlun-Schule des Mādhyamika gestützt. Oder auch: Beherrschung des Geistes durch das Festhalten an dem »Einen«, das nichts anderes ist, als die Reuse, mit der man Fische fängt (ein Bild aus dem *Zhuang zi*); es folgt der Zustand, in dem der »Geist der Asche« (ein Zhuang-zi-Ausdruck) durch Vergessen des »Einen« gleicht; schließlich die Erkenntnis des »wahrhaften Einen« und die »große Sammlung« (auch dies wieder ein dem *Zhuang zi* entstammender Begriff). Einige Anordnungen sind freilich weitaus detaillierter. Du Guangting zählt vierzehn Arten der Konzentration auf, die er auf drei Fahrzeugen verteilt; zu diesen kommt das des Heiligen hinzu, das sie kontrolliert. Das

Zuoxuan lun kennt vierzehn andere, die in Gegensatzpaaren angeordnet sind, um Ausgeglichenheit herzustellen. Diese Bewegung findet in der Song-Zeit ihre Fortsetzung; so unterscheidet das *Daoshu* beispielsweise fünf Arten der Konzentration.

Die Beziehung von Komplementarität und Wechselseitigkeit, durch die *ding* und *hui* eine Einheit bilden, ist die gleiche, die auch den Körper mit dem Geist verbindet, so daß die Paarungen zueinander in Entsprechung gesetzt werden. Die Konzentration verbindet sich mit dem Körper und den Atemübungen – die in diesem Kontext analog als *qigan*, »Kontemplation des *Qi*«, bezeichnet sind –, und die Weisheit wird in Beziehung gesetzt zu Geist (*xin* oder *shen*) und der »Kontemplation des Geistes«. Auch wenn beide in gleicher Weise notwendig sind, besteht doch, wie in bezug auf die Konzentration und die Weisheit auch, eine Abstufung: Das *Daojiao yishu* vertritt die Ansicht, daß es von der Kontemplation des *Qi* zu der des Geists überzugehen gilt. Das *Sanlun yuanzhi* (11b) hält dafür, daß die Übung des Qi Langlebigkeit zum Ziel hat, während die des Geists, darin bestehend, zu »sitzen und zu vergessen«, das Heil *(miedu)* sichert; doch auch hier findet sich keinerlei Quietismus: Die Verwirklichung der Ruhe besteht darin, in der Bewegung »durchscheinend« zu sein und im Zustand der Unbewegtheit »im Licht zu erstrahlen« (7a).

All diese Spekulationen bereiten jene der inneren Alchemie vor, die am Ende der Tang-Dynastie Gestalt annimmt und sich dann wesentlich ab der Song-Zeit entwickelt. In Gestalt von *ming* und *xing* läßt sich die Paarung *ding*-Körper und *hui*-Geist in ihr wiederfinden. Gleichwohl gilt es zu betonen, daß sie immer in Gemeinschaft mit den alten Methoden der visuellen Meditation bestehen, die sich auf eine subtile und imaginierte Physiologie beziehen; dies läßt sich bei der Lektüre des Kommentars von Du Guangting zum *Qingjing jing* bemerken, der mühelos von einer Methodenkategorie zu einer anderen übergeht, ohne darin einen Widerspruch zu sehen und dabei, im Anschluß an lange Ausführungen zum Thema des Nichtanhaftens, über die Aufnahme der Fluida von Sonne und Mond handelt. Dieser Kommentar ist auch insofern interessant, als sich in ihm das Vorhandensein von Themen und Begriffen, die der inneren Alchemie eigen sind, feststellen läßt, ein Phänomen, das in dieser Zeit seinen Anfang nimmt.

Das *Yinfu jing* ist eine kurze anonyme Abhandlung, die aufgrund ihres gewaltigen Erfolges nicht schweigend übergangen werden kann. Wenn sie vermutlich auch in die 2. Hälfte des 6. Jahrhunderts datiert, so hat sie freilich erst mit einem Kommentar Verbreitung gefunden, den ein Zeitgenosse Xuanzongs, der Taoist Li Quan (um 743), verfaßt hat; er war der Förderer dieses Werks, und so ist auch dessen erste bekannte Version mit seinem Kommentar versehen. Nachfolgend ist es häufig kommentiert und beständig zitiert worden; es wurde zu einem Standardwerk und hat dem Taoismus eine ganze Anzahl von Schlüsselwörtern seines Vokabulars geliefert. In der Version des Li Quan ist die Abhandlung in drei jeweils mit Überschriften versehene Abschnitte unterteilt: Der erste ist dem Tao, den Unsterblichen und dem »Bewahren des Einen« *(baoyi)*, der zweite Gesetz, Staat und Frieden und der dritte den »Methoden« *(shu)* gewidmet, die, bei der Kriegführung angewendet, den Sieg der Armeen sichern: Staat *(guo)* und Krieg werden gemäß der taoistischen Tradition metaphorisch als Bezeichnung für das Individuum und den Kampf um inneren Frieden verstanden. Wie der Titel auch (der nach dem Verständnis Li Quans »Vereinigung mit dem dunklen Yin« bedeutet), ist das Werk einigermaßen dunkel, und vielleicht liegt darin der Grund seines Erfolgs. In der Song-Zeit wurde es am häufigsten in den Begriffen des *neiguan* und der inneren Alchemie interpretiert. Einen zentralen Platz nimmt im *Yinfu jing* der Begriff *xin* ein: Es stellt die »Triebkraft« oder auch den grundlegenden Antrieb *(ji)* des Menschen dar. Die fünf Wandlungsphasen werden als »Räuber« verstanden, da sie am Beginn der Öffnung zur äußeren Welt hin stehen und vom inneren Leben ablenken. Li Quan interpretiert den Text auf sehr traditionelle Weise, mit einer gleichwohl deutlichen Orientierung auf eine Abschließung gegenüber der äußerlichen Welt und eine extreme Verinnerlichung. Der Mensch ist »das heiligste Wesen auf Erden«, so die sakrale Formel, denn er vermag es, »sein Licht seiner eigenen Natur zuzuwenden und den uranfänglichen Beginn vollkommen zu erfassen«. Freilich verläuft dieses Verständnis über das der Wirkmechanismen der Welt, als da sind das Wechselspiel von Yin/Yang und der fünf Wandlungsphasen und die kalendarischen Zyklen, für die das Studium des *Yi jing* grundlegend ist. Dies gilt deshalb, weil Weisheit und Heiligkeit des Menschen kaum darauf zielen, die Initiative zu ergreifen, sondern vielmehr darauf, der natürlichen und himmlischen Ordnung zu folgen. Die konfuzianischen Klassiker werden zwar zitiert, doch sind es Lao zi, Zhuang zi, die verborgenen Heiligen und Huang di, die in den Vordergrund treten und den Vorrang vor den Heiligen des Konfuzianismus, Yao und Shun, haben.

Song- und Yuan-Zeit: die innere Alchemie

Die Song-Dynastie ist eine Epoche der Unruhen und der Unsicherheit, in der China von Barbaren bedroht wird, denen es schließlich im Jahr 1126 gelingt, die chinesischen Truppen zu überwältigen und somit den gesamten Norden des fortan zweigeteilten Reiches zu besetzen. Diese Ereignisse lösen eine ihrer Tendenz nach moralisierende und nationalistische Bewegung der Reaktion aus, die am Beginn einer Erneuerung des Konfuzianismus steht, aber auch dem Taoismus als dem Bewahrer traditioneller Werte und als einem Refugium vor der Angst zugute kommt. Tod und Dämonen lauerten überall, Austreibungen waren allenthalben in vollem Gang. Dies machte, wie wir sahen, zu einem großen Teil zumindest, den Erfolg neuer Rituale aus. Ungeachtet der Ausschweifungen und der Scharlatanerie einiger seiner Vertreter, spielte der Taoismus in dieser Epoche auch bei der Bewahrung traditioneller moralischer Werte eine wichtige Rolle, und seine Verbreitung wurde durch die von ihm in dieser Zeit der Unruhen und der Not des Volkes unternommenen humanitären Tätigkeiten verstärkt.

Der Taoismus genoß die Unterstützung der Kaiser, insbesondere von Zhenzong (reg. 997–1022), der eine taoistische Gottheit zu seinem Ahn gemacht hatte, Wang Jie (980–1020), den Hersteller alchemistischen Golds protegierte, in der Hanlin-Akademie ein Labor einrichtete und den Taoisten offizielle Ränge verlieh, so daß sie mit den Beamten gleichgestellt waren; auch von dem Kaiser und Ästheten Huizong (1100–1125), der von Li Lingsu in den Rang einer inkarnierten Gottheit und eines Schutzpatrons der neuen Offenbarung des Shenxiao, in die er sich einweihen ließ, erhoben wurde. In der Hauptstadt und im ganzen

Reich ließ Huizong taoistische Tempel errichten und Dreifüße gießen, die er der Shenxiao-Schule zum Geschenk machte, er verlieh zahlreiche Ehrentitel an berühmte Taoisten dieser Zeit und nahm selbst an taoistischen Zeremonien teil; er war der Gründer taoistischer Schulen und bestand auf der Notwendigkeit des Studiums der taoistischen Schriften zur Vorbereitung auf die [Beamten-]Prüfungen in der Absicht, eine Kultur der harmonischen Synthese von Taoismus und Konfuzianismus zu begründen. Im übrigen war es keine Seltenheit, daß berühmte Konfuzianer dieser Zeit auch taoistische Techniken der Meditation praktizierten, so z. B. Su Shi (1037–1101), der sogar Abhandlungen über das Thema verfaßt hat (siehe z. B. *Daoshu,* 35, 5b–9a), während der Autor des *Daoshu,* einer wichtigen taoistischen Enzyklopädie des 12. Jahrhunderts, Zeng Zao (um 1131–1155), beispielsweise auch der Verfasser einer Abhandlung über Musik ist.

Seit Beginn der Dynastie ließen die Kaiser nach jenen taoistischen Schriften forschen, die während der unruhigen Jahre der Fünf Dynastien verlorengegangen und zerstreut worden waren. Unter der Leitung von Zhang Junfang (um 1008–1029), selbst Autor einer wichtigen, zu Ehren von Kaiser Zhenzong kompilierten Anthologie mit dem Titel *Yunji qiqian* (fertiggestellt um 1028/29), wurde im Jahr 1019 auf kaiserliche Anordnung ein taoistischer Kanon veröffentlicht. Ein Jahrhundert später erblickte ein neuer, von Huizong angeregter Kanon taoistischer Schriften das Licht der Welt; es war dies der erste, der gedruckt wurde. Zwar fiel er während der Invasion der Mongolen in Peking der Zerstörung anheim, doch wurde 1244 ein weitaus vollständigerer Kanon erstellt und in hundert Exemplaren kopiert. Im Anschluß an Streitigkeiten mit dem Buddhismus erging über die taoistischen Werke im Jahr 1281 das Urteil zu ihrer Verbrennung; lediglich einige Fragmente blieben verschont. Der taoistische Kanon, wie wir ihn heute besitzen, stellt eine Neukompilation aus den Jahren 1444–1445 dar.

In der Zwischenzeit erschienen große Enzyklopädien – Enzyklopädien liturgischer und auch anderer Schriften – wie das *Daoshu* von Zeng Zao und das *Xiuzhen shishu,* zwei Werke, die zum großen Teil der inneren Alchemie gewidmet sind. Sammelwerke ebenso wie Monographien mehrten sich: Hagiographien, Geschichten von Klöstern, heiligen Bergen oder allgemeine Historiographien des Taoismus, die zumeist unter das Patronat von Lao zi gestellt wurden (wie das *Hunyuan shengji,* T. 770, und das *Youlong zhuan,* T. 774), Anthologien, Kommentare zu den großen klassischen Schriften, als da sind das *Dadong zhenjing, Duren jing, Jiutian shengshen zhangjing,* das *Daode jing* und der *Zhuang zi;* letztere wurden von bekannten taoistischen Priestern wie Chu Boxiu (1270) und Li Daochun (um 1290) verbreitet.

Im Süden Chinas dominierten drei große Zentren: das der Himmelsmeister auf dem Longhu shan, das des Lingbao auf dem Kezao shan und jenes des Maoshan. Abgesehen von den neuen Ritualen, auf die wir in unserer Darstellung nicht zurückkommen werden, vollzog sich die Entwicklung in zwei Richtungen. Die eine, gebildet aus den Strömungen Taiyi (des »höchsten Einen«), Zhen Dadao (des »großen, wahrhaften Dao«) und Jingming zhongxiao (»des reinen Lichts, der Loyalität und der kindlichen Pietät«), stellt im wesentlichen eine von therapeutischen Handlungen begleitete moralische Erneuerung dar; die andere, darunter die innere Alchemie, bezeugt eine Renaissance von mehr intellektueller Tonart. Zu ihr werden wir weiter unten zurückkehren, nachdem die erste Richtung in einigen Zügen dargestellt worden ist.

Die beiden erstgenannten Strömungen, die des Taiyi und des Zhen Dadao, entstanden im Norden Chinas. Sie waren in der Hauptsache therapeutischen Praktiken gewidmet – mittels Talismanen in der ersten, Gebeten und Exorzismus in der zweiten – und haben keine Schriften hinterlassen. Das Taiyi kam bei den Kaisern der Dynastien Jin (der Dschurdschen) und Yuan (der Mongolen) in den Genuß eines großen Erfolges und verschwand dann in der Mitte des 14. Jahrhunderts. Dagegen hat die Strömung des Zhen Dadao keine Beziehungen zu den Herrschern unterhalten und scheint ihr Wirken auf das Volksmilieu beschränkt zu haben, um dann während der Yuan-Zeit zu verschwinden.

Die Bewegung der kindlichen Pietät stellt das erneute Auftreten eines Kults dar, dessen erste Manifestationen bis in das 4. Jahrhundert n. Chr. zurückreichen; dieser Kult war wiederholt aufgetaucht, vor allem in der Tang-Dynastie, an deren Ende er offizielle Anerkennung gefunden hatte. In seinem Mittelpunkt steht die Figur eines legendären Heiligen aus Sichuan mit Namen Xu Sun, der am Übergang vom 3. zum 4. Jahrhundert gelebt und sich dadurch ausgezeichnet haben soll, daß er die Gegend von einem unheilvollen Drachen befreite, gegen im Volk verbreitete »wilde Kulte« kämpfte und eine außergewöhnliche kindlichen Pietät zeigte. Dieser Xu Sun wird mit einem anderen, ebenfalls legendären Heiligen mit Namen Wumeng in Verbindung gebracht, der aufgrund der gleichen Tugend ebenfalls Berühmtheit erlangt hatte. Der Kult, dessen Zentrum sich im Yulong guan, einem Tempel in den Westbergen (Xishan) der Provinz Jiangxi, befand, genoß den hohen Schutz von Kaiser Huizong, der in dem Tempel ein Symbol für die Einheit Chinas angesichts der Bedrohung durch die Dschurdschen sah. Große Prozessionen, die in der Mitte des Herbsts anläßlich des Gedenktages der himmlischen Apotheose des Heiligen stattfanden, zogen Tausende von Gläubigen an. Das Jahr 1224 erlebte eine Erscheinung des Heiligen, die der Bewegung neuen Glanz verlieh, ihr zahlreiche Adepten gewann und Ursache für die Errichtung neuer Heiligtümer war. Diese Neubelebung wurde durch die Tätigkeit von Liu Yu (1257–1308) verstärkt, der als der eigentliche Gründer der Bewegung des reinen Lichts (Jingming dao) im 14. Jahrhundert gelten kann. Diese Bewegung verherrlichte die Tugenden der Reinheit, Loyalität und kindlichen Pietät *(zhongxiao)*, die in ihrer weitesten Bedeutung Loyalität, Respekt und Gehorsam gegenüber dem Herrscher als dem Vater des Volks umfassen und mit einer kosmischen Wertigkeit versehen sind. Aus diesem Grund auch wurde diese Bewegung als Hüterin der sozialen Ordnung und der politischen Stabilität angesehen. Sie rekrutierte sich größtenteils aus dem Milieu der Intellektuellen und Beamten, um sich dann allmählich in Richtung des Volkstaoismus zu entwickeln. Von der Ming-Zeit an orientierte sie sich zunehmend auf eine liturgische Tätigkeit, wobei Elemente aus der Alchemie und der Magie Aufnahme fanden. Der Kult des Xu Sun ist auch heutzutage noch, insbesondere in Taiwan, sehr lebendig.

Innere Alchemie oder Neidan

Es war freilich, wenn nicht die Geburt, so doch die Entwicklung der inneren Alchemie, die das bemerkenswerteste Ereignis innerhalb des Taoismus dieser Epoche darstellte, da diese Richtung ganz und gar neue Elemente mit sich bringt und, als Gegenstück und Komplement des liturgischen Bestandteils des Taoismus, der im wesentlichen von den Himmelsmeistern unserer Tage vertreten wird, seine mystische Seite repräsentiert.

Wenn wir den Terminus »innere Alchemie« verwenden, so um uns an den vorherrschenden Sprachgebrauch zu halten, doch gilt es anzumerken, daß dieser Ausdruck das Ergebnis einer völlig auf Vereinbarung beruhenden Auswahl darstellt, um diese riesige, bis in unsere Tage andauernde Bewegung zu benennen, gab es doch ursprünglich keinen spezifischen chinesischen Begriff zu ihrer Bezeichnung, außer vielleicht den des *jindan* (wörtlich: »Gold-Zinnober«), der unterschiedslos auch für die operative Alchemie verwendet wird. Innere Alchemie ist die ungefähre Übersetzung des Wortes *»neidan«*, das »innere Zinnober«

im Gegensatz zu *»waidan«*, »äußerer Zinnober«, bedeutet. Die Taoisten benutzen diese beiden Begriffe in sehr unterschiedlichen Bedeutungen, und so erhalten sie einzig durch den Kontext, in dem sie verwendet werden, einen Sinn, wobei *neidan* im allgemeinen lediglich eine spätere, in größerem Maß verinnerlichte und sublimere Phase als die vorausgehende, die mit dem Terminus *waidan* belegt wird, bezeichnet. In Ermangelung eines spezifischen Terminus verwenden moderne Autoren, die chinesischen ebenso wie die westlichen, den Begriff *neidan* als Benennung für das, was wir als »innere Alchemie« übersetzen, im Gegensatz zur »äußeren Alchemie«, in der die Herstellung einer Substanz angestrebt wird und die das Hantieren in einem Labor umfaßt. Wenn es zuweilen aufgrund der Ähnlichkeit der verwendeten Sprache auch als schwierig erscheint, die eine Richtung von der anderen zu differenzieren, so besteht der grundlegende Unterschied darin, daß die »innere Alchemie«, die nicht die Herstellung eines Stoffes anstrebt, vor allem eine Technik der Erleuchtung darstellt, die eine Methode der Ordnung der Welt und des Selbst, eine Gestaltung *(zaohua)*, und von daher ein Verständnis im Sinn einer existentiellen und intellektuellen Integration beinhaltet.

Eine deutliche Unterscheidung gilt es andererseits auch zwischen dem *neidan* und den Atemtechniken und gymnastischen Übungen zu machen, die, wie wir sahen, keineswegs spezifisch taoistisch sind, sondern häufig von Konfuzianern und dem Volk, unabhängig von jeglicher Zugehörigkeit zu einer Religion, praktiziert wurden. Das die spezifische Charakteristik ausmachende Unterscheidungsmerkmal der inneren Alchemie besteht in einem neuartigen, spekulativen Element, das grundlegend für diese Richtung ist. Im wesentlichen geschieht es durch dieses Element, daß sich das *neidan* in die Geschichte jenes Taoismus einschreibt, der, wie wir sahen, die Spekulationen des Buddhismus in sich aufgenommen hatte. Dem Neokonfuzianismus vorausgehend, zu dem es einen beachtlichen Beitrag geleistet hat, stellt das *neidan* eine ganz und gar chinesische Reaktion des Taoismus auf den Buddhismus dar, indem es eine bestimmte Lücke schließt, die aufgrund seines allzu ausgeprägten Pragmatismus ein Defizit des Taoismus war; in der Tat liefert es jenen, sich der intellektuellen Spekulation zuwendenden Geistern eine Antwort, die sich nicht mit visionären Meditationen von der Art des Shangqing begnügten. Der grundlegenden Bestimmung des Taoismus treu bleibend, gelingt es ihm, die Schulung der Physiologie und des Imaginären, der dieser sich traditionell gewidmet hat, zu bewahren und die des Intellekts in ihn einzubringen.

Dieses Element des Spekulativen stellt ein erstes Wesensmerkmal dieser Strömung dar, es ist, und daran erinnern ihre Autoren selbst mit Beharrlichkeit, für sie wesentlich. Unterstützt wird es großenteils durch die sich zur Song-Zeit großer Beliebtheit erfreuende Exegese des *Yi jing*, die einen der Faktoren einer intellektuellen Annäherung zwischen Konfuzianismus und Taoismus gebildet hat.

Das zweite Ziel bestand darin, eine Synthese zwischen den unterschiedlichen bereits bestehenden Richtungen innerhalb des Taoismus, die ein bereits gut entwickeltes und nicht zu vernachlässigendes Material bildeten, einerseits und den beiden großen Strömungen des chinesischen Denkens, Konfuzianismus und Buddhismus, andererseits dadurch zu bewerkstelligen, indem man auf deren grundlegende Schriften Bezug nahm, die von den Autoren des *neidan* häufig ausdrücklich zitiert wurden. Wie man sieht, handelt es sich um die Tendenz des tangzeitlichen Taoismus, eine Synthese der »drei Lehren« durchzuführen, die hier, auf der Idee basierend, daß alle drei die gleiche Wurzel und das gleiche Ziel haben, ihre Fortsetzung erfährt; in gleicher Weise kommt sie auch in bestimmten buddhistischen Schriften zum Ausdruck, doch wird sie innerhalb des Taoismus am offensten und konkretesten bejaht.

Im Rahmen einer derartigen Verbindung unterschied-

lichster Elemente kann man sagen, daß die *neidan*-Texte stets durch die folgenden Merkmale charakterisiert sind:
– ein Bemühen um sowohl geistige als auch physiologische Schulung, wobei der geistige Aspekt häufig den Vorrang hat;
– eine nach Synthese strebende Tendenz zur Einbeziehung unterschiedlicher taoistischer Strömungen (Atemübungen, Visualisation, Alchemie), bestimmter Spekulationen und Methoden des Buddhismus (Spekulationen über *wu* und *you*, die *gong'an* – die japanischen Koans – des Chan) und Verweisen auf die Werke des Konfuzianismus;
– eine sehr systematische Verwendung der Trigramme und Hexagramme des *Yi jing*, die in einem metaphorischen Sinn bereits in der operativen Alchemie und im Ritual Anwendung gefunden hatten;
– Verweise auf chemische Techniken, die nur mehr einen metaphorischen Wert haben, gemäß einer verinnerlichenden Interpretation, deren Anfänge, wie wir sahen, in die Shangqing-Schule zurückreichen.

Die beiden letztgenannten Züge verbinden sich in der Weise miteinander, daß sämtliche Texte des *neidan* chemische Begriffe verwenden (zumindest solche wie Blei, Quecksilber, Wasser, Feuer, Ofen und Kessel) und sie in Beziehung zu den Trigrammen setzen. Diese Kombination von Trigrammen und chemischen Termini bildet das relevante Element, um die Grenzlinie zwischen dem *neidan* und den alten Atemtechniken zu ziehen, über die man auch heutzutage noch zahlreiche Abhandlungen findet. Da sämtliche dieses doppelte Bezugssystem benutzenden Werke durch den bereits beschriebenen Geist der Synthese angeregt sind, ist die Vermutung möglich, daß sich folglich, ungeachtet der Teilung in Schulen, die in Wirklichkeit zuweilen ja mehr eine formale als eine reale gewesen ist, eine zusammenhängende Einheit herausgebildet hat.

Die grundlegende Natur dieser taoistischen Strömung ist eine didaktische, worauf ihre Meister, um jeglichen Zweifel daran unmöglich zu machen, mit Nachdruck verweisen. Sie unternehmen den Versuch, sowohl der eigenen mystischen Erfahrung Ausdruck zu geben als auch diese bei ihren Adepten herbeizuführen, nicht allein mittels der alten physiologischen Methoden, sondern ebenfalls durch Angriffe auf das Denken, deren Ziel es ist, die harten Verknotungen und Blockaden darin in der gleichen Weise aufzulösen und zu lockern, wie es die Techniken des Qi auf der physiologischen Ebene zu tun bestimmt waren. Wie die visionäre Meditation auch, so stellt die innere Alchemie eine operative Disziplin dar, einen schöpferischen Akt, einen zu lenkenden Prozeß der Erlösung und der Regeneration, der zur Geburt des Embryos, des neuen Menschen führen soll. Aufgrund dieser didaktischen Natur sind die Schriften freilich von gänzlich anderer Art als die voraufgegangenen: Bis auf wenige Ausnahmen handelt es sich nicht mehr um geoffenbarte Schriften, sondern es sind entweder Essays, diesem oder jenem Schüler, Freund oder Besucher gewidmete Gedichte, von denen einige in die Liturgie integriert wurden, oder Lehren des Meisters, die in Form von Aufzeichnungen der Schüler überliefert werden (die *yulu,* Dialoge, die einem sehr alten Genre entsprechen, das bereits im *Taiping jing* Verwendung fand; sie waren bei den Neokonfuzianern der Epoche sehr in Mode). Dieses Faktum hat eine wichtige Konsequenz, die unter dem Gesichtspunkt des Verständnisses der Lehre oder der überlieferten Botschaft in größtem Maß Berücksichtigung finden muß: Diese Texte sind häufig von ungleichem Niveau (sei es auf der geistigen oder intellektuellen Ebene) und weisen zuweilen aus dem Grund untereinander Unstimmigkeiten auf, da sie sich nicht immer an die gleiche Art von Zuhörerschaft wenden.

Vereinfachend lassen sich alle alchemistischen Vorgänge folgendermaßen zusammenfassen: Der Adept geht vom Uranfang, der ohne Koordinaten, ohne Markierungen und Begrenzungen (das »Chaos«) ist, aus; er setzt Koordinaten, grenzt ein und konstruiert eine Reihe; anschließend hantiert er mit ihnen, versetzt sie in Schwingungen, dynamisiert sie, fügt sie zusammen und flechtet sie in einander; so gelangt er schließlich dahin, sie im Zentrum zu vereinen, wo sie verschmelzen, wo er sie »paart« und sie so Instanzen erzeugen, die jedesmal »reiner«, verinnerlichter sind, mit denen er die gleichen Vorgänge wiederholt, bis er »in die Leere springt«. Ausgehend von einer Tabula rasa, hat er die unvollkommene, ungeordnete Welt, in der er lebte, neu gestaltet, um sich schließlich des normativen, konzeptuellen und rein zweckbetonten und in diesem Sinn künstlichen Aspekts der von ihm aufgestellten Koordinaten bewußt zu werden. Man erkennt, in welchem Maß hier eine Übereinstimmung mit Zhuang zi besteht.

Das letzte Ziel wird nun nicht mehr durch das phantastische Bild des Heiligen illustriert und verkörpert. Nur selten findet man kurze und vereinzelte Anmerkungen, die ihn charakterisieren. Wir werden sehen, wie Wang Zhe versichert, daß es sich nicht um eine körperliche Unsterblichkeit handele, während sein Schüler Qiu Chuji Dschingis-Khan erklärt, daß ein Elixier der Unsterblichkeit nicht existiere. Die letzte Wahrheit ist die Einheit von Tao und Welt (z. B. T. 1067, 8, 5b–6a), von Tao und *xin* (dem menschlichen Geist), die Einheit eines ewigen Augenblicks, den es zu ergreifen und zu leben gilt, in dem die Welt geboren wird, vor der Spaltung in zwei und im Zusammentreffen zweier entgegengesetzter Pole, die den unauslotbaren Gipfel des Menschen bildet (*ren zhi ji;* T. 1067, 5, 11b). Es handelt sich darum, so wird in geradezu monotoner Weise von den Autoren geäußert, das »Dasein *(you)* aus dem Nichtsein *(wu)* zutage treten zu lassen« (beispielsweise T. 1310, 2, 2b) oder das »Stoffliche« *(zhi)* aus dem Nichtstofflichen hervorkommen zu lassen, das es erzeugt (T. 249, 1, 6a), und die »natürliche treibende Kraft *(tianji)* der Welt zu erfassen (T. 1090, 11a); mit anderen Worten, weit davon entfernt, in einer unfruchtbaren »Leere« Zuflucht zu suchen, die ja beständig von ihnen gebrandmarkt wurde, auch wenn man ihnen vorwarf, diese anzustreben, setzten die Taoisten ganz im Gegenteil eine »Neuschöpfung« ins Werk. Sie befinden sich, wie der Buddhismus es sie gelehrt hatte, auf der Suche nach der Verschmelzung des »positiven« und des »negativen Weges«: So bemerkt Bixu zi (T. 241, 4a), der gleich allen anderen Meistern den Adepten vor der »fruchtlosen Leere« ebenso warnt wie vor der Spontaneität, die sich im 3. und 4. Jahrhundert im Namen Lao zis der Gunst bestimmter Kreise erfreut hatte, in denen es sich schickte, all seinen Trieben nachzugeben: »Leere bedeutet, daß [die letzte Wahrheit] weder zu sehen noch zu hören ist; spontan *(ziran)* heißt, daß man ihr entgegenzugehen und sie zu erlangen *(yingqu)* vermag.«

Geschichte

Das *neidan* hat allmählich Gestalt angenommen, so daß sich seine Entstehung nicht datieren läßt. Einer Interpretation zufolge soll es, begünstigt von der Besetzung des Nordens durch die Barbaren, entstanden sein, die die konfuzianisch erzogenen Gebildeten dazu getrieben hätten, eher Zuflucht im Taoismus zu suchen als in die Dienste der barbarischen Dynastie zu treten, wodurch sie eine intellektuelle und gebildete Komponente in ihn eingebracht hätten. Diese Art der Interpretation, die anzunehmen scheint, daß der Taoismus keine Bildungsmomente besaß, macht die Unkenntnis deutlich, an der diese Religion gemeinhin zu leiden hat, die, so zeigt ihre gesamte Geschichte, immer große Gelehrte und Geister von hoher Kultur zu den ihren zählte. Das *neidan* verfügte zudem bereits vor der Invasion der Barbaren über gesicherte Grundlagen und hatte auch schon grundlegende Werke von Bedeutung hervorgebracht. Ganz im Gegenteil wird deutlich, daß es der Neokonfuzianismus war, der, indem er vom gemeinsamen Beitrag des Buddhismus und des Taoismus profitierte, Elemente zu seiner Erneuerung fand.

Die ältesten Schriften, auf die sich die Werke der inneren Alchemie beziehen sind das *Cantongqi*, das im *Daozang* in mehreren Ausgaben vorhanden ist, und das *Guwen longhu jing* (T. 996), beide Wei Boyang zugeschrieben, einem legendären Unsterblichen, der im 2. Jahrhundert n. Chr. gelebt haben soll. Die Frage der exakten Datierung und Zuschreibung dieser Schriften ist bisher noch nicht geklärt. In der Han-Zeit existierte ein *Cantongqi* von Wei Boyang, doch ist es fraglich, ob es sich dabei um denselben Text handelt, den wir heute besitzen; von ihm läßt sich mit Bestimmtheit nur sagen, daß er in der Tang, der Epoche, von der ab er häufig zitiert und kommentiert wurde, existiert hat. Das Werk, ebenso dunkel wie berühmt, zu dem der große Zhu Xi einen Kommentar verfaßt hat und das auch mit den Begriffen der operativen Alchemie ausgelegt worden ist, enthält eine große Anzahl von Bildern, die einen Bestandteil des Grundarsenals der *neidan*-Texte bilden. Die das gesamte Werk durchziehenden Metaphern werden von den Meistern verwendet, für die das *Cantongqi* einen maßgeblichen Text der Bezugnahme darstellt. So beispielsweise die Metaphern des Kessels, des Ofens in Form eines »liegenden Mondes«, des »Quecksilbers, welches die goldene Blüte enthält« (bzw. Blüte aus Metall, da *jin* beides bezeichnet), der »ursprünglichen Essenz«, des »Flußkarrens«, des »eleganten Mädchens«, der »Phasen des Feuers«, dem »Staub auf dem leuchtenden Fenster« und andere auch, denen zu begegnen wir Gelegenheit haben werden. Es hat den Anschein, als hätten die Meister des *neidan* bevorzugt aus dem *Cantongqi* auch andere Begriffe mit einer mehr philosophischen Bedeutung und von allgemeinerer Verwendung entlehnt, so unter anderen die Termini »ursprüngliche Natur«, »das *you* mittels des *wu* beherrschen«, daneben auch Anleihen bei Lao zi, beispielsweise »vor [der Entstehung von] Himmel und Erde«, »die höchste Tugend hat keine Tugend«, »man betrachtet das [Tao] ohne es zu sehen« und »ein Gegenstand ist einzig durch seine Leerheit von Nutzen«. Man erkennt, wie das *Cantongqi*, und in seinem Gefolge das gesamte *neidan*, philosophische Aphorismen und konkrete Bilder miteinander vermischt.

Die ersten sicher datieren Texte, die bereits ausgeprägte Merkmale des *neidan* aufweisen, so wie wir es definiert haben, gehen in das 8. und 9. Jahrhundert zurück, was auch einige Textpassagen im Werk des Wu Yun (gest. 778) bestätigen (T. 1051, 2, 20a–b). In dem 880 datierten *Ruyao jing* (»Schrift über den Eintritt in das Elixier«, T. 135) von Cui Xifan, das Gegenstand mehrerer Kommentare ist und auf das sich spätere Autoren unablässig bezogen, sind die wesentlichen Elemente des *neidan* bereits enthalten. Auch der Kommentar von Peng Xiao zum Cantongqi, datiert 947, zeugt von einem bereits recht ausgebildeten *neidan*.

Von Chen Tuan (906–989) sind uns lediglich einige Zitate und eine Vielzahl von Augenzeugenberichten über ihn erhalten. Als Schüler eines gewissen Mayi dao, der einigen Quellen zufolge Buddhist, anderen zufolge Taoist gewesen ist, gilt er als eine der ersten bedeutenden Figuren des *neidan* und Erbe einer Tradition von *Yi jing*-Studien, die, so wird präzisiert, den (offiziellen) Exegeten der Han und der Sechs Dynastien unbekannt war; sie wird in einer Formel zusammengefaßt, die einmal mehr die erstaunliche Kontinuität innerhalb der taoistischen Tradition bestätigt, denn sie besteht darin, jedem Teil des Körpers Zahlen zuzuordnen, bei denen es sich um dieselben handelt, die ihnen im weiter oben (S. 100ff.) erwähnten Sexualritual der Himmelsmeister zugeteilt werden: Ein ursprünglich sexuelles Ritual wird hier nun als eine aus dem *Yi jing* hervorgegangene Wissenschaft dargestellt.[1] Von Chen Tuan soll das berühmte Taiji-Diagramm stammen, dessen Vorläufer sich in einem buddhistischen Text findet[2], und das von Zhou Dunyi übernommen wurde; durch ihn soll sich über Zhou Dunyi und Shao Yong die Beziehung zwischen Taoismus und Neokonfuzianismus hergestellt haben, was ihn zu einem wichtigen Bindeglied zwischen der Tradition der Han-Dynastie und der des songzeitlichen Neokonfuzianismus macht.

Das *Wuzhen pian* des Zhang Boduan (gest. 1082) bildet zusammen mit dem *Cantongqi* das grundlegende Werk, auf das sich das *neidan* bezieht; es wurde mehrfach kommentiert und beständig zitiert, was nur mehr logisch ist, da es als einziges eine Darlegung des gesamten alchemistischen Werks darstellt.

Erst seit dem 12. Jahrhundert kann man von Schulen sprechen, obgleich es, wie zu sehen sein wird, diesen Begriff zu differenzieren gilt. Eine Anzahl kleiner Strömungen läßt sich unterscheiden, so die des Zhenyi (des »Wahren Einen«) und des Zhenyuan (des »Wahren Ursprunges«) beispielsweise. Es sind freilich die als Zhong-Lü, Quanzhen-Schule des Nordens und als sogenannte südliche Schule bezeichneten Richtungen die wesentlichen.

Die Zhong-Lü-Strömung (eine aus den Namen Zhongli Quan und Lü Dongbin gebildete Abkürzung) beruft sich auf Zhongli Quan, eine Gestalt, die ganz nach Art taoistischer Heiliger im Abstand von Jahrhunderten mehrfach erschienen sein soll; er hat, so wird gesagt, in der Han-Dynastie gelebt, war im 4. Jahrhundert in der Jin-Zeit tätig und ist berühmten Meistern der Tang und Song, unter ihnen Lü Dongbin, erschienen. Lü, der später zu einer legendären Figur wurde und den alle Schulen als Meister ansahen, lebte wohl im 9. Jahrhundert und war ein Schüler des oben erwähnten Cui Xifan, was die Historiographen nicht davon abhält, mehrere spätere Erscheinungen von ihm zu bezeugen. Zhongli Quan und Lü Dongbin erlangten große Popularität; der Gruppe der berühmten »Acht Unsterblichen« zugerechnet, wurden sie seit der Yuan-Zeit im Theater auf der Bühne dargestellt. Die Zhong-Lü-Richtung hat gleichwohl erst unter den Song Gestalt angenommen. Von ihr haben wir lediglich durch anonyme Schriften unsicherer Datierung Kenntnis, deren wesentliche das *Lingbao bifa* (vor dem 12. Jahrhundert verfaßt), das *Chuandao ji* und das

Huizhen ji darstellen, von denen der *Daozang* mehrere Fassungen enthält. Diese Richtung mißt den Techniken des Qi eine größere Bedeutung als andere Strömungen zu und eine weitaus geringere dem spekulativen Aspekt, doch reihen sich seine Schriften unzweifelhaft in die Literatur der inneren Alchemie ein, wie wir sie definiert haben.

In dem von den Dschurdschen, den Gründern der Jin-Dynastie, besetzten Norden Chinas entstand die Quanzhen-Schule (Schule der »vollständigen Wahrheit«), auch als Schule der »Goldenen Blüte« bezeichnet. Ihr Gründer ist Wang Zhe (1123–1170), und mit ihm nun kann man tatsächlich von einer Schule sprechen, da er in den Jahren 1167 und 1168 fünf Orden gegründet hat. Seine Lehre, die offenbar auf die unteren Schichten der Bevölkerung beschränkt war, nahm ihren Ausgang in der Provinz Shanxi, um sich dann in Shandong zu verbreiten. Erst ab 1183, nach seinem Tod, wurde begonnen, diese Strömung mit dem Namen Quanzhen zu bezeichnen, den sie bis in die Gegenwart beibehalten hat. Die Lehre ist durch eine starke Wendung nach innen gekennzeichnet (die wahre Reise findet im Inneren statt, die zu errichtenden Paläste haben ihren Ort im Inneren des Körpers) und betont die angemessene Mitte, die es zwischen Ruhe und Bewegung, der Bemühung und der Spontaneität zu finden gilt. Sie verkündet, daß es keineswegs darum geht, körperliche Unsterblichkeit zu erlangen, als vielmehr um die Erhöhung seines Geistes über die Welt. Innerhalb des Taoismus war das Quanzhen die erste Lehre, die den Zölibat als eine notwendige Vorschrift vorbrachte und nach dem Vorbild des Chan-Buddhismus Klöster errichtete, in denen strenge Regeln herrschten. Es war Verfechter eines die »drei Lehren« vereinigenden Synkretismus. Durch Verbote, die sich insbesondere gegen den Konsum von Wein, die Sexualität, den Zorn und die Liebe zu Reichtümern richteten – was vermutlich als eine Reaktion auf die Anwesenheit der Mongolen und ihrer Sitten zu sehen ist –, und in Fortsetzung der unter den Tang begonnenen Tradition, gliedert das

Quanzhen konfuzianische Tugenden gemeinsam mit buddhistischen Methoden ein und befürwortet die Lektüre der konfuzianischen Klassiker (vor allem des »Klassikers der kindlichen Pietät«) ebenso wie die buddhistischer Sutren (des *Banruo xinjing*, »Herz-Sutra«). Es predigt Armut und Askese, die in starkem Gegensatz zur Korruptheit und dem Reichtum standen, durch den sich die Taoisten jener Zeit auszeichneten.

Sieben der Schüler Wang Zhes, die »sieben Wahrhaften«, erlangten besondere Wichtigkeit. Einer von ihnen war Ma Danyang (1123–1183), zweiter Patriarch dieser Schule, unter dem die Lehre des Meisters Verbreitung fand. Die Schule erlebte einen wachsenden Erfolg und profitierte von der Gunst der Dschurdschenherrscher; eine große Zahl von Frauen fand Aufnahme in ihr. Eines der berühmtesten Mitglieder dieser Gruppe der Sieben, Qiu Chuji (1148–1227), wurde von Dschingis-Khan zu sich gerufen, der die Geheimnisse des langen Lebens zu erfahren suchte. Qiu hielt sich am Mongolenhof auf, was der Quanzhen-Schule zu großem Ansehen und Popularität verhalf; in der Tat erreichte er, daß die Chinesen Schonung erfuhren – auf diese Weise wurden zwei bis drei Millionen Leben gerettet – und daß ein Edikt zum Schutz der Mönche seiner Schule erlassen wurde – was ihr eine Vielzahl neuer Beitritte einbrachte –, das ihr auch oberste Befugnis über alle Geistlichen verlieh. Zudem schlossen sich ihr, befördert durch die synkretistische Tendenz der Schule, die Gebildeten an, und so konnte sie sich von einer kleinen Sekte, deren Anhänger sich vornehmlich aus dem dörflichen Milieu rekrutiert hatten, auf alle Schichten der Gesellschaft bis in die Kreise der Regierung hinein ausdehnen. Ihre Popularität erreichte in der ersten Hälfte des 13. Jahrhunderts ihren Gipfel, doch ab 1225 hatte sie Angriffe von seiten der Buddhisten zu erleiden. Diese beklagten sich über Verfolgungen durch Anhänger des Quanzhen, denen vorgeworfen wurde, mit der ihnen verliehenen Macht über die Geistlichen des Landes

Mißbrauch zu treiben. Am Hof fanden große Lehrdebatten statt, die der Kaiser zu schlichten hatte und bei denen der Streit um das *Huahu jing* wiederbelebt wurde; sie endeten mit einer Niederlage der Taoisten. Kubilai gab daraufhin den Befehl zur Verbrennung sämtlicher taoistischer Schriften mit Ausnahme des *Daode jing*. Die Quanzhen-Schule erfuhr im 14. Jahrhundert eine Neubelebung, doch ihr Asketentum aus der Anfangsperiode war erlahmt. Zu dieser Zeit hatten die Himmelsmeister eine unangefochtene Vorherrschaft zurückgewonnen, und vielleicht liegt hierin die Ursache dafür, daß die Mitglieder der Quanzhen-Schule große Rituale durchführten und sich zunehmend exorzistischen Praktiken widmeten. Parallel dazu entfernten sie sich vom anfangs gehegten Ideal der Armut und der Abgeschiedenheit, sie bemühten sich um die Gunst der Mächtigen und errichteten prunkvolle Bauten. Die Klöster der Schule waren zu Beginn dieses Jahrhunderts noch aktiv, ihr Haupttempel, der Baiyun guan in Peking, existiert nach wie vor; die Mönche führten ein Leben des Gebets, in dem sie sich dem Sammeln von Heilkräutern widmeten, was einige Äbte nicht davon abgehalten hat, auf großem Fuß zu leben. Unter den Qing wurde die Schule durch eine aus ihr hervorgegangenen Strömung, das Longmen, verdrängt, die sich auf Qiu Chuji berief; sie besteht auch heute noch und führt die Tradition des *neidan* fort.

Im Süden, der seit 1127 politisch vom Norden getrennt war, setzte sich die Entwicklung einer gleichartigen *neidan* Richtung fort. Die verwendeten Begriffe und Techniken, sowohl als auch die Quellen sind die gleichen: Die im 8. Jahrhundert ihren Anfang nehmende Bewegung findet hier eine parallele Fortführung, für die es vor der Einigung Chinas durch die Yuan-Dynastie keine gesicherten Hinweise in bezug auf eine Verbindung zwischen den beiden Schulen des Nordens und des Südens gibt. Diese Strömung, die nach dem Vorbild der »sieben Wahrhaften« aus der Quanzhen-Schule fünf Patriarchen zählt (Zhang Boduan,

Liu Haichan, Shi Tai, Xue Shi und Chen Nan), beruft sich insbesondere auf Zhang Boduan, doch vertreten durch Meister mit unstetem Charakter, scheint sie eine schulähnliche Organisation erst mit Chen Nan (gest. 1213) und Bo Yuchan (um 1209–1224) gebildet zu haben, ganz besonders, als dieser zu einem Großmeister des Donnerrituals aufstieg. Im Gegensatz zum Quanzhen pflegte sie keinerlei Verbindungen zur Staatsmacht. Einer der interessantesten Nachfolger von Bo Yuchan war Li Daochun (um 1290), der Verfasser u. a. des *Zhonghe ji* (T. 249); als synkretistischer Denker, der Schule machte, schmückte er seine Belehrungen gerne mit buddhistischen Schriften, insbesondere solchen aus der Weisheitsschule (Prajñāpāramitā), sowie mit Ausführungen zum Lao zi und Reden von Chan-Meistern; daneben verfaßte er auch einen Kommentar zum *Taiji tushuo* des Neokonfuzianers Zhou Dunyi (siehe T. 1060 und T. 249).

Bereits mit der Gestalt des Li Daochun wissen wir nicht mehr, ob wir uns in der Quanzhen-Schule, auf die er sich zu berufen scheint (T. 249, 3, 28b), oder aber in der des Südens befinden, der sein Lehrer angehörte. Seit Chen Zhixu, alias Shangyang zi aus dem Quanzhen, macht freilich die Trennung zwischen einer nördlichen und einer südlichen Schule keinen großen Sinn mehr, was beispielsweise der Fall von Zhao Yizhen aus dem 14. Jahrhundert bestätigt, der von zwei Meistern, der eine aus der Nordschule, der andere aus der Schule des Südens stammend, ausgebildet worden war. Sinnvoll erscheint diese Trennung wohl einzig auf der rein geschichtlichen Ebene. Die Wurzeln beider Schulen sind dieselben. Eine Untersuchung der Texte vermag keine wirklichen Unterschiede in bezug auf die Lehre aufzudecken, was im Rahmen eines auf Synthese ausgerichteten Denkens nur mehr als logisch erscheint. Der bemerkenswerteste Unterschied ist der, daß die Schule des Nordens ein Befürworter der Abgeschiedenheit und des Zölibats war, während beispielsweise das *Wuzhen pian* von Zhang Boduan ausführt, daß es keinerlei Notwendigkeit für eine Zurückgezogenheit gibt, daß Xue Daoguang (aus der Südschule, gest. 1191) und Chen Nan Handwerker waren und die Adepten der südlichen Schule ein weltliches Dasein führten, in dem sie ihre Lehren verbreiteten. Die Schule des Nordens legt zudem in weit stärkerem Maße Betonung auf moralisches Verhalten; vor allem in ihren ersten Schriften wird beständig vor den Gefahren des Weins, der Sexualität, der Verlokkung des Reichtums und des Zorns gewarnt; einige ihrer Meister, so Ma Danyang beispielsweise, unterwarfen sich strengen Regeln der Sittlichkeit.

Später dann, als der Versuch unternommen wurde, die Geschichte dieser Strömungen zu schreiben, machte man sich auf die Suche nach den Unterschieden, die nördliche und südliche Schule voneinander trennten. So sahen sich einige Historiker dazu veranlaßt zu behaupten und tun dies nach wie vor, daß die Schule des Südens bei der »Kultivierung des *ming*« beginne, die man in Beziehung zu den physiologischen Übungen setzt, um dann die »Kultivierung des *xing*«[3] zu verfolgen, was einer Phase der geistigen und spirituellen Schulung entspreche. Doch selbst wenn man diese Bedeutung der Begriffe *xing* und *ming*, die je nach Kontext unterschiedlich interpretiert werden[4], übernimmt, abgesehen davon, daß die Historiker, was sehr aufschlußreich ist, sich diesbezüglich fröhlich widersprechen[5], so ist diese Interpretation in starkem Maß zweifelhaft und das genannte Unterscheidungsmerkmal zwischen beiden Schulen wenig zutreffend. Im *Zhonghe ji* von Li Daochun, der sich gegen die von einigen Zeitgenossen vertretene Trennung zwischen *xing* und *ming* erhebt, ist nun eine Ausführung zu finden, der zufolge es zunächst gilt, seinen Geist mittels geistiger Übungen, der Beachtung der Vorschriften, Sammlung und Weisheit (sila, dhyāna prajñā des Buddhismus) zu leeren, um den ursprünglichen vollkommenen und leuchtenden Zustand des *xing* wiederzufinden und anschließend Essenz, Qi und Geist mit dem Ziel zu reinigen, den

Körper zu erhalten und *ming* dauerhaft zu machen für die Ewigkeit; dabei wird freilich die Meinung vertreten, daß *xing* und *ming* untrennbar sind (4, 1a–b). Zuvor hatte Li erklärt, daß jene, die über das eingeborene Wissen verfügen, bei *xing* beginnen, um dann zu *ming* überzugehen, während die, denen dieses Wissen fehlt, in umgekehrter Reihenfolge verfahren (3, 1a). An anderer Stelle läßt er die Arbeit an *xing* und *ming* erst in einem höheren und finalen Stadium vorkommen, während die Begriffe in den ersten beiden Abschnitten keinerlei Rolle spielen. Qiu Chuji aus der Schule des Nordens gibt die Anweisung, tagsüber *ming* (Yang) und des Nachts *xing* (Yin) zu kultivieren (T. 244, 1, 11b). Wang Zhe, der Gründer der Quanzhen-Schule, und Li Tongxuan (13. Jahrhundert) aus der gleichen Schulrichtung vertreten beide die Auffassung, daß sich *xing* und *ming* nicht voneinander trennen lassen (siehe T. 1156, 5b und T. 1151, 1, 3b-4a). Die Wahrheit ist, daß für beide Schulen *xing* und *min* gemeinsam kultiviert werden müssen und daß diese Art der Trennung in ein »Vorher« und ein »Nachher« künstlich ist. Wie es Li Daochun formuliert, spricht man von *xing* und *ming* nur in dem Maß, in dem ein Körper bzw. ein Individuum *(shen)* existiert und nur im Zustand der Dualität, die mit der Teilung des ursprünglichen Chaos, dem Taiji, eintrat (4, 2b); mit anderen Worten handelt es sich hierbei schlichtweg um ein Problem der Formulierung, das für die praktische Ausführung unerheblich ist. Räumt man ein, daß der Adept die physiologischen Übungen an erste Stelle setzt, so muß er zuallererst jenen Teil des universalen Qi, das der Welt vorausgeht, finden, ohne den sein Werk keinen Sinn hat; hierbei handelt es sich um eine spirituelle Angelegenheit, und es gilt zunächst, so ein Schüler Bo Yuchans, den Körper zu reinigen, doch dieses setzt ein Wissen um den Geist voraus (T. 1308, 5b).

Bestimmte Autoren haben sich zu der Äußerung berechtigt gefühlt, daß die Schule des Südens oder eine Untergruppierung von ihr Sexualpraktiken befürwortet hätten, indem sie das Grundprinzip der Alchemie, demgemäß es gilt, »Yin und Yang zu vereinen«, in diesem Sinn deuteten. Hierbei handelt es sich freilich um eine Interpretation, die bisher nicht ernsthaft belegt worden und somit rein hypothetisch ist, wohingegen in sämtlichen Schriften jene Stimmen zahlreich sind, die sich gegen die sexuellen Praktiken erheben. Es erscheint als wahrscheinlich, daß die Texte von manchen wörtlich verstanden – wovor alle Meister ihre Adepten heftig warnen – und diese Praktiken ausgeübt wurden, doch ist wohl eindeutig, daß die Meister der Alchemie sie nicht befürwortet haben. Li Yuanguo[6] nimmt auf einen Teil der südlichen Schule Bezug, von der die Meinung vertreten worden sei, die innere Alchemie könne nurmehr von einem Paar praktiziert werden, wobei sie sich auf das Prinzip stützen, daß weder Yin noch Yang für sich allein bestehen können und ihre Kreuzung bzw. Paarung notwendig für die Entstehung von Leben ist. Abgesehen davon, daß sich dieses Axiom bereits in einem Werk aus dem 8. Jahrhundert beispielsweise findet, d. h. vor der Entstehung dieser Schulen (T. 1083, 5b, 7a), so ist es einerseits Xia Zongyu (siehe T. 1146, 2, 8b), den derselbe Li Yuanguo zu der gegnerischen Gruppe der Südschule zählt, die er als »die reine Praxis« ausübend bezeichnet, der das gleiche Axiom formuliert, ebenso wie auch der erklärte Verfechter des Zölibats Wang Zhe (siehe T. 1156, 5a). Auf der anderen Seite führt Chen Zhixu (von Li den Adepten der Sexualtechnik zugerechnet, S. 410) aus, daß es in der Alchemie nicht um die Sperma-Essenz *(jing)*, sondern vielmehr um das *jing* »vor [der Entstehung von] Himmel und Erde« geht (T. 1068, 3, 2b–4a; vgl. auch Kap. 11, 8b–9a). Zudem versichert er ausdrücklich, daß keines der Ingredienzen außerhalb des Körpers zu finden ist (ebenda, 11, 7a), während Li Yuanguo seine Argumentation auf diese Art von Äußerungen stützt, um die Position der Befürworter einer »reinen Praxis« zu bestimmen.

Dagegen lassen sich recht deutliche Unterschiede zwischen der Zhong-Lü-Richtung und den beiden anderen Strömungen feststellen. Diese Richtung gibt den physiologischen Übungen weitaus mehr Bedeutung als der Spekulation. Konkreten Ausdruck findet dies darin, daß sie die Begriffe *ming* und *xing* gerade nicht verwendet und weder die Vorstellung vom »Funken« des »ursprünglichen Yang« noch die des »geheimnisvollen Passes«, auf die wir noch zurückkommen werden, in ihr eine Rolle spielen. Ihr Standpunkt ist weniger mystisch, was ihr zuweilen von den anderen Strömungen ausdrücklich zum Vorwurf gemacht wird (siehe z. B. T. 100, 8b). Auch erscheint in ihr die auf eine Synthese zielende Ader weniger ausgeprägt zu sein; den beiden anderen Schulen ist eine stärkere Tendenz eigen, Entlehnungen beim Buddhismus zu machen (zahlreich sind die Zeugnisse für persönliche Beziehungen ihrer Vertreter zu buddhistischen Mönchen) und Begriffe des Neokonfuzianismus zu verwenden, dessen Meister (Zeitgenossen ihrer ersten Lehrer) sie zitieren, was die Schriften der Zhong-Lü-Tradition nicht tun.

Die Quellen

Obwohl das *neidan* in eindrucksvoller Weise Neuerungen enthält und häufig vorgibt, all die alten Praktiken als unecht, ja sogar als »verderblich« zu verwerfen und trotz der Verkündung, eine neue Lehre einzubringen, bietet es keinen wirklichen Bruch mit der taoistischen Tradition. Auf eine Bewegung der Verinnerlichung innerhalb des Shangqing, die sich eines alchemistischen Vokabulars bedient, haben wir bereits hingewiesen. Eine Lingbao-Schrift aus der zweiten Generation (Beginn des 5. Jahrhunderts) liefert uns ein weiteres Indiz für diese Entwicklung. Es ist darin die Rede von einem himmlischen Wirken, das herabsteigt, und einem irdischen, das aufsteigt, von Yin und Yang, die ihre Wirkkräfte vereinen und in Resonanz zueinander treten (T. 361, 2, 7b), wobei dies einen der wesentlichen Aspekte der *nei-*

dan-Lehre darstellt; weiter unten verkündet der Text: »Der Goldzinnober *(jindan)* ist in deinem Körper« und erwähnt die »ursprüngliche Essenz« *(yuanjing;* 2, 13a). Wir haben in diesen angeführten Äußerungen nicht nur die gesamte Grundproblematik des *neidan* vor uns, sondern finden zudem mit dem Begriff *yuanjing* eine der zentralen Vorstellungen der inneren Alchemie, die neben dem Ursprungs-Qi, daß bereits die Atemtechniken kennen, die ursprüngliche Essenz *(jing)* einführt.

Die innere Alchemie setzt auch die Tradition der *weishu* mit ihrer Exegese des *Yi jing*, ihren Zahlenspekulationen und Darstellungen der Welt in Form von Diagrammen fort, all dies Elemente, die einen wesentlichen Bestandteil ihres Denkens bilden. Hierzu gilt es anzumerken, daß das von den orthodoxen Gelehrten vernachlässigte Studium des »Buchs der Wandlungen« in den taoistischen Kreisen zu keiner Zeit ermattet war. In Fortführung der Tradition der Han und im Zusammenhang einer Tendenz, die auch der Neokonfuzianismus der Song-Zeit entwickelt, behandelt die Alchemie diese Schrift weder als ein Werk zur Divination, noch, in der Art eines Wang Bi, als Quelle metaphysischer und ontologischer Reflexionen, sondern vielmehr als ein Buch über Kosmologie, das die Welt mittels Symbolen *(xiang)* und Zahlen *(shu)* beschreibt.

Lao zi und Zhuang zi, die beständig zitiert werden, sind in hervorstechender Weise präsent. Das kosmologische System Lao zis überlagert ungeachtet der zwischen ihnen bestehenden Widersprüche das des *Yi jing:* das eine teilt das Chaos (Taiji) in zwei, anschließend in vier, acht etc., wohingegen im anderen System (dem des Lao zi) aus dem Tao die Eins hervorgeht, daraus die Zwei, die Drei und schließlich die zehntausend Wesenheiten; die darin implizierten, sich voneinander unterscheidenden Sichtweisen vermag das *neidan* ohne Schwierigkeiten in Einklang zu bringen.

Wie bereits erwähnt werden die althergebrachten Techniken, seien es nun die der Alchemie oder Atemübungen, integriert; dies geschieht mittels einer Neulesung der gleichsam »um die Wette« zitierten alten Schriften, die freilich aus einer neuen Perspektive heraus interpretiert werden.

Die Bewegung der Verinnerlichung, die das Zeitalter der Tang prägt, mit ihren kontemplativ ausgerichteten Schriften, insbesondere den der *neiguan*-Gruppierung zugehörigen und dem *Yinfu jing* – auf das sehr häufig Bezug genommen wird –, fügt dem Gebäude einen Baustein hinzu.

Schließlich bezieht sich das *neidan,* in dem Maß, wie es sich entwickelt, zunehmend auf den Buddhismus – besonders auf die Chan-Schule, aber auch auf die Tiantai-Lehre und den Neokonfuzianismus (die beide bereits in erheblichem Maß in der Schuld des Taoismus stehen), die es zu seiner Unterstützung zitiert, was es freilich nicht daran hindert, sich deutlich von diesen beiden »Lehren« abzugrenzen und seine Eigentümlichkeit zu bewahren: Das letzte Ziel ist dasselbe, so ruft der *neidan* in Erinnerung, doch die Methoden unterscheiden sich voneinander.

Worte über das Schweigen

»Weder Schrift noch Wort und selbst keine mündliche Überlieferung«, so formuliert ein Werk des *neidan* (T. 921, 4b) in krassem Widerspruch zu seinen eigenen Ausführungen, freilich in völliger Übereinstimmung mit allen Meistern der inneren Alchemie. Ein anderer Text unterscheidet beispielsweise zwischen der »Rede« *(tan),* die in sämtlichen alchemistischen Metaphern und selbst in der Sitzmeditation oder dem Fasten zum Ausdruck kommt, und der »Überlieferung durch den Geist«, die im Grund die Verwirklichung, die Erleuchtung darstellt (T. 1067, 8, 4a–b). So geschieht es mithin auch durch die Fortführung der Überlegungen Zhuang zis zum Verhältnis von Wort und Wirklichkeit – die sich vor ihr bereits die Meister des Chan zunutze gemacht hatten –, daß sich die innere Alchemie als sein Erbe erweist. Die Sprache ist nurmehr ein notwendiges Medium, das es zu überwinden gilt. Groß ist ihr vielfach sich Ausdruck verschaffendes Mißtrauen gegenüber den Worten und selbst den Bildern und Vorstellungen, gegenüber den Verirrungen und Verzerrungen, zu denen diese führen, wenn sie für etwas, was sie nicht sind, für das, was sie bezeichnen, gehalten werden; bis zum Überdruß wiederholen die Meister den Passus aus dem »Großen Anhang« *(Xici)* zum »Buch der Wandlungen«, der so vollkommen mit der Philosophie Zhuang zis in Einklang steht, und übernehmen zudem die Erläuterungen, die Wang Bi ihm angefügt hatte: Die »Symbole« *(xiang)* führen hin zur Idee, doch gilt es, sich der Symbole zu entledigen, sobald man die Idee erfaßt hat. Das von Zhuang zi vorgetragene Bild des Boots, das man am Ufer zurückläßt, sobald die Furt überquert ist, und der Reuse, derer man sich entledigt, sobald der Fisch gefangen ist, stellt eine der häufig zitierten Phrasen dar. Gleichwohl betonen die Meister der inneren Alchemie die Notwendigkeit, zunächst ein Boot zu benutzen, um das andere Flußufer zu erreichen, und die Symbole anzuwenden, bevor man sie aufgibt.

Wenn auch das Problem der Sprache von der Alchemie mit traditionellen Begriffen formuliert wird, so sind die Neuerungen in der vorgeschlagenen Lösung zu finden. Als notwendiges Werkzeug und Hindernis zugleich, muß die Sprache sowohl geschaffen – das *neidan* führt einen neuen Code ein – als auch in einer beständigen Widerlegung zerstört werden. Hierum sind die Meister ununterbrochen bemüht. Dieses Mißtrauen gegenüber der Sprache wird begleitet von einem großen Vertrauen in sie: Die angewandte Methode impliziert, daß der Adept durch eine neue Sprache erneuert werden kann, daß eine neue Sprache schöpferische Potenz darstellt, die neue Bilder, neue Beziehungen und einen neuen Menschen erschafft: Sie gilt als wirkungsmächtig. Mit dem Ziel, die geistigen und kognitiven Gewohnheiten zu erschüttern, wird sie in der Weise eingesetzt, daß der Adept es nicht nur vermeidet, sich von den Dingen blenden zu lassen, auf die Bezug genommen wird, sondern auch derart, so äußert sich Li Daochun, daß er »von selbst findet« (T. 249, 3, 27a). Ganz nach chinesischer Art benutzen die Meister die Sprache dazu, um vor allem die zwischen den Worten existierenden Beziehungen, die zwischen Worten oder Bildern ausgehobenen Intervalle, hervorzuheben. Worte und Bilder bilden nurmehr gleichsam Bojen oder Markierungen; abstrakte Begriffe und Bilder werden auf gleiche Stufe gestellt und paarweise verwendet, wobei diese Paarung ihrerseits mit anderen Paarungen beispielsweise auf folgende Weise in Beziehung gesetzt wird: »A bedeutet für B das gleiche wie C für D«. So ist das, was aufgezeigt wird, die Beziehung zwischen zwei Elementen, das, was A mit B und C mit D verbindet bzw. von ihm trennt, und zum anderen die Parallelität der Beziehungen von A zu B und C zu D, so daß vor diesem Hintergrund A, B, C und D verblassen. Die vorgetragenen Übereinstimmungen ergeben sich durch Relation und Korrelation, und der funktionale Modus der Worte und Begriffe hat stets den Vorrang vor ihren Definitionen, die in systematischer Absicht zahlreich und widersprüchlich sind, so daß derjenige, der sich an sie klammert, sich sehr schnell darin verliert. Ein Begriff erhält allein in seiner Anwendung und somit in der Beziehung zu einem oder zu mehreren anderen einen Sinn, denn es sind diese Beziehungen, die die Begriffe in eine Einheit bringen, und die ihr Dasein bestimmende Organisation und Funktion, denen Vorrang zukommt. So hat beispielsweise das Wort *xin* (»Herz-Geist«), das dem Begriff *shen,* »Körper«, gegenübersteht, die Bedeutung von Verstand, doch alleine und in einem absoluten Sinn verwendet, bezeichnet es die Mitte, das Herz der Dinge oder den Geist. Die Paarung Drache–Tiger kann auf die beiden Qi von Leber und Lunge oder aber auf das Paar Geist *(shen)* und Qi verweisen. So ist es nur innerhalb eines präzisen Kontexts möglich, einem Begriff eine Bedeutung zuzuweisen, was zur Folge hat, daß es beständig an diese Regel zu denken und aus ihr eine strenge Methode zu machen gilt, mit dem Ziel, die Signifikanten – die miteinander in Beziehung gesetzten Worte und Bilder – in systematischer Weise entsprechend der Bedeutung, deren Träger sie sind, als Hilfsmittel zu betrachten, ohne bei ihnen zu verweilen und so auf den provisorischen und zufälligen Charakter ihres Daseins hinzuweisen; es ist die Bedeutung, deren Träger sie sind, die Vorrang hat und die soweit geht, sie zu destabilisieren, zumal sie absichtlich mehrdeutig ist und das System darin besteht, den Adepten dazu aufzufordern, diese Polyvalenz und all ihre Bedeutungsverzweigungen zu bewahren.[7]

Beständig wird an die Stille erinnert, in der allein das Geheimnis *(xuan),* das Wunderbare *(miao)* seinen Ort finden kann, das Übermaß der Bedeutung stets gegenwärtig und immer flüchtend. So formuliert beispielsweise das *Zhonghe ji* (T. 249, 6, 13a): »Das Schweigen ist das Wort; anstelle dieses Worts besteht von Grund auf Schweigen; das Wort ist still, das ist die geheime Formel der Alchemie.« In gleicher Weise wiederholt ein Vorwort zum *Wuzhen pian:* »Das Tao besitzt keinen Namen; künstlich hat der Weise es benannt (dies eine Anspielung auf das *Daode jing*). Namen und Worte gleichen der Stille [...] das Tao wird sichtbar durch die Worte, und die Worte sind es, die das Tao vergißt.«

In der Stille, in diesem »Vergessen« sind der inneren Alchemie alle Mittel recht, um das Wort zu benutzen und zu mißbrauchen, indem sie es in einem System der methodischen Verwirrung überwindet und ihm eine andere Bedeutung gibt. So die Trigramme des *Yi jing,* die eine Sammlung von Symbolen bilden, die einen weniger diskursiven Zugang zu jener Wahrheit ermöglichen, die die innere Alchemie eröffnen will. Ihrer mantischen Verwendung entkleidet, werden sie als stilisierte und abstrakte Formen grundlegender Wahrheiten angesehen, gleichsam als Mittel des konzisen Ausdrucks und der Möglichkeit, mehrere Ebenen der Wahrheit in einem Zeichen zu versammeln, was genau auf der Linie der Apokryphen *(weishu)* zum *Yi jing* liegt, für die die Trigramme eine »antike Schrift«, antik im Sinn von nah am Ursprünglichen, darstellen.[8] Diese Sparsamkeit im Ausdruck wird kompensiert durch eine Blüte von in aller Ruhe vervielfachten Metaphern, die zur Bezeichnung eines Sachverhalts mit zahlreichen Facetten dienen und die eine Konfiguration hervortreten lassen, die in unterschiedlichen Umständen Formen annehmen könnte. Unzählige Metaphern und Symbole kommen zur Anwendung – und hier findet sich die Neigung des Taoismus wieder, sich lieber eines symbolischen Denkens als der intellektuellen Spekulation in der Art des Mādhyamika zu bedienen, auf die freilich nicht verzichtet wird – doch auch, um dieses Schweigen sprechen zu lassen, das, wenn es im ursprünglichen Zustand verbliebe, kaum als Lehre dienen könnte: Gedichte und Gesänge gibt es reichlich, Paradoxe, Gegensätze, *gong'an* in Nachahmung des Chan, philosophische Essays, Spiele mit der Dialektik und vor allem, wie zu sehen sein wird, die Vieldeutigkeit der Bilder ebenso wie der Worte. Die Meister, die die alten hanzeitlichen Methoden wiederfinden, mit denen sie die Welt auf ihre Divinationstafeln übertrugen, griffen selbst auch auf kosmische Diagramme *(tu)* zurück und lieben es, eine Darstellung ihres großen Werks in Form von Zeichnungen zu geben, begleitet von Sprüchen, die manchen Abhandlungen eine Haltung des *mutuus liber* verleihen. Ihre bevorzugte Form des Ausdrucks ist *xiang*, ein in der chinesischen Tradition bedeutungsbeladener Terminus, der die Bilder bezeichnet, die die Natur zum Sehen und Entschlüsseln liefert, die Belehrung, die sie so dem menschlichen Scharfsinn bietet, die Sterne, die sie in den Himmel hängt und die einen »himmlischen Text« bilden, die von den Bergen und Flüssen auf der Erde gebildeten Linien, die seine Venen darstellen. Innerhalb des *neidan* nimmt der Begriff *xiang* nahezu die Bedeutung von Trugbild, Artefakt, Darstellung und dürftiger Nachgestaltung an, die dasjenige zeigt und widerspiegelt, was unaussprechlich ist. Es sind gleichsam Marionetten, die der Meister in alle Richtungen und jenseits der Bedeutung manipuliert.

Die Sprache der Alchemie ist auf einer doppelten Ebene angesiedelt. Sie bildet eine Sprache mit eigenem Vokabular und eine Beschäftigung mit dieser Sprache – eine Metasprache –, die zugleich darauf abzielt, angewendet zu werden und durch Transzendierung ihren eigenen Tod mitzuteilen. Zu dieser Technik kommen solche hinzu, die komplementär und mit ihr verbunden sind: Die Schriften der inneren Alchemie behandeln nicht ausschließlich, weit davon entfernt, dieses Gebiet, denn es stellt nur eine ihrer Lehrtechniken neben anderen dar (siehe beispielsweise T. 1052), oder, um dasselbe anders zu formulieren, die alchemistische Sprache ist nicht die einzige, die Anwendung findet.

Der Kreis, die Übersteigung

Zu der Berücksichtigung, die durch das Überwinden der Sprache dem Schweigen zukommen muß, tritt ein anderer Begriff, der den Geist des Systems durchkreuzt. Es ist der des Kreises, der häufig als Veranschaulichung des Absoluten oder der Erleuchtung dargestellt wird und sich dem Begriff des Zyklus anschließt. Wir treten ein in eine reversible Zeit; indem der Adept aus jener Zeit heraustritt, die zum Tod im Sinn des Verlusts von Energie voranschreitet, »geht er den Lauf der Zeit zurück«, gemäß einem der inneren Alchemie teuren Bild, um die Quelle, der er entstammt, wiederzufinden.

Denn der Kreis ist nicht einfach eine Darstellung der steten Wiederholung des Zyklus, sondern auch die der Rückkehr, einer Rückkehr zum Ausgangspunkt, um das Leben neu aufzunehmen, doch auch eine Rückkehr, nachdem der Weg durchlaufen worden ist; es ist die Entdeckung der Identität von Anfang und Ende, die über das Erproben der Mannigfaltigkeit führt, die Wegstrecke, die genauso wichtig ist wie das Ziel; die Verbindung, die zwischen den beiden komplementären und widersprüchlichen Polen zu vollbringen ist, die sie freilich nicht in der Vermischung aufhebt, sondern sie zugleich beständig in ihrer Zweiheit beläßt, die das Prinzip der Ordnung und der Dynamik darstellt; die in demselben Existenzmoment bewahrte Erschaffung der Welt und ihr Verschwinden. Der Kreis bildet hier das Symbol der dynamisch bewegten Einheit, der nach dem Schema der Schleife geordneten Komplexität, eine, wie E. Moran es formuliert, »erzeugende«, »Schleifen beschreibende« Form, bei der jedes Glied Mittel und Ziel der anderen darstellt, die die »Rückwirkung des Ganzen auf die besonderen Momente und Elemente, aus denen sie hervorgeht«, kennzeichnet und die die »Idee des Zirkulierens, des Kreisens, der Rotation« enthält.[9]

Die Zweiheit ist freilich kein Dualismus, sondern vielmehr eine Polarität, die nicht aufgegeben werden darf, die es zu integrieren gilt und die durch die schrittweisen Reinigungen, denen sich der Adept während des Prozesses der Verwandlung unterzieht, beständig bewahrt und immer wieder überwunden zu werden scheint. Dieser zyklische Vorgang verläuft innerhalb einer Zeit, die der linearen entgegengesetzt ist, einer zyklischen, achronischen Zeit, in Form von Stufen, in deren Verlauf die vom Adepten bearbeiteten Instanzen (Blei und Quecksilber oder Körper, Qi, Geist usw.) nicht die gleichen bleiben und beständig vertieft, gereinigt und erhöht werden, so daß der Kreis eine spiralförmige, ansteigende, sich ausweitende Ausrichtung annimmt, die im Allumfassenden, in der letzten Wahrheit gipfeln und letzten Endes aus dem Kreislauf von Geburt und Tod herausführen soll.

Die Darstellungen des Werks folgen dieser Bewegung. Sie werden nie in einer linearen Weise vorgebracht, sondern sind stets verstümmelt und durch Rückwendungen unterbrochen; genausowenig wie das Werk vollziehen sie sich in einer geraden Linie, sondern gleichsam als dessen Abbild, in labyrinthischer Form, mit Wiederaufnahmen und Rückläufen, kreisförmig, wiederholend, dialektisch und in niemals identischen Wiederholungen, die Ausdruck eines fortgesetzten Bemühens um Erneuerung und Erweiterung des Verständnisses sind.

Die Symbolik der Ziffern des Yi jing

Die Symbole der inneren Alchemie stellen eine derartige Fülle dar, daß jeglicher Versuch einer Zusammenfassung als riskant erscheinen muß. Um die Darstellung zu erleichtern, freilich auf die Gefahr hin, eine simplifizierende Verfälschung zu begehen, und um zu versuchen, wenigstens einen ersten Zugang zu eröffnen, werden wir uns, allerdings in sehr schematisierter Form, des Systems der Ziffern und Symbole bedienen, wie es von den Texten verwendet wird.

Die Ziffer Eins entspricht dem Taiji, dem höchsten First, und dem Tao oder auch dem ursprünglichen Chaos, *Hundun*. Symbolisiert wird diese Ziffer auch durch die Begriffe *Xin*, was sich hier als Geist oder Herz (im Sinne einer Mitte) übersetzen läßt, *Zhong* (Zentrum) und *Ho*, Harmonie. Die Eins bezeichnet sowohl die undifferenzierte und ungeordnete Einheit, jene, in die die große Masse der Sterblichen eintaucht, die komplexe, jedoch geordnete Einheit, die das letzte Ziel des alchemistischen Werks bildet, die grundlegende Einheit und Vereinigung ihrer beiden Aspekte, desjenigen der gegebenen und des der errungenen Einheit als auch die transzendente Einheit, die in sämtlichen Vielheiten und im Verlauf des Werks ständig gegenwärtig ist. Das Werk beschränkt sich »auf das Eine« wird von den Meistern gerne wiederholt.

Die ungeordnete Einheit, *Hundun* (Chaos) oder auch das Taiji, stellt die Potentialität von Yin und Yang dar, die Einheit, die die Vielheit zuläßt und verspricht, deren Tiegel sie ist, gleichsam die Matrix aller Möglichkeiten. Das Taiji, ein Begriff, der aus dem »Großen Anhang« zum *Yi jing* stammt, wird zur Einheit der uranfänglichen Chaoszustände, die, so die *weishu,* im Verlauf eines langen Entstehungsprozesses der Welt aufeinander gefolgt sind, um dieser allmählich eine konkrete Form zu geben.

Die Ziffer Zwei findet exemplarische Veranschaulichung in Yin und Yang, die für sich die Zusammenfassung des gesamten Werks bilden, das sich gleichermaßen auf »zwei Dinge« einschränken läßt, wie von den gleichen Meistern versichert wird. All ihre Äußerungen, alle Bezeichnungen, die sie ihren Instanzen und deren sämtlichen Verwandlungen geben, reduzieren sich, so heißt es, auf Yin und Yang, d. h. auf die grundlegende Zweiheit, die alle Arten von sich überschneidenden Polaritäten umfaßt; die folgenden Begriffe sind die am geläufigsten: Fülle/Leere, Bewegung/Ruhe, Konstanten/Variablen, verweilen/verschwinden, eingeborene Natur/Emotionen, Krieg/Frieden, hart/weich, weiß/schwarz, abnehmen/zunehmen (das Feuer oder die Aktivität), steigen/sinken, Zeit/Ewigkeit, heilig/profan, Körper/Geist usw. (siehe beispielsweise die von Bo Yuchan angeführte Tabelle in T. 263, 1, 3a). Wichtig zu verstehen und in Erinnerung zu behalten ist, daß *ein jedes dieser Gegensatzpaare immer das gesamte Universum darstellt.*

In der Symbolsprache der inneren Alchemie werden diese Prinzipien dargestellt durch Himmel und Erde, Drachen und Tiger, Wasser und Feuer, Ofen und Kessel.

Die Zwei bildet das Prinzip des zweipoligen Gegensatzes, das Prinzip der Unterscheidung, ohne die es weder Ordnung und somit Verständlichkeit (eine vielfach auch vom Konfuzianismus zum Ausdruck gebrachte Vorstellung, in dem die Zweiteilung die Organisation von Gesellschaft und Kultur beherrscht) noch eine Dynamik geben kann. Yin und Yang bleiben getrennt unfruchtbar, so wird von den Meistern fortgesetzt wiederholt, die dabei lediglich auf das *Huainan zi* zurückgreifen (siehe Kap. VI).

Die Zwei teilt sich in die Vier, die Darstellung der Bewegung von Ausdehnung und Reproduktion bei der ersten Spaltung. Vier Trigramme stellen die Grundlage dar, auf der

der Alchemist wirkt. Qian (drei Yang-Linien), das reine Yang, Kun (drei Yin-Linien), reines Yin; dann Li (ein Yin eingefaßt von zwei Yang-Linien), das Yang, welches Yin umschließt, und Kan (genau umgekehrt), das Yang einschließende Yin. Diese vier bilden zwei Paare, das eine in der Vertikalen errichtet, das andere dehnt sich in der Horizontalen aus. In kosmologischen Begriffen ausgedrückt stellen Qian und Kun Himmel und Erde, Norden und Süden dar; in der alchemistischen Terminologie sind es Ofen und Kessel und in auf den Menschen bezogenen Begriffen Geist und Körper. Li und Kan entsprechen in der kosmologischen Terminologie Sonne und Mond, Osten und Westen, in der alchemistischen Begrifflichkeit sind sie die »Ingredienzen«, Quecksilber und Blei, Drachen und Tiger. Qian und Kun bilden die Konstanten des Systems (die »vollendeten« Größen, *chengwu*), Li und Kan konkretisieren das Prinzip der Resonanz *(ganying)* und das der Kreuzung und des Austauschs *(jiaoji)*. Diese beiden Paarungen stehen den Variablen *(bianhua)*, dargestellt durch die Hexagramme, gegenüber (siehe T. 249, 4, 18a), die das Spiel von Li und Kan rhythmisieren. Einer anderen, ergänzenden Interpretation zufolge sind Ofen und Kessel Yin und Yang (im Sinn von Prinzipien der Zweiheit), während die Ingredienzen (Li und Kan) das »Innere« und »Äußere« darstellen und die »Phasen des Feuers« (die Variablen) das »Maß« (der Intensität der Arbeit in Abhängigkeit von der Zeit) bezeichnen (siehe T. 1059, Vorwort, 3b).

Li und Kan stellen gewissermaßen privilegierte Instanzen dar; an ihnen vollzieht sich der Vorgang der alchemistischen Reinigung. Ihnen ist insofern etwas Besonderes eigen, als sie beide gemischt sind. Durch ihre Teilung haben Yin und Yang zwei neue, vermischte Instanzen hervorgebracht, was die Absicht der Alchemisten deutlich von der eines Shao Yong unterscheidet, für den Qian und Kun jeweils ein Yang und ein Yin erzeugen. Hier nun bringen sie ein Yang hervor, das ein Yin enthält und umgekehrt. Es handelt sich nicht um eine einfache Spaltung, sondern, wenn wir uns so ausdrükken dürfen, um eine geschlechtliche Reproduktion (in der Tat werden Qian und Kun als Vater und Mutter der Hexagramme und die Trigramme als Produkt des Begehrens von Qian für Kun und von Kun für Qian bezeichnet), dergemäß jeder Sprößling »Gene« beider Eltern besitzt. In gewisser Weise repräsentieren Li und Kan für sich allein die Vier in Form einer erneut vollzogenen Teilung des Geteilten durch die Vereinigung der Zwei, denn es wird die Besonderheit von den Autoren häufig unterstrichen, daß diese zweite Teilung *aus der Verbindung der beiden ersten Yin und Yang hervorgeht;* der mittlere Strich beider Trigramme, so wird gesagt, der jeweils aus der Kreuzung der beiden ersten entstanden ist, stellt die Spur dar, die jeder von ihnen im Herzen seines »Kindes« hinterlassen hat. Beide sind zudem Zeugen dafür, daß es auf der Erde kein Yang ohne Yin und auch kein Yin ohne Yang gibt. Jedes A enthält B und umgekehrt, und hier nun folgen die Alchemisten ohne große Mühe dem Beispiel der Buddhisten und integrieren deren metaphysische Begriffe: Die »Leere« umfaßt die Fülle und vice versa; es sind die Begriffe des *zhenwu* und des *miaoyou,* die sie vorfinden und ganz selbstverständlich mit der Sprache des *Yi jing* verbinden.

Die erste Aufgabe der Alchemisten besteht darin, das »wahre Blei« und das »wahre Quecksilber« zu finden, d. h. das Yin im Yang und das Yang im Yin, gleichsam den Samen in der Frucht. Das Werk vollendet sich nicht auf der ersten Stufe, mit dem sichtbaren Yin und Yang, bei denen es sich um das Yang in der Höhe, in Himmel, und das Yin in der Tiefe, in der Erde handelt, sondern vielmehr mit dem Yang, das unten ist, verborgen im Yin, und aufsteigt, und dem Yin, das sich oben befindet, eingerollt in das Yang, und das sinkt. Dies bildet einen Aspekt des Prinzips der »Umkehrung«, der »verkehrten Welt«, das im alchemistischen Werk bestimmend ist: im Gegensatz zu dem, was sich vor den Augen des gewöhnlichen Sterblichen abspielt, wo das Yang emporsteigt, um den Himmel zu bilden, und das Yin sinkt, um die Erde zu gestalten (siehe oben die Kosmologie im *Huainan zi,* S. 78 f.), sondern hier befindet sich das Yang unten und steigt, während das Yin oben ist und sinkt (dies findet sich bereits bei Zhuang zi). Es sind Yin und Yang als dynamische Prinzipien, die mit einem Karren verglichen werden: Es handelt sich um die mittleren Linien von Li und Kan, zugleich Hinweis und Aufforderung, Spur und Begehren nach der anfänglichen Einheit, die die Welt drehen, die sich austauschen und sich kreuzen und nach Vereinigung streben, nicht mehr das sichtbare und beständige Yin und Yang und nicht die fixierten Begriffe, sondern ihr unfaßbares Wirken.

Die mittleren Linien von Li und Kan stellen auch im Herzen des Menschen aktive Prinzipien dar: das ursprüngliche, ewige, der Entstehung von Himmel und Erde vorausgehende Yang, das danach trachtet, sich von unten gen Himmel, bis auf Höhe des Kopfes zu erheben, und das ursprüngliche Yin, daß danach strebt, von oben nach unten hinabzusteigen. In »physiologischen« Begriffen ausgedrückt, handelt es sich um »das Feuer (Yang) in den Nieren« für das Trigramm Kan und »das Wasser (Yin) im Herzen« für das Trigramm Li.

Man hat begriffen, daß das binäre System unzureichend ist. Für sich genommen bliebe es unfruchtbar und würde um sich selbst kreisen. Dem Binärsystem fügt die Alchemie nun das mehr die Gesamtheit erfassende Denken ein, das in dem Begriff der fünf Wandlungsphasen zum Ausdruck kommt und das eher als auf einem System binärer Gegensätze in der Art des *Yi jing,* auf einem System des Austausches, der Resonanz, der Entsprechungen und Beziehungen beruht.

Für Li Daochun stellt die Fünf die »Verwandlung zweier Prinzipien«, d. h. ihren dynamischen Zustand dar (T. 251, 8a). Nicht vier, sondern fünf, denn das eine Zentrum bildet einen integralen Bestandteil, und mit ihm, der »fünften« Wandlungsphase, konstituiert sich eine geeinte Ganzheit.

Hieraus erklärt sich die Bedeutung der Wandlungsphase Erde im *neidan,* gleichsam die »Kupplerin«, die die Paarungen verbindet; sie stellt die still Handelnde, die Rolle des Schweigens dar und den als nicht festgelegt und unlokalisierbar (transzendent) beschriebenen Ort, an dem sich die Verbindung und die Vereinigung der Gegensätze vollzieht; von ihr ist sonst kaum die Rede, außer um stets auf ihre Funktion, als Vermittler über Konflikte hinweg hinzuweisen. Es ist die Drei des Lao zi, die alle Dinge hervorbringt und die als zentrale Harmonie ein kosmisches Prinzip darstellt, das sowohl Lao zi als auch Huainan zi preisen.

Die Alchemisten berufen sich in der Tat auf die Kosmologie des *Yi jing* ebenso wie auf die des Lao zi, die auf den ersten Blick gleichwohl als widersprüchlich erscheinen. Im *Yi jing* teilt sich die Eins in zwei, die sich wiederum in vier und dann in acht teilt; es ist dies eine durch fortschreitende Teilung sich vollziehende Vervielfachung, die Shao Yong übernimmt, und für die am häufigsten der Begriff *fen,* »teilen«, verwendet wird. Demgegenüber legt Lao zi dar, daß die Eins die Gottheiten »gebiert«, *sheng,* und anschließend die Drei hervorbringt. Der von den alchemistischen Werken verwendete Begriff ist hier entweder *sheng* oder aber *hua,* »verwandeln«. Li Daochun zieht es vor, *liang,* »zwei«, anstelle des gleichbedeutenden *er* zu verwenden, da es seine Meinung nach das »Paar« bezeichnet; durch die Vereinigung, so versichert er, entsteht *gan* (ein Impuls, eine Bewegung und Resonanz) und von dieser aus *biantong,* Umwandlung und umfassende Verbindung (»Pervasivität«).

Hier nun haben wir ein Beispiel für die Methoden des *neidan,* die sich unterschiedlicher und scheinbar widersprüchlicher Systeme mit dem Ziel bedienen, komplementäre Weltbilder zu liefern. Zum einen findet sich das binäre Prinzip und ein System der Teilung (1, 2, 4, 8 etc.); zum anderen sind es ein Vorgang der Emanation in einer langsamen Abfolge der Entstehung der Welt und ein dialektisches System (1, 2, 3). In diesen kommt das Prinzip von Resonanz und Beziehung zur Anwendung, das den Kern der Theorie von den fünf Wandlungsphasen bildet.

Das Handeln

So beschäftigt sich das *neidan* damit, die Polarität durch ihre ständige Überwindung aufrechtzuerhalten, indem sie vielfältige Techniken mit dem Ziel einsetzt, die Zweipoligkeit zugleich aufzustellen und zu negieren, um sie zu transzendieren.

Freilich gibt es die wohlbekannte Methode, die schlicht darin besteht, zu erklären, daß die polaren Werte nur mehr eine Einheit bilden (Lao zi) oder aber ihre Dualität als illusorisch zu verneinen (so der Buddhismus). Kommen diese Methoden zuweilen zur Anwendung, so sind sie gleichwohl nicht charakteristisch für das *neidan,* sei es auch nur deshalb, weil sie es nicht gestatten, diese Zweipoligkeit aufrechtzuerhalten (es sei denn dadurch, daß man erklärt, die Illusion sei notwendig, um zur Einheit zu führen, und ihr einen anagogischen Wert beimißt, so wie es der Buddhismus tut). Die Besonderheit der Meister des *neidan* im Verhältnis zu anderen Erleuchtungstechniken ist es, daß sie mit dieser Zweipoligkeit spielen, sie in gewisser Weise in der Art eines Zauberkünstlers handhaben, d. h., sie in einer wahrhaft überraschenden Weise in Bewegung setzen und sämtliche ihrer Aspekte zeigen, so daß derjenige, der den Versuch unternimmt, ihren Wegen und Umwegen, ihren Umkehrungen und Verkehrungen zu folgen, wirklich geblendet wird. Auf diese Weise kommen Entsprechungen, die sich überlagern, sich widersprechen und verstricken, zur Anwendung, Überkreuzungen und Vereinigungen von Paaren, die zugleich gegenläufigen und konvergierenden Bewegungen von entgegengesetzten oder sich gleichenden Prinzipien, Wechsel, Komplementarität, Gegensätze, unterschiedliche und wechselnde Dosierungen eines Elements neben anderen, Hervorbringungen oder Zerstörungen eines

Prinzips durch ein anderes oder durch sich selbst, Umkehrungen von Werten, Verwandlung von Begriffen in Äquivalente und Wechsel oder Überlagerung der Ebenen für die gleiche Paarung von Prinzipien. Gegensatz und Verdoppelung vermischen sich.

Das »Auffinden« oder die »Identifikation« der »Ingredienzen« bzw. der »Stoffe für das Werk«, »wahres Blei« und »wahres Quecksilber«, Drache und Tiger, geschieht durch Extraktion, Vereinigung und Erzeugung und Einschließung, all dies Prozeduren von ähnlicher Art, die auch als solche dargestellt werden. »Im Geheimnis findet sich ein weiteres Geheimnis«, sagt Lao zi, der vielfach von den Meistern zitiert wird, die hinzufügen: »Im *qi* findet sich ein anderes *qi*« und »Der Körper birgt einen anderen Körper«. Je mehr man das Innere aus dem Inneren extrahiert, um so mehr erhält man einen »reinen, wirklichen« Bestandteil.

Die Eigenschaft eines jeden Bestandteils des Werks ist es, sowohl aus einem anderen hervorgegangen zu sein als auch diesen erzeugt oder »vollendet« zu haben, einer enthält den anderen, ihn umschließend: Er »bewahrt« ihn im Sinn von »schützen« oder verhüllt ihn. Die Vorgänge der Empfängnis, der Entstehung, Hervorbringung oder Geburt kollidieren innerhalb der Sprache fortwährend miteinander und werden verwechselt. Ein doppelter Vorgang kommt ständig zur Anwendung, der darin besteht, zwei Aspekte, das eine und das andere, Wasser und Feuer, sowohl voneinander zu unterscheiden als sie auch gleichzeitig miteinander zu verbinden: Entstehung und Vollendung bilden nurmehr eins, so daß in der Sprache Vereinigung, Vollendung, Nähren und Hervorbringung synonym sind; von dem Wasser des »wahrhaften Einen« würde man ebenso sagen, daß es das Qi des »rechten Yang« »trägt« oder enthält, wie auch, daß es sich mit ihm vereint. Das Metall bringt das Wasser hervor und ist, gemäß dem Zyklus der Hervorbringung der fünf Wandlungsphasen seine »Mutter«, doch das Metall findet sich im Wasser: Demzufolge, so äußern sich die Meister, ist die »Mutter« in seinem Kind enthalten, das Erzeugte ist das Erzeugende; in gleicher Weise bildet der Geist die »Mutter« des Körpers und findet sich in ihm verborgen. Das Wasser geht aus dem Qi hervor und umgekehrt; Bewegung entsteht aus der Ruhe und umgekehrt (T. 1156, 5a). Das Feuer befindet sich im Wasser (ausgedrückt in einer »physiologischen« Terminologie: »das *qi*, männliches Element, das im *jing* enthalten ist [das sich in den Nieren findet]«, gleich der aus dem Meer steigenden Sonne; umgekehrt ist auch Wasser im Feuer (in »physiologischen« Begriffen: »das Wasser, das sich im Herzen befindet«), denn das Wasser kann nicht selbst befeuchten, es bedarf hierzu des Feuers (siehe T. 249, 3, 26a). Das Wasser steigt, während das Feuer sinkt. Dies wird von den Meistern als »Umkehrung« der normalen Gegebenheiten bezeichnet; diese steht in Beziehung zu dem Phänomen, das die Religionshistoriker »hierogamischen Austausch der Attribute« nennen. So betrachten die Alchemisten das gewöhnlich als Yang bezeichnete Trigramm Li als Yin, während das Trigramm Kan männlich ist; das bedeutet, das die innere (Yin-)Linie Vorrang hat, gleichzeitig auch, daß eine »Umkehrung« der Wertigkeit stattfindet *(jiandao).* In analoger Weise gilt es für den Mann, das *jing* seiner Nieren, das seiner *po*-Seele (der Yin-Seele entspricht) zu horten, wohingegen die Frau das Blut ihres Herzens bewahren muß, daß ihrer *hun*-Seele (der Yang-Seele) entspricht: Jeder muß das ihm komplementäre Element nähren. So beinhaltet jeder auf allen Stufen des Werks sein Gegenteil/Komplement, daß seinerseits anfangs in dessen Gegenteil enthalten war. Es ist ein Wechselspiel der gemeinschaftlichen Erzeugung, des Ausgleichs und der Aufhebung, der gegenseitigen Verschlingung und Integration, der Gemeinsamkeiten, der Vereinigungen und Trennungen, der Rückwirkung und Rückläufe, die hier zu analysieren zu langwierig wäre und aus diesem Grund Gegenstand einer späteren Arbeit sein soll. Gleichheiten und Übergänge vom Konkreten zum Abstrakten und umgekehrt; wie die Kupplerin vor dem Paar zurücktritt, Auslöschung der umfassenden Totalität vor der Verbindung, die sie dennoch erfüllt und hervorruft.

Drache und Tiger bekämpfen *(zhan)*, drehen sich *(pan, rao)*, vereinigen *(he)*, kreuzen sich *(jiao)*, reagieren aufeinander *(ying)*, tauschen sich aus und verwandeln *(bian)* sich ineinander, »erlangen sich gegenseitig« *(xiang de)*, besiegen *(ke)* und bändigen *(zhi)* einander. Gleich dem kosmischen Yin und Yang steigen und sinken sie, während sie sich kreuzen: Das im Yin enthaltene irdische Yang steigt zu den Himmeln, gleich dem in der Körpermasse gefangenen Geist, der daraus entkommt und davonfliegt, wie das Licht, das auf der Höhe des Winters wiedergeboren wird, wenn die Tage länger werden, gleich der Sonne, die sich morgens erhebt, und wie die Spermaessenz, die in den Sexualtechniken zum Gehirn zurücksteigt. Indessen sinkt das im Yang enthaltene himmlische Yin, dargestellt durch das Wasser des Herzens, das aus dem Übermaß des Yang hervorging, den das Qi (Yang) des Herzens (Yang) bildet – denn jedes Prinzip verkehrt sich auf dem Höhepunkt in sein Gegenteil –, oder, wenn man andere Bezugsgrößen wählt, durch den Speichel, das flüssige Prinzip (Yin) im Bereich des Kopfs (Yang); von Beginn des Sommers an, zur Sonnenwende, verkürzen sich die Tage, und die Nacht dehnt sich aus.

Beständig wird die Dualität geteilt. Ein diametraler doppelter Dualismus besteht: ein horizontaler zwischen der Leber (Yang, Drache) und der Lunge (Yin, Tiger) bzw. zwischen den Seelen *po* (Yin) und *hun* (Yang); der andere ist vertikal, entweder zwischen Nieren (Yin, Kan) und Herz (Yang, Li) oder dem Kopf, der die gleiche Rolle wie das Herz auf einer höheren Stufe spielt, oder zwischen der Flüssigessenz und dem Yin des Körpers *(jing)* im Norden und dem Geist-Yang im Süden. Diese Dualität findet sich auch im Zentrum widergespiegelt, wo die Erde durch zwei Zykluszeichen dargestellt wird, das eine mit dem Trigramm Kan und dem Blei, das andere mit dem Trigramm Li und dem Quecksilber verbunden (Shangyang zi, T. 1067, 6, 1a–3b). Ausdruck findet sie außerdem in der doppelten Ebene, die im gesamten Verlauf des Werks beibehalten wird: auf der einen Seite das Menschlich-Körperliche, dargestellt durch *jing* (die »Säfte«), das *Qi* der Atmung und den Intellekt, und auf der anderen Seite die Ebene der Ewigkeit, vertreten durch *Jing*, Qi und Geist, die kosmisch und vorkosmisch sind.

In systematischer Weise, denn dies ist Bestandteil der angewandten Methode, häufig jedoch implizit, denn es gilt, den subtilen Geist, Flexibilität und eine Art von Unbeständigkeit in der Auffassung einzusetzen, nehmen die Begriffe je nach der durchgeführten Kopplung und entsprechend der Ebene, auf die man sich stellt, unterschiedliche Bedeutungen an. So verweist *xing* (die »innerste Natur«), wenn sie *qing* (den Gefühlen) gegenübersteht, auf eine »horizontale« Ebene, entspricht somit dem Osten-Yang (die Gefühle dem Westen-Yin) und ist horizontal auf einer Mittelebene in der vertikalen aus drei Etagen bestehenden Abstufung kosmischer Natur, gebildet aus den Instanzen Himmel, Erde und Mensch: zwischen Himmel und Erde, verbunden mit *qing*, untersteht *xing* der Ebene des Menschen, die durch die psychische Stufe dargestellt wird (*yi,* die »Vorstellung«), im Gegensatz zu der körperlich-irdischen Ebene (*shen,* der Körper) und der himmlischen des Geists *(xin)* (T. 249, 3, 4a–7a). Dagegen gehört *xing* in Verbindung mit *ming* zur metaphysischen Ebene (ebenda, 3, 9b) ebenso wie Blei und Quecksilber, die gleichwohl auch auf der körperlichen Ebene verstanden werden können.

Die Zeiträume, die Phasen des Feuers

Es sind die Wechselspiele und Verwandlungen der »zwei Prinzipien«, die den Gegenstand des alchemistischen Werks bilden, und nicht so sehr die Prinzipien selbst, die nur mehr der Rahmen und das Werkzeug dafür sind. Den Hexagrammen des *Yi jing* kommt die Funktion zu, in symbolischer Form die Zeiträume dieser Spiele voneinander abzuheben. Die vier grundlegenden Trigramme stellen die Grundstoffe und die formalen Prinzipien ihrer Anwendung dar; Veränderlichkeit und Entwicklung bilden die Hexagramme ab, sie kennzeichnen das Werk der *Zeit,* die »Phasen des Feuers«, d. h. den Rhythmus des Geschehens.

Die Alchemisten ordnen nun die Hexagramme in zwei große, zwei Zeiträume bildende Gruppen: der erste der einer »Zunahme des Yang«, der zweite der einer »Zunahme des Yin«, wobei ihre Anordnung einer spezifischen Sequenz entspricht, die, wenn sie nicht dem *Yi jing* entstammt, sich gleichwohl in den *weishu* findet.[10]

Beginnend mit dem ersten Hexagramm, Fu, dem des Erwachens des Yang, gebildet aus einer einzigen, ganz unten angeordneten, aufsteigenden Yang-Linie und fünf Yin-Linien, das den Ausgangspunkt darstellt (dem Norden bzw. Nordwesten entsprechend), bis hin zum Hexagramm Qian, dem reinen Yang, dabei über Hexagramme verlaufend, die zwei, dann drei, vier und fünf Yang-Linien enthalten, handelt es sich um den Prozeß des zunehmenden Yang; er besteht darin, das Yang-Prinzip anwachsen zu lassen, wobei es sich um einen weiteren Aspekt der »Gegenläufigkeit« *(ni)* handelt, der die Alchemisten folgen. Gemäß dem gewöhnlichen Verlauf besitzt der junge Mann im Alter von sechzehn Jahren[11] ein Potential maximaler Yang-Kraft, das er nach und nach verliert, so daß zu dem Zeitpunkt, wo es vollkommen erschöpft ist, er zu »reinem Yin« wird und stirbt (siehe beispielsweise T. 1068, 7, 5a–b). Dieser natürliche Ablauf wird nun von den Alchemisten umgekehrt, die das Yang vermehren. Es gilt freilich anzumerken, daß sie, anders als der gewöhnliche Knabe von sechzehn Jahren, der von einem »Vermögen« von »reinem Yang« ausgeht, sie bei einem einzigen »Bruchstück des Yang« beginnen. Dies ist ein Hinweis darauf, daß es sich nicht um das gewöhnliche Yang, und weniger noch um den männlichen Samen, so das Verständnis Liu Ts'unyuans beispielsweise[12], oder um Sexualpraktiken zur Bewahrung des Yang handelt. Vielmehr dreht es sich, so das von uns gerade erwähnte Werk, und mit ihm alle anderen, um das »wahre Yang«. Die Situation wird umgekehrt und auch der Grundstoff ist von ganz anderer Natur.

Man gelangt zum Hexagramm Qian, dem Himmel, sobald das reine Yang erreicht ist und »das Gehirn gestärkt wurde«, d. h. wenn die Yang-Linie von Kan gestiegen ist und die Yin-Linie des Li (im Süden und oben lokalisiert) ersetzt hat; hieraus ergeben sich innerhalb des Systems der Trigramme drei Yang-Striche. Bei diesem reinen Yang nun tritt ein Augenblick des Innehaltens im Werk ein, gleichsam eine Pause, bevor es dem inversen Verlauf folgt. Von dem Hexagramm Gou aus, der Umkehrung von Fu (d. h. eine steigende Yin-Linie und fünf Yang-Linien), vollzieht sich der Prozeß des »Anwachsens des Yin« bis hin zu Kun, dem reinen Yin, der Erde (siehe z. B. T. 249, 2, 3a und 3, 19a). Die Periode des »Anwachsens von Yang« bedeutet Aktivität *(youwei)*, die der »Yin-Zunahme« ist Ruhe (*wuwei*, Nichthandeln). Dieser Zeitraum der »Zunahme des Yin« wird von Shangyang zi (T. 1067, 5, 5a–b) als »Yin-Alchemie« (wörtlich Yin-Zinnober, *yindan*) bezeichnet, und er führt aus, daß bei ihr mit »inneren« Ingredienzen gearbeitet wird, im Gegensatz zum ersten Zeitraum, in dem es »äußerliche« Ingredienzen waren, d. h. beispielsweise die Atemtechniken (hier haben wir den Entwurf für eine der zahlreichen Bedeutungen der Begriffe »innere« und »äußere Alchemie« bzw. »Yin-Zinnober« und »Yang-Zinnober« vor uns).

Die vollständige »Yin-Zunahme«, symbolisiert durch das Trigramm Kun, besiegelt die Rückkehr zur Wurzel und zur inneren Ruhe. Es ist »die Erschöpfung des Tao [d. h. des Werks] und die Rückkehr zum Ursprung-Kun«; der Moment wird erreicht, in dem »auch die sechs Yin[-Linien] erschöpft sind und das Yang noch nicht zutage getreten ist«: »Himmel und Erde waren noch nicht voneinander getrennt, die Unsterblichen vollendeten ihr Elixier in diesem Augenblick«, denn, so fügt Yu Yan hinzu, das Yang entsteht nicht aus dem Hexagramm Fu, sondern aus Kun, dem »Großen Yin« (T. 1005, 6, 7b–8a).

Dieser Durchlauf wird, gemäß einer offensichtlichen Symbolik des Leuchtens, das zunimmt oder sich verringert, zu den Phasen des abnehmenden und zunehmenden Mondes in Beziehung gesetzt, doch auch mit den Zykluszeichen (den »Erdzweigen«, die die Stunden des Tages anzeigen) und den Jahreszeiten. So finden die Alchemisten zu den Koordinaten der hanzeitlichen Kosmologie zurück und fügen die Dimensionen des Jahres, des Monats und des Tages ineinander: Das Werk kann sich innerhalb eines Jahres, eines Monats oder eines Tages vollenden, oder, in einer anderen Formulierung, das gleiche Werk wiederholt sich auf unterschiedlichen Ebenen, in ineinander verschachtelten Phasen: ein Abschnitt der »Zunahme des Yin« innerhalb eines nächtlichen Zyklus kann sich innerhalb einer Periode des »Anwachsens des Yang« im Rahmen des Jahreszyklus vollenden.

Die Verhältnisse der Zunahme und Abnahme von Yin und Yang werden auch mit Begriffen der Dosierung von Blei (Yin) und Quecksilber (Yang) oder der Aktivierung des Feuers (Yang) und der Verwendung des Wassers (Yin) ausgedrückt. Die »Phasen des Feuers«, die Ausdruck der Wandelbarkeit des Systems sind, wurden in ihren Details von den Meistern stets »geheim« gehalten: Dieses Wissen darf nicht genau dargelegt und nur mehr mündlich vom Meister an den Schüler weitergegeben werden, denn ihm eignet das Charakteristikum, selbst nicht festgelegt zu sein und in Abhängigkeit zu stehen von jedem Einzelfall des Werks, das der jeweilige Schüler durchführt. Die Phasen stellen das nicht faßbare, ständig in Bewegung begriffene Element, die Dynamik selbst des Ganzen dar, von dem nur mehr die allgemeine Struktur und Tendenz in der Weise skizziert werden können, wie wir es gerade in aller Kürze getan haben.

Gleichwohl haben diese Phasen des Feuers nichts mit der

Zeit zu tun, die mittels der Zykluszeichen gemessen wird, den Jahren, Monaten und Tagen, die dennoch von den Autoren in derart genauer Weise festgelegt werden. Dies wird von Bo Yuchan versichert (T. 263, 6, 3a). Die Phasen des Feuers, so ein Kommentator von Zhang Boduan, bedeutet nicht die Einhaltung der Stunden *zi* (Mitternacht, die Stunde des vollen Yin) und *wu* (Mittag, Stunde des vollen Yang), der Sommer- und Wintersonnenwenden (gleiche Symbolik); die Reinigung vollzieht sich nicht zu den Stunden *mao* und *you* (die im Tagesverlauf den Äquinoktien entsprechen, an denen ein Gleichgewicht von Yin und Yang herrscht). Innerhalb des Menschen kennt das steigende und den Himmelskreislauf durchlaufende Feuer spontan seine Phasen der Aktivierung, des Rückganges und der Reinigung. Es gilt, sich nicht dem Rhythmus der Jahreszeiten anzuschließen (T. 262, 5, 9a).

Die Stufen

Die Zeit und das Prinzip der Wandlung, das sie symbolisiert und konkretisiert, spielt erneut eine Rolle in der Vorstellung von den Etappen. Im allgemeinen wird die Existenz von drei Etappen angenommen, die vom Gröbsten zum Feinsten verlaufen: die des *jing* – »Essenz«, »Flüssigkeit«, die flüssigen Bestandteile – oder des »Körpers« *(shen),* so die Texte, wobei *jing* hier mit einer physiologischen Konnotation als eine Vitalkraft im subtilen und potentiellen Zustand aufgefaßt wird (siehe beispielsweise T. 1017, 37, 10a). Häufig wird an den Ausspruch des Lao zi erinnert (Kap. 21), in dem *jing* als die im Chaos enthaltene Verheißung zum Leben erscheint. Die zweite Etappe ist die des *qi,* »Pneuma, Energie«; die dritte jene des *shen,* des »Geists«. *Jing, qi* und *shen* sind die drei aus den ältesten taoistischen Texten wie dem *Taiping jing* bekannten Größen, die jedoch nicht immer die gleiche Bedeutung haben. Aus einer dynamischen und somit exakteren Perspektive formulierend, würden wir sagen, daß die erste Etappe von *jing* zu *qi*, die zweite von *qi* zu *shen* und die dritte von *shen* zum Tao oder zur Leere führt. Immer wieder wird präzisiert: Weder handelt es sich um gewöhnliches *jing*, die Spermaessenz oder Flüssigkeiten des Körpers, noch um das *qi* in der Bedeutung von Atmungs-Qi, und auch nicht um gewöhnliches *shen*, das diskursive Denken (trotzdem wird in einem bestimmten Stadium an diesen drei »gewöhnlichen« Größen gearbeitet).

Auf jeder der drei Stufen ist die ausgeführte Arbeit die gleiche, doch werden die vom Alchemisten verwendeten »Ingredienzen« verfeinert und ändern sich demnach. Daraus ergibt sich, daß, obwohl dieselben Begriffe Verwendung finden – Blei, Quecksilber, Drache, Tiger – sie nicht mehr dieselben Tatsachen bezeichnen. Die vorgenommenen Prozeduren der Reinigung, Extraktion, Verbindung etc. wiederholen sich nahezu identisch, doch ist das Ganze in eine zugleich aufsteigende und ausweitende Richtung hin orientiert, die im Unendlichen gipfelt. Die Autoren verwenden Parallelismen und selbst die Verbindung der paradigmatischen Sequenz und der syntagmatischen Kette, in der Weise, daß die aufeinanderfolgenden Abschnitte und die unterschiedlichen Materialien als miteinander austauschbar und identisch behandelt werden.

Verbindet man, so wie es beispielsweise von Li Daochun getan wird (T. 249, 2, 6a–b), die drei Stufen mit dem System der »Phasen des Feuers«, so würde man sagen, daß die erste Stufe von *jing* zu *qi* den Initialaugenblick der Bewußtseinswerdung oder das »Einbringen« des Funkens des ewigen Yang darstellt, der sich im Inneren des Menschen findet, im Zentrum des Trigrammes Kan, des Wassers (die Flüssigkeit, *jing*) – mal wird die Meinung vertreten, daß er im unteren Teil des Körpers, den Nieren oder dem unteren Dantian lokalisiert ist, mal diejenige, wonach er nicht lokalisierbar und transzendent ist –, und der den ersten Antrieb für das Werk bildet, und zwar den Wunsch selbst nach Vollendung der Rückgewinnung und die Vorstellung von der Bedeutung dieses Tuns (einige der Autoren sprechen von *yi,* der Vorstellungskraft oder Intention, und machen aus ihr die innere Triebkraft, *ji*). Es handelt sich um eine Bewußtwerdung der Existenz dieser Elemente *Jing, Qi* und *Shen,* die nur mehr eins bilden und bei denen es sich nicht um *jing, qi* und *shen* im groben Zustand handelt, denn diese stellen nurmehr die Bestandteile der »äußeren« Alchemie (ebenda, 2, 6a), d. h. jener klassischen Techniken der Qi-Zirkulation innerhalb des Taoismus, dar. Mit anderen Worten, unsere Alchemie beginnt dort, wo die mit dem »groben« Qi, dem der Atmung, befaßten Übungen aufhören. In dieser Phase geht es wesentlich darum, den »Zeitpunkt« *(shi)* des Erwachens zu erkennen und zu ergreifen (»so wie man einen Dieb ergreift«, T. 240, 2, 13b). Es ist dieser, der durch das Hexagramm Fu, das Zykluszeichen *zi,* der Wiedergeburt, und durch das »Einsammeln« der »wahren« Ingredienzen gekennzeichnete Augenblick, der Moment, der die alchemistische Dynamik und ihre rückläufige Evolution initiiert, die »Rückkehr«, den Wiederaufstieg von der Zeit »danach« oder der weltlichen Zeit zu der Zeit »davor«, jener der Alchemie, der ewigen Zeit vor der Existenz von Himmel und Erde, die Zeit des reinen Yang und des reinen Yin.

Die zweite Stufe, die von *qi* zu *shen* führt, wird häufig als »äußere Alchemie« im strengen Sinne charakterisiert. Es ist die der »Zunahme des Yang«; sie führt also, wie wir sehen werden, vom Hexgramm Fu zu Qian. Auf ihr läßt man zirkulieren, steigen und sinken, die Ingredienzen werden aktiviert, mit anderen Worten handelt es sich um die praktische Anwendung des während der ersten Stufe Entdeckten, einer »Wiederholung« des anfänglichen »Einsammelns«, um Extraktionen im Sinne von Reinigungen und einer immerfort gesteigerten Verinnerlichung, erlangt durch wiederholte Verbindungen der beiden jedesmal unter verschiedenen Aspekten wiedergefundenen Grundprinzipien. Diese Stufe ist es, die häufig in sehr detaillierter Weise, sowohl in einer »physiologischen« als auch alchemistischen

Terminologie beschrieben wird und die wir als das »Handeln« bezeichnet haben.

Doch das Werk endet hier nicht, denn es muß eine dritte Stufe folgen, von der kaum gesprochen wird: die Rückkehr zur Leere oder zum Tao, der »ursprünglichen Natur« oder auch zu der das Handeln unterordnenden Unbewegtheit, zum Nichthandeln, daß dem durch die bewußten Praktiken dargestellten, ihm vorausgehenden Handeln folgt. Dieser zweite Abschnitt der »Phasen des Feuers« bildet eine »Zunahme des Yin«, insofern als Yin das Prinzip der Unbeweglichkeit und Unsichtbarkeit bildet. Für Li Daochun wird sie durch die Yin-Linie des Trigramms Li symbolisiert, als ein Fehlen von Bildern und somit geistiger Leere. So wird der Adept mit dem Drachen verglichen, der die Perle hütet, mit der das Ei brütenden Henne, dem Fisch im Wasser; das Handeln wird nun so subtil und fein, daß es mit dem schwierigen »Braten von kleinen Fischen« verglichen wird, von dem Lao zi spricht. Es sei erwähnt, daß in einem Diagramm von Li Daochun (T. 249, 2, 2b) die Stufe von *shen* zur Leere, dargestellt durch einen Kreis ○, sich nicht oben, sondern in der Mitte findet, zwischen dem die erste Etappe abbildenden Zeichen unten ○ und jenem für die zweite Etappe ◉, das oben angeordnet ist. Diese letzte Etappe, die für einen Text in der Rückkehr von *xing* zu *ming* besteht, ist wesentlich: Wird die wahre Leere nicht »eingesammelt« und das Nichthandeln nicht praktiziert, so ist nur die Hälfte des Werks getan: es »einsammeln« bedeutet, es zu konkretisieren (T. 240, 15b). Die wahre Leere, so wird von allen Meistern geäußert, ist keineswegs das Nichts (die »unerfüllte Leere«, *wankong*), sondern jene, aus der, ganz Dunkelheit und Ruhe, das Licht und die Bewegung entspringen: »Was die Alchemie *(danjia)* Leere *(xuwu)* nennt, ist weder Nichtgeist *(wuxin)* noch Nichtdenken *(wunian)* und auch nicht abgestorbenes Holz und kalte Asche (ein von Zhuang zi zur Beschreibung des ekstatischen Zustandes verwendeter Ausdruck, heißt es bei Yu

Yan, (T. 1005, 5, 6b), für den diese Zustände nur mehr Stufen darstellen.

Die drei von uns unterschiedenen Stufen, so teilt uns Li Daochun mit (T. 249, 2, 5a), zeigen lediglich die »äußere« Alchemie, wobei er hier den Begriff in einem sehr eigentümlichen Sinn verwendet – d. h., so würden andere Autoren formulieren, die drei Stufen sind einzig eine Art und Weise des Sprechens, eine zu dikdatischen Zwecken getroffene Unterscheidung. In der »inneren Alchemie« ist einzig der Funken des »wahren, ewigen Yang« von Bedeutung, dargestellt durch die mittlere Linie des Trigrammes Kan, bei dem es sich eigentlich um die Innenlinie des reinen Yang, Qian, handelt, *insofern als es sich mit Kun paart,* dem reinen Yin, seiner Entsprechung. Das Wesentliche ist, ihn zu stärken und »zurückkehren« (d. h. ihn als solchen zu erkennen) zu lassen zum »Ahnen-Qi«, das, so wird erneut deutlich gemacht, nicht jenes der Atmung, sondern das Ursprungs-Qi, das kosmische Yuan Qi, ist.

Die Unmittelbarkeit

Mit dieser Art von Negation der Stufen kommen wir zum Problem der Allmählichkeit (Gradualismus) oder Unmittelbarkeit (Subitismus), das, wie im Buddhismus auch, von den Autoren des *neidan* zur Sprache gebracht wurde, freilich in recht unterschiedlicher Weise. Es ist selbstverständlich, daß diese Autoren, und all jene, deren Erben sie sind, im Vergleich zur taoistischen Tradition der »Spontaneität« paradoxerweise »Gradualisten« sind, in dem Sinn, daß sie eine Lehre, eine Bildung und eine Erziehung ausarbeiten und beschreiben, die nur mehr eine langsame und allmähliche sein kann. Gleichwohl hindert dies sie keineswegs daran, Nachdruck auf ein »gleichzeitiges Erfassen« zu legen, um den glücklich gewählten Ausdruck R. Steins aufzugreifen, das wesentlich ist und in gewisser Weise den Prozeß der geistigen Askese ständig zu begleiten hat: gleichsam eine intuitive und umfassende Anschauung, die eine Konkretisation der Einheit bildet, die jener Dualität zugrunde liegt, sie begleitet und überragt, die der Praxis und dem Wort innewohnt. So versichert neben anderen Chen Nan, daß alles sich zur Einheit hin vereinigt, zu »einer einzigen Zeit, einem einzigen Ort, der nur mehr eines darstellt« (T. 1090, 14a). Li Daochun legt für sich dar, daß die Zeit (*shi,* jener Moment der anfänglichen Öffnung, in dem es zu »sammeln« gilt) weder die Zeit ist, noch außerhalb der Zeit ist, ohne die das Werk sich nicht beginnen ließe (T. 249, 3, 31).

Dieser Moment, der als blitzschnell beschrieben wird, in dem »plötzlich« *(huran)* etwas auftaucht, was »leitet« (*haoran,* der Begriff von Menzius), wird zumeist als eine Öffnung dargestellt, ein »geheimnisvoller Paß« (*xuanguan,* im Zusammenhang mit dem *sanguan,* den »drei Pässen« der Wirbelsäule, die Bestandteil der subtilen Physiologie sind), bezeichnet als »die eine Öffnung des geheimnisvollen Passes« *(xuanguan yi qiao)* oder auch als das »geheimnisvolle Weibchen« von Lao zi. Dieser Paß, so heißt es bei unseren Autoren, ist weder, wie es die alten Qi-Techniken lehrten, im Zinnoberfeld, noch zwischen den Nieren lokalisiert, und besitzt in Wirklichkeit keinen bestimmten Ort: eine nicht lokalisierbare Öffnung in der ewigen Zeit, d. h. außerhalb der Zeit, die so groß ist, daß »sich nichts außerhalb von ihr befindet, und so klein, daß nichts in seinem Innern ist« (eine traditionell auf das Tao angewendete Formulierung; T. 240, 2, 11b). Alles ist in ihr, die Wintersonnenwende (der Zeitpunkt, an dem die Atemübungen bzw. das alchemistische Werk begonnen werden müssen), die Ingredienzen, die Phasen des Feuers, die Reinigung, der Beginn des Embryos und die Befreiung: Beginn, Verlauf und Ende. Zhang Boduan, der hier spricht, fügt hinzu und nimmt dabei die gleiche Haltung wie der Chan-Buddhismus ein, daß diese Öffnung sich nur mehr »mittels des Herzens und des Munds«, d. h. auf direktem Weg durch eine persönliche Verbindung überliefert werden kann (T. 263, 5, 4a–b).

Radikalität und Totalität – die dem Prozeß des alchemistischen Werks selbst innewohnende Einheit – werden auf vielfache Arten dargestellt, die zu unterschiedlich sind, als das sie hier zitiert werden könnten. Li Daochun ist keineswegs der einzige, der Nachdruck auf diesen Moment *(ke)* legt, »ein einziger Gedanke«, den es ständig zu wiederholen gilt. In seiner Winzigkeit hat er die Kleinheit eines einzigen Gedankens, doch in seiner Größe bewegt er die Welt. In diesem Moment läßt sich das Werk eines ganzen Jahres vollbringen, doch in seiner steten Wiederholung nimmt er die Dauer eines Jahres an und folgt einem Abklingen, das jenes der Phasen des Feuer ist (T. 249, 4, 3b). Durch seine ständige Anwesenheit ist der Moment, die Negation der Geschichte, der Zweipoligkeit und Fortdauer der Einheit durch das mannigfaltige Geschehen, Teil der permanenten Negation des gesamten Systems selbst, der im System enthaltenen grundsätzlichen Negation.

Gleichwohl betonen sämtliche Autoren das zu vollendende, fortschreitende Werk, die Erschaffung der Welt *(zaohua)*, den zu durchlaufenden Prozeß, der ebenso wichtig ist wie das zu erreichende Ziel und der über die Verwendung der »Symbole« der »äußeren« Alchemie verläuft – jene Symbole, die es nicht im wörtlichen Sinn zu verstehen gilt, die zu verwerfen und letzten Endes zu überwinden sind.

Hierin treten sie in deutlichen Gegensatz zu dem Adepten des Chan. Diese, so heißt es bei ihnen, ergreifen nur mehr *xing*, die »ursprüngliche Natur« in ihrer Reinheit, die intuitive und unmittelbare Schau. Es ist die chan-buddhistische Ablehnung jeglicher äußeren Praxis, die vom *neidan* verurteilt wird, das, wie wir erwähnten, sowohl Atemtechniken als auch das Ritual in sich aufnimmt. Die Adepten des Chan vernachlässigen *ming*, das in der Begrifflichkeit unserer Alchemisten den Teil des Widerstandes, der Körperlichkeit oder Schwere im Menschen darstellt und das zu einer ständigen Wiederholung der Öffnung zum praktischen Tun hin zwingt, das auch die »Verkörperung« und die Konkretisierung der anfänglichen und himmlischen Intuition darstellt. Es gilt eine Verbindung von *xing* und *ming*, die jene des Handelns und der Ruhe ist, zu bewirken und die sich im »Nichthandeln, welches Handeln ist« vereinen; ohne *ming* verstrickt sich *xing* in der untätigen und vergeblichen Leere, ohne *xing* vermag *ming* nicht zum »Nichthandeln« zu führen (T. 1067, Vorwort, 2b; vgl. auch ebenda, 15b). Die Adepten des *neidan* legen Wert auf eine Vereinigung von Unmittelbarkeit und Allmählichkeit, spontaner Intuition und Bemühung, die eine Synthese im Sinn einer »Aneignung des Angeborenen« darstellt: Dies geschieht, um eine zu flüchtige und immaterielle Gegenwart des Angeborenen zu befestigen. Auf diese Weise, so äußern sie, werden sie zu »Yang-Geistern« im Gegensatz zu »Yin-Geistern«, Gespenstern gleichsam, wie es die Chan-Mönche sind, die ihre Anschauung nicht wirklich verkörpern und konkret manifestieren können (entsprechend der Vorstellung, der gemäß die Geister *[gui]* dem Bereich des Unsichtbaren [Yin], die Menschen aber dem des Sichtbaren [Yang] angehören, siehe T. 263, 47, 15a).

Numenale und phänomenale Welt

Die notwendige Vereinigung von Unmittelbarkeit und Allmählichkeit, von Ewigkeit und Zeit, findet ihr Abbild in der von *xiantian* und *houtian, xing* und *qing* oder auch in der von *xing* und *ming.*

Das *xiantian* (wörtlich »vor dem Himmel«) ist die Welt des Noumenon, »dem Himmel und der Erde vorausgehend«, ewig, die Welt des Angeborenen (die »ursprüngliche menschliche Natur«, *xing*), die der Mensch seit der Zeit vor seiner Geburt bewahrt, eine als »Funken des ursprünglichen Yang« bezeichnete Einheit, ein Licht, das unterhalb des Ofens erscheint, gleich dem Licht des Mondes, das plötzlich entschleiert wird, wenn die Wolken aufreißen, in einem

»gleißenden, zeitlosen Augenblick« (T. 240, 2, 13a–b). Es ist dies der Bereich des Nichthandelns. Das *houtian* stellt die Welt der Phänomene dar, die »Welt nach (Himmel und Erde)«, der Leidenschaften *(qing)* – die der Parteilichkeit und dem Wandel unterworfen sind –, der Bewegung, des Wandels, benannt auch durch den weiter oben verwendeten Begriff *ming*. Dies ist die Welt des Handelns (z. B. T. 1005, 5, 3b).

Es gilt somit vor allem, in der Ruhe das wiederzufinden, was in uns dem *xiantian* zugehört, die »ursprüngliche Natur« *(yuanxing)*, den wahren Herz-Geist *(zhen xin)* – und hier unterscheidet sich der Text sowohl vom Buddhismus als auch vom Konfuzianismus (T. 240, 2, 19a–b) –, der sich in dem irregeführten *xin* (Herz-Geist) findet, von dem er sich nicht unterscheidet. Es wird hinzugefügt, daß jene, die (das Fluidum *jing* und das *qi*) »steigen und sinken« lassen wollen, nichts als »Blender« sind, die eine »illusorische Alchemie« *(huandan)* lehren, wenn sie nicht die Prinzipien des »vor dem Himmel« erfaßt haben: denn so arbeiten sie lediglich mit den groben Formen des »nach (der Entstehung) des Himmels«. Mit anderen Worten, sie ermangeln des »Zeitpunkts«, des Anlasses, der Ergreifung des Funkens des ursprünglichen Yang als dem einzigen Hilfsmittel, dem Antrieb der erstrebten Verfeinerung und Dimension der Unendlichkeit. Gleichwohl, so fährt der Text fort, kann das »Licht des ursprünglichen *jing* (Fluidums)« nicht ohne jenes des »gewöhnlichen *jing*« in Erscheinung treten; in gleicher Weise vermag der ursprüngliche Geist *(shen)* nichts ohne den Geist des Tagtäglichen (*riyong shen,* der »täglichen Anwendung«). So sehen wir, wie dieses Denken, in größerem Maß bildhaft und sicher auch erlebt, mit dem Wang Bis übereinstimmt, für den das *you* (Dasein) aus dem *wu* (Nichtsein) hervorgegangen ist, wobei er hinzufügt, daß das *wu* sich ohne *you* nicht zu manifestieren vermag.

Ein Text von Chen Zhixu, der die Dinge verkehrt, liefert ein gutes Beispiel für die paradoxen Haltungen, die von den

Meistern der Alchemie gern eingenommen werden. Er legt dar, daß die »Methode des *houtian*« die des Nichthandelns ist: Der Funken des der Weltentstehung vorausgehenden Yang, der alle Dinge hervorgebracht hat, muß nurmehr vor jeder Schädigung geschützt werden. Dafür, so heißt es, haben im Bereich des *xiantian* (»vor dem Himmel«) das Begehren des Qian für Kun und das von Kun für Qian die vermischten Trigramme Li und Kan erzeugt; diese spiegeln das Wesen des menschlichen Begehrens wider. Demnach muß das alchemistische Werk den Verlauf zurückgehen, um Qian und Kun in ihrer Reinheit wiederherzustellen (T. 1068, 11, 8b–9b).

Das Wechselspiel der unterschiedlichen Ebenen

Komplementär zu dem zeitlichen Begriff der Etappen und der Phasen des Feuers spielt auch der eher räumliche Begriff der Ebene oder Stufe stets eine Rolle. Hier nun ein Auszug aus dem *Zhonghe ji* (T. 249, 3, 6b–7a) von Li Daochun, das als Beispiel für eine der möglichen Weisen, in denen die Texte diesen Begriff handhaben, dienen kann.

Zunächst unterscheidet Li Daochun drei Ebenen: 1. die des Taiji, deren Dualität die von Himmel und Erde bildet; es ist dies also die kosmologische Ebene; 2. die des *Yi jing* mit dem Paar Qian/Kun; 3. diejenige des Tao mit Yin und Yang. Hier stellt die Ebene des Tao somit die der metaphysischen Prinzipien dar, die Ebene des *Yi jing* die ihrer Anwendung. Von diesen drei Ebenen geht Li Daochun anschließend über zu drei anderen: 1. der Ebene des Menschen, d. h., wie wir aufgrund der verwendeten Terminologie feststellen, der des psychophysischen Bereichs; 2. derjenigen der Symbole *(faxiang);* 3. der Ebene der Alchemie *(jindan).* In jeder dieser drei Ebenen finden die drei ersten ihren Widerhall. Beim »Menschen« findet die Ebene Himmel/Erde Ausdruck in den Begriffen *xing* (Gestalt) und *ti* (Körper, Substanz), die Ebene Qian/Kun in der Terminologie von Natur *(xing)* und

Emotionen *(qing)* und die von Yin und Yang als Geist (*shen* – dem Yang zugeordnet) und Qi (im Vergleich zu *shen* hier dem Yin zugeordnet). Auf der Ebene der Symbole finden wir, in der gleichen Reihenfolge, die Paarungen Drachen/Tiger, Pferd/Ochse und Rabe (Sonne)/Hase (Mond). Auf der alchemistischen Ebene sind es die Dualitäten Kessel/Ofen, Metall/Erde und Blei/Quecksilber.

Zuvor (3, 4b) hatte der gleiche Autor drei weitere Stufen unterschieden, die auf der Ebene der »Person« *(shen)* drei »Wege« *(dao)* bilden: Der erste ist der Weg des Herzens (dem Himmel entsprechend) mit dem Paar Geist/Qi, der zweite der des Körpers *(shen)*, der in Entsprechung zur Erde oder auch der Stofflichkeit steht mit den Begriffen »Gestalt« *(xing)* und »Substanz« *(ti)*, und der dritte Weg, derjenige der Vorstellung *(yi)*, der innerhalb der Alchemie zusammen mit *ren* (Menschlichkeit) und *yi* (Pflicht) die Rolle eines Mittelpunkts zukommt. Diese drei Instanzen, Herz, Körper und Vorstellung, eine in Beziehung zu der von Himmel-Erde-Mensch stehenden Dreiheit, stellen eine Entlehnung aus dem Buddhismus dar, der auf diese Weise in das triadische Klassifikationssystem des Taoismus und des traditionellen China integriert wurde. Wir haben hier einmal mehr eine jener Methoden vor uns, die der Taoismus zur Integration buddhistischer Vorstellungen anwendet.

In einem anderen Werk (T. 25, 2, 11a–b) unterscheidet Li Daochun in einem Kommentar zum *Taiji tushuo* von Zhou Dunyi zwischen der körperlichen und der psychophysischen Ebene (d. h. der von *xing-ming*). Auf der körperlichen Ebene sind die acht Grundtrigramme mit den Naturbestandteilen, auf die das *Yi jing* dabei Bezug nimmt, in Beziehung gesetzt: Himmel-Erde, Wasser-Feuer, Donner-Wind, Berg-See. Auf der psychophysischen Ebene dienen die gleichen Trigramme zur Bezeichnung jener Instanzen, von denen fünf traditionell mit den fünf »Viszera« in Verbindung gebracht werden: Körper, Geist *(xin)*, Essenz *(jing),* Seele *(shen),* die Seelen *hun* (Yang) und *po* (Yin), Vorstellung *(yi)* und Qi.

Zu dieser Abstufung unterschiedlicher, sich ergänzender Standpunkte entsprechender Ebenen kommt die Unterscheidung verschiedener Ebenen, die in Beziehung zu der Stufe stehen, auf der ein Adept gemäß seines Fortschreitens in der Bewußtwerdung seiner selbst und der Welt arbeitet. Eine diesbezügliche Tabelle enthält wieder das *Zhonghe ji* (T. 249, 2, 12b–17a), die sich in drei »Fahrzeugen« zusammenfassen läßt, neben denen es ein weiteres, herausragendes und einzigartiges Fahrzeug *(zui yi cheng)* gibt.

In dem ersten, dem niederen, bezeichnen Ofen und Kessel den Körper und den Geist; die Essenz und das Qi bilden die Ingredienzen, das Herz und die Nieren sind Feuer und Wasser, der geheimnisvolle Paß ist zwischen dem Nabel und den Nieren lokalisiert. Das Ziel besteht darin, die fünf Wandlungsphasen miteinander verschmelzen zu lassen. Offensichtlich handelt es sich um psychophysische Techniken, übersetzt in alchemistische und physische Begriffe. Diese Stufe wird am meisten von den Schriften der Zhong-Lü-Strömung entwickelt.

Im zweiten, dem mittleren »Fahrzeug«, entsprechen Qian und Kun dem Ofen und dem Kessel, Kan und Li korrespondieren mit Wasser und Feuer. Die fünf Wandlungsphasen stellen die fünf weiter oben bereits erwähnten psychophysischen Instanzen *(jing, shen, hun, po, yi)* dar; Tiger und Drachen bezeichnen Körper und Geist *(xin);* das Qi bildet die »wahre Essenz«; die Phasen des Feuers werden in Jahreszeiten gemäß dem Verlauf eines Jahres gezählt; der geheimnisvolle Paß befindet sich im Niwan (im Kopf, und somit im oberen, und nicht mehr im unteren Teil des Körpers). Ziel ist es, Essenz und Geist (*jing* und *shen*) zu vereinen; dabei handelt es sich um eine Methode zur Nährung des Lebens *(yang ming).* Diese Ebene ist mehr eine psychische als eine körperliche.

Im oberen, dem höchsten »Fahrzeug«, sind Kessel und

Ofen Himmel und Erde, Wasser und Feuer entsprechen Sonne und Mond; Drachen und Tiger bezeichnen die »Natur« *(xing)* und die Emotionen, den geheimnisvollen Paß bildet das Herz (die Mitte). Das Ziel ist dann erreicht, wenn Natur und Emotionen eine Einheit bilden. Diese Ebene ist noch ausschließlicher eine kosmisch-psychische. Das »Leben«, das es zu »stärken« gilt, wird als *sheng* und nicht mehr als *ming* bezeichnet, das eine mehr physische Konnotation besitzt.

Das einzigartige und hervorragende Fahrzeug stellt deutlich erkennbar eine Nachahmung des buddhistischen einzigartigen Fahrzeuges dar: Darin ist die große Leere der Kessel, der Ofen das Taiji, das Schmelzen des Zinnobers bedeutet Gelassenheit, deren Mutter das Nichthandeln ist; Blei und Quecksilber stellen *xing* und *ming* dar (die beiden Pole, der geistig-himmlische und der körperlich-irdische des Menschen); Sammlung *(ding)* und Weisheit *(hui)* sind das verwendete Wasser und Feuer. Verschmelzen *xing* und *ming* miteinander, so ist das Ziel erreicht. Es geht um keinerlei körperliches Element mehr, allenfalls in einer Gesamtheit unter dem Begriff *ming*.

Ein weiteres Beispiel für diese Aufteilung in »Fahrzeuge« findet sich in T. 276, 14a–15a von Niu Daochun (Ende 13. Jahrhundert) aus der nördlichen Schule. Für ihn stellt im »großen Fahrzeug« die »große Leere« den Ofen, und die »wahre Leere« den Kessel dar; das Ingredienz bildet das Erwachen (*yuanming*, ein buddhistischer Ausdruck, wörtlich übersetzt: das vollkommene, runde Licht), das himmlische Licht das aktivierende Feuer. Im »mittleren Fahrzeug« bilden die Trigramme Qian und Kun den Ofen, Yin und Yang den Kessel; Ingredienzen sind »wahres Blei« und »wahres Quecksilber«; das wahre Yang ist das Feuer. Im »kleinen Fahrzeug« stellt der Körper den Ofen, *xin* (das geistige Zentrum) den Kessel dar, Qi und Geist bilden die Ingredienzen, das Feuer ist das leuchtende Bewußtsein. Die unterste Stufe des kleinen Fahrzeuges betrachtet Körper und »Viszera« als Ofen und Kessel, *jing* (hier die Samenessenz) und »Blut« als Ingredienzen, und als Feuer die Zirkulation des Qi: Wir finden hier die physiologischen Techniken wieder, die in der Reihe der alchemistischen Schulen insbesondere die Zhong-Lü-Strömung charakterisieren.

Wir haben hier einige Entwürfe vorgestellt (es gibt andere von gleicher Art, siehe z.B. T. 263, 4, 1b–2a), die das Prinzip in eindeutiger Weise schematisch darlegen; freilich werden in den Schriften die unterschiedlichen Ebenen aufgrund einer doppelten didaktischen Methode zumeist miteinander vermischt. Zum einen wendet sich der Meister an Schüler mit unterschiedlichen Fähigkeiten, und jeder von ihnen wird (gemäß dem grundlegenden didaktischen Prinzip im Buddhismus) ein seinen Fähigkeiten entsprechendes Verständnis haben: Ein und dasselbe Wort wird somit auf unterschiedliche Weise wahrgenommen. Andererseits bestehen diese unterschiedlichen Ebenen vom Standpunkt der grundsätzlichen und letzten Einheit alles Gesagten nebeneinander und verschmelzen im äußersten Fall miteinander, werden mithin voneinander neutralisiert und als in der Abtrennung unvollständig zurückgewiesen.

Wir sehen also hierin im Taoismus das buddhistische System des *panjiao* und des *yuanjiao* am Werk und auf ihn angewendet. Die unterschiedlichen Praktiken und Schulen des Taoismus werden in einer hierarchisierten Gesamtheit vereinigt, deren Kulminationspunkt zugleich die Aufhebung dieser Hierarchie und die einende Synthese in einer sie transzendierenden Totalität bildet.

In jedem Fall scheint es, daß die Alchemie, auf welcher Stufe sie auch praktiziert werden mag, immer einen spekulativ-theoretischen und einen experimentellen Teil, eine Praxis, umfaßt; diese mag, wie sich beispielsweise in der Zhong-Lü-Schule zeigt, physisch sein, *was aber nicht der Fall sein muß*, sondern sie kann auch schlicht geistig, psychisch und rein mystisch, so auf der dritten Ebene und der »herausragenden« Stufe, sein.

Hierin besteht der grundlegende Unterschied zwischen dem *neidan* und den Qi-Techniken.

Dagegen liegt, so die Autoren, das wesentliche Unterscheidungsmerkmal zwischen *neidan* und dem Chan darin, daß die innere Alchemie mit »dem Niedrigen« beginnt, dem *ming*, dem »sich widersetzenden« Teil, der undurchsichtig, physisch oder psychophysisch ist, dem Experimentieren, dem Bereich des Konkreten; erst dann wendet sie sich dem aus dem Bereich des Abstrakten und der Spekulation stammenden *xing* zu (*wu xing*, ohne physische Form seiend). Beim Abstrakten *(xing)* zu beginnen, um zum Konkreten *(ming)* zu gelangen, das ist der Versuch, den Mond im Wasser zu fassen (T. 240, 2, 12a–b). So gilt es also, vom *ming* ausgehend, das *xing* wachsen zu lassen, d.h. jenes *xing*, welches im *ming* enthalten ist, zu bearbeiten: Dies stellt die erste Phase eines Anwachsens des Yang dar; anschließend gilt es, vom *xing* ausgehend, zum *ming* zurückzukehren, und dies ist in diesem Kontext die Bedeutung des Abschnitts einer Zunahme des Yin, der Rückkehr zur irdischen Welt, von der weiter oben die Rede war (T. 240, 2, 15b). So findet nach einer langen Wegstrecke eine Rückkehr zum Ausgangspunkt statt. Diese Strecke, sowohl physische als auch geistige Übung, ist es, die von den *neidan*-Meistern als das eigentliche Charakteristikum ihrer Disziplin im Gegensatz zu den alten taoistischen Techniken ebenso wie zu Chan-Buddhismus und Neokonfuzianismus angesehen wird, wobei sie bis zum Überdruß wiederholen, daß diese beiden der gleichen Quelle entspringen und dasselbe letzte Ziel miteinander teilen.

Schlussbetrachtung

In der Gegenwart hat sich der Taoismus auf zwei extreme und sich ergänzende Tendenzen reduziert, die durch das Ritual und die innere Alchemie vertreten werden.

Das Ritual untersteht nunmehr den einzigen Himmelsmeistern, die entweder in Taiwan oder, wenn es die Lage erlaubt, auf dem chinesischen Festland zelebrieren. Es erfüllt eine außerordentlich wichtige soziale Rolle, leitet die lokalen Feste, die Trauerfeierlichkeiten und die Religiosität des Volks an und reagiert auf die Angst vor den geistigen Bedrohungen – Dämonen, Halluzinationen etc. – und den physischen Gefahren – den Krankheiten. Die Himmelsmeister sind auch Exorzisten und Therapeuten. Wir haben bereits kurz darauf hingewiesen, daß der volkstümliche Charakter dieses Taoismus zugenommen hat. In Fortsetzung einer schon in der Song-Zeit beginnenden Entwicklung hat er zunehmend Kulte assimiliert, die an lokale oder volkstümliche Gottheiten gerichtet waren. Ausgeprägt »schamanistische« Elemente wurden aufgenommen: An die Seite des großen Meisters trat ein Medium. Wenn das Ritual auch eine Gestalt angenommen hat, die sich beträchtlich von jenem unterscheidet, wie wir es anhand der uns bekannten Schriften darstellen können, so bleibt es gleichwohl direkter Erbe einer langen Geschichte, ein Faktum, dessen sich seine Vertreter durchaus bewußt sind, auch wenn sie keine genaue Kenntnis von der Gliederung und dem Reichtum derselben besitzen.

Der äußerliche Aspekt der Zeremonien und bis zu einem bestimmten Maß auch der Geist, in dem sie ausgeführt werden, sind gewiß nicht dieselben wie jene der großen offiziellen Zeremonien, wie sie von den großen Meistern auf Befehl des Kaisers abgehalten wurden. Ein starkes szenisches Element – aus Papier gefertigte Pferde und Boten, Feuerwerk usw. –, bisweilen ausgeschmückt mit komischen Szenen, eine Atmosphäre des volkstümlichen Jubels, der gleichwohl einen wesentlichen Bestandteil des Rituals bildet, verleihen ihm eine recht unterschiedliche Tönung. Die rezitierten Schriften sind hingegen dieselben, und so fällt es dem bewanderten Zuschauer nicht schwer, diese zu identifizieren. Die Errichtung des heiligen Bereichs und die Gesten des Hauptpriesters gehorchen den gleichen symbolischen Regeln. Wir befinden uns in derselben Welt. Der »innere Altar«, der Teil der stillen Rezitation und der Meditation und das innere Ritual bestehen fort und behalten unauffällig ihren zentralen und vorrangigen Charakter.

Diese Verwurzelung im Volk sollte nicht vergessen machen, wozu ja einige Vorurteile einladen könnten, daß dem Taoismus ein »gebildeter« Wesenszug eigen ist, der diese ergänzt. M. Strickmann hat durch seinen Nachweis Aufsehen erregt, daß die Shangqing-Offenbarung zur Zeit der Sechs Dynastien innerhalb der aristokratischen Kreise verbreitet hatte. Es stellt dies eine zu allen Zeiten im Taoismus vorhandene Tendenz dar; diese »gebildete Ader« läßt sich auf mehrere Arten feststellen. Zum einen zeugen die Biographien der Taoisten davon, die zeigen, daß diese ursprünglich häufig die Erziehung eines Gebildeten besaßen und daß sie, zum anderen, die Werke selbst der Literaten untereinander austauschten, die zu Ehren ihrer taoistischen Freunde Epitaphe verfaßten, in denen sie deren literarischen Talente und Kultur rühmen. Zeugnisse sind ebenfalls die Schriften der taoistischen Meister selbst, talentierte Dichter häufig, die von Anspielungen auf die konfuzianischen Klassiker nur so wimmeln – das »Buch der Lieder« *(Shijing),* die »Überlieferung des Zuo« *(Zuozhuan)* und »Maß und Mitte« *(Zhongyong)* – und die ihre Kenntnis sowohl der Werke des Konfuzianismus als auch der des Buddhismus belegen.

Diese Linie besteht heutzutage in erster Linie bei den

Meistern der inneren Alchemie fort, die sich im allgemeinen auf die Quanzhen-Schule berufen.

Im Jahr 1940 besuchte Y. Yoshioka ein Kloster dieser Richtung und beschrieb das strenge Leben, das darin geführt wurde, gewidmet dem Gebet, dem Gesang psalmodierter Texte und dem Sammeln von Heilpflanzen. Diese Klöster, von denen man einige in Taiwan findet, sind in China ganz offensichtlich von ihren Bewohnern geräumt worden, werden aber inzwischen zum Teil wieder von einigen Mönchen bewohnt. Es hat den Anschein, als habe sich die echte Tradition der inneren Alchemie, in Taiwan ebenso wie in der Volksrepublik, im wesentlichen unter zurückgezogen in Tempeln in den Bergen lebenden Meistern erhalten, die sich im allgemeinen auf die Longmen-Schule (Schule der »Drachenpforte«, die von Qiu Chuji gegründet worden sein soll) berufen und auf eine Überlieferung Bezug nehmen, deren Meister ganz exakt in einer Liste verzeichnet sind. Bisher ist noch keine größere Studie zu dieser Überlieferung gemacht worden, doch ist offensichtlich, daß die gelehrten Techniken in einer Linie mit denen der Anfänge stehen.

Gleichwohl gilt es anzumerken, daß in der Gegenwart in bezug auf diese Techniken eine gewisse Tendenz besteht, sie mit den als Qigong (»Arbeit am Qi«) bezeichneten einfachen Atemtechniken zu verwechseln, die sich sowohl in Taiwan als auch in der Volksrepublik einer großen Popularität erfreuen und die den Gegenstand zahlreicher Veröffentlichungen bilden. Diese Entwicklung zielt dahin, den Schwerpunkt auf den physiologischen Aspekt der inneren Alchemie zu legen, der die kosmologischen Spekulationen und die geistige als auch intellektuelle Schulung ganz hinter sich läßt, derart, daß sie in manchen Fällen völlig verdeckt werden. So unterscheiden sich manche Publikationen, die sich auf die innere Alchemie berufen, nicht mehr vom Qigong, bei dem es daran zu erinnern gilt, daß es eigentlich mehr dem allgemeinen chinesischen Fundus als dem Taoismus zugehört. Doch hierbei handelt es sich nurmehr um den am meisten sichtbaren Trend, der gleichwohl einige Strömungen der reinen inneren Alchemie nicht daran hindert, fortzudauern.

Ausgehend von einer Weltsicht, deren Wurzeln am weitesten in die chinesische Geschichte zurückreichen und die ihre Gestalt in der Han-Dynastie festlegt, hat der Taoismus, in seiner Liturgie ebenso wie in seinen meditativen Praktiken, eine bildhafte Methode geschaffen, die es seinen Anhängern ermöglichen soll, aus dem »chaotischen« Zustand der Symbiose mit der Welt aufzutauchen und ihre Lage darin zu bestimmen, bevor sie diesen transzendieren. Wenn er dies auch stets in bildhafter und symbolischer Weise tut, man in ihm nie wirklich eine theoretische oder methodische Entwicklung findet, wenn er die weitaus begrifflichere Sprache des Buddhismus in sich aufgenommen hat, die in die des *Yi jing* integriert ist, so sollte man sich gleichwohl darin nicht täuschen. Die von ihm gezeichnete Weltkarte stellt gleichsam eine Theorie, eine Ontologie und eine Epistemologie dar, einen Komplex von Urteilen über Struktur und Entwicklung der Wirklichkeit, und die Handhabung dieser Karte ist eine Reflexion über das von ihr unterbreitete Wissen.

Von den kosmischen Flügen der Visionäre, die der Priester nachvollzieht, indem er den liturgischen Bereich schreitend durchmißt, gemeinsam und in Anklang an die erste Einheit, die sich zerstreut und durch die Welt hindurch vervielfältigt, bis zur Kunst des Verschwindens im Nicht-Sein, da dieses das Sein umschließt und einzig gestattet, Leben und Tod zu transzendieren, bis hin zum Erstaunen vor dem Hervorkommen des Denkens und des Lichts, über die Integration des Zweifels und der Zurückweisung der das Unwahre verkörpernden dämonischen Kräfte, der Übernahme eines für unrichtig erachteten Worts und für relativ angesehener Werte: Es handelt sich um eine ganze Welt und eine vollständige Geschichte des Menschen, die gesamte

Geschichte von dem Erscheinen des Menschen in der Welt und seinem Wunsch nach Transzendenz. Es ist dies eine Geschichte, die im Verlauf der Jahrhunderte eine immergleiche Identität beibehält. Durch alle ihre Verwandlungen hindurch bewahrt, ermöglicht es diese dauerhafte Identität dem Taoismus, sich in unterschiedlichen Schichten beständig zu erneuern, in denen die sich fortsetzenden oder wiederauftauchenden Grundzüge erkennbar sind. Sein synkretistisches Wesen, seine vielfältigen Facetten widersetzen sich in keiner Weise der Einheit seiner Inspiration und einer Kontinuität, die der Leser durch all seine Wandlungen hindurch mühelos verfolgen konnte. Diese sind von solcher Art, daß man ebensowenig etwas von den alchemistischen Werken aus der Song-Zeit und der Gegenwart wie auch von der Liturgie versteht, wenn man nicht die Kosmologie der Han kennt, und ein guter Teil von ihr sich nicht erschließt, wenn man keine Kenntnisse über die – des Taoismus besitzt.

Im Gegensatz zu anderen Religionen gilt es die Grundstrukturen des Taoismus, seine Einheit und Kontinuität nicht in seinem wuchernden und wenig strukturierten Pantheon zu suchen, der sich je nach Zeitläuften und mit den vielfältigen Strömungen wandelt, sondern vielmehr in seinem kosmologischen Denken. Innerhalb der Geschichte des chinesischen Denkens ist der Taoismus der Herold des hanzeitlichen kosmologischen Denkens, das durch ihn gegen die Revolution, die der Beitrag des Buddhismus darstellt, Bestand hat. Angesichts des Buddhismus, der China eine in größerem Maß begriffliche Sprache, eine weitaus rhetorischere Rede, ein lineareres Denken und eine von Grund auf antikosmologische Betrachtungsweise vermittelt – all dies Keime, die in China eine Gegenströmung in Gestalt der Mysterienschule und des neokonfuzianischen Denkens hervorbringen und schließlich in die großangelegte Kritik des kosmologischen Denkens münden, die das 17. Jahrhundert kennzeichnet – bleibt der Taoismus ein aktiver Vertreter dieses korrelativen und »morphologischen« Denkens, das auf den Theorien einer universalen Sympathie und der kosmischen Entsprechung und Interaktion basiert und mit dem trinären System arbeitet, das aus dem binären System des *Yi jing* hervorgegangen ist. Als aktiver Repräsentant und, wie man feststellen konnte, lebendig genug, um sich beständig zu wandeln, hat er sich, von immerfort erneuerten, internen oder externen Anschwemmungen ausgehend, angepaßt, bereichert und entwickelt. Es ist recht bemerkenswert festzustellen, daß er sich zu keinem Zeitpunkt nach außen hin verschlossen hat; im gesamten Verlauf seiner Geschichte hat er sich mit den unterschiedlichen Strömungen auseinandergesetzt, selbst mit jenen, die die Grundlagen seiner Weltordnung in Frage zu stellen geeignet waren. Vielleicht weil er sich in bezug auf die Machtverhältnisse, die eine Gesellschaft strukturieren, in einer schwachen Position befand, ist der Taoismus die einzige unter den »Drei Lehren«, die ganz offen Teile gegensätzlicher Strömungen assimiliert und einen Dialog mit ihnen geführt hat. Er zitiert sie, übernimmt aus ihnen Begriffe, Ideen, die er bearbeitet, zuweilen umformt und assimiliert. Er bereichert sich an ihnen, wächst und geht über sich selbst hinaus, ohne freilich jemals seine kosmologische Weltsicht aufzugeben oder sein Ziel zu vergessen: den Menschen zu verfeinern und ihn nicht aufzugeben.

Möglicherweise hat er an seinem kosmologischen Denken aus dem Grund festhalten können, weil es für ihn seit den Anfängen nur mehr ein Mittel der Gestaltung, eine Methode zur Formung des Menschen und des Denkens dargestellt hat und weil er nicht behauptet, eine genaue Darstellung der äußerlichen, der »weltlichen« Wirklichkeit zu liefern. In pragmatischer und didaktischer Hinsicht erfüllte das Grundinstrumentarium die erwarteten Dienste, nämlich Therapie zu sein oder zur Erleuchtung zu führen. Da von der Wirklichkeit, sei es nun die letzte oder die äußere, angenommen wird, daß sie nicht erkennbar sei, ist es der Mensch, der Mensch und seine Welt, der Mensch in der Welt, um den es geht, und er ist es, den es zu »erretten« gilt. Der Taoismus gibt keine Beschreibungen. Er lehrt eine Art und Weise der Betrachtung und Wahrnehmung und eine Methode, die Dinge zu zergliedern und in Einklang miteinander zu bringen, um dann, ganz nach dem Vorbild des Handwerkers bei Zhuang zi, dieses Werkzeug zu handhaben, bis hin zur Überwindung (dem »Vergessen«), zu dem seine Beherrschung führt. Man mag die Ansicht vertreten, daß er marginalisiert wurde bzw. dies selbst tat. Doch auch hier scheint er nur mehr seiner ursprünglichen Tradition und Aufgabe gefolgt zu sein, ohne durch seine Anwesenheit in sämtlichen Schichten der Gesellschaft zu allen Zeiten etwas von der ihm eigenen, allenthalben bezeugten starken Lebenskraft einzubüßen.

Gleich dem Buddhismus, und im Gegensatz zu Konfuzianismus und dem tendenziell realistischen Legismus von Grund auf nominalistisch, macht der Taoismus seit Anbeginn die Idee von der Vergeblichkeit der Sprache und des Denkens zur Grundlage seines Diskurses, denn von Anfang an vertrat er die Auffassung, daß die von den Denkern der Han-Zeit entlehnten Bilder, mit denen er seine phantastischen und visionären Konstruktionen errichtete, nichts als Bilder darstellten, nurmehr eine konventionelle Sprache waren, die es zu überwinden galt. Dies mag der Grund dafür gewesen sein, daß die Dekonstruktion seiner Kosmologie, der sich die Gebildeten widmeten, ihn nicht zu treffen vermochte, denn diese vollzog sich im Namen einer »wissenschaftlichen« oder »rationalen« Wahrheit bzw. Wirklichkeit, die nicht die seine war. Die dem von ihm übernommenen kosmologischen System inhärenten Widersprüche konnten ihn somit nicht erschüttern. Seine Wahrheit ist nicht von der Art einer Beschreibung, sondern der einer Wirksamkeit, einer psychischen Resonanz, und der Sinn, den es in seiner Sprache zu finden gilt, ist weniger beschreibender als vielmehr mystischer und religiöser Natur, d. h., er ist im Bewußtsein des Menschen operativ. Sein Wert als Werkzeug ist in keiner Weise an eine rationale Kohärenz, sondern vielmehr an eine rituelle Wirksamkeit gebunden, die den Menschen einfügt in eine kosmologische Bewegung und in einen sich bewegenden Zusammenhang, in den er eintritt und durch den er in der Lage ist, sich zu bewegen und sich gleich den beständigen Transformationen der uranfänglichen Einheit zu verwandeln, über sich hinauszugehen und ihn zum immer daseienden »Ursprung« hin zu transzendieren.

Anmerkungen

Einführung

1 L. Kohn: *Taoist Mystical Philosophy. The Scripture of Western Ascension.* Albany: State University of New York Press 1991.

2 R. A. Stein: »Religious Taoism and Popular Religion from the Second to Seventh Centuries«. In: H. Welch und A. Seidel (Hrsg.): *Facets of Taoism.* Yale 1979, S. 53–81.

3 M. Meslin: *L'Expérience humaine du divin.* Paris 1988, S. 260–271.

4 Siehe K. M. Schipper: »Taoist Ritual and Local Cults of the T'ang Dynasty«. In: *Zhongyang yanjiuyuan guoji Hanxuehui yilun wenji.* Taiwan, S. 101–116, und Doré, *Recherches sur les superstitions en Chine.* Shanghai 1921, Bd. 6, Kap. 2.

5 E. Zürcher: *The Buddhist Conquest of China.* Leyden 1959, 2. Aufl. 1972, S. 87. Die Xuanxue oder Schule der Mysterien ist eine für die Intelligenzija des 2. und 3. Jahrhunderts charakteristische Denkströmung. Von metaphysischer Tendenz, die ganz neu für China war, spekulierte sie über das »Nichtsein« und das »Sein« (siehe Kap. »Das Zeitalter der Tang«) und brachte keinerlei neuen religiösen Beitrag ein. Sie stützte sich wesentlich auf Lao zi, Zhuang zi und das *Yi jing* und suchte eine Synthese zwischen dem »philosophischen« Taoismus und dem Konfuzianismus herzustellen.

6 Dieses Denken ist überaus »modern« und entspricht sehr gut dem Begriff der »kontradiktorischen Dualität« von Lupasco (*Du devenir logique et de l'affectivité.* Paris 1935, Neuaufl. 1973, Bd. I), wobei sich das Yang mit dem Begriff der »Extensivität« vergleichen läßt und das Yin mit dem der »Intensivität«, die in dem erwähnten Werk entwickelt werden. Auch die Darlegungen von E. Morin über den »organisatori schen Antagonismus« stellen eine sehr erhellende Betrachtungsweise dar (siehe *La méthode, I, La nature de la nature.* Paris, bes. die Seiten 118–123 und 228, wo es um die Frage von Yin und Yang geht).

7 S. F. Jullien: *Procès ou création.* Paris 1989, der sich sehr zum Fürsprecher des Neokonfuzianismus macht, indem er dessen Standpunkt bezüglich des Buddhismus und des Taoismus annimmt, ohne die vollkommen entgegengesetzten Deutungen, die sie in dieser Beziehung machen, aufzuzeigen.

8 S. J. Lagerwey: *Wu-shang pi-yao.* Paris 1981, S. 89–90.

9 Vgl. J. Lévi: *Les Fonctionnaires divins.* Paris 1989, 3. Teil, »Göttliche Identität und Bürokratie«, S. 203ff., wo all das von J. Lévi Gesagte auf

den taoistischen Adepten zutrifft, der den Göttern gegenüber auch *shou* praktiziert, im Sinn von »einen Kult abhalten«, »über ein Gebiet wachen« (S. 211) und sie zusammenrufen (S. 211–212); abgesehen davon gilt für den Kaiser, von dem J. Lévi spricht, daß er unter seinem Banner nur bestimmte Gottheiten, »Funktionsgötter« »versammelt«, über die er sich stellt, was aber nicht für Shangdi, die oberste Gottheit, gilt.

10 Vgl. R. Stein: »Aspects de la foi jurée en Chine«. In: *Annuaire du Collège de France.* Paris 1966–1967 und 1967–1968, bes. S. 411–415 und 453–457.

11 S. A. Seidel: »Imperial Treasures and Taoist Sacraments. Taoist Roots in the Apocrypha«. In: M. Strickmann: *Tantric and Taoist Studies.* Brüssel (Institut belge des hautes études chinoises) 1983, Bd. II, 291–371.

12 S. J. Lévi: »Les fonctions religieuses de la bureaucratie céleste«. In: *L'Homme,* 101, 1987, S. 35–58.

Die Zeit der streitenden Reiche

1 S. A. Waley: *The Way and its Power.* New York 1958, S. 178, Anm. 3 und 4, und R. G. Henricks: »The Philosophy of Lao tzu Based on the Ma-wang-tui Texts. Some Preliminary Observations«: In: *Society for the Study of Chinese Religions Bulletin.* 9, 1981, S. 59–69.

2 P. Demieville: »Énigmes taoistes«. In: *Choix d'études sinologiques,* Leyden 1973, S. 141–148.

Das Auftreten in der Han-Zeit

1 S. E. Chavannes: *Mémoires historiques de Se-ma ts'ien.* Paris 1967, Bd. 3, S. 463–466.

2 Ebenda, Bd. 2, S. 125.

3 Diese Neutext-Schule stellte eine aus Konfuzianismus sowie sich auf die Theorien von Yin und Yang und den Fünf Wandlungsphasen gründenden kosmologischen Theorien und Spekulationen gebildete hybride Erscheinung dar, deren Funktion darin bestand, eine Form der Regierung zu errichten, die sich in Übereinstimmung mit den Rhythmen des Universums befindet, wie sie von diesen Theorien beschrieben werden, und die vom Himmel gesandten Omina zu entschlüsseln, von denen man annahm, daß sie das Handeln der Menschen, und insbesondere des Herrschers, kontrollieren und, je nachdem sie der Moral und dem Lauf des Kosmos entsprachen oder nicht, zu billigen.

4 Das *Yi jing* oder »Buch der Wandlungen« ist dem westlichen Leser, dem zahlreiche Übersetzungen zur Verfügung stehen, gut bekannt. Es handelt sich um ein Werk, das traditionell bis in die Zhou-Zeit zurückdatiert wird, dessen Texte jedoch wenigstens bis zum 1. Jahrhundert v. Chr. bearbeitet wurden. Es besteht aus Hexagrammen (gebildet aus sechs

entweder durchgezogenen Yang- bzw. unterbrochenen, d.h. Yin-Linien, deren Kombination alle möglichen Situationen darstellen soll), denen jeweils ein kurzer, enigmatischer Text und aus mehr oder weniger korrumpierten Sätzen bestehende Kommentare beigegeben sind, die häufig gar nichts oder nur kaum etwas mit dem Text zu tun haben. Das *Yi jing* galt als Handbuch der Divination und wurde auch als ein kosmologisches Werk betrachtet, das in kryptischer Form sämtliche Mechanismen des Universums offenbart. Aufgenommen in den Kanon klassischer Schriften, bildet es sowohl einen Bestandteil des konfuzianischen Erbes als auch des Erbgutes der Taoisten, die es stets zu einem Gegenstand der Reflexion gemacht haben.

Die Himmelsmeister

1 Die Numerierung, welche die Titel der Werke aus dem Taoistischen Kanon tragen bzw. ihn ersetzen, entspricht der *Konkordanz zum Tao Tsang*, hrsg. von der École française d'Extrême-Orient.

2 Die vom Taoismus beeinflußte Schule der Mysterien befürwortete den Rückzug aus der Gesellschaft, eine Haltung, die in grundsätzlichem Gegensatz zu den konfuzianischen Traditionen stand, und verherrlichte Spontaneität und Kreativität. Die Schule der Bezeichnungen, die eine größere Nähe zu Konfuzianismus und Legismus auszeichnete, betrachtete das Wirken des Menschen in der Gesellschaft als wesentlich für seine Entwicklung und gab jenen politischen Werten und Praktiken den Vorzug, die die Ordnung garantieren.

3 Siehe K. M. Schipper: »Neighbourhood Cult Associations in Traditional Tainan«. In: *The City in Late Imperial China*, hrsg. von Q. W. Skinner, Stanford 1977, S. l671–678.

Ge Hong und seine Tradition

1 Diese Verweise entstammen der Übersetzung des Baopu zi von J. R. Ware.

2 Es ist erwiesen, daß es auch innerhalb des Konfuzianismus ein Ideal des »Nichthandelns« gibt, wobei der Unterschied darin besteht, daß es auf der Respektierung der von den heiligen Kulturstiftern eingerichteten Riten und moralischen Prinzipien gründet, während hier alles der Ordnung entsprechend dadurch abläuft, daß man sich einfach dem Tao einfügt.

3 Siehe M. Kalinowski: »Les traités du ›Shuihudi‹ et l'hémérologie chinoise à la fin des Royaumes combattants«. In: *T'oung Pao*, 72, 1986, S. 175–228, insbes. S. 203f., wo der Verfasser zeigt, daß die Berechnung der günstigen und ungünstigen Tage, die Ge Hong beschreibt, eine Technik verwendet, die bis in das 3. Jahrhundert v. Chr. zurückreicht. Das auf

S. 191 erwähnte System findet sich im *Zhengao,* einem Werk der Shangqing-Schule, wieder.

4 In Kap. 11, 1a–b, beispielsweise verwendet Ge Hong exakt die Begriffe einer apokryphen Schrift zum *Xiaojing* (»Klassiker der kindlichen Pietät«, siehe Ishōshusei V, S. 57). Es sei zudem angemerkt, daß es sich um einen Passus handelt, der sich auch im *Wufu jing* findet, wodurch die Beziehungen dieses Werkes zu den *weishu* eine weitere Bestätigung erfahren.

Der Shangqing-Taoismus

1 Siehe *Meditation taoïste,* S. 155–160.

2 Siehe M. Granet: *Danses et légendes de la Chine ancienne.* Paris 1959.

3 Siehe ebenda und die Übersetzung des *Shanhai jing* von R. Mathieu: *Étude sur la mythologie et l'ethnologie de la Chine ancienne.* Paris 1983.

4 M. Granet: *Danses et légendes.*

5 S. M. Kalinowski: »Les instruments astro-calendériques des Han et la méthode ›Liu ren‹«. In: *Bulletin de l'École française d'Extrême-Orient,* 72, 1983, S. 309–419, bes. S. 346 u. 412.

6 E. Schafer: *Pacing the Void. T'ang Approaches to the Stars.* Los Angeles, London 1977.

Das Lingbao

1 Siehe M. Granet: Danses et légendes.

2 Siehe K. M. Schipper: Le Corps taoïste. Paris 1982, S. 33–45.

3 Siehe K. Vasul u. S. Nakamura: *Ishō shūsen.* Tokio, Bd. I, S. 1 und 81.

Das Zeitalter der Tang

1 Siehe E. Zürcher: *Buddhist Conquest of China,* Kap. 6; A. Seidel: *La Divination de Lao tseu.*

2 Es gilt klarzustellen, daß die Taoisten, indem sie diese spezifisch chinesischen Methoden der Assimilation anwandten, nurmehr das taten, was die Buddhisten auf ihrem Gebiet bereits zur Zeit der Sechs Dynastien (346–589) gemacht hatten, als sie zum Zweck einer besseren Integration in die chinesische Kultur die Fünf Wandlungsphasen mit ihren vier Elementen (mahābhūta) und die fünf konfuzianischen Tugenden mit den fünf moralischen Geboten des Buddhismus in Übereinstimmung brachten (siehe A. F. Wright: *Buddhism in Chinese History.* Stanford 1971, S. 37–38). Während der Yang-Dynastie setzten sie dieses Werk der Assimilierung fort, indem sie Entsprechungen von sehr komplexer Art schufen (siehe R. Birnbaum: »Introduction to the Study of T'ang Bud-

dhism Astrology«. In: *Society for the Study of Chinese Religious Bulletin,* 8, 1980. S. 12ff.).

3 *Procès ou création.* Paris 1989.

4 Das Tetralemma bzw. doppelte Dilemma stellt eine pädagogische Methode, eine Art geistiger Übung, dar, die darauf zielt, zu einer existentiellen Erfahrung zu werden, und vermittelt eine zur Aufhebung der Zeit führende mystische Wirklichkeit. Es handelt sich darum, den Gegensatz von Negation und Affirmation zu überwinden, dabei von der Tatsache ausgehend, daß jede Affirmation eine Negation, die Negation dessen, was sie nicht ist, enthält und daß einzig die Nichtaffirmation, wovon im besonderen auch immer, die Totalität beschreiben kann; gleichwohl gilt es die Partikularität, auch mit ihren negativ-ausschließenden Aspekten, beizubehalten, denn diese läßt sich nicht aus der Totalität ausschließen.

In abstrakter Form läßt sich dies in einer viergliedrigen Formel zusammenfassen:

1. Affirmation
2. Negation (um alles, was an Negativem in jeder Affirmation enthalten ist, zurückzuweisen)
3. Affirmation von sowohl Negation als auch Affirmation
4. Negation beider

Alle Zeichen der Affirmation und der Negation (+ und –) lassen sich auf alle möglichen Arten von Vorstellungen anwenden, Wahrheit und Nichtwahrheit, Existenz und Nichtexistenz usw., und müssen zu einer Überwindung, einer Ablehnung des gesamten Systems als einer Integration von + und – führen, von den Taoisten ausgedrückt in den Begriffen *miao you* (»wunderbare Existenz«) und *zhen wu* (»wahrhafte Nichtexistenz«). Die wunderbare Existenz, »wunderbar« in dem Sinn, daß sie sich transzendiert, da sie eine Affirmation, die ihr Gegenteil vielmehr einschließt, als es zu verneinen, darstellt (sowohl auf logischer als auch auf existentieller Ebene: Existenz hebt sich gegen den Grund des »Nichts«, der Nichtexistenz ab, die es mithin einzuschließen gilt, da es ihr Dasein ermöglicht). Die »wahrhafte Nichtexistenz« ist insofern »wahrhaft«, als sie die Existenz einschließt und somit den Status einer wirklichen Affirmation erlangt; sie ist Negation, insofern sie jede Affirmation enthält, möglich ist und insofern sie Nichtvereinzelung darstellt; alles Existierende ist miteinander verbunden, sowohl mit jeder vereinzelten Existenz als auch mit dem Ganzen, was einschließt, daß die Vorstellung der vereinzelten Existenz, selbst wenn diese real im Sinn von notwendig für das Leben, illusorisch ist, freilich auch, daß diese allgemeine wechselseitige Bedingtheit den Ursprung des Lebens bildet.

Für eine ausführlichere und weitaus gelehrtere Darstellung siehe beispielsweise J. May: *Hobogirin,* Eintrag »Do«.

Song- und Yuan-Zeit: Die innere Alchemie

1 Siehe *Fozu tongji*, 44, 274b (Ausg. *Xuzang jing*); vgl. M. Kalinowski: *La transmission du dispositif des Neuf Palais sous les Six Dynasties*, 786f.

2 In einer Schrift des Buddhisten Zongmi (780–841) findet sich ein aus zur Hälfte schwarzen, zur Hälfte weißen Kreisen gebildetes Diagramm, das die stufenweise Reinigung des *alāya-vijñana* zeigt; es nimmt das Taiji-Diagramm vorweg, das es unzweifelhaft angeregt hat (siehe den Buddhistischen Kanon, Bd. 48, S. 411 u. 413); siehe auch I. Robinet: »The Place and Meaning of the Notion of Taiji in Taoist Sources Prior to the Ming Dynastie«: In: *History of Religions*, 1990.

3 Die Verwendung dieser Begriffe geht aus einer Aufspaltung des Binomens *xingming*, »Leben« hervor, von dem ausgehend dann zwischen einer physischen und einer psychischen Neigung des Lebens unterschieden wurde.

4 So sind beispielsweise für Wang Zhe *xing* und *ming* auf der Ebene des »wahren Qi« lokalisiert, gerade im Gegensatz zur physiologischen Ebene, derjenigen von »Qi und Blut« (T. 1156, 2a).

5 Siehe beispielsweise Li Yuanguo, der die Ansicht vertritt, daß die nördliche Schule die »Kultivierung« von *xing* vor der des *ming* befürwortet (*Daojiao qigong yangsheng xue*, Provinz Sichuan 1988, S. 372 u. 454ff.), wohingegen Chen Guofu das Gegenteil behauptet (*Daozang yuanliu kao*, Peking 1962, S. 271).

6 Li Yuanguo, S. 410–416.

7 In dieser Hinsicht wäre der Frage nachzugehen, ob das *neidan* nicht lediglich die Methoden der Tang-Poetik weiterentwickelt und bis zum Äußersten getrieben hat (siehe F. Cheng: *L'Écriture poétique chinoise*. Paris 1977).

8 Z. B. *Ishō shūsei*, S. 78–79.

9 E. Morin: *La Méthode, I, La nature de la nature*. Paris 1977, S. 183.

10 Siehe *Isho shusen*.

11 Siehe M. Granet: *Études sociologiques sur la Chine*. Paris 1953, S. 208–210.

12 Liu Ts'un-Yuan: *Selected Papers from the Hall of Harmonious Wind*, S. 207.

Literatur

Die Zeit der streitenden Reiche

STUDIEN

R. E. Allinson: *Chuang-Tzu for Spiritual Transformation.* Albany 1990.

D. Harper: »A Chinese Demonography of the Third Century B.C.«. In: *Harvard Journal of Asiatic Studies,* 45, 2, 1985, S. 459–498.

D. Harper: »The Sexual Texts of Ancient China as Described in a Manuscript of the Second century B. C.«. In: *Harvard Journal of Asiatic Studies,* 42, 2, 1987, S. 539–592.

M. Kalinovski: »Les Traités du ›*Shuihudi*‹ et l'hémérologie chinoise à la fin des Royaumes combattants«. In: *T'oung Pao,* 72, 1986, S. 175–228.

I. Robinet: *Les Commentaires du Tao tö king jusqu'au VIIe siècle.* (Mémoires de l'Institut des hautes études chinoises) Paris 1977, S. 24–56.

I. Robinet: »Chuang tzu et le taoisme religieux«. In: *Journal of Chinese Religions,* 11, 1983, S. 59–105.

H. Roth: »Psychology and Self-Cultivation in Early Taoistic Thought«. In: *Harvard Journal of Asiatic Studies,* 51.1 (1991), S. 599–650.

A. Waley: *The Nine Songs. A Study of Shamanism in Ancient China.* London 1955.

ÜBERSETZUNGEN

K. Y. Chen: *Lao-tzu. Text, Notes and Comments,* San Francisco 1981.

E. Erkes: *Ho-shang-kung's Commentary on Lao-tse.* Ascona 1956.

A. C. Graham: *Chuang-tzu. The Seven Inner Chapters and Other Writings from the Book Chuang-tzu.* London 1981.

D. Hawkes: *Chu' Tz'u: the Songs of the South. An Ancient Chinese Anthology.* Oxford 1959.

R. G. Henricks: *Lao-tzu Te-Tao Ching. A New Translation Based on the Recently Discovered Ma-wang-tui Texts.* New York 1989.

C. Larre: *Lao tseu, Tao Te King.* Paris 1977.

P. Lin: *A Translation of Lao-tzu's Tao-te-ching and Wang Pi's Commentary.* Ann Arbor 1988.

K. H. Liv: *L'Œuvre complète de Tchouang tseu.* Paris 1969.

H.-G. Möller: *Laotse Tao Te King. Die Seidentexte von Mawangdui.* Frankfurt/M. 1995.

F. C. Reiter: *Leben und Wirken Lao Tzu's in Schrift und Bild. Lao-chün pa-shih-i-hua t'u-shuo.* Würzburg 1990.

W. A. Rickett: *Kuan-tzu.* Hongkong 1965.

E. Schwarz: *Laudse. Daudedsching (Lao-tse, Tao-te-king).* München 1980.
A. Waley: *The Way and Its Power. The Tao Te Ching and Its Place in Chinese Thought* (1934). New York 1958 (Reprint).
B. Watson: *Dschuang Dsi. Das wahre Buch vom südlichen Blütenland.* München 1969.
R. Wilhelm: *Laotse, Tao te king*. München.

Das Auftreten in der Han-Zeit

FANGSHI UND UNSTERBLICHE

M. Kalinowski: »Les instruments astro-calendériques des Han et la méthode ›Liu ren‹«. In: *Bulletin de l'École française d'Extreme-Orient,* 72, 1983, S. 309–419.
M. Kalinowski: »La transmission du dispositif des Neuf Palais sous les Six Dynasties«. In: M. Strickmann: *Tantric and Taoist Studies,* Bd. III, S. 773–811.
M. Kaltenmark: *Le Lie-sien tchouan.* Paris ^{2}1987.
M. Loewe: *Ways to Paradise. The Chinese Quest for Immortality.* London 1979.
I. Robinet: »The Taoist Immortal. Jesters of Light and Shadow, Heaven and Earth«. In: *Journal of Chinese Religions,* 13–14, 1986, S. 87–107.
K. J. de Woskin: *Doctors, Diviners and Magicians of Ancient China, Biographies of Fang-shih.* New York 1983.
Ngo van Xuyet: *Divination, magie et politique dans la Chine ancienne.* Paris 1976.
Ying-shih Yü: »Life and Immortality in the Mind of Han China«. In: *Harvard Journal of Asiatic Studies,* 25, 1964–1965, S. 80–121.

DIE HUANG-LAO-SCHULE UND LAO ZI

A. Chan: *Two Visions of the Way. A Study of the Wang Pi and the Hoshang Kung Commentaries on the Lao-Tzu.* Albany 1991.
J. Decaux: *Les quatres livres de l'empereur jaune. Le canon taoïque retrouvé.* Taibei 1989.
A. Seidel: *La Divination de Lao tseu dans le taoïsme des Han.* Paris 1969.
A. Seidel: »Der Kaiser und sein Ratgeber. Lao-tzu und der Taoismus der Han-Zeit. In: *Saeculum,* 29, 1978, S. 18–50.
A. Seidel: »Das Neue Testament des Tao. Lao-tzu und die Entstehung der taoistischen Religion am Ende der Han-Zeit«. In: *Saeculum,* 29, 1979, S. 142–172.

HAUINAN ZI, ÜBERSETZUNGEN UND STUDIEN

C. Larre u. a.: *Les grands traités du Huainan zi.* Paris 1993.

C. Larre: *Le Traité VII du Houai nan tseu.* Paris 1982.
C. le Blanc: *Huai-nan tzu, Philosophical Synthesis in Early Han Thought.* Hongkong 1985.
C. le Blanc u. R. Mathieu: *Mythe et Philosophie à l'Aube de la Chine Impériale. Études sur le Huainan zi.* Montreal, Paris 1992.
I. Robinet: *Des changements et de l'invariable, de l'unité et de la multiplicité, analyse comparative des chapitres 11, 13 et 18 du ›Huainan zi‹.* Montreal 1990.
B. E. Wallacker: *The Huai-nan-tzu, Book Eleven. Behavior, Culture and the Cosmos.* New Haven 1962.

VOLKSRELIGION

A. Seidel: »Traces of Han Religion in Funeral Texts Found in Tombs«. In: *Dokyo shukyo bunkai,* 1987, 23–57.
A. Seidel: »Geleitbrief an die Unterwelt – Jenseitsvorstellungen in den Graburkunden der späten Han-Zeit«. In: G. Naundorf u. a.: *Religion und Philosophie in Ostasien.* Würzburg 1985, S. 161–184.

Die Himmelsmeister

U. Cedzich: *Das Ritual der Himmelsmeister im Spiegel früher Quellen,* Diss. Würzburg 1987; Rezension von A. Seidel: »Early Taoist Ritual«. In: *Cahiers d'Extrême-Asie,* 4, 1988, S. 199–204.
W. Eichhorn: »T'ai-p'ing and T'ai-p'ing Religion«. In: *Mitteilungen des Instituts für Orientforschung.* Berlin, Bd. 1, 1957, S. 113–140.
M. Kalinowski: »La transmission du dispositif des Neuf Palais sous les Six Dynasties«. In: M. Strickmann: *Tantric and Taoist Studies,* Brüssel 1985, S. 773–811.
M. Kaltenmark: »The Ideology of the ›T'ai-p'ing ching‹«. In: H. Welch u. A. Seidel (Hrsg.): *Facets of Taoism,* Yale 1979.
B. Kandel: *The Origin and Transmission of the »Scripture on General Welfare«. The History of an Unofficial Text.* Hamburg 1979.
J. Lagerwey: *Wu-shang pi-yao, somme taoïste du VIe siècle.* Paris 1981.
H. Maspero: *Le Taoïsme et les religions chinoises.* Paris 1971, S. 41–44, 318–330, 407–423.
R. Mather: »K'ou Ch'ien-chih and the Taoist Theocraty at the Northern Wei Court, 425–451«. In: H. Welch u. A. Seidel (Hrsg.): *Facets of Taoism.* Yale 1979.
R. Stein: »Remarques sur les mouvements du taoïsme politico-religieux au IIe siècle apr. J.-C.«. In: *T'oung Pao,* L,1,3, 1963, S. 1–78.
M. Strickmann: »Therapeutische Rituale und das Problem des Bösen im frühen Taoismus«. In: G. Naundorf u. a.: *Religion und Philosophie in Ostasien.* Würzburg 1985.

M. Strickmann: »Quelques aspects des paroisses taoïstes«. In: *Annuaire du Collège de France,2 1968–1969, S. 466–471.*
M. Strickmann: »Les fêtes de cuisine du taoïsme religieux«. In: Annuaire du Collège de France, 1971–1972, S. 431–440.

Ge Hong und seine Tradition

STUDIEN

A. Akahori: »Drug Taking and Immortality«. In: L. Kohn (Hrsg.): *Taoist Meditation and Longevity Techniques.* Ann Arbor 1989, S. 73–98.
C. Despeux: »Gymnastics. The Ancient Tradition«. In: L. Kohn (Hrsg.): *Taoist Meditation and Longevity Techniques.* Ann Arbor 1989, S. 225–262.
U. Engelhardt: *Die klassische Tradition der Qi-Übungen (Qigong).* Stuttgart, Wiesbaden 1987.
G. Güntsch: *Das Shen-hsien-chuan und das Erscheinungsbild eines Hsien.* Frankfurt/M. 1988.
R. Homann: *Die wichtigsten Körpergottheiten im Huang-ting-ching.* Göppingen 1971.
H. Maspero: *Le Taoïsme et les religions chinoises,* a. a. O., S. 381–589.
J. Needham u. N. Sivin: *Science and Civilisation in China.* V, 4, S. 210–323.
I. Robinet: »Metamorphosis and Deliverance from the Corpse«. In: *History of Religions,* 19.1., S. 57–70.
J. Sailey: *The Master Who Embraces Simplicity. A Study of the Philosopher Ko Hung, 283–343.*m San Francisco 1978.
N. Sivin: *Chinese Alchemy. Preliminary Studies.* Cambridge, Mass., 1968.
R. Stein: »Les fêtes de cuisine du taoïsme religieux«. In: *Annuaire du Collège de France.* Paris 1970, 1, S. 431–440.

ÜBERSETZUNGEN

E. Feifel: Übersetzung der Kapitel 1–4 des *Baopu zi,* »Pao-p'u tzu nei p'ien«. In: *Monumenta Serica,* 6, 1941, S. 113–311; 9, 1944, S. 1–33; 11, 1946, S. 1–32.
J. Huang u. M. Wurmbrand: *The Primordial Breath.* Bd. I, Torrance 1987.
J. R. Ware: *Alchemy, Medicine and Religion in the China of A.D. 320. The Nei P'ien of Ko Hung.* New York 1966.

Der Shangqing-Taoismus

STUDIEN

P. Andersen: »The Practice of ›Bugang‹«. In: *Cahiers d'Extrême-Asie,* 5, 1990.
I. Robinet: »Randonées extatiques des Taoïstes dans les astres«. In: *Monumenta Serica,* 32 (1976), S. 159–273.

I. Robinet: »Le Ta-tung chen-ching, son authenticité et sa place dans la secte du Mao-shan«. In: M. Strickmann (Hrsg.): *Tantric and Taoist Studies,* a. a. O., S. 394–433.
I. Robinet: *Méditation taoïste.* Paris 1979.
I. Robinet: *La Révelation du Shangqing dans l'histoire du taoïsme.* Paris 1984.
I. Robinet: »La pratique du tao, la transmission de textes sacrés, les paradis terrestres et cosmiques, la marche sur les étoiles«. In: *Mythes et croyances du monde entier, Chine.* Paris 1986, S. 369–398.
R. Stein: »Jardins en miniature d'Extrême-Orient«. In: *Bulletin de l'École française d'Extrême-Orient,* 42, 1942, S. 1–104.
M. Strickmann: »The Mao Shan Revelations, Taoism and Aristocracy«. In: *T'oung-Pao,* 43.1, 1977, S. 1–64.
M. Strickmann: »On the Alchemy of T'ao Hung-ching«. In: H. Welch u. A. Seidel (Hrsg.): *Facets of Taoism,* a. a. O., S. 123–192.
M. Strickmann: *Le Taoïsme du Mao shan, chronique d'une révélation.* Paris 1981.

ÜBERSETZUNGEN

P. Andersen: *The Method of Holding the Three Ones. A Taoist Manual of Meditation of the Fourth Century A.D.* (Studies on Asian Topics, Bd. 1). London 1980.
P. Knoll: »In the Halls of the Azure Lad«. In: *Journal of Asiatic and Oriental Studies,* 105.1, 1985, S. 75–94.
P. Knoll: »The Barrier of Heaven«. In: *Études asiatiques,* 40.1, 1986, S. 22–39.
M. Porkert: *Biographie d'un taoïste légendaire. Tcheou Tseu-yang.* Paris 1979.
E. Schafer: »The Jade Woman of Greatest Mystery«. In: *History of Religious,* 17, 1978, S. 387–398.

Das Lingbao

URSPRÜNGLICHES LINGBAO

S. R. Bokenkamp: *Sources of the Ling-pao Scriptures«. In: Tantric and Taoist Studies,* S. 434–486.
S. R. Bokenkamp: »Death and Ascent in ›Ling-pao‹ Taoism«. In: *Taoist Resources,* 1. 2, 1989, S. 1–21.
M. Kaltenmark: »Ling-pao: note sur un terme du taoïsme religieux«. In: *Mélanges de l'Institut des hautes études chinoises,* II, 1960, S. 559–588.
E. Zürcher: »Buddhist Influence on Early Taoism«. In: *T'oung Pao,* 66, 1–3, 1980, S. 84–147.

MESSIANISMUS

K. M. Schipper: »Millénarismes et messianismes dans la Chine ancienne«. In: *Acts of the XXVIth Conference of Chinese Studies.* Ortisei-Ulrich, Italien 1978, S. 31–49.

A. Seidel: »The Image of the Perfect Ruler in Early Taoist Messianism. Lao tzu and Li Hung«. In: *History of Religions,* 9, 1969–1970, S. 216–247.

A. Seidel: »Le sutra merveilleux du Ling-pao suprême, traitant de Lao tseu qui convertit les barbares (le manuscrit S 2081). Contribution à l'étude du Bouddho-taoïsme des Six Dynasties«. In: *Contributions aux études de Touen-houang.* Bd. III, Paris 1984, S. 305–352.

C. Mollier: *Une apocalypse taoïste du Ve siècle. Le livre des incantations divines des grottes abyssales.* Paris 1990.

RITUAL

J. Boltz: »Opening the Gates of Purgatory. A Twelfth-Century Taoist Meditation Technique for the Salvation of Lost Souls«. In: *Tantric and Taoist Studies.*

E. Chavannes: »Le jet des dragons«. In: *Mémoires concernant l'Asie orientiale.* Bd. III, Paris 1919.

J. Lagerwey: *Taoist Ritual in Chinese Society and History.* New York 1987.

J. Lagerwey: *Introduction to the History of Taoist Ritual Through the t'ang,* in Vorbereitung.

R. Malek: *Das Chai-chieh lu. Materialien zur Liturgie im Taoismus.* Bern 1985.

M. Saoso: *Taoism and the Rite of Cosmic Renewal.* Washington 1972.

K. M. Schipper: *Le Fen-teng, rituel taoïste.* Paris 1975.

K. M. Schipper u. Wang H.-H.: »Progressive and Regressive Time Cycles in Taoist Ritual«. In: *Studies of Time, IV,* International Association for the Study of Time.

M. Strickmann: »The Longest Taoist Scripture«. In: *History of Religions,* 17, 1978, S. 331–354.

M. Strickmann: »The Taoist Renaissance of the Twelfth Century«. In: *Bericht auf der 3. Internationalen Taoismus-Konferenz.* Unterägeri 1979.

Das Zeitalter der Tang

T. Barrett: »Taoism under the T'ang«. In: *Sui and T'ang China II, The Cambridge History of China, ... Bd. 4, in Vorbereitung.*

C. Benn: Taoism as Ideology in the Religion of Emperor Hsüan-tsung (712–755). Diss. Michigan 1977.

C. Benn: »Religious Aspects of Emperor Hsüan-tsung's Taoist Ideology«. In: D. W. Chappell (Hrsg.): *Buddhist and Taoist Practice in Medieval Chinese Society. Buddhist and Taoist Studies, Bd. II.* Hawaii 1987, S. 127–146.

C. Benn: *The Cavern Mystery Transmission. A Taoist Ordination Rite of A.D. 711.* Honolulu 1991.

U. Engelhardt: *Die klassische Tradition der Qi-Übungen. Eine Darstellung anhand des tangzeitlichen Textes Fuqi jingyi lun von Sima Chengzhen.* Wiesbaden 1987.

U. Engelhardt: »Qi for Life. Longevity in the Tang«. In: L. Kohn (Hrsg.): *Taoist Meditation and Longevity Techniques,* a.a.O., S. 262–294.

B. Hendrischke: »Der Taoismus in der T'ang-Zeit«. In: *Minima sinica,* 1. 1993, S. 10–143.

L. Kohn: *Seven Steps to the Tao, Sinma Chengzhen's Zuowang lun* (Monumenta Serica Monograph Series XX). Nettetal 1987.

L. Kohn: »The Teaching of T'ien-yin-tzu«. In: *Journal of Chinese Religions,* 15, 1987, S. 1–28.

L. Kohn: »Taoist Insight Meditation«. In: L. Kohn (Hrsg.): *Taoist Meditation and Longevity Techniques,* a.a.O., S. 193–224.

L. Kohn: *Taoist Mystical Philosophy: The Scripture of Western Ascension.* Albany 1991.

L. Kohn: *Early Chinese Mysticism. Philosophy and Soteriology in the Taoist Tradition.* Princeton 1992.

F. C. Reiter: *Der Perlenbeutel aus den 3 Höhlen (Santung chu-nang). Arbeitsmaterialien zum Taoismus der T'ang-zeit.* Wiesbaden 1990.

I. Robinet: *Les Commentaires du Tao tö king.* Teil 2.

F. Verellen: *Du Guangting (850–933). Taoïste de cour à la fin de la Chine médiévale.* Paris 1989.

Wu Chi-yu: *Pen-tsi king – Livre de terme originel. Ouvrage taoïste inedit du VIIe siècle.* Paris 1960.

Song- und Yuan-Zeit: die innere Alchemie

F. Baldrian-Hussein: *Procédés Secrets du Joyau Magique. Taité d'Alchimie Taoïste du XIe siècle.* Paris 1984.

T. Cleary: *The Inner Teachings of Taoism by Chang Boduan.* Boston 1986.

T. Cleary: *The Secret of the Golden Flower. The Classic Chinese Book of Life.* San Francisco 1992.

C. Despeux: *Immortelles de la Chine ancienne. Taoïsme et alchimie feminine.* Puiseaux 1990.

R. Homann: *Baiwen pian or the hundred questions. A dialogue between two taoists on the macrocosmic and microcosmic system of correspondences.* Leiden 1976.

L. Knaul: *Leben und Legende des Ch'eṇ T'uan.* Frankfurt/M. 1981.

K. Y. Lu: *Taoist Yoga. Alchemy and Immortality.* London 1970.

F. C. Reiter: *Grundelemente und Tendenzen des religiösen Taoismus. Das Spannungsverhältnis von Integration und Individualität in seiner Geschichte zur Chin-, Yüan- und frühen Ming-Zeit.* Stuttgart 1986.

I. Robinet: »Recherche sur l'Alchimie Interieure (Neidan). l'Ecole Zhenyuan«. In: *Cahiers d'Extrême-Asie,* 5 (1989/90), S. 141–162.

J. Thiel: »Der Streit der Buddhisten und Taoisten zur Mongolenzeit«. In: *Monumenta Serica,* 20, 1961, S. 1–81.

T. C. Yao: *Ch'üan-chen. A New Taoist Sect in North China During the Twelfth and Thirteenth Centuries.* Diss., Phoenix 1980.

Allgemein

J. Bloefeld: *Der Taoismus Oder die Suche nach Unsterblichkeit.* München, 4. Aufl., 1994)

J. M. Boltz: *A Survey of Taoist Literature. Tenth to Seventeenth Centuries.* Berkeley 1987.

T. Cleary: *Vitality. Energy, Spirit. A Taoist Sourcebook.* Boston 1991.

H. G. Creel: *What is Taoism?* Chicago, London 1970.

N. J. Girardot: *Myth and Meaning in Early Taoism.* Berkeley 1983.

C. Hansen: *A Daoist Theory of Chinese Thought.* New York 1992.

M. Kaltenmark: *Lao-tzu und der Taoismus.* Frankfurt/M. 1981.

L. Kohn: *The Taoist Experience. An Anthology.* Albany 1993.

J. Lagerwey: *Der Kontinent der Geister. China im Spiegel des Taoismus.* Olten 1991.

J. Lagerwey: »Les têtes des démons tombent par milliers. Le ›fachang‹, rituel exorciste du nord de Taiwan.«. In: *L'Homme,* 27.1, 1987, S. 101–116.

H. Maspero: *Le Taoïsme et les religions chinoises.* Paris 1971.

J. Needham: *Science and Civilisation in China.* Bde. V. 3, 4, 5. Cambridge 1976–1983.

J. F. Pas: *A Select Bibliography on Taoism.* Stony Brook, New York 1988.

M. Saso: *Blue Dragon, White Tiger. Taoist rites of passage.* Washington 1990.

M. Saso: *The Teachings of Taoist Master Chuang.* New Haven und London 1978.

K. Schipper: *Le corps taoïste, corps physique – corps social.* Paris 1982.

A. Seidel: »Chronicle of Taoist Studies in the West, 1950–1990«. In: *Cahiers d'Extrême-Asie,* 5, 1990, S. 223–347.

B. Tsui: *Taoist Tradition and Change. The Story of the Complete Perfection Sect in Hong Kong.* Hongkong 1991.

K. Walf: *Westliche Taoismus-Bibliographie (WTB).* Essen 1986.

R. Wilhelm: *I Ging. Das Buch der Wandlungen.* München, 22. Aufl., 1995.

R. Wilhelm: *I Ging. Text und Materialien.* München, 19. Aufl., 1994.

E. Wong: *Cultivating Stillness. A Taoist Manual for Transforming Body and Mind.* Boston 1992.

Zhao Bichen: *Traité d'alchimie et de physiologie taoïste* (übers. von C. Despeux). Paris 1979.

Zur Autorin

Isabelle Robinet, 1932 in Paris geboren, promovierte in Ostasienkunde und in Literatur- und Sozialwissenschaften. Seit 1985 ist sie Professorin für chinesische Geschichte und Gesellschaft an der Universität Aix-Marseille. In Frankreich veröffentlichte sie diverse Bücher und zahlreiche Aufsätze über den Taoismus. In der »Encyclopédie philosophique universelle« ist sie für den Teil »China« verantwortlich.

Register der deutschen Wörter

Register der Namen, der Orte und Werke

Register der chinesischen Wörter

Dschuang Dsi

Das wahre Buch vom südlichen Blütenland

Aus dem Chinesischen übertragen und erläutert von
Richard Wilhelm

Diederichs Gelbe Reihe Band 14, 332 Seiten

Das Besondere an Dschuang Dsis Dichtungen sind nicht nur seine Anschauungen, sondern auch die Lebhaftigkeit seines Geistes, die Schärfe seines Denkens und der Umfang seines Wissens. In mythischen Erlebnissen und Gleichnissen, in seinem bilderreichen, poetischen Stil, breitet er die Grundgedanken seiner Philosophie aus. »Von allen Büchern chinesischer Denker, die ich kenne, hat dieses am meisten Reiz und Klang.« *Hermann Hesse*

Chang Chuang-yuan

Tao, Zen und schöpferische Kraft

Übersetzt von Stephan Schumacher

Diederichs Gelbe Reihe Band 30, 224 Seiten

Tao und Zen zeigen sich in diesem Buch als Möglichkeiten neuer Kreativität in Wissenschaft, Philosophie und Kunst. Ausgehend vom Tao als dem Grundbegriff chinesischen Denkens werden die Gemeinsamkeiten und Divergenzen der philosophischen Schulen Chinas beschrieben und die Grunderfahrungen dieses Denkens dargelegt.

Richard Wilhelm/C. G. Jung

Geheimnis der Goldenen Blüte

Das Buch vom Bewußtsein und Leben
Aus dem Chinesischen übersetzt und erläutert von
Richard Wilhelm
Mit einem Kommentar von C. G. Jung

Diederichs Gelbe Reihe Band 64, 192 Seiten mit 12 Abbildungen

Zwei zentrale Texte des Taoismus werden durch die Zusammenarbeit zweier inspirierter Wissenschaftler neu befragt, und das »Geheimnis der Goldenen Blüte« wird erstmals im vollen Wortlaut wiedergegeben.

DIEDERICHS GELBE REIHE

DG 71 Christian Rätsch: Indianische Heilkräuter
DG 73 Hans Wolfgang Schumann: Der historische Buddha
DG 74 Heinrich Seuse u. Johannes Tauler: Mystische Schriften
DG 76 Mahatma Gandhi: Wegweiser zur Gesundheit
DG 78 Robert Aitken: Zen als Lebenspraxis
DG 79 Robert Aitken: Ethik des Zen
DG 82 Annemarie Schimmel: Muhammad Iqbal
DG 84 Namkhai Norbu: Der Zyklus von Tag und Nacht
DG 85 M. Hiriyanna: Vom Wesen der indischen Philosophie
DG 86 Ikkyu Sôjun: Im Garten der schönen Shin
DG 87 Chantal Zheng: Mythen des alten China
DG 88 Rocque Lobo: Traum und Karma im Ayurveda
DG 89 Uwe Topper: Sufis und Heilige im Maghreb
DG 90 Taisen Deshimaru: Die Lehren des Meister Dogen
DG 91 Weisheit der Völker
DG 92 Volker Zotz: Der Buddha im Reinen Land
DG 93 L. S. Dagyab: Buddhistische Glückssymbole im tibetischen Kulturraum
DG 94 Mo Ti: Von der Liebe des Himmels zu den Menschen
DG 96 Benjamin Walker: Gnosis
DG 97 Seyyed Hossein Nasr: Ideal und Wirklichkeit des Islam
DG 98 Das Weisheitsbuch des Zen
DG 99 Hans Wolfgang Schumann: Buddhismus
DG 100 Peter Sloterdijk u. Martin Buber: Mystische Zeugnisse
DG 101 Omar Ali-Shah: Sufismus für den Alltag
DG 102 Annemarie Schimmel: Von Ali bis Zahra
DG 103 Rients R. Ritskes: Zen für Manager
DG 104 Barbara C. Sproul: Schöpfungsmythen der östl. Welt
DG 105 Barbara C. Sproul: Schöpfungsmythen der westlichen Welt
DG 106 Geshe Thubten Ngawang: Vom Wandel des Geistes
DG 107 Sri Chinmoy: Veden, Upanishaden, Bhagavadgita
DG 108 Friedrich Weinreb: Kabbala im Traumleben d. Menschen
DG 109 Dominique Viseux: Das Leben nach dem Tod
DG 110 René Grousset: Die Reise nach Westen
DG 111 Dennis Genpo Merzel: Durchbruch zum Herzen des Zen
DG 112 Åke Hultkrantz: Schamanische Heilkunst und rituelles Drama
DG 113 I. P. Couliano: Jenseits dieser Welt
DG 114 Hans Wolfgang Schumann: Mahayana-Buddhismus
DG 115 Christian Rätsch: Heilkräuter der Antike
DG 116 Gerhard Wehr: Spirituelle Meister des Westens
DG 117 Hartmut Kraft: Über innere Grenzen
DG 118 Isabelle Robinet: Geschichte des Taoismus
DG 119 Idries Shah: Sufi-Wege zum Selbst
DG 120 H. P. Blavatsky: Theosophie und Okkultismus
DG 121 Rumi: Von Allem und vom Einen